Het ontwerpen van een onderzoek

HET ONTWERPEN VAN EEN ONDERZOEK

PIET VERSCHUREN EN HANS DOOREWAARD

Vierde druk

Uitgeverij LEMMA
Den Haag
2007

© 2007 P.J.M. Verschuren en J.A.C.M. Doorewaard / Uitgeverij LEMMA

Behoudens de in of krachtens de Auteurswet van 1912 gestelde uitzonderingen mag niets uit deze uitgave worden verveelvoudigd, opgeslagen in een geautomatiseerd gegevensbestand, of openbaar gemaakt, in enige vorm of op enige wijze, hetzij elektronisch, mechanisch, door fotokopieën, opnamen of enige andere manier, zonder voorafgaande schriftelijke toestemming van de uitgever.

Voor zover het maken van reprografische verveelvoudigingen uit deze uitgave is toegestaan op grond van artikel 16h Auteurswet 1912, dient men de daarvoor wettelijk verschuldigde vergoedingen te voldoen aan de Stichting Reprorecht (Postbus 3060, 2130 KB Hoofddorp, www.reprorecht.nl). Voor het overnemen van (een) gedeelte(n) uit deze uitgave in bloemlezingen, readers en andere compilatiewerken (art. 16 Auteurswet 1912) kan men zich wenden tot de Stichting PRO (Stichting Publicatie- en Reproductierechten Organisatie, Postbus 3060, 2130 KB Hoofddorp, www.cedar.nl/pro).

No part of this book may be reproduced in any form, by print, photoprint, microfilm or any other means without written permission from the publisher.

ISBN 978-90-5931-496-2
NUR 916

www.lemma.nl

Voorwoord

Op het terrein van methoden van onderzoek zijn reeds vele handboeken geschreven. Hieruit kan de lezer putten zodra deze een onderzoek gaat uitvoeren. Maar over de problemen die iemand tegenkomt als zij of hij een onderzoek wil gaan opzetten, is aanzienlijk minder verschenen. Dit boek beoogt de lezer te helpen bij de beginfase van een onderzoek. Het stelt de lezer in staat om zelfstandig een onderzoek op te zetten.

De gepresenteerde richtlijnen en methodieken voor het ontwerpen van een onderzoek zijn ontwikkeld vanuit een duidelijke visie op onderzoek. Vaak wordt onderzoek gezien als een lineair-serieel proces. In deze visie worden de diverse onderdelen van een onderzoek systematisch na elkaar afgewikkeld. Daartegenover staat een zienswijze die is te karakteriseren als iteratief-parallel. In deze opvatting wordt onderzoek veel meer gezien als een proces waarbij diverse onderdelen tegelijkertijd worden uitgevoerd en waarbij men voortdurend teruggaat naar eerder genomen beslissingen en eerdere bevindingen, om te zien in hoeverre deze op grond van latere beslissingen en bevindingen kunnen of moeten worden bijgesteld. Dit boek is in hoofdzaak vanuit deze laatste visie geschreven.
De inhoud van dit boek steunt voor een groot deel op inzichten die in een reeks van jaren zijn ontwikkeld in het kader van een cursus 'onderzoeksontwerp', waaraan studenten uit een groot aantal disciplines deelnamen. Deze diversiteit van deelnemers dwong ons ertoe algemene methodologische richtlijnen te ontwikkelen die niet gebonden zijn aan een bepaalde discipline. Wij danken deze studenten die ons regelmatig deelgenoot maakten van hun ervaringen.

Aantekeningen bij de vierde, herziene druk
Ondanks dat het boek in zijn vorige vorm in sterke mate tegemoet bleek te komen aan de wensen en behoeften van opleidingen, zijn in deze vierde druk enkele belangrijke aanpassingen, vernieuwingen en uitbreidingen doorgevoerd. Zo heeft een verdere uitbouw van de interventiecyclus plaatsgevonden, alsmede van een aantal daarop gebaseerde praktijkgerichte typen van

onderzoek. Ook is de techniek van het ontrafelen van kernbegrippen verder uitgewerkt.

Verder is meer variatie aangebracht in de voorbeelden, zodat deze een betere spreiding geven over allerlei sociaalwetenschappelijke disciplines. Daarnaast is in de Appendix een gedegen behandeling toegevoegd van conceptuele modellen. Door middel van diverse voorbeelden en een gedetailleerd stappenplan worden lezers ingewijd in de lastige, maar zeer belangrijke materie van het bouwen en in een onderzoek gebruiken van een causaal ofwel conceptueel model.

Tot slot is aan deze vernieuwde druk een uitgebreid opgavenpakket toegevoegd, waarmee de lezer in staat wordt gesteld tot broodnodige oefening met onderdelen van de weerbarstige materie van het ontwerpen van een onderzoek.

Nijmegen, augustus 2007
Piet Verschuren
Hans Doorewaard

Inhoud

	Inleiding	9
1	Projectontwerp	15
1.1	Inleiding	15
1.2	Projectontwerp in vogelvlucht	16
1.3	Iteratief ontwerpen	24

Deel I Conceptueel ontwerp

2	Doelstelling	31
2.1	Inleiding	31
2.2	Projectkader en doelstelling	33
2.3	Theoriegerichte onderzoeken	42
2.4	Praktijkgerichte onderzoeken	46
3	Onderzoeksmodel	67
3.1	Inleiding	67
3.2	Modelbouw	69
3.3	Methodiek	72
4	Vraagstelling	95
4.1	Inleiding	95
4.2	Functie- en vormeisen van onderzoeksvragen	97
4.3	Het splitsen van het onderzoeksmodel	104
4.4	Ondersteunende kennissoorten	110
4.5	Uiteenrafeling van kernbegrippen	120
5	Begripsbepaling	133
5.1	Inleiding	133
5.2	Afbakening	137
5.3	Operationalisering	143
5.4	Afstemming op het onderzoek	148

Deel II   Onderzoekstechnisch ontwerp

6	Onderzoeksstrategieën	159
6.1	Inleiding	159
6.2	Vijf strategieën in vogelvlucht	162
6.3	Het survey-onderzoek	166
6.4	Het experiment	174
6.5	De casestudy	183
6.6	De gefundeerde theoriebenadering	192
6.7	Bureauonderzoek	201
7	Onderzoeksmateriaal	211
7.1	Inleiding	211
7.2	Soorten gegevens en bronnen	214
7.3	De ontsluiting van bronnen	229
7.4	Voor- en nadelen	242
8	Onderzoeksplanning	251
8.1	Inleiding	251
8.2	Karakteristieken van planning	253
8.3	Activiteitenplan	256
8.4	Tijdsplan	269

Appendix: Conceptueel model

	Inleiding	279
1	De samenstelling van een conceptueel model	279
2	Soorten relaties en relatiepatronen	283
3	Verschillend gebruik van een conceptueel model	289
4	Afbakenen en richting geven	296
5	De ontwikkeling van een conceptueel model; stappenplan	306
	Literatuur	319
	Trefwoordenregister	323
	Over de auteurs	329

Inleiding

Waarom dit boek?
Voor velen is de beginfase van een onderzoek de moeilijkste. Dit geldt zowel voor mensen die in het kader van hun werk een onderzoek moeten uitvoeren als voor studenten en promovendi die een afstudeer- of promotieproject beginnen. De eersten kennen de problemen die kunnen rijzen om duidelijk te krijgen wat nu eigenlijk het probleem is dat moet worden opgelost, en/of wat de vraag is van de opdrachtgever. Op soortgelijke wijze levert ook de start van een afstudeer- of promotieproject vaak problemen op. De student of promovendus weet vaak niet precies wat hem of haar te wachten en te doen staat. Er komt van alles op hem of haar af, en het is moeilijk om structuur te onderkennen of aan te brengen. Deze startproblemen vormen een bron van onzekerheid voor zowel de uitvoerders als de begeleiders van het onderzoek, wat de kwaliteit van het onderzoeksproject niet ten goede komt. Bovendien is een dergelijke slechte start niet bevorderlijk voor het plezier in het werk. Daarom is het van belang dat men zo goed mogelijk voorbereid aan het onderzoek kan beginnen.
Een van de meest voorkomende tekortkomingen van onderzoekers is dat zij te snel en ondoordacht aan het onderzoek beginnen. Dat geldt bijvoorbeeld voor de uitvoerder van een praktijkgericht onderzoek. Nog voordat precies duidelijk is wat het probleem is van de opdrachtgever, wordt al met de uitvoering van het onderzoek begonnen. Dit leidt niet zelden tot problemen tussen opdrachtgever en onderzoeker, terwijl ook de onderzoeksresultaten achteraf weinig bruikbaar blijken. Hetzelfde geldt voor studenten die aan hun afstudeerproject beginnen. Zodra er een stageplaats is gevonden waar het onderzoek zal gaan plaatsvinden en globaal het onderzoeksthema is vastgesteld, wordt er meteen al met de verzameling van de onderzoeksgegevens begonnen. Zo'n overhaaste start betekent dat men niet precies weet op wat voor soort vragen het onderzoek antwoord moet geven of wat er nu precies in het onderzoek moet gebeuren. Het welslagen van een onderzoek, wat betreft zowel de uitvoering ervan als de resultaten die het oplevert, staat of valt dan ook met een adequaat ontwerp van het onderzoek.
De achtergrond van de hier geconstateerde problematiek is volgens ons dat het gros van de methodologieopleidingen en van de bestaande methodologi-

sche handboeken impliciet of expliciet is gericht op de uitvoering van een onderzoek. Veel aandacht wordt er besteed aan de verzameling en vooral ook de analyse van het onderzoeksmateriaal. Te weinig gaat men in op de fase die daaraan vooraf moet gaan, te weten die van het ontwerpen van het onderzoek. In deze lacune voorziet dit boek.

Doel en doelgroep
Het doel van dit boek is om beginnende onderzoekers, zoals afstudeerders en promovendi, maar ook onderzoekers werkzaam in het contractonderzoek te leren hoe ze over het algemeen een adequaat onderzoeksontwerp moeten maken. Dat wil zeggen, we presenteren een methodologie om een onderzoek te ontwerpen. Door deze methodologie te volgen en te bestuderen en de daarbij behorende opdrachten uit te voeren, kan de lezer zich trainen in een planmatige aanpak bij het ontwerpen van een onderzoek. In principe kan de inhoud gebruikt worden bij elk type onderzoek in de sociale wetenschappen, ongeacht het inhoudelijke thema van het onderzoek en ongeacht de gekozen onderzoeksbenadering.
Aan bod komen de formulering van het projectkader, de afbakening van het onderzoek tot haalbare proporties, de keuze van een realistisch onderzoeksdoel, de formulering van een adequaat sturende vraagstelling, de heldere definiëring van begrippen en het vertalen ervan in waarnemingen, de keuze en uitwerking van een geschikte onderzoeksstrategie, het maken van een gedetailleerd plan voor de verzameling of productie van het benodigde onderzoeksmateriaal, en ten slotte het maken van een projectplanning. In de appendix schenken we aandacht aan een methode voor het maken van een conceptueel model.
De doelgroep die wij met deze uitgave beogen, zijn op de eerste plaats studenten en promovendi in de alfa- en gammawetenschappen. Te noemen zijn de sociale wetenschappen, bestuurskunde, beleidswetenschappen, organisatiekunde, communicatiewetenschappen, ontwikkelingsstudies, en bedrijfs- en consumentenwetenschappen. Het merendeel van de voorbeelden in dit boek is ontleend aan de genoemde terreinen.
Daarnaast beogen wij met deze uitgave begeleiders van studenten en promovendi te bereiken. Menig docent in het wetenschappelijk en hoger beroepsonderwijs kent de problemen die zich voordoen bij de begeleiding. Met name de vaak te lange voorbereidingstijd en looptijd van de afstudeerprojecten is een veel gesignaleerd probleem. Daarnaast wordt vaak gewezen op de onsamenhangendheid en gebrekkige onderbouwing van beweringen in geproduceerde stukken. De student is in veel gevallen wel in staat om naar behoren een werkstuk te schrijven, maar zodra het gaat om een meer omvangrijke activiteit als een afstudeerproject, dan heeft zij of hij moeite om de draad vast te houden en te komen tot een navolgbaar betoog. Dit alles wordt voor een

niet onbelangrijk deel in de hand gewerkt door het ontbreken van een goed uitgewerkt onderzoeksontwerp. Zo'n ontwerp maakt van tevoren duidelijk wat het onderzoek moet opleveren en wat daarvoor allemaal moet gebeuren. Ook promotoren en begeleiders van dissertatieprojecten kennen deze problematiek. Normaliter start een dissertatieproject met een onderzoeksvoorstel op basis waarvan onderzoeksgelden zijn toegewezen. Deze onderzoeksvoorstellen zijn in de meeste gevallen niet vergelijkbaar met wat in deze uitgave wordt verstaan onder een onderzoeksontwerp. Om de benodigde financiën te verwerven laten deze voorstellen vooral de wetenschappelijkheid en complexiteit van het aangevraagde project zien. Een onderzoeksontwerp daarentegen dat een sturend vermogen heeft en aldus de weg wijst bij de uitvoering, vraagt om heel andere kwaliteiten. Hier gaat het er bijvoorbeeld niet om de omvangrijkheid van een project te laten zien, maar is het juist zaak om te komen tot de vereiste concreetheid en afbakening. De gevolgen van een gebrek aan aandacht voor deze zaken zijn een onevenredig lange periode van voorbereidingstijd en literatuurstudie die soms wel één tot anderhalf jaar duurt, en het voortijdig afhaken van promovendi. Vandaar dat in dit boek vele richtlijnen en gedachtegangen worden geboden die de promotor en de begeleider kunnen benutten om een vlottere aanloop en uitvoering van het onderzoek te bewerkstelligen. Bovendien kan dit leiden tot een verhoging van de kwaliteit van onderzoeksresultaten.

Een derde en laatste doelgroep wordt gevormd door diegenen die in hun beroepspraktijk te maken krijgen met het uitvoeren van een onderzoek, dan wel met het verlenen van opdrachten voor een onderzoek, en dus ook met een adequaat gebruik van de resultaten van onderzoek. Een veelgehoorde klacht is dat onderzoeksresultaten achteraf vaak niet blijken te voldoen en daardoor ook weinig worden toegepast. Een belangrijke oorzaak hiervan is een gebrekkige afstemming tussen aan de ene kant de problemen waarmee men in de praktijk zit en waarvoor men een oplossing probeert te vinden, en een vertaling van deze problematiek in een kennisprobleem aan de andere kant. Vooral in het eerste deel van dit boek, dat gaat over het conceptuele ontwerp van een onderzoek, komt deze vertaalslag uitgebreid aan bod. De geboden inzichten en door oefening opgedane vaardigheden zullen potentiële opdrachtgevers van onderzoek beter in staat stellen om datgene aan onderzoeksresultaten te verwerven wat ook daadwerkelijk aansluit bij het gevoerde beleid of strategisch management van de organisatie waarvoor zij werken.

Tot slot is hier ook een waarschuwing op zijn plaats. Door gebruik te maken van de in dit boek ver uitgewerkte ontwerpmethodiek is de ontwikkeling van een uitermate sturend onderzoeksontwerp mogelijk. Men kan dit vergelijken met de tekeningen en het bestek van een architect. Normaliter maken deze een vlotte uitvoering van de bouw mogelijk. Zo ook de ontwerper die zich de hier gepresenteerde ontwerpmethodologie eigen maakt en in praktijk brengt. Toch verdient het voor diegenen die het ontworpen onderzoek ook zelf gaan uitvoeren, aanbeveling om aan de hand van het ontwerp aanvullende methodologische literatuur te bestuderen die aansluit bij de gekozen onderzoeksstrategie en onderzoeksmethoden. De reden is dat we ons in deel II van dit boek, dat gaat over het maken van een technisch ontwerp, in hoofdzaak beperken tot datgene uit de algemene onderzoeksmethodologie wat de *ontwerper* nodig heeft.

Leeswijzer
Dit boek vereist geen speciale voorkennis. Door de opbouwende betoogtrant, door de vele min of meer uitgewerkte handleidingen en heuristieken hoe tot bepaalde resultaten te komen, en door de vele voorbeelden is het in principe geschikt voor zelfstudie. Door deze kenmerken komt men naar verwachting bij het doorlezen van de tekst weinig problemen tegen. Vanwege de toch al zeer moeilijke situatie waarin iemand aan de start van een onderzoek verkeert, zijn de teksten met richtlijnen en stappenplannen zo eenvoudig mogelijk gehouden. Maar ook hier is een waarschuwing op zijn plaats. Een en ander kan er ook gemakkelijk toe leiden dat men over de problemen heen leest. De indruk van eenvoud zal dan ook flink veranderen zodra men het gepresenteerde zelf gaat toepassen. Dan zal blijken dat diverse onderdelen van het ontwerpproces veel moeilijker zijn dan ze er op het eerste oog uitzien. Dit probleem wordt nog versterkt door het gegeven dat voor het maken van een onderzoeksontwerp, naast vakkennis, enige creativiteit en fantasie nodig zijn.
De enige remedie hiertegen is oefenen en de inhoud systematisch in praktijk brengen. Om die reden wordt de lezer aangemoedigd om de opgaven te maken en om na het lezen van elk hoofdstuk het gepresenteerde toe te passen op een zelf te ontwerpen onderzoek. Een aanbeveling is dit niet alleen achter de studeertafel te doen, maar de stof te verwerken in samenspraak met iemand anders die voor dezelfde taak staat. Dit werken in koppels verhoogt de creativiteit en fantasie, terwijl kandidaten elkaar ook voortdurend kunnen wijzen op onduidelijkheden, inconsistenties of hiaten in het ontwerp in wording. Behalve voor zelfstudie is het boek bruikbaar in trainingscursussen, waarin de deelnemers in werkgroepen en onder begeleiding van docenten de diverse onderdelen van het opzetten van een onderzoek bespreken en oefenen. Op verschillende universiteiten en hbo-instellingen hebben de studenten en promovendi de mogelijkheid om dergelijke cursussen te volgen.
Met het oog op het toepassen van de inhoud op concrete voorbeelden is aan het eind van elk hoofdstuk een stappenplan opgenomen. Let hierbij op het volgende. Door telkens het stappenplan van een hoofdstuk te volgen kan de in dit boek voorgestane *iteratieve* ontwerpstrategie in het gedrang komen (zie ook hoofdstuk 1). Kort gezegd komt deze erop neer dat de ontwerper een

voortdurende heen en weer gaande beweging maakt tussen de diverse onderdelen van het ontwerp. Daarom bevelen we sterk aan dat de gepresenteerde ontwerpmethodologie in twee fasen eigen wordt gemaakt. In de eerste fase oefent de lezer de diverse methodieken en heuristieken per onderdeel van het ontwerp. Grofweg komt dit neer op het zich eigen maken van kennis en vaardigheden per hoofdstuk uit het boek. Pas als hij of zij kennis heeft van en vaardigheden in (het hanteren van) de diverse afzonderlijke methodieken en heuristieken, de losse bouwstenen, start deze als oefening een totaalproces van ontwerpen. Pas dan zal een iteratieve ontwerpbenadering tot zijn recht komen.

Het boek kan ook worden gehanteerd als een overzichtelijk naslagwerk voor iedereen die aan het begin staat van een contractonderzoek of van een activiteit die vergelijkbaar is met een onderzoek. Te noemen zijn het maken van rapporten en werkstukken, het schrijven van artikelen en het opzetten van kortlopende, toegepaste onderzoeksprojecten. Het blijkt altijd handig om in specifieke gevallen nog eens de mogelijkheid te hebben om de grondbeginselen van het ontwerpen van een onderzoek na te lezen.

Tot slot is een waarschuwing op zijn plaats. Doordat in elk hoofdstuk aan het eind een stappenplan is opgenomen, ontstaat het gevaar dat u deze stappenplannen slaafs uitvoert, zonder kritisch na te denken. Dit leidt ertoe dat u weinig van het boek leert, en ook dat het ontwerp dat dit oplevert doorgaans weinig kwaliteit heeft. Onderzoek is te complex en veelvormig om het geheel in van tevoren bedachte stappen te kunnen vangen. De stappenplannen vormen dan ook slechts een hulpmiddel en een globale leidraad bij het ontwerpen. Bovendien vormen ze steeds slechts één manier om een bepaald deel van het ontwerp vorm te geven. De lezer wordt aangeraden om steeds zélf kritisch te blijven nadenken bij en over elke te nemen stap. Voorkom een soort automatisme bij het werken volgens de gepresenteerde stappenplannen.

Opbouw

In hoofdstuk 1 wordt de logica van ontwerpen en de opbouw van dit boek als geheel aan de hand van een concreet voorbeeld toegelicht. In de hoofdstukken 2 tot en met 8 en in de Appendix worden vervolgens de verschillende onderdelen van het ontwerp toegelicht en uitgewerkt. Per hoofdstuk zijn de teksten als volgt opgebouwd. Aan het begin van elk hoofdstuk ziet u een praktijkvoorbeeld waarin datgene wat we in dit hoofdstuk willen overdragen, wordt geproblematiseerd. Vervolgens worden methoden, richtlijnen, procedures en methodieken uitgewerkt die u bij het vormgeven van het betreffende onderdeel van een ontwerp kunt benutten. Dit geheel mondt uit in een stappenplan. Tot slot wordt het gebruik van dit stappenplan gedemonstreerd aan de hand van het praktijkvoorbeeld waarmee het hoofdstuk begon.

1 | Projectontwerp

Ontwerpen is als het maken van een schilderij. U bent voortdurend op alle plekken van het doek bezig. Vormen en kleuren op het ene onderdeel inspireren tot vormen en kleuren van een ander deel. Af en toe neemt u even afstand om door de oogharen kijkend de kwaliteit en de harmonie van het geheel te overzien.

1.1 Inleiding

Het opzetten en uitvoeren van een onderzoek is een complexe bezigheid. Er komt een groot aantal nieuwe indrukken op u af. Ook worden er door allerlei betrokken partijen diverse en vaak aan elkaar tegengestelde eisen aan u gesteld. In zo'n situatie blijkt het voor de meeste mensen moeilijk om te komen tot een doelgericht handelen waarbij het voor henzelf en de overige betrokkenen duidelijk is wat er moet gaan gebeuren. Het volgende voorbeeld geeft een schets van een dergelijke situatie.

> **Voorbeeld 'logistieke problemen'**
> Een student organisatiekunde krijgt een afstudeeropdracht bij een warenhuisconcern. Er zijn in dit concern problemen met betrekking tot de sturing van goederenstromen tussen de afdelingen binnen de afzonderlijke warenhuizen. Na een korte rondleiding in een van de warenhuizen van het concern en enkele gesprekken met zijn begeleider verdiept de student zich in de literatuur over logistiek en stelt hij een lijst met mogelijke logistieke problemen op. Hij legt deze lijst voor aan enkele functionarissen in het bedrijf. Dan blijkt dat het eigenlijk niet zozeer gaat om de logistieke problemen zelf. Van groter belang blijken verschillen in inzicht over de achtergronden van deze problemen bij diverse groeperingen in het bedrijf. Omdat deze student intussen al meer dan een maand bezig is met zijn afstudeerproject, bedenkt hij dat hij dan maar snel een interviewlijst moet maken om mensen te ondervragen over hun visie op de logistieke problemen. Maar wie moet hij nu voor een interview benaderen? En wat moet hij precies vragen? Moet hij zich nu wel of niet verdiepen in logistieke problemen? En wat hoort er nu eigenlijk allemaal wel en wat niet onder de logistiek van een bedrijf? Bovendien, de tijdsdruk wordt groter en de student voert daarom snel wat gesprekken met enkele leidinggevenden, maar veel informatie krijgt hij niet. Zijn begeleider vraagt hem hoever hij met het onderzoek is. De student maakt vlug wat verslagen van de interviews, maar voelt op zijn klompen aan dat dit onvoldoende is voor een scriptie. Wat moet er in de scriptie staan? Op welke manier kan enige theoretische verdieping worden bereikt? Het lijkt al met al een niet zo succesvol afstudeerproject te worden.

Wat de student in dit voorbeeld mist, is een overzicht van de diverse stappen die bij de voorbereiding en de uitvoering van een afstudeerproject moeten worden gezet. Voor hem is het een kluwen van activiteiten zonder dat er sprake is van een weloverwogen en planmatige aanpak.

In dit eerste hoofdstuk geven we een totaalbeeld van de verschillende onderdelen van een onderzoeksontwerp zoals die in dit boek worden uitgewerkt. In paragraaf 1.2 geven we in vogelvlucht een projectontwerp en de verschillende onderdelen ervan weer. Deze paragraaf laat als het ware zien welke structuur het *product* van ontwerpactiviteiten dient te hebben. In paragraaf 1.3 volgt een schets van het proces waarin zo'n product zich ontwikkelt, het ontwerp*proces*.

1.2 Projectontwerp in vogelvlucht

Het ontwerp van een onderzoek bestaat uit twee onderdelen, te weten het conceptuele ontwerp en het technische ontwerp. Grofweg gaat het conceptuele ontwerp over *wat* u in en met het onderzoek wilt bereiken. Het technische ontwerp geeft aan *hoe* u dit denkt te bereiken.

Meer in het bijzonder bepaalt het conceptueel ontwerp *wat, waarom en hoeveel* we gaan onderzoeken. Dit is het onderwerp van deel I van dit boek. Het bestaat uit vier onderdelen. In het eerste onderdeel wordt de *doelstelling* van het onderzoek geformuleerd. Deze doelstelling dient te zijn afgeleid van en ingebed in wat we zullen noemen het *projectkader*. De doelstelling is datgene wat men met een onderzoek wil (helpen) bereiken. Het is een of ander bestaand streven waaraan men met het onderzoek wil bijdragen. Het gaat hier dus om de bijdrage die de onderzoeker wil leveren aan iets buiten het onderzoek. Daarom wordt deze ook wel aangeduid als het doel **van** onderzoek, ofwel het **externe** doel. Met andere woorden, de doelstelling betreft het (door de ontwerper beoogde) *gebruik* van de kennis die het onderzoek gaat opleveren, *niet* die kennis zelf.

De globale wijze waarop het onderzoek wordt gestructureerd, wordt vervolgens vormgegeven in een *onderzoeksmodel*. Dit is een schematische weergave van de belangrijkste stappen die u denkt nodig te hebben om de doelstelling te bereiken.

Deze doelstelling tracht u te (helpen) bereiken door het produceren van kennis. Dus de volgende stap is te bepalen welke kennis nodig is voor, of kan bijdragen aan, het bereiken van de doelstelling. Deze benodigde kennis formuleren we in de vorm van een *vraagstelling*. De vraagstelling is een verzameling van onderzoeksvragen die in de loop van het onderzoek moeten worden beantwoord. De antwoorden op deze vragen vormen precies de kennis die het onderzoek gaat opleveren, niet minder maar ook niet méér. Dit betreft dus het **interne** doel van het onderzoek, ofwel het doel **in** het onderzoek. Een belangrijk onderdeel van het maken van de vraagstelling is het vaststellen van het theoretisch kader (later in dit boek de 'onderzoeksoptiek' genoemd) van waaruit naar het onderzoeksobject wordt gekeken. Soms bestaat het theoretisch kader uit een kant-en-klare theorie die u vindt in de literatuur. Maar vaak ook dient u, mede op basis van bestaande theorieën, zelf een standpunt, visie of theorie(fragment) te bedenken dat geheel op het onderzoek in kwestie is afgestemd. Een veelvoorkomende vorm waarin een theoretisch kader wordt vormgegeven, is het zogenoemde conceptueel *model*. In de Appendix van dit boek geven we een uitgebreide instructie over de wijze waarop u een conceptueel model kunt ontwikkelen.

In het kader van het ontwikkelen van een conceptueel *ontwerp* resteert tot slot een groep activiteiten waarin de belangrijkste begrippen uit de doel- en vraagstelling worden omschreven, toegespitst en geconcretiseerd. Vooral moeten de begrippen worden vertaald in zintuiglijke waarnemingen. Dit betreft de *definiëring* en *operationalisering* van de kernbegrippen. In dit kader moet ook terdege aandacht worden geschonken aan de afbakening van het onderzoek. Daarmee is een behandeling van het conceptuele ontwerp voltooid.

Het tweede onderdeel van het onderzoeksontwerp is het *onderzoekstechnisch* ontwerp. Dit staat centraal in deel II van dit boek. Grofweg kan men zeggen dat in het onderzoekstechnisch ontwerp beslissingen worden genomen over *hoe*, *waar* en *wanneer* we gaan onderzoeken, teneinde de onderzoeksvragen naar behoren te kunnen beantwoorden. Een eerste stap die op dit vlak moet worden gezet, is de bepaling van de te volgen onderzoeksbenadering ofwel *onderzoeksstrategie*. Kernvragen die hier moeten worden beantwoord, zijn: streeft de ontwerper (en in diens navolging straks de uitvoerder van het onderzoek) naar breedte of diepgang, naar een kwalitatieve of een kwantitatieve benadering, naar een waarneming uit de eerste hand of wordt het een nadere bezinning op en analyse van door anderen geproduceerde kennis of gegevens? Als de ontwerper eenmaal weet welke onderzoeksstrategie hij of zij globaal zal gaan volgen, is de volgende stap in het ontwerpproces het vaststellen van het soort onderzoeksmateriaal dat nodig is om de onderzoeksvragen te kunnen beantwoorden, waar dit materiaal te vinden is, en/of hoe het kan worden geproduceerd. Dit geheel van beargumenteerde beslissingen duiden we aan als het *plan voor het genereren van het onderzoeksmateriaal*. In kwantitatief onderzoek staat dit ook wel bekend als het proces van dataverzameling.

Een derde en laatste categorie van activiteiten en beslissingen die in het kader van het maken van een technisch ontwerp nodig zijn, betreft een heldere en consistente *planning* van het onderzoek. In schema ziet een en ander eruit zoals is weergegeven in figuur 1.1 (zie p. 18).

Figuur 1.1 Totaalbeeld onderzoeksontwerp

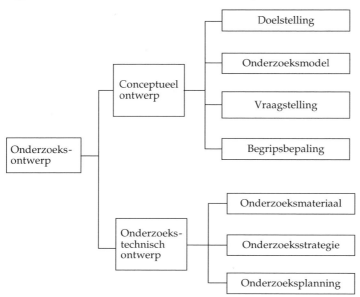

De onderdelen rechts in deze figuur worden in de zeven hierna volgende hoofdstukken uitgewerkt. Ze worden hieronder nog eens kort toegelicht aan de hand van het eerder gegeven voorbeeldproject over logistieke problemen.

Doelstelling

Bij de start van uw onderzoek is er sprake van een bestaande problematiek waarbinnen u het onderzoek een plaats wilt geven. We duiden dit aan als het *projectkader*. Als regel is dit kader in eerste instantie veel te ruim en te complex om in zijn volle omvang door u met een empirisch onderzoek te bestrijken. De eerste stap bij het ontwikkelen van een conceptueel ontwerp voor empirisch onderzoek is dan ook *afbakenen*. U zondert uit het projectkader een deel af dat in de beschikbare tijd voor u behapbaar is. Het resultaat hiervan is een welomschreven en niet te omvangrijk probleem of, vaker nog, een deel van een probleem, aan de oplossing waarvan u met het onderzoek een daadwerkelijke bijdrage denkt te leveren. Indien dit deel van het projectkader wordt geformuleerd als een (bijdrage aan een) te behalen doel of het oplossen van een probleem, dan noemen we dit de *doelstelling* van het onderzoek.

> **Voorbeeld 'logistieke problemen'**
>
> *Projectkader*
> Een warenhuisconcern heeft te kampen met verschillende problemen met betrekking tot de levering van goederen. Dit probleem heeft vele facetten: de logistieke aansturing, transportmanagement, afspraken met toeleveranciers, klantvriendelijkheid, de kosten van de levering, enzovoort. Ondanks verschillende recente uitgevoerde organisatieveranderingsprojecten ziet men geen verbetering. Het is bovendien niet duidelijk waar de problemen nu precies vandaan komen. Sommigen geven de schuld aan een starre organisatiestructuur. Anderen wijzen op de – in hun ogen – weinig commercieel ingestelde organisatiecultuur. Weer anderen brengen naar voren dat de medewerkers eigenlijk niet bereid zijn om hun manier van werken te veranderen. Het Hoofd Logistiek & Distributie vraagt een adviesbureau een onderzoek te doen naar de achtergronden voor de logistieke problemen.
>
> *Doelstelling*
> Het doen van aanbevelingen aan het Hoofd Logistiek & Distributie voor verbetering van het logistieke beleid door een inventarisatie te maken van de door verschillende groeperingen binnen de organisatie (algemeen management, medewerkers Logistiek & Distributie, transporteurs, management lokale vestigingen) gepercipieerde achtergronden en oorzaken van de logistieke problemen en hun meningen over de oplossingen voor deze problemen.

De ervaring leert dat dit afbakenen tot een haalbaar en realistisch doel voor de meeste beginnende onderzoekers een eerste buitengewoon lastige hobbel is die moet worden genomen. Het is niettemin de allerbelangrijkste voorwaarde om tot een geslaagd onderzoek te komen. De doelstelling van een onderzoek wordt verder uitgewerkt in hoofdstuk 2 van dit boek.

Onderzoeksmodel

Voordat u aan het formuleren van de vraagstelling van het onderzoek begint, is het raadzaam om eerst in grote lijnen aan te geven op welke wijze u deze doelstelling denkt te bereiken. Het maken van een overzichtelijk onderzoeksmodel is daarbij behulpzaam. Het onderzoeksmodel is een *schematische en sterk visuele weergave* van de stappen die globaal in een onderzoek moeten worden gezet om het projectdoel te bereiken. Zo'n schema blijkt een buitengewoon handig hulpmiddel te zijn om greep te krijgen op het project. Het onderzoeksmodel wordt verder uitgewerkt in hoofdstuk 3.

> **Voorbeeld 'logistieke problemen'**
> De redenering waarmee u in dit project uw doel denkt te bereiken, luidt als volgt. Een analyse van de organisatiekundige wetenschappelijke literatuur over logistiek en besturing, organisatiecultuur, organisatiestructuur en organisatieverandering, eventueel aangevuld met informatie uit een kort vooronderzoek, levert u een theoretisch kader op. In dit geval wordt het theoretisch kader vormgegeven in een conceptueel model. Het conceptueel model bestaat uit een overzicht van factoren die van invloed zijn op logistieke problemen. Met behulp van dit overzicht brengt u de meningen van de verschillende partijen in de organisatie over logistieke problemen en oplossingen in kaart en vergelijkt u ze met elkaar. Een schematische weergave van een en ander ziet u in figuur 1.2.

Figuur 1.2   Onderzoeksmodel voor het onderzoek naar logistieke problemen

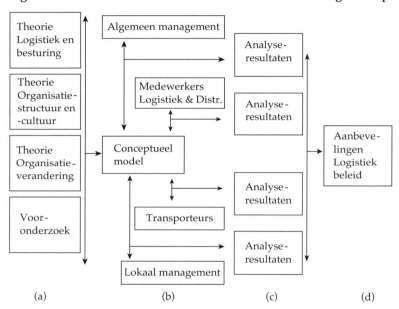

(a)   (b)   (c)   (d)

Vraagstelling en theoretisch kader

Vervolgens formuleert u onderzoeksvragen die in de loop van het onderzoek moeten worden beantwoord. Deze vragen zijn zodanig gekozen en geformuleerd, dat het antwoord daarop nodig of nuttig is bij het realiseren van de doelstelling. Deze vragen vormen tezamen de *vraagstelling* van uw onderzoek. Tevens ontwikkelt u, vooral door bestudering van relevante theorieën en verslagen van wetenschappelijk onderzoek, het theoretisch kader van uw onderzoek. Het maken van een sturende vraagstelling wordt in detail uitgewerkt in hoofdstuk 4. Een voorbeeld voor de uitwerking van het theoretisch

1 Projectontwerp

kader in de vorm van een conceptueel model vindt u in de Appendix. Zodra u in staat bent om een vraagstelling te ontwikkelen die voldoet aan de door ons gestelde eisen, dan is de verdere uitwerking in concrete onderzoeksstappen, in casu het onderzoekstechnisch ontwerp, meestal geen probleem meer. U zou dit zelfs als graadmeter voor een adequate vraagstelling kunnen nemen: als het ontwikkelen van een technisch ontwerp niet goed lukt en/of u stuit voortdurend op lastige problemen, dan betekent dit vrijwel zeker dat de vraagstelling nog niet de juiste vorm en uitwerking heeft gekregen. In dat geval doet u er goed aan om de instructies in dit boek voor het maken van een doel- en vraagstelling nog eens goed na te lopen en kritisch toe te passen op uw vraagstelling in wording.

Voorbeeld 'logistieke problemen'

Als de centrale vragen van het onderzoek formuleren we:
1. Wat zijn de, aan wetenschappelijke literatuur en vooronderzoek ontleende, relevante kernbegrippen en de veronderstelde verbanden tussen deze begrippen, ten behoeve van de inventarisatie van meningen over problemen en oplossingen voor deze problemen bij de verschillende partijen (= het theoretisch kader)?
2. Wat is de mening van de verschillende partijen over de met deze kernbegrippen aangeduide zaken in de eigen organisatie en over hun veronderstelde relaties?
3. Wat zijn de belangrijkste overeenkomsten en verschillen in ideeën van de diverse partijen van het warenhuisconcern over de verschillende problemen met goederenstromen en de manier waarop deze problemen het best kunnen worden opgelost?

Het in dit onderzoek ontwikkelde theoretisch kader is vormgegeven in het volgende conceptuele model (figuur 1.3).

Figuur 1.3   Conceptueel model voor het onderzoek naar logistieke problemen

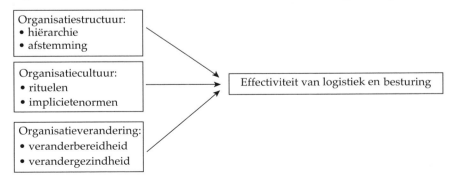

Het conceptuele model lezen we als volgt: op basis van een literatuurstudie en een vooronderzoek hebben de onderzoekers ervoor gekozen om de invloeden te onderzoeken van de organisatiestructuur (hiërarchie en onderlinge afstemming), de organisatiecultuur (rituelen en impliciete normen) en de organisatieverandering (de veranderbereidheid en verandergezindheid van medewerkers) op de effectiviteit van logistiek en besturing.

Begripsbepaling en operationalisering
In de doel- en vraagstelling van een onderzoek komen steevast enkele begrippen voor die een centrale plaats in het onderzoek innemen. Wat u onder deze begrippen *precies* verstaat, is zo bepalend voor wat er verder in het project gaat gebeuren, dat het van belang is om de inhoud ervan in een begripsomschrijving vast te leggen. Dat betekent niet alleen dat u een kernachtige definitie van het begrip geeft, maar ook dat u kort en bondig aangeeft welke zaken er in de werkelijkheid onder vallen (en dus ook welke zaken *niet*). Dit laatste vormt een onderdeel van het operationaliseren van kernbegrippen. Kortom, door middel van definiëring en operationalisering van de kernbegrippen wordt het onderzoek afgebakend en ontstaat er meer duidelijkheid over waar we in de bibliotheek en in de empirische werkelijkheid moeten gaan kijken. Deze thematiek komt uitvoeriger terug in hoofdstuk 5.

Voorbeeld 'logistieke problemen'
Een kernbegrip in ons voorbeeldproject is het begrip 'logistiek en besturing'.

Begripsbepaling
In dit project verstaan wij onder 'logistiek en besturing' het geheel van beslissingen met betrekking tot de processen, producten, partners en kosten die van invloed zijn op de goederenstromen tussen de toeleveranciers en de afzonderlijke warenhuizen van het concern, alsmede de wijze waarop deze stromen worden bestuurd. Dus niet bedoeld zijn goederenstromen binnen de warenhuizen zelf. U begrijpt dat van deze laatste toevoeging een belangrijke afbakenende werking uitgaat. Dat is precies wat u in uw onderzoek nodig heeft.

Hiermee is het conceptuele deel van het onderzoeksontwerp gereed en kan het technische ontwerp een aanvang nemen. Dit laatste bestaat zoals gezegd uit een bepaling en uitwerking van de onderzoeksstrategie, van het benodigde onderzoeksmateriaal, en de planning van het onderzoek.

Onderzoeksstrategie
Een volgende reeks van beslissingen betreft de wijze waarop u uw onderzoeksobject gaat benaderen en waarop u het onderzoek gaat aanpakken. U

kunt kiezen voor een strategie waarmee u algemeen geldende uitspraken kunt doen over het onderwerp van studie. In dat geval ligt een grootschalig onderzoek waarin u meer streeft naar breedte dan naar diepte, voor de hand. De grote hoeveelheid gegevens waarop dit afkoerst vraagt meestal om een kwantitatief onderzoek. We spreken dan van een grootschalig veldonderzoek, ook wel aangeduid als een survey-onderzoek. Het is ook mogelijk dat u meer geïnteresseerd bent in een diepgaande bestudering van een complex geval. U kiest dan voor een strategie die bekendstaat als een gevalstudie, ook wel aangeduid als casestudy. Hier wordt doorgaans via meerdere ingangen en op een meer kwalitatieve wijze onderzocht. Meer hierover volgt in hoofdstuk 6.

Voorbeeld 'logistieke problemen'

U kiest voor een gevalstudie. De reden hiervan is deels dat u kwalitatief onderzoek leuker vindt dan kwantitatief onderzoek, deels dat u het probleem graag in de diepte wilt bestuderen. De prijs die u hiervoor natuurlijk betaalt, is dat u minder mogelijkheid tot generalisering heeft. Via diverse insteken, zoals het analyseren van antwoorden op vragenlijsten, het voeren van gesprekken met medewerkers, observaties van het productieproces en bestudering van bedrijfsdocumenten, probeert u een zo diepgaand mogelijk inzicht te krijgen van de problematiek in al haar aspecten en samenhangen.

Onderzoeksmateriaal

Een volgende fase in het ontwerpproces is het maken van een plan voor het genereren van het benodigde onderzoeksmateriaal. Een eerste stap in het maken van dit plan is het bepalen van de onderzoekspopulatie. Deze populatie betreft dat deel van de werkelijkheid waarover u uitspraken wilt doen. Pas als dit bekend is, kunt u de daarvoor benodigde databronnen selecteren. Databronnen kunnen mensen zijn, maar ook objecten, situaties, media of documenten. Tot slot moet worden beslist op welke manier(en) de gegevens uit deze bronnen worden gewonnen. Bekende manieren zijn enquête, interview, observatie en inhoudsanalyse. Meer hierover in hoofdstuk 7.

Voorbeeld 'logistieke problemen'

Voor de uitvoering van het project 'logistieke problemen' neemt u zich voor de meningen van de betrokken groeperingen te verzamelen met behulp van een combinatie van een halfgestructureerde vragenlijst en open interviews. U bepaalt dat van de drie relevante groeperingen de vijf meest gezaghebbende personen zullen worden benaderd.

Onderzoeksplanning
Een laatste ontwerpende activiteit is ten slotte de planning. Bedoeld is de planning zowel van de uitvoering van het onderzoek als van het schrijven van het eindrapport, respectievelijk het onderzoeksverslag. Wat betreft de uitvoering van het onderzoek verdient het niet alleen aanbeveling om een tijdsas te tekenen met daarop de data waarop verschillende zaken af moeten zijn. Ook is het van belang om de activiteiten die tot deze 'producten' moeten leiden, van tevoren te specificeren. Voor het analyseren van uw gegevens en het rapporteren van de resultaten is het van grote waarde als u al bij het begin van het onderzoek een beeld heeft van het eindrapport in de vorm van een voorlopige inhoudsopgave. Over de planning van het onderzoek gaat hoofdstuk 8.

Voorbeeld 'logistieke problemen'
Het project duurt ongeveer zes maanden ofwel vijfentwintig werkweken. Daarvan zijn intussen al drie weken verstreken voor het maken van een onderzoeksontwerp. De activiteiten die u in het kader van het afstudeerproject gaat uitvoeren, bestaan uit het afnemen van interviews en het uitvoeren van observaties. U besluit in totaal vijftien interviews te houden, waarvoor u drie weken werktijd uittrekt. Deze beslissing is gebaseerd op de vuistregel dat gemiddeld (hoogstens) één interview per dag kan worden afgewerkt, all-in. Met 'all-in' is bedoeld het op basis van het theoretisch kader formuleren van de interviewvragen, het maken van afspraken met respondenten, reis- en wachttijden, het afnemen van het interview, het analyseren van de inhoud en het op basis hiervan beantwoorden van de onderzoeksvragen. Vanwege de afspraken die u hiervoor moet maken, denkt u dat deze activiteiten in totaal anderhalve maand in beslag zullen nemen. Verder wilt u vijf volle dagen besteden aan observaties. U trekt nog eens veertien dagen uit om uw hierbij opgedane indrukken vast te leggen, te systematiseren en te analyseren. Om zo veel mogelijk een link te leggen tussen de interviews en de observaties, plant u deze vijftien dagen in dezelfde looptijd van anderhalve maand die u reserveerde voor de interviews. Verder trekt u tien weken uit voor het op elkaar betrekken van al uw materiaal en voor het schrijven van conceptteksten. Ten slotte resteren u zes weken om uw bevindingen in verband te brengen met uw theoretische uitgangspunten en om dit alles te verwerken tot een definitief rapport in de vorm van een scriptie.

1.3   ITERATIEF ONTWERPEN

U las in het kort hoe het resultaat van uw ontwerpactiviteiten er in onze visie globaal uit moet zien. Dit resultaat is het onderzoeksontwerp in de betekenis van een *product*. De volgende vraag is op welke wijze dit ontwerpproduct tot stand komt. We hebben het dan over een ontwerp in de betekenis van een proces. Hierover gaat de nu volgende paragraaf.

Hierboven kan de indruk gewekt zijn dat het ontwerpen van een onderzoek een lineair en opeenvolgend proces is. Het lijkt er immers op dat eerst het projectkader in kaart wordt gebracht, dan daaruit een doelstelling wordt afgeleid en een onderzoeksmodel wordt vervaardigd, om vervolgens de doelstelling en dit model te vertalen in een vraagstelling en eventueel een conceptueel model. Daarna wordt de onderzoeksstrategie en het benodigde materiaal gekozen. Ten slotte wordt in deze (foutieve) voorstelling van zaken dit alles onderworpen aan een nauwgezette planning.

In het ontwerp als product, dus als het ontwerpen eenmaal klaar is, zijn als het goed is de zojuist genoemde onderdelen van het ontwerp inderdaad logisch uit elkaar af te leiden. Zo moet in het uiteindelijke ontwerp de vraagstelling logisch kunnen worden afgeleid uit de doelstelling. Immers, de antwoorden op de vragen dienen bij te dragen aan het behalen van de doelstelling. En het onderzoekstechnische ontwerp dient een logische vertaling te zijn van de vraagstelling in een aantal concrete onderzoeksstappen. Immers, door de uitvoering van dit technische ontwerp moeten de antwoorden op de onderzoeksvragen gevonden worden. Hoewel dit lineaire karakter onomstotelijk moet zijn terug te vinden in het ontwerp als *product*, is dit niet de manier waarop dit ontwerp tot stand komt, het ontwerp als *proces*. Met andere woorden, de gepresenteerde sequentie is een *logische* volgorde, maar geen *tijdvolgorde* tijdens het ontwerpproces. Dit laatste is veel warriger dan men op het eerste oog zou denken. Zo kan het best zijn dat uw eerste gedachte bij het maken van een ontwerp voor uw onderzoek is, dat u graag interviews wilt gaan houden. U hebt hierin immers ooit training gehad en het lijkt u leuk om deze techniek eens zelf te gaan toepassen.

De ontwerpbenadering die wij hier voorstaan, kan worden gekenschetst als een iteratief proces. Het begrip itereren stamt uit de wiskunde, waar het betekent dat het resultaat van een berekening opnieuw als input wordt genomen van een tweede rekenronde. Dit proces wordt zo lang doorgezet tot er geen noemenswaardige veranderingen in het rekenresultaat meer optreden. Men zegt dan dat het ontwerp convergeert. In het dagelijkse spraakgebruik zou men zeggen dat het is uitgekristalliseerd. Vertaald naar de praktijk van ontwerpen betekent itereren dat de ontwerper voordurend heen en weer gaat tussen de diverse onderdelen van het ontwerp. Daarbij vraagt hij of zij zich steeds af wat de consequenties zijn van een beslissing op het betreffende onderdeel voor alle andere onderdelen van het ontwerp, zowel die delen die later als die welke eerder komen in de logische volgorde van de ontwerponderdelen. Noopt dit tot wijzigingen of aanvullingen, dan wordt opnieuw gekeken naar mogelijke consequenties voor andere onderdelen, enzovoort.

Een dergelijke ontwerpbenadering heeft onder meer de volgende opmerkelijke consequentie. Zoals de lezer zal begrijpen, zijn definitieve beslissingen op het vlak van het onderzoekstechnisch ontwerp afhankelijk van een aantal keuzen die worden gemaakt in het kader van het conceptuele ontwerp. Desondanks kan bijvoorbeeld de keuze voor interviews als methode van dataverzameling een geschikt startpunt van het ontwerpproces zijn. Als u erg gecharmeerd bent van deze methode van dataverzameling, dan motiveert het u in ieder geval het vele werk te verrichten dat een onderzoek nu eenmaal vergt. Maar uw besluit om interviews te gaan houden heeft natuurlijk consequenties voor beslissingen op andere onderdelen van het conceptueel en onderzoekstechnisch ontwerp. U overpeinst bijvoorbeeld wat voor soort inzichten in en kennis over bedrijven u met de interviews zult gaan produceren (vraagstelling). Of u gaat nog verder terug en u denkt na over een type bedrijfsprobleem waar veel organisaties tegenwoordig mee kampen (projectkader). Vervolgens is het in principe niet moeilijk om een conceptueel ontwerp en een onderzoekstechnisch ontwerp te ontwikkelen waarin interviews een zinvolle plaats krijgen. Wat u in dit voorbeeld ziet, is iemand die tijdens het maken van een projectontwerp in gedachten een voortdurende heen-en-weergaande beweging maakt tussen de diverse onderdelen van een ontwerp.

Niet alleen is deze heen en weer gaande beweging nodig als u in het ontwerp een plaats wilt geven aan bepaalde wensen en interesses van uzelf. Deze is ook nodig vanwege het gegeven dat ontwerpen een zeer complexe aangelegenheid is. Het aantal mogelijkheden waaruit een ontwerper van een onderzoek bij elk onderdeel van het ontwerp kan kiezen, alsook de consequenties die een keuze heeft voor al de andere keuzen in het ontwerp, zijn zo talrijk en complex, dat een gewone sterveling die onmogelijk allemaal ineens kan overzien. Het lukt niemand om in één enkele procesgang een goed uitgebalanceerd en optimaal ontwerp voor elkaar te krijgen.
Een derde reden voor een iteratieve ontwerpbenadering is dat een ontwerper moet beschikken over fantasie en creativiteit. Ook deze worden door een iteratieve benadering bevorderd. Meestal is het zo dat bij het nadenken over een bepaald onderdeel van het ontwerp allerlei ideeën bij de ontwerper opkomen betreffende eerdere en eventueel ook latere onderdelen. Zo bedenkt u tijdens de vorming van een onderzoekstechnisch ontwerp dat het óók van belang is om iets te weten te komen over de *beoordeling* van een bepaald fenomeen door de onderzoekspersonen, terwijl tot dusver in het ontwerpproces de doel- en vraagstelling alleen voorzag in hun percepties van dit fenomeen. In het eerste geval gaat het om waarden en in het tweede om feiten. Vanuit deze gedachte komt er dan een bijstelling van de eerder geformuleerde vraagstelling. Deze wordt uitgebreid met een vraag of enkele vragen betreffende de waardering (evaluatie) van de onderzoekspersonen van bepaalde zaken.

Deze wijziging geeft waarschijnlijk op haar beurt weer aanleiding tot bijstelling van de overige onderdelen, enzovoort. Deze iteratieve werkwijze bevordert ook de efficiëntie van het ontwerp. Zoals u inmiddels weet staat het onderzoekstechnisch ontwerp in dienst van een beantwoording van de vragen in de vraagstelling. Deze antwoorden vormen op hun beurt de kennis die moet worden benut bij het bereiken van de doelstelling. Met andere woorden: het gaat hier om een doel-middelketen, die, zoals eveneens bekend is, zo sterk is als de zwakste schakel. Nu is het zo dat bij elk onderdeel van het ontwerp vaak allerlei pragmatische beslissingen moeten worden genomen. Zo kan een aanvankelijk heldere vraagstelling aansturen op gegevens die slechts moeizaam zijn te verkrijgen. Ze zijn bijvoorbeeld duur, het duurt (te) lang voor u erover kunt beschikken, u kunt net niet de goede data bemachtigen of sommige mensen willen niet meewerken aan een interview. Soms kan zo'n probleem worden omzeild door een kleine wijziging aan te brengen in de vraagstelling. Maar als u dit gedaan heeft, moet u vervolgens terug naar de doelstelling. Indien nodig wijzigt u deze laatste zodanig dat de 'nieuwe' vraagstelling er logisch uit afleidbaar is.

Uit deze uiteenzetting over het iteratieve karakter van een ontwerpactiviteit kan een belangrijke conclusie worden getrokken. We zagen dat het ontwerpen van een onderzoek noodzakelijk samengaat met vallen en opstaan, beslissen en herbezinnen, formuleren en herzien. De conclusie is dat itererend ontwerpen slechts op papier mogelijk is. Zolang u alleen maar over dingen *nadenkt*, is het moeilijk om zaken met elkaar te confronteren en systematisch bij te stellen. Bovendien belandt u al snel in een schier onontwarbare kluwen van gedachten. Kortom, itererend ontwerpen betekent schrijven, maar met het voortdurende besef dat wat u nu schrijft even later aan herziening toe is. Hier zijn schrijven en visualisering, zoals het maken van schema's, geen product, maar een voertuig van een creatief gedachteproces. Ook dit kan een belangrijk, maar ook zeer lastig leermoment zijn voor de beginnende onderzoeker. Velen van hen hebben de neiging om een herbezinning en herformulering te zien als een blijk van onvermogen en mislukking. Nodig is het geleidelijk ontwikkelen van een attitude waarin dit als een noodzakelijk en normaal gegeven wordt gezien. Dit laatste kan zelfs een reden zijn dat u straks in uw onderzoeksrapport het ontwerpproces weergeeft. Het kan immers zijn dat de lezer verbaasd is over bepaalde onderdelen van het ontwerp, die tot stand zijn gekomen in een iteratief proces. Zeker op onderdelen waar u om pragmatische redenen moest afwijken van de meest ideale keuzen, kan de lezer het oneens zijn met de ontwerper. Dit kan bijvoorbeeld het geval zijn met de (sterke) afbakening in het projectkader die de ontwerper doorvoerde. Om de lezer dan toch te overtuigen kan een weergave van het ontwerpproces aanzienlijk helpen.

Stappenplan

Deze uitgave biedt u een handleiding voor het ontwerpen van een onderzoek aan de hand van het volgende globale stappenplan. We noemen het globaal, omdat elk van de zeven stappen in dit plan in een apart hoofdstuk verder wordt uitgewerkt. Hierbij zal blijken dat elke stap uit dit globale plan uiteenvalt in een reeks tussenstappen. Realiseert u zich nogmaals terdege dat deze volgtijdelijke behandeling geen adequate afspiegeling van het ontwerpproces inhoudt. We kunnen het verhaal slechts sequentieel vertellen, maar in de praktijk wordt het ontwerpproces iteratief-parallel uitgevoerd.

Onderzoeksontwerp
1. Maak een verkenning van het projectkader van uw onderzoek en zonder hier een haalbare doelstelling uit af.
2. Maak een onderzoeksmodel dat aangeeft via welke globale stappen u de doelstelling denkt te bereiken.
3. Ga mede op basis van het onderzoeksmodel na welke kennis nuttig of nodig is voor het bereiken van de doelstelling en formuleer deze kennisbehoefte in de vorm van onderzoeksvragen (vraagstelling) en eventueel een conceptueel model (zie Appendix).
4. Bepaal de kernbegrippen in uw doel- en vraagstelling en geef hiervan op uw doel- en vraagstelling aangepaste begripsomschrijvingen en operationaliseringen.
5. Bepaal welke onderzoeksstrategie u zult volgen bij het uitvoeren van het onderzoek.
6. Ga per vraag uit de vraagstelling na welk onderzoeksmateriaal u nodig heeft om tot een gedegen beantwoording te komen en hoe u dit materiaal gaat verzamelen of produceren.
7. Maak een onderzoeksplanning waarin u vastlegt welke activiteiten u wanneer tijdens de uitvoering zult verrichten en welke producten dit op bepaalde momenten in het uitvoeringsproces moet hebben opgeleverd.

Dit globale stappenplan kan u tijdens het lezen helpen een overzicht te krijgen en te houden van het geheel.

Deel I

Conceptueel ontwerp

U staat aan het begin van uw onderzoek. In de meeste gevallen betekent dit dat u het onderwerp van uw onderzoek al in grote lijnen heeft vastgesteld. In sommige gevallen is dit onderwerp zuiver theoretisch, en heeft u zich voorgenomen om een theoretisch probleem verder uit te pluizen door de bestaande literatuur op dit terrein te bestuderen en over de problematiek na te denken. In andere gevallen voert u uw onderzoek uit bij een bestaande profit-, non-profit- of overheidsorganisatie of -instelling. Het onderzoek betreft dan een of ander praktijkprobleem in deze organisaties. Uw onderzoek dient in dat geval een bijdrage te leveren aan de oplossing van dit probleem.
Nu staat uw onderwerp wel in grote lijnen vast, maar u weet nog niet precies welke bijdrage u gaat leveren aan de oplossing van het theoretische of praktische probleem. Deze zaken moeten in een conceptueel ontwerp worden vastgesteld. Deel I gaat over de ontwikkeling van het conceptueel ontwerp.
Het conceptueel ontwerp moet verschillende functies binnen een onderzoek vervullen. Waarop u bij de ontwikkeling van een conceptueel ontwerp moet letten en waaraan in dit deel aandacht wordt gegeven, volgt direct uit deze functies. Verreweg de belangrijkste functie die het conceptueel ontwerp moet vervullen, is de *sturingsfunctie*. Bedoeld is niet alleen de sturing bij het maken van het technisch ontwerp van het onderzoeksproject, maar vooral ook straks bij de uitvoering van het project. Als het conceptuele ontwerp voldoet aan alle eisen die in dit deel I zijn uitgewerkt, dan leidt u er feilloos uit af welke

concrete onderzoeksactiviteiten tijdens de uitvoeringsfase moeten worden verricht. Zo maakt dit ontwerp duidelijk welk onderzoeksmateriaal moet worden verzameld, waar men dit materiaal wil gaan zoeken (bronnen), hoe de ontwerper/onderzoeker denkt dit materiaal uit de bronnen tevoorschijn te halen of eruit te genereren (methoden van dataverzameling) en wat er vervolgens met dat materiaal moet gebeuren (verwerking en analyse). Zijn de genoemde zaken na de formulering van de vraagstelling nog altijd niet duidelijk, dan is het bijna zeker dat er onvolledigheid is in het conceptueel ontwerp, en daarbinnen vooral in de doel- en vraagstelling.

De sturingsfunctie van het conceptueel ontwerp is vergelijkbaar met het ontwerp van een gebouw door een architect in de vorm van tekeningen. Het ontwerp (bouwtekening) en verdere beschrijvingen (bestek) zijn zodanig gemaakt dat vervolgens anderen in staat zijn het gebouw er precies zo neer te zetten als de ontwerper het bedoeld heeft. Zo moet het ook zijn met een onderzoeksontwerp. Als anderen het zouden gaan uitvoeren, dan moeten er resultaten uit de bus komen die de ontwerper voor ogen stonden. In dit deel zal duidelijk worden dat dit wel degelijk haalbaar is, maar dat het ontwerp aan veel en hoge eisen moet voldoen wil dit het geval zijn. Dat wil zeggen, een groot aantal methodieken, richtlijnen en heuristieken staan in functie van deze sturingsfunctie.

Twee bijkomende functies van het conceptueel ontwerp voor een onderzoek zijn de *motivatiefunctie* en de *evaluatiefunctie*. Ze zijn vooral interessant voor uzelf en uw begeleider. Bij het ontwerpen van het onderzoek zorgt u dat u kiest voor een doel- en vraagstelling waarin u bent geïnteresseerd. Motivatie is iets wat u goed kunt gebruiken bij een langdurige activiteit die een onderzoek meestal is. De evaluatiefunctie ten slotte wordt vooral vervuld doordat het conceptueel ontwerp een productbeschrijving behelst. Immers, dit ontwerp geeft aan welke kennis het onderzoek gaat opleveren (vraagstelling) en hoe deze kennis vervolgens kan bijdragen aan het oplossen van een probleem (doelstelling). Welnu, deze doel- en vraagstelling zijn geschikt om na het onderzoek te hanteren als beoordelingsmaatstaf. Heeft het project nu ook werkelijk opgeleverd wat u zich bij de start ervan voornam en wat u anderen in het vooruitzicht stelde?

2 | Doelstelling

Wie te hoog mikt, schiet zijn doel voorbij.

2.1 Inleiding

Wij nemen als startpunt het moment waarop u zich een globaal idee heeft gevormd van het onderwerp van uw onderzoek. Het is in deze fase verstandig dat u zich realiseert dat een onderwerp altijd onderdeel uitmaakt van een bredere context. Is het een theoretisch onderwerp, dan bestaat die context uit de literatuur op een bepaald vakgebied, het onderzoeksprogramma van een onderzoeksgroep of een lopend grootschalig wetenschappelijk onderzoek. Kiest u voor een meer praktijkgerichte insteek, dan is de context niet zelden een of andere overheidsinstantie of organisatie waarbinnen uw onderzoek gaat plaatsvinden. Het is van belang dat u niet te lang wacht met deze bredere context kennis te maken. U zoekt bijvoorbeeld op het internet naar informatie over het onderwerp of over de overheidsinstantie of organisatie waarbinnen u uw onderzoek gaat uitvoeren. Verder kijkt u in de bibliotheek wat er zoal over het onderwerp is verschenen en u schiet eens een deskundige aan die in dit onderwerp goed thuis is. In het geval van een praktijkgericht onderzoek is het wellicht goed om al vroeg in deze fase een bezoek te brengen aan de overheidsinstantie of organisatie waar u uw onderzoek denkt te kunnen uitvoeren.

Zodra u met deze bredere theoretische of praktische context in contact komt, zult u merken dat er plotseling zeer veel indrukken op u afkomen. Over de meeste onderwerpen bestaat uitgebreide literatuur en het merendeel van de organisaties waarin u kunt terechtkomen, is omvangrijk, complex en voortdurend in verandering. Bovendien kunt u te maken krijgen met opdrachtgevers die zich niet bewust zijn van wat er bij een wetenschappelijk onderzoek allemaal komt kijken, en die veelal overdreven verwachtingen hebben van de resultaten van een onderzoek. In deze situatie is het vaak moeilijk om niet ten onder te gaan in de veelheid aan indrukken. Verplaatst u zich bijvoorbeeld maar eens in de volgende situatie.

> **Voorbeeld 'De Goede Hoop'**
> U studeert bedrijfskunde en u bent op zoek naar een onderwerp voor uw masterthesis. Daarom heeft u het adviesbureau Mulder benaderd met de vraag of het mogelijk is om binnen dit bureau een afstudeerproject uit te voeren. U hebt geluk, want het adviesbureau wil u graag betrekken bij een van de lopende projecten, namelijk een project bij verzekeringsbedrijf De Goede Hoop.
> De Goede Hoop heeft de hulp ingeroepen van het adviesbureau bij de invoering van een complex organisatorisch en technologisch veranderingsproject. Er is namelijk heel wat weerstand in de organisatie tegen de geplande veranderingen. Iedereen herinnert zich nog goed hoe het vorige IT-project helemaal misging. Om de haverklap lag het systeem stil, het werk veranderde van de ene dag op de andere, en opleidingen voor het personeel werden wel beloofd maar nooit gegeven. Het is dus niet verwonderlijk dat er een golf van protest losbarstte zodra bekend werd dat er opnieuw gereorganiseerd ging worden. De algemeen directeur van De Goede Hoop heeft na overleg met zijn managementteam besloten dat het op dit moment nodig is om een extern adviesbureau in te schakelen om te helpen bij de reorganisatie. Een senioradviseur van het bureau Mulder heeft vervolgens een projectvoorstel gemaakt waarin staat dat het adviesbureau de volgende opdrachten zal uitvoeren:
> - 'inventarisatie van de knelpunten voor reorganisatie';
> - 'het maken van een integraal herontwerp van de organisatie';
> - 'het maken van een plan voor invoering';
> - 'het uitvoeren van een evaluatie van de implementatie'.
>
> En nu zit uitgerekend ú op het kantoor van deze senioradviseur en de vraag is: Hoe past uw afstudeerproject in dit projectvoorstel? Wat is de bijdrage van uw afstudeerproject aan het grote geheel?

U ziet zichzelf aldus terechtkomen in een historisch gegroeide complexe situatie, waar van alles aan de hand is en waar allerlei tegengestelde meningen heersen. Het is dan ook voor u als beginnend onderzoeker of student niet eenvoudig om uw bijdrage aan het adviesproject te bepalen. Het is zeker niet de bedoeling dat u zomaar een tijdje meeloopt bij het adviesbureau of bij De Goede Hoop. Het afstudeerproject omvat een door u zelfstandig opgezet en uitgevoerd onderzoek. Het ligt dus voor de hand dat u op een of andere manier een gedeelte van het adviesproject voor uw rekening neemt. Maar het project heeft veel verschillende facetten en het is niet doenlijk om in het kader van uw afstuderen bij elk van deze facetten betrokken te zijn. U moet dus kiezen. Bovendien zal het project langer duren dan de tijd die u voor uw afstudeerproject ter beschikking heeft. U moet dus een in de beschikbare tijd uitvoerbaar onderzoek formuleren. Toch wordt van u verwacht dat het resultaat van het afstudeerproject een daadwerkelijke bijdrage levert aan het adviesproject. Daar komt nog bij dat uw project moet voldoen aan de eisen die vanuit uw opleiding worden gesteld. Een van die eisen is bijvoorbeeld dat er een verbinding moet worden gelegd met de bestaande theorie op het betreffende terrein. En ten slotte wilt u natuurlijk ook een onderwerp kiezen dat past bij uw competenties en bij uw belangstelling. Gelet op het grote aantal vereisten waaraan een onderzoek moet voldoen, is het zaak om het onderwerp van uw onderzoek zorgvuldig in te bedden in, maar tegelijkertijd ook af te bakenen van het bredere kader van het adviesproject. We noemen deze bredere context het *projectkader* van uw onderzoek. De inbedding en afbakening krijgen uiteindelijk gestalte in de formulering van de *doelstelling* van een onderzoek.

Het doel van dit hoofdstuk is u enige handvatten te geven om wegwijs te worden in de doolhof van mogelijkheden die in de beginfase van een onderzoek op u afkomen. In dat kader maken we u vertrouwd met het herkennen en verkennen van projectkaders en het daaruit afzonderen van een voor u haalbare en acceptabele doelstelling. Eerst worden algemene richtlijnen geformuleerd waarop u moet letten bij de omschrijving van uw projectkader en projectdoelstelling (paragraaf 2.2). Vervolgens worden deze richtlijnen verder verfijnd en geconcretiseerd voor verschillende soorten onderzoeken, namelijk theoriegerichte onderzoeken (paragraaf 2.3) en diverse soorten praktijkgerichte onderzoeken (paragraaf 2.4). Ten slotte formuleren we een stappenplan, op basis waarvan u kunt komen tot een adequate doelstelling voor uw onderzoek, en passen we bij wijze van illustratie dit plan toe op het voorbeeldproject 'De Goede Hoop'.

2.2 PROJECTKADER EN DOELSTELLING

Elk onderzoek beoogt kennis, inzichten en/of informatie op te leveren waarmee een bijdrage kan worden geleverd aan de oplossing van een probleem. Uw onderzoek voegt bijvoorbeeld iets toe aan de theorievorming in uw vakgebied of u levert met uw onderzoek een bijdrage aan de oplossing van een of ander beleidsprobleem. In het eerste geval is sprake van een theoretisch probleem en in het tweede geval van een praktijkprobleem ofwel handelingsprobleem. In het verlengde hiervan spreken we voortaan van een theoriegericht respectievelijk praktijkgericht onderzoek. In een theoriegericht onderzoek wordt het projectkader gevormd door het proces en product van kennisvorming binnen het vakgebied waarop uw onderzoek gaat plaatsvinden. We doelen dan niet alleen op bibliotheken waarin deze kennis is opgeslagen in de vorm van boeken en artikelen (product). Ook de mensen en instituties die zich met deze kennisvorming bezighouden, horen tot het projectkader (proces). In een praktijkgericht onderzoek is het projectkader een binnen een beleidsinstantie of organisatie als problematisch ervaren situatie, aan de oplossing waarvan u met behulp van de resultaten van het onderzoek een bijdrage wilt leveren. Overigens wijzen wij erop dat elk onderzoek, naast een bijdrage aan het ene type doelstelling, ook altijd wel, beoogd of niet beoogd, enige bijdrage levert aan het andere type doel. Zo zal een onderzoek dat primair als praktijkgericht is bedoeld, ook meestal wel, direct of indirect, een bijdrage leveren aan de theorievorming op het betreffende vakgebied. Men noemt dit dan ook wel de *theoretische relevantie* van het onderzoek. Omgekeerd zal een onderzoek dat geheel is bedoeld als theoriegericht en waarin geen enkel praktisch nut voorop heeft gestaan, vroeg of laat ook blijken zijn nut voor de praktijk te hebben. Men spreekt in dat opzicht van de *praktische* of *maatschappelijke relevantie*.

Terug naar ons betoog over projectkader en doelstelling. Het is gemakkelijk in te zien dat er binnen elk projectkader sprake is van collectieve en individuele, vaak onderling tegengestelde, doelstrevingen. In een theoretisch kader is dat doelstreven het ontwikkelen van nieuwe theorieën en inzichten. In een praktijkkader is dit doelstreven meestal het oplossen van een of ander handelingsprobleem, het creëren van een nieuwe situatie of het op gang brengen van een nieuwe ontwikkeling. Meestal zijn de problemen die in het projectkader spelen dermate omvangrijk en/of complex, dat in een onderzoek slechts voor een deel aan de oplossing kan worden bijgedragen. Met nadruk spreken we hierboven dan ook over een *bijdrage* die een onderzoek aan het behalen van een doel kan leveren. Vandaar dat u in principe steeds een deel of aspect moet afzonderen uit een doelstreven dat bestaat binnen een projectkader, om dit vervolgens te formuleren als de doelstelling van uw onderzoek. Kortom, de eerste stap in het maken van een onderzoeksontwerp is het in kaart brengen van het projectkader, van de problemen die daarbinnen bestaan en van het doelstreven waarbij u aansluiting zoekt. De tweede stap is dat u hieruit een deel of aspect afzondert dat u als doel van uw onderzoek neemt. Hieronder worden deze twee stappen achtereenvolgens nader toegelicht aan de hand van voorbeelden.

Verkenning van het projectkader
Het voorbeeld 'De Goede Hoop', dat we aan het begin van dit hoofdstuk hebben gepresenteerd, geeft aan dat zonder een nadere oriëntatie op de voorliggende problematiek het niet duidelijk is wat er in het onderzoek moet gebeuren en welke bijdrage dit onderzoek aan de problematiek van De Goede Hoop zou kunnen geven. Nodig is een verkenning van het projectkader. Een mogelijkheid om dit te doen is het stellen van verkennende vragen als:
- Welke problemen spelen er binnen het projectkader?
- Welke actoren spelen een rol in het projectkader en wat zijn hun belangen?

- Welke mening hebben de actoren over de oorzaken van de problemen?
- In welke richting zoekt men zoal naar oplossingen?

We geven eerst een voorbeeld van de verkenning van het projectkader van een theoriegericht onderzoek.

> **Voorbeeld 'kwaliteit van het milieu'**
> U wilt een theoriegericht onderzoek gaan uitvoeren dat als onderwerp heeft 'de kwaliteit van het milieu'. Er bestaat uitgebreide literatuur over dit onderwerp, waarin verschillende en uiteenlopende definities worden gegeven, diverse facetten van de thematiek worden belicht en waarin het resultaat van vele onderzoeken wordt gepresenteerd. Deze stand van zaken vormt voor uw project het projectkader. Om de doelstelling van uw project te kunnen bepalen gaat u dit projectkader verkennen. Wat zijn de belangrijkste theoretische stromingen? Welke belangrijke discussiepunten bestaan er op dit terrein? Wat is de stand van zaken met betrekking tot het onderzoek naar diverse aspecten van de kwaliteit van de arbeid? Deze nadere verkenning geeft in grote lijnen het algemene kader aan waarbinnen uw project zal plaatsvinden.

In het geval van een praktijkgericht onderzoek zal het projectkader doorgaans bestaan uit een als problematisch ervaren situatie of een bestaande wens om iets nieuws tot stand te brengen. Ook aan de orde kunnen zijn de wijze waarop er in de betreffende organisatie of instelling tegen deze problematiek of zaak wordt aangekeken, de aspecten die het heeft, de actoren die er een rol in spelen, en de belangen die zij hebben. Het is de bedoeling dat u als startpunt van uw onderzoeksontwerp een schets geeft van het door u gelokaliseerde projectkader, met daarin opgenomen de aandachtspunten zoals zojuist genoemd.

> **Voorbeeld 'communicatieproblemen'**
> U wilt een onderzoek gaan uitvoeren bij gemeente X. Er bestaan binnen deze gemeente spanningen tussen het gemeentelijke apparaat enerzijds en de leden van de gemeenteraad anderzijds. De gemeentesecretaris heeft gevraagd of u deze problematiek wilt bestuderen. De bestaande situatie in deze gemeente vormt het projectkader. Uit een eerste gesprek met uw contactpersoon bij deze gemeente blijkt dat de leden van de gemeenteraad vinden dat ze te weinig en bovendien inadequate informatie krijgen en dat de medewerkers op de secretarie van oordeel zijn dat de leden van de gemeenteraad eigenlijk nooit precies kunnen aangeven wat ze nu wel en wat ze niet aan informatie nodig hebben. Deze communicatiestoornissen leveren irritaties op, maar zijn nooit expliciet besproken. Er moet nodig iets gebeuren, zo vertelt men u, anders ontstaat er ruzie. Uw onderzoek vindt binnen dit projectkader plaats en zal een bijdrage moeten leveren aan de oplossing van het communicatieprobleem.

Formulering van de doelstelling
De tweede stap in deze beginfase van uw onderzoeksproject is de afzondering uit het projectkader van een adequate doelstelling. Eerder is al gesteld hoe belangrijk de afbakening van het onderzoek van het ruimere projectkader is. Bij een theoriegericht onderzoek is het projectkader eigenlijk altijd te ruim, omdat onze drang tot kennis en het aantal facetten waarover wij kennis willen hebben, bijna onuitputtelijk is. Bij een praktijkgericht onderzoek is het projectkader doorgaans zeer omvangrijk, omdat we meestal te maken hebben met een probleemkluwen die historisch gegroeid is en is ingebed in een culturele, sociale en/of politieke context. Daarom moet u al in dit vroege stadium uw onderzoek tijdruimtelijk en aspectmatig positioneren binnen het projectkader. Dit doet u door het formuleren van een adequate doelstelling. Onder een adequate doelstelling verstaan wij een *nuttige*, *realistische* en binnen de gestelde tijd *haalbare*, *eenduidige* en *informatierijke* doelstelling. Deze kwaliteitscriteria worden hieronder achtereenvolgens kort toegelicht.

Een eerste vereiste om te kunnen spreken van een adequate doelstelling is dat deze *nuttig* is. Bij een theoriegericht onderzoek geeft u daarom aan welke bijdrage uw onderzoek zal leveren aan de gekozen theoretische problematiek. Bij een praktijkgericht onderzoek formuleert u het belang van uw onderzoek voor de organisatie of instelling die u in de gelegenheid stelt om uw onderzoek uit te voeren. Zorgt u ervoor dat het door u beoogde nut ook helder is voor derden. Als vuistregel kunt u aannemen dat als de nuttigheid van uw onderzoek veel uitleg vergt, dit nut (nog) niet overtuigend is.

Een tweede eis om tot een succesvol project te komen is dat u een doelstelling formuleert die *realistisch* is en die binnen de gestelde tijd *haalbaar* is. Met 'realistisch' bedoelen we dat het geloofwaardig moet zijn dat u daadwerkelijk een reële bijdrage aan de bewuste problematiek levert. Bedenk dat het beter is om een bescheiden doel te nemen waaraan u ook daadwerkelijk wat bijdraagt, dan een groots doel te noemen waarvan het weinig plausibel is dat u daaraan zult bijdragen. Bedenk ook dat veel problemen die de moeite waard zijn om te onderzoeken ook zeer complex zijn. Zeg bijvoorbeeld niet dat u het fileprobleem in Nederland zult oplossen, want dat is volstrekt ongeloofwaardig. Formuleer liever dat uw doel is een bijdrage aan de oplossing te leveren door voor de KAN-regio de omvang en oorzaken van de dagelijkse files tijdens de ochtendspits nauwkeurig en gedetailleerd te beschrijven. Natuurlijk lost u hiermee het fileprobleem in deze regio niet op. Maar de bedoelde beschrijving is wel een belangrijke schakel in een oplossing op de lange termijn.

De haalbaarheid van een doelstelling voor onderzoek betreft twee aspecten. Het eerste aspect betreft de vraag of diegene die straks het onderzoek moet uitvoeren, over de benodigde kennis en hulpmiddelen beschikt en aan het benodigde materiaal kan komen. We noemen dit de onderzoekstechnische relevantie of haalbaarheid. Maar het voor ontwerpers verreweg meest heikele haalbaarheidscriterium betreft de factor tijd. Dat wil zeggen, vooral de uitvoerbaarheid van het onderzoeksontwerp binnen de beschikbare tijd is van doorslaggevend belang. Zo is de doelstelling hierboven om het filevraagstuk in de KAN-regio te beschrijven, zeer wel haalbaar met een onderzoek dat slechts enkele maanden mag duren. Vrijwel elk onderzoek, of het nu een opdrachtonderzoek, een promotieonderzoek of een afstudeerproject betreft, is aan een strikte tijdslimiet gebonden.

Het gevolg is dat een ontwerper van onderzoek in de meeste gevallen een spanning voelt tussen de criteria van nuttigheid en haalbaarheid. Men zal geneigd zijn te denken dat nuttigheid vraagt om een omvangrijke of vergaande doelstelling. Dit kan bij beginnende ontwerpers zelfs leiden tot een weerstand tegen afbakening van het onderzoek qua doelstelling. Afbakening maakt minder nuttig, zo luidt hun impliciete redenering. Maar zij zien (nog) niet het vele werk dat voor de uitvoering van een empirisch onderzoek nodig is. De nuttigheid van een onderzoek betreft niet zozeer de omvang van een doelstelling, als wel de zekerheid of ten minste de waarschijnlijkheid dat de doelstelling ook daadwerkelijk wordt gehaald. Bakent men de doelstelling (respectievelijk het projectkader) niet afdoende af, dan leidt dit tot een onuitvoerbaar onderzoek of tot een onderzoek met zwak valide of zelfs geheel ongeldige en/of onbetrouwbare resultaten. Dit laatste omdat de onderzoeker bij de uitvoering allerlei arbeidsbesparende maatregelen en inferieure werkwijzen moet volgen om toch binnen de gestelde termijn te kunnen afronden. En zo gaat ook de nuttigheid verloren.

Er is nog een tweede reden waarom vooral beginnende onderzoekers neigen tot een te omvangrijke of complexe doelstelling. Deze is dat zij tijdens hun opleiding doorgaans gewend raken aan en getraind zijn in het produceren van theoretische en/of beschouwende werkstukken. Hier speelt afbakening een veel geringere rol dan in een empirisch onderzoek. Dit komt doordat men in beschouwend werk beweringen niet hoeft te baseren op materiaal dat de projectuitvoerder zelf verzamelt op basis van eigen zintuiglijke waarneming.

Een en ander betekent bijvoorbeeld dat men voorzichtig moet zijn met zeer veel omvattende kernbegrippen zoals 'structuur' en 'cultuur'. Deze zaken omvatten een zodanig grote hoeveelheid fenomenen, dat een empirisch onderzoek van dit hele domein bij voorbaat is uitgesloten. De enige remedie is dat men zich concentreert op slechts een (klein) onderdeel ervan. Meer algemeen geldt de vuistregel dat men geen 'containerachtige' begrippen opneemt in de doelstelling van een empirisch onderzoek, dat wil zeggen begrippen waar een groot aantal zaken uit de realiteit onder valt. Waar dergelijke begrippen in theoretische beschouwingen vaak zeer gewild zijn vanwege hun abstracte en algemene karakter, moeten zij in een empirisch onderzoek juist worden gemeden. In die zin vereist het maken van een onderzoeksontwerp voor de meeste lezers vermoedelijk een ware 'cultuuromslag'. Een gewaarschuwde ontwerper telt voor twee! In hoofdstuk 5 wordt een methodiek aangereikt die behulpzaam is bij het op overzichtelijke wijze afsplitsen van kleinere onderdelen uit grotere gehelen.

Met een *eenduidige* doelstelling wordt bedoeld dat u het beoogde resultaat van het op te zetten onderzoek helder formuleert door aan te geven waaruit uw bijdrage aan de oplossing van het theoretische of praktische probleem precies zal bestaan. Deze bijdrage kan, afhankelijk van het type onderzoek, zeer uiteenlopen. Bij een theoriegericht onderzoek kan de bijdrage bijvoorbeeld bestaan uit de ontwikkeling van een nieuw stuk theorie of uit de verbetering van een theoretische beschouwing. Over welke theorie gaat het precies? Welke tekortkomingen of onvolkomenheden ziet u in deze theorie? Wat zou u precies aan welk onderdeel of aspect van deze theorie willen bijdragen? Deze en dergelijke vragen betreffen de eerdergenoemde theoretische *relevantie* van het onderzoek. Het is zaak om hier concreet te zijn; noem de namen van de auteur(s) en het jaartal van hun geschriften die u op het oog heeft.

Bij een praktijkgericht onderzoek kan het gaan om de verheldering van een beleidsprobleem, het achterhalen van de achtergronden, samenhangen en oorzaken van dit probleem, het aangeven van knelpunten bij een organisatieverandering, het doen van aanbevelingen voor verbetering van een bestaande situatie of het evalueren van een of ander beleid of interventie. Vooral belangrijk is dat u kort aangeeft waaruit de problematiek of het doelstreven waaraan u met de door middel van het geplande onderzoek te verkrijgen kennis een bijdrage wilt leveren, precies bestaat. Ook geeft u kort aan *hoe* met behulp van die kennis deze bijdrage geleverd kan worden. Ook hier geldt weer: als dit veel uitleg vergt, dan is de doelstelling nog niet op orde. Deze is dan vermoedelijk óf te vaag óf te complex of beide.

Een *informatierijke* doelstelling geeft ten slotte in globale zin aan welke kennis u in het onderzoek zult genereren om deze bijdrage te leveren. De nadruk ligt hier op globaal omdat een meer precieze bepaling van de benodigde kennis pas aan bod komt bij de formulering van de vraagstelling (zie hoofdstuk 4). Een informatierijke doelstelling maakt twee dingen duidelijk: (a) wat men van het onderzoek wel en niet mag verwachten, en (b) wat er globaal in het onderzoek gaat gebeuren. Corresponderend met deze twee elementen laat u de volzin met uw doelstelling uit twee gedeelten bestaan, een a- en een b-gedeelte.

> Een geschikte formule voor een informatierijke doelstelling luidt als volgt:
> 'Het doel van dit onderzoek is … (a) … *door* … (b) …'.

In het a-gedeelte geeft u een kernachtige omschrijving van de bijdrage die uw onderzoeksproject beoogt te leveren aan de oplossing van het probleem in het projectkader. We noemden dit eerder het *externe* doel van het project, ofwel het doel *van* het onderzoek. In het b-gedeelte geeft u een kernachtige aanduiding van de wijze waarop u deze bijdrage met het onderzoek denkt te leveren. Dit is het *interne* doel van het onderzoek ofwel het doel *in* het onderzoek. Dit b-gedeelte van de doelstelling geeft bij voorkeur een indicatie van het soort kennis, informatie en/of inzichten die volgens u nodig zijn om het a-gedeelte van de doelstelling te helpen behalen.

Nu we eenmaal weten wat de basisstructuur van een adequate doelstelling is, kunnen we vervolgens met enkele voorbeelden laten zien wat die structuur precies inhoudt en hoe zij ingevuld kan worden. Het a-gedeelte van de doelstelling geeft de beoordelaar van een theoriegericht project of de opdrachtgever van een praktijkgericht project in kernachtige bewoordingen inzicht in datgene wat hij of zij aan het einde van het project kan verwachten. Stel uzelf daarom, na het formuleren van het a-gedeelte van de doelstelling, de volgende vragen: 'Zou mijn beoordelaar/opdrachtgever begrijpen welke bijdrage mijn onderzoek kan geven aan de oplossing van het probleem? Zou hij of zij hiermee tevreden zijn?' Wanneer u beide vragen met 'ja' kunt beantwoorden, is dit gedeelte van uw doelstelling vermoedelijk in orde.
U gebruikt voor de aanduiding van het a-gedeelte van een doelstelling bewoordingen zoals:
Het doel van het onderzoek is:
... de verdere ontwikkeling van theorie X van auteur Y, op het terrein van Z;
... het vullen van een lacune in theorie X, op het terrein van Z;
... het toetsen van een theorie X op basis van een domein uit de werkelijkheid (empirie) Z;
... het helpen verbeteren van bestaand beleid X op het terrein van Z;
... het leveren van een bijdrage aan de ontwikkeling van nieuw beleid X op het terrein van Z;
... het doen van aanbevelingen aan de opdrachtgever Y voor het ontwerp voor een oplossing van het probleem Z.

De eerste drie formuleringen zijn voorbeelden van het externe doel van een *theoriegericht* onderzoek; de laatste drie slaan op een *praktijkgericht* onderzoek.

Na de formulering van het a-gedeelte geeft u via het woordje *'door'* in kernachtige bewoordingen een indicatie van het *soort* kennis, inzichten en informatie die volgens u nodig of handig zijn om het a-gedeelte van de doelstelling te (helpen) behalen.

U gebruikt voor de aanduiding van het b-gedeelte van de doelstelling voor een *theoriegericht* onderzoek bewoordingen als:
... door het toetsen van een set hypothesen Y, af te leiden uit theorie X ...;
... door na te gaan onder welke condities de bestaande theorie X geldt ...;
... door de twee theorieën X en Y met elkaar te vergelijken ...;
... door de kernbegrippen X en Y van theorie Z aan een kritische beschouwing te onderwerpen.

Mogelijke formuleringen in het geval van een *praktijkgericht* onderzoek zijn:
... door een overzicht te geven van de meningen van belanghebbenden ...;
... door inzicht te geven in de knelpunten die optreden bij ...;
... door te speuren naar de achtergronden en oorzaken van het probleem ...;
... door een analyse te maken van het verschil tussen de gewenste en de aanwezige situatie ...;
... door een vergelijking te trekken tussen ...;
... door een beoordeling te geven van ..., enzovoort.

Vergewis uzelf er óók van dat het in het b-gedeelte gaat om kennis en of informatie (dus kennisprobleem) en niet om een handelingsprobleem. Dit is een principieel punt. De reden is dat van een praktijkgericht onderzoek doorgaans, overigens zeer ten onrechte, wordt verwacht dat het een (handelings)probleem oplost. Echter, een onderzoek is géén instrument voor probleemoplossing, maar een kennisgenererende activiteit. Wel is het zo dat u met het onderzoek kennis, inzichten en/of informatie oplevert die een probleemoplosser daarna kan gebruiken. In die zin moet u hier dus een strikt onderscheid leren maken tussen uzelf in de rol van onderzoeker aan de ene kant, en als manager of bestuurder die een (handelings)probleem probeert op te lossen aan de andere kant. Met het bestuderen van dit boek en het toepassen van de inhoud plaatst u zichzelf dus expliciet in de rol van *onderzoeker*! De kennis die een (praktijkgericht) onderzoek oplevert, zal in principe altijd door *iemand anders* worden gebruikt in diens poging om het voorliggende handelingsprobleem op te lossen.
Een adequate doelstelling geeft voldoende inzicht in de verwachte bijdrage van uw onderzoek aan de oplossing van het gekozen probleem en maakt bovendien globaal duidelijk naar welk *soort* kennis, informatie en inzichten de onderzoeker op zoek moet. U herkent hierin twee van de drie functies van een conceptueel ontwerp, die we in de inleiding van dit deel hebben genoemd, te weten de *sturingsfunctie* en de *evaluatiefunctie*. Zo hebt u al met het formuleren van de doelstelling aan deze twee te vervullen functies bijgedragen. Dat hiermee ook een belangrijke bijdrage is geleverd aan de derde van de drie, te weten de motivatiefunctie, spreekt voor zich.

We geven voorbeelden van een adequaat geformuleerde doelstelling binnen een theoriegericht respectievelijk praktijkgericht onderzoek.

Voorbeeld 'kwaliteit van het milieu'

U bakent het theoriegericht onderzoek af door zich te beperken tot recente theorieën en daarop gestoelde onderzoeken op de terreinen 'milieu en maatschappij' en 'milieu en natuur'.

De doelstelling van uw project is een bijdrage te leveren aan de verdere ontwikkeling van de theorievorming over 'kwaliteit van het milieu'. U concentreert zich daarbij op kenmerken van (a) het ruimtelijkeordeningsbeleid van de (lokale) overheid, (b) het milieubewustzijn van bewoners, (c) het fysieke leefklimaat en (d) het sociale leefklimaat. Dit doel wordt bereikt
door
op basis van een literatuurstudie inzicht te geven in de overeenkomsten en verschillen in de wijzen waarop enerzijds in de milieunatuurwetenschappelijke theorieën en anderzijds in de milieumaatschappijwetenschappelijke theorieën de volgende zaken worden gethematiseerd: 'ruimtelijkeordeningsbeleid', 'milieubewustzijn van bewoners', 'sociaal leefklimaat' en 'fysiek leefklimaat'; tevens wordt inzicht gegeven in de resultaten van recent wetenschappelijk onderzoek naar de relaties tussen deze zaken.

Het resultaat van dit theoriegericht onderzoek is niet een geheel nieuwe theorie en evenmin lost u een theoretisch probleem volledig op, maar u levert wel een bijdrage aan de theoretische discussie over dit thema en daarmee aan de vooruitgang van de wetenschap.

Voorbeeld 'communicatieproblemen'

U bakent uw praktijkgericht onderzoek bij gemeente X af door zich te beperken tot een inventarisatie van de meningen die bij groeperingen binnen de gemeentelijke organisatie leven over de aard van de communicatieproblemen en de richting waarin men oplossingen voor deze problemen wil zoeken.

De doelstelling van het project is aanbevelingen te doen aan de gemeentesecretaris van de gemeente Z ter verbetering van het communicatiebeleid binnen gemeente X
door
een overzicht te geven van de verschillen en overeenkomsten in de meningen van betrokken partijen over de achtergronden van de communicatieproblemen en over de mogelijke oplossingen daarvoor.

Uiteraard lost uw project het communicatieprobleem niet op, maar het verkregen inzicht kan wel degelijk aan deze oplossing bijdragen.

Hierboven werd een onderscheid gemaakt tussen een theoriegericht en een praktijkgericht onderzoek. Nog niet vermeld werd dat binnen beide categorieën nog allerlei subtypen van onderzoek kunnen worden onderscheiden, elk met een eigen soort doelstelling. Een overzicht daarvan ziet u in het schema van figuur 2.1. In paragraaf 2.3 volgt een behandeling van projectkaders en doelstellingen voor verschillende typen theoriegericht onderzoek. In paragraaf 2.4 ten slotte wordt hetzelfde gedaan voor praktijkgerichte onderzoeken.

Figuur 2.1 Typen van theoriegericht en praktijkgericht onderzoek

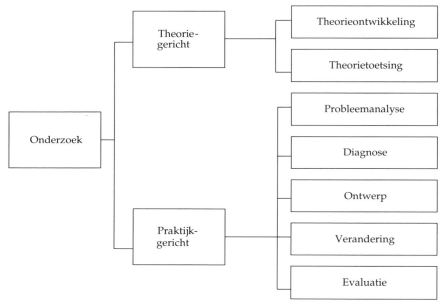

2.3 Theoriegerichte onderzoeken

In een theoriegericht onderzoek gaat het om het helpen oplossen van een probleem in de theorievorming op een bepaald vakgebied, en daarbinnen op een bepaald onderwerp. Uiteraard zult u als beginnend onderzoeker in het kader van uw onderzoek niet in staat zijn een generale theorie te ontwikkelen of te veranderen. Vandaar dat u zeker ook in een theoriegericht onderzoek een aspect of onderdeel selecteert van een theoretische problematiek. Dit betekent ook dat u een scherp onderscheid maakt tussen enerzijds de voorliggende theoretische problematiek, het gekozen projectkader, en anderzijds het concrete doel dat u als afstudeerder wilt realiseren. We gaan nu na wat er in dit kader zoal komt kijken bij de twee in figuur 2.1 onderscheiden typen van theoriegericht onderzoek.

Theorieontwikkelend onderzoek

Er kunnen verschillende aanleidingen zijn om een theorieontwikkelend onderzoek te starten. Een ervan is dat er hiaten zijn in de theorievorming. Er moet dan een nieuwe theorie of een aanvullend theoriefragment worden ontwikkeld. Als uw belangstelling daarnaar uitgaat en u kijkt uit naar een geschikt onderwerp, dan kan een goede strategie zijn om te zoeken naar recente ontwikkelingen of nieuwe fenomenen in dat deel van de werkelijkheid dat binnen uw discipline wordt bestudeerd en waar derhalve nog weinig mensen mee bezig zijn geweest. In het algemeen kunt u bij het zoeken naar een doelstelling voor dit type onderzoek vragen stellen als: wat zijn de blinde vlekken of lacunes in de theorie? Welke bestaande of nieuwe fenomenen of ontwikkelingen zijn er op mijn vakgebied waar nog weinig over is geschreven? Voorbeelden van nieuwe ontwikkelingen zijn het telewerken met zijn geheel nieuwe consequenties voor arbeidsverhoudingen en sociale aspecten van het werk, het gebruik van genetisch gemanipuleerde gewassen in de landbouw, waar allerlei ethische maar ook markttechnische consequenties aan vast kunnen zitten, en de effecten van het gebruik van internet op bestuurlijke regelgeving en wethandhaving.

Voorbeeld 'telematica'

Projectkader
De technologische ontwikkelingen binnen de telematica (een combinatie van *tele*-communicatie en infor*matica*) openen nieuwe perspectieven voor de kwaliteit van de dienstverlening zowel bij de overheid als bij profit- en non-profitorganisaties. Thuiswerken, het internet, interactieve netwerken online-hulpdiensten, internetbankieren en andere vormen van 'dienstverlening op afstand' zijn nu eenvoudiger realiseerbaar dan vroeger. Er is tot nu toe echter nog weinig onderzoek gedaan naar de gevolgen van telematica voor de kwaliteit van de dienstverlening door organisaties en bedrijven.

Doelstelling
Het doel van het promotieonderzoek is de theorie over telematica verder te ontwikkelen, vooral op het terrein van de gevolgen van invoering van telematica voor de effectiviteit van de dienstverlening
door
de effectiviteit van de dienstverlening bij enkele banken en verzekeringsbedrijven waar telematica op grote schaal is ingevoerd, te vergelijken met de effectiviteit van de dienstverlening bij enkele banken en verzekeringsbedrijven waar dit niet is gebeurd.

Enkele andere ingangen voor een strategische keuze van theorieproblemen zijn afkomstig van Ultee (1991), die wij hierna in grote lijnen volgen. Een eerste mogelijkheid is dat er voor bepaalde al dan niet nieuwe fenomenen weliswaar al theorieën bestaan, maar het is de vraag of deze ook houdbaar blijken als ze worden getoetst aan nieuw empirisch materiaal. Met andere woorden: het is de vraag of de bestaande theorieën generaliseerbaar zijn voor die gebieden waarbinnen zich nieuwe ontwikkelingen hebben voorgedaan.

Een strategie die hier sterk op lijkt, is die waarin wordt gezocht naar zogenoemde anomalieën. Hiervan is sprake als u empirische verschijnselen vindt die zich anders gedragen dan de theorie voorspelt. De keuze voor een anomalie als startpunt voor empirisch onderzoek geeft in principe uitzicht op een reële bijdrage aan de wetenschappelijke theorievorming. Een voorbeeld hiervan is het volgende.

Voorbeeld 'autonomie en stress'

Projectkader
Tot nu toe is men er in de sociologie van arbeid en organisatie van uitgegaan dat een vergroting van de zeggenschap van werknemers over hun eigen werk leidt tot een verbetering van de kwaliteit van de arbeid. Recente publicaties geven echter aan dat een toename van de autonomie in sommige gevallen kan leiden tot een toename van 'stress op het werk'.

Doelstelling
Het doel van het onderzoek is de theorie over de kwaliteit van de arbeid, vooral op het terrein van de relatie tussen de kernbegrippen 'autonomie in het werk' en 'stress', verder te ontwikkelen
door
op basis van bestudering van enkele contrasterende praktijkgevallen inzicht te geven in de relatie tussen de aard en omvang van groepsautonomie en individuele autonomie op de werkplek en de fysieke en psychische verschijningsvormen van stress.

Theorietoetsend onderzoek

In figuur 2.1 worden naast theorieontwikkelende ook theorietoetsende onderzoeken onderscheiden. Dit zijn onderzoeken waarin men bestaande inzichten toetst, eventueel bijstelt en/of verfijnt. Hier kunnen vragen worden gesteld als: kan een bestaande theorie eenvoudiger worden gemaakt, bijvoorbeeld door verschillende theorieën of hypothesen binnen een theorie te vervangen door één theorie respectievelijk hypothese die net zoveel of misschien zelfs méér verklaart? Welke nieuwe eisen aan de kennisvorming worden er gesteld waarin de bestaande theorie (nog) niet voorziet? Houdt een bestaande theorie stand als we deze toetsen aan de huidige ontwikkelingen? Op welke punten bevatten bestaande theorieën interne tegenspraken of inconsistenties? In de voorlaatste vraag ziet u een voorbeeld van *empirische* toetsing, terwijl in de laatste vraag een *logische* toetsing aan de orde is.

Een speciaal geval van interne tegenspraak doet zich voor als een en dezelfde theorie twee onderling strijdige hypothesen bevat, of als daaruit strijdige hypothesen deductief kunnen worden afgeleid. De opsporing van de oorzaak van zo'n tegenstrijdigheid kan aanleiding zijn tot een sprong in de kennisvorming. Het is bijvoorbeeld mogelijk dat er een derde hypothese wordt gevonden die de tegenstrijdigheid opheft, of die deze twee hypothesen zelfs geheel overbodig maakt. Ook denkbaar is een situatie waarin twee verschillende hypothesen over een en hetzelfde fenomeen allebei evenveel verklaren. De kans bestaat dan dat uit deze twee hypothesen een derde hypothese kan worden afgeleid die wellicht nog meer verklaart dan de oorspronkelijke twee, bijvoorbeeld doordat deze meer generalistisch is dan de eerste twee.

Een andere strategie om een bestaande theorie te helpen verbeteren of verder uit te breiden is het plaatsen van een bepaald fenomeen of probleem onder een meer algemene noemer. Vervolgens worden uit deze meer algemene of abstracte problematiek één of meer concrete problemen afgeleid, die men vervolgens gaat onderzoeken. Het volgende door Ultee (1991) genoemde voorbeeld kan dit verduidelijken.

Voorbeeld 'inkomensverdeling'

Projectkader
Een al langdurig door sociologen en economen onderzochte problematiek is de kwestie van een ongelijke inkomensverdeling. Deze problematiek kan worden gezien als een onderdeel van de meer algemene problematiek van de verdeling van schaarse goederen. Een tweede subprobleem ofwel aspect van deze laatste meer algemene problematiek is de verdeling van beroepsstatus. Door nu dit hele terrein als één samenhangend geheel te beschouwen, kan men mogelijk verder komen dan wanneer de inkomensproblematiek geheel los van de andere problemen wordt bestudeerd. We zien hier een voorbeeld van een poging tot theorievorming door middel van abstrahering.

Doelstelling
Het doel van uw onderzoek is de theorie van de ongelijke verdeling van schaarse goederen, vooral op het terrein van de kernbegrippen 'inkomensverdeling' en 'beroepsstatus', te verbeteren
door
de toetsing van een set van hypothesen over het verband tussen verschillen in beroepsstatus enerzijds en ongelijke inkomensverdeling anderzijds. Deze hypothesen heeft u ontleend aan theorieën over beroepsprestige en sociale ongelijkheid.

Tot zover enkele voorbeelden van theoretische projectkaders en mogelijkheden voor het daarbinnen selecteren van een doelstelling voor een onderzoek.

Opgave
Lees aandachtig de volgende tekst.

Sociale identificatietheorie
Het onderwerp van de sociale identificatietheorie is de manier waarop mensen zich identificeren – en geïdentificeerd worden – met hun plaats en positie in de maatschappij, in het sociale leven en in hun werk. Het blijkt uit eerder onderzoek dat vooral de gebeurtenissen en verhoudingen in kleine groepen van invloed zijn op deze identificatieprocessen. Denk daarbij aan gebeurtenissen en verhoudingen in het gezin en de familie, de vriendenkring, de collega's op het werk. In de organisatiewetenschappen wordt veel belang gehecht aan de sociale identificatietheorie. Deskundigen vermoeden dat vooral de houding van de direct leidinggevende (autoritair of participatief leiderschap) van invloed is op de wijze waarop medewerkers zich identificeren met hun positie in de organisatie, en dat vervolgens de mate waarin de medewerkers zich in positieve zin identificeren met hun werk van invloed is op hun loyaliteit ten opzichte van de organisatie.

Opdracht
a. Formuleer naar aanleiding van het bovenstaande projectkader een doelstelling binnen een theorie-*ontwikkelend* onderzoek.
b. Formuleer naar aanleiding van het bovenstaande een doelstelling binnen een theorie-*toetsend* onderzoek.
c. Benoem de belangrijkste verschillen tussen beide doelstellingen.

Dan volgt nu een behandeling van projectkaders en doelstellingen voor de vijf typen van praktijkgericht onderzoek (zie figuur 2.1).

2.4 Praktijkgerichte onderzoeken

Een praktijkgericht onderzoek is zoals gezegd een onderzoek waarin u als doelstelling heeft een bijdrage te leveren aan een *interventie* om een bestaande praktijksituatie te veranderen. Het gaat hier dus om het oplossen van een handelingsprobleem. Bedoeld zijn interventies zoals die plaatsvinden in het kader van de uitvoering van beleid van lokale, regionale, nationale en internationale overheden, of van het management van profit- en non-profitorganisaties.
In de meeste gevallen bestaat bij een praktijkgericht onderzoek het projectkader uit een complex probleem waarmee een stadsbestuur, een milieuorgani-

satie, een NGO of het management van een organisatie kampt. Een eerste belangrijk punt bij het formuleren van de doelstelling van uw onderzoek is het vaststellen van de identiteit van uw opdrachtgever. Dit is bepalend voor de aard en de omvang van de aanbevelingen die u op grond van uw onderzoek formuleert. Immers, wanneer uw opdrachtgever bijvoorbeeld een gemeentebestuur is, moet u in uw aanbevelingen vooral ingaan op het algemene beleid van deze gemeente. Is echter uw opdrachtgever de projectleider van een veranderingstraject in een organisatie, dan verwacht deze opdrachtgever concrete en direct toepasbare adviezen als resultaat van uw onderzoek. Daarom is een van de eerste vragen die u zult moeten beantwoorden bij de verkenning van het projectkader van een praktijkgericht project: wie is mijn opdrachtgever en wat wil hij? Wij adviseren dan ook steeds om bij de formulering van de doelstelling van een praktijkgericht onderzoek aan te geven voor welke persoon of instantie u aanbevelingen gaat doen, en met het oog op welke verandering dit advies precies gegeven wordt.

Een ander punt van aandacht betreft de 'overmoed' van de opdrachtgever. Deze overmoed heeft twee kanten. Ten eerste meent hij of zij doorgaans vrij goed te weten wat het probleem is, waar het vandaan komt en hoe het moet worden opgelost. Maar bij enig doorvragen blijkt meestal dat allerminst duidelijk is waaruit een bestaande onvrede nu precies bestaat en hoe ze ontstaat. Sterker nog, vaak dragen opdrachtgevers niet een probleem aan, maar komen zij nog voordat het probleem duidelijk is al met een oplossing en menen ze zelfs al te weten wat voor soort onderzoek nodig is.

> **Voorbeeld 'problemen met het bestuur'**
> De voorzitter van een belangenorganisatie in de maatschappelijke gezondheidszorg belt u op over de volgende kwestie: 'Er heerst nogal wat onvrede onder onze leden. Men vindt dat wij – het bestuur – de belangen van de leden onvoldoende behartigen. Maar dat is een misverstand. Kunt u wellicht bij ons een enquête verrichten naar de problematiek van interne communicatie tussen leden en bestuur?' De vraag is op zichzelf helder, maar de implicaties ervan niet! Hier wordt door de opdrachtgever melding gemaakt van een datagenereringstechniek (enquête), terwijl niet eens bekend is wat er nu eigenlijk problematisch wordt gevonden aan de interne communicatie, wat men eraan zou willen gaan doen en welke bijdrage uw project aan het gekozen oplossingsplan zou kunnen leveren. Ook is (dus) niet duidelijk welke kennis bij de uitvoering van dit plan nuttig of nodig is, laat staan dat al een beslissing kan worden genomen over de wijze van dataverzameling, zoals de opdrachtgever hier deed. Kortom, als u zonder meer op de vraag van de opdrachtgever ingaat, loopt u het risico dat het onderzoek volledig op drijfzand komt te staan.

De algemene vuistregel moet hier dan ook zijn dat u in principe altijd weerstand biedt tegen opdrachtgevers die dit gedrag vertonen. Het spreekt voor zich dat u hierbij als beginnend onderzoeker uw begeleider of mentor inschakelt om het benodigde tegenwicht te kunnen bieden.

Een tweede aspect van de overmoed van veel opdrachtgevers betreft de verwachting dat u in uw rol van onderzoeker het probleem gaat oplossen, en wel integraal gaat oplossen. Hier zijn de volgende kanttekeningen op zijn plaats. Ten eerste kan, zoals eerder betoogd, in een empirisch onderzoek als regel slechts een (klein) deel van een problematiek worden bestudeerd. Het is bijvoorbeeld onwaarschijnlijk dat het probleem van een overheid die uit is op een betere naleving van wetgeving in het verkeer, in één onderzoek integraal kan worden bestudeerd. Vandaar dat u een scherp onderscheid moet maken tussen het doel van de opdrachtgevende instantie enerzijds, en de doelstelling van u als onderzoeker anderzijds.

Maar een tweede, meer principiële reden voor overspannen verwachtingen van de opdrachtgever is precies het foutieve beeld van onderzoek waarover wij eerder spraken. Een beeld namelijk dat onderzoek een instrument voor probleemoplossing is. Maar deze kwalificatie is volledig onterecht. Onderzoek is een hulpmiddel om tot valide kennis te komen. In het beste geval kan deze kennis door praktijkmensen, meestal *niet* de onderzoeker zelf, worden gebruikt om een interventie, in casu een bepaald beleid of strategisch management, te starten die is gericht op probleemoplossing of probleemreductie. In die zin dient u zich terdege in te leven in uw rol als *onderzoeker*, en bewust af te zien van een eventuele rol als beleidsvoerder of manager. Ook is het erg belangrijk dat u de opdrachtgever van deze rol weet te overtuigen. In dit boek gaan wij er namelijk volledig van uit dat u geen organisatieadviseur bent, maar *onderzoeker* (die hooguit in dienst staat van een organisatie- of beleidsadviseur). De conclusie uit het vorenstaande is dat u bij de start van uw onderzoek het projectkader moet verkennen, waarbij u in uw rol van onderzoeker uitvoerig stilstaat bij de vraag wat nu eigenlijk het probleem is van de opdrachtgever en welk deel ervan u opneemt als het externe doel van uw onderzoek.

Dit laatste kan heel lastig zijn, waarbij enige hulp van een instrument of heuristiek geen overbodige luxe is. Deze hulp kan worden geboden door gebruik te maken van de zogenoemde *interventiecyclus*. De interventiecyclus is een reeks van fasen die moeten worden doorlopen bij het oplossen van handelingsproblemen. Let wel, de interventiecyclus is dus géén model voor het doen van empirisch onderzoek, maar voor probleemoplossing. Een *praktijkgerichte* onderzoeker kan er handig gebruik van maken bij het formuleren van de doelstelling voor zijn of haar onderzoek.

In de interventiecyclus worden vijf fasen van probleemoplossend handelen onderscheiden:

1. *Probleemanalyse*
   In dit stadium is het vaak als eerste nodig om een probleem onder de aandacht van belanghebbenden te brengen. Men noemt dit ook wel 'agendasetting'. Vaak hebben in het begin maar een paar mensen in de gaten dat er iets mis dreigt te gaan. Men dient er dan voor te zorgen dat het probleem als zodanig 'op tafel komt', opdat het voor iedereen zichtbaar en bespreekbaar wordt. Ook moet in deze fase duidelijk worden *wat* precies het probleem is, *waarom* het een probleem is en *wiens* probleem het is. De waaromvraag kan worden beantwoord door óf te wijzen op algemene normen, waarden of idealen waarmee een bestaande toestand in strijd is, óf te wijzen op de kwalijke of ongunstige gevolgen die deze toestand kan hebben.
2. *Diagnose*
   Is het probleem als zodanig herkend en erkend door de betrokkenen, dan volgt in de diagnostische fase een bestudering van de achtergronden en het ontstaan van de gesignaleerde problematiek. Een inzicht in deze achtergronden en oorzaken wijst vaak de richting waarin een oplossing kan worden gezocht.
3. *Ontwerp*
   Daarna wordt er op basis van de probleemsignalering en de diagnose een interventieplan gemaakt om tot een oplossing voor het probleem te komen. Men maakt bijvoorbeeld het ontwerp voor een gemeentelijke voorlichtingscampagne of voor een nieuwe productiestructuur.
4. *Interventie/verandering*
   Met het maken van een plan of ontwerp voor een interventie is het probleem natuurlijk nog niet opgelost. Het plan of het ontwerp moet ook nog worden gerealiseerd. Met andere woorden: er moet een interventie- of veranderingstraject in gang worden gezet.
5. *Evaluatie*
   Tot slot is het noodzakelijk om te controleren of de ingevoerde verandering ook daadwerkelijk het eerder gesignaleerde probleem heeft opgelost. Vaak zal blijken dat een probleem slechts partieel is opgelost of dat er weer nieuwe problemen ontstaan. Dan begint de reeks stappen weer van voren af aan. Vandaar dat we hier spreken van een interventie*cyclus*.

In een praktijkgericht onderzoek kunt u in principe aan elk van deze vijf fasen met uw onderzoek een bijdrage leveren. We onderscheiden daarom, parallel aan de interventiecyclus, vijf typen praktijkgerichte onderzoeken. De belangrijkste maar niet altijd even gemakkelijk te beantwoorden vraag die u dan ook bij het verkennen van een praktijkgericht projectkader moet beantwoorden, is: In welk van de vijf stadia van probleemoplossing verkeert het voorliggende handelingsprobleem? U moet hierbij een zeer kritische houding aannemen, want, zoals eerder betoogd, neigen belanghebbenden in de praktijk naar het overslaan van de eerste fasen van de interventiecyclus. Afhankelijk van het antwoord dat u na analyse op deze vraag geeft, bestaat uw onderzoek uit een van de vijf in het schema genoemde typen onderzoek. Hierbij is de volgende reflectie op zijn plaats. In deze cyclus is natuurlijk het meest centrale gegeven de wens tot probleemoplossing. In die zin is fase 3 met afstand de belangrijkste. Toch is dit geen reden om dan maar standaard een ontwerpgericht onderzoek te kiezen, iets wat veel, zo niet de meeste, beginnende onderzoekers geneigd zijn te doen. U doet er méér dan verstandig aan deze neiging te onderdrukken. Ten eerste is het in de meeste gevallen nodig om eerst te achterhalen wat het probleem nu precies is (fase 1). Pas als dat duidelijk is, kan met vrucht worden begonnen aan een diagnostisch onderzoek. Dat wil zeggen, pas als duidelijk is wat het probleem precies is, waarom het een probleem is en wiens probleem het is, kan met vrucht worden begonnen aan een bestudering van de achtergronden en oorzaken van het probleem. En deze laatste kennis is op haar beurt nodig voordat men overgaat tot het ontwerpen van de oplossing. Immers, een duurzame oplossing van een probleem bestaat meestal uit het aanpakken van de oorzaken ervan. Daarnaast is het mogelijk dat uw onderzoek relevant is voor een praktijksituatie waarin het ontwerp voor de oplossing van het probleem duidelijk is. Uw onderzoek ondersteunt dan bijvoorbeeld het beleid gericht op de uitvoering van het gekozen ontwerp. U levert dan bijvoorbeeld een bijdrage aan het op de rails houden en, indien nodig, bijsturen van een in gang gezet beleid van een overheidsinstantie, of van het strategisch management van een bedrijf of organisatie. We noemen dit ook wel *monitoren*. Door een continue stroom van gegevens te verzamelen en te analyseren kunt u er bijvoorbeeld aan bijdragen dat de uitvoerders op het juiste spoor blijven, en dat het beleid conform het plan wordt uitgevoerd. Als ten slotte een beleid of strategisch management al is uitgevoerd, dan kan men door middel van een ex post evaluatieonderzoek de zwakke kanten van een interventie opsporen. Op basis hiervan kan in de toekomst het bewuste beleid of strategisch management worden verbeterd.

Hierna behandelen we voor elk van de vijf typen praktijkgericht onderzoek het projectkader en de daaruit afgeleide doelstelling. We geven daarbij een voorbeeld van elk projecttype.

Probleemanalytisch onderzoek
In veel gevallen kan een organisatieprobleem worden gezien als een spanning tussen een feitelijke situatie en een gewenste situatie of ontwikkeling. De fase van probleemanalyse dient ervoor om voor alle betrokkenen duidelijkheid en zo mogelijk consensus te creëren over de vraag waaruit nu precies de gewraakte feitelijke situatie bestaat en welke gewenste toestand men

expliciet, maar vaker impliciet, in gedachten heeft. Een wenselijke situatie kan worden geformuleerd in termen van normen en criteria waaraan iets moet voldoen, dan wel de functies die iets moet vervullen binnen een groter geheel. Zoals al eerder kort werd aangegeven, moet uit deze, overigens bij de opdrachtgever vaak onbewuste en impliciete, normen, criteria en functie-eisen duidelijk worden *waarom* iets een probleem is. Tijdens de fase van probleemanalyse moet de onderzoeker zich zowel op de feitelijke als op de wenselijke kant richten; wat zijn de feiten en waarom zijn ze problematisch? Kortom, een probleemanalytisch onderzoek dient om aan te geven dát iets een probleem is (of liever, wordt gevonden), waaróm het een probleem is en/of wááruit nu precies het probleem bestaat, met als doelstelling bewustmaking, agendasetting en/of consensusvorming. Vanwege het feit dat een (te onderzoeken) spanningsverhouding tussen een feitelijke en een gewenste situatie een centrale rol speelt in deze situatie, wordt hier ook wel gesproken van een 'gap analysis'.

Voorbeeld 'multifunctioneel complex'

Projectkader
Een lokale overheid en enkele multinationals uit de regio hebben het plan opgevat om een groot multifunctioneel complex te bouwen. Dit complex moet onderdak bieden aan zaken als voetbalwedstrijden en andere sportmanifestaties, kunstspektakels en muziekconcerten. Diverse milieuorganisaties, verenigd in het platform 'Milieubelang', hebben echter het idee dat bij de besluitvorming onvoldoende aandacht is voor milieuaspecten zoals geluidsoverlast, verontreiniging van de lucht en de bodem en aantasting van biosferen. De secretaris van het platform wil ervoor zorgen dat deze milieuaspecten belangrijker worden bij de verdere besluitvorming. De secretaris geeft u de opdracht een onderzoek uit te voeren dat een bijdrage levert aan het belangrijker worden van deze thematiek bij de besluitvorming.

Doelstelling
Het doel van dit onderzoek is aanbevelingen te doen aan 'Milieubelang' voor de ontwikkeling van een communicatiebeleid dat erop is gericht om het milieuaspect op de agenda van de politieke besluitvorming rondom het *multifunctioneel complex* te krijgen
door
het in kaart brengen van de meningen van diverse groeperingen in de regio over het belang van milieuaspecten van *het multifunctioneel complex*.

De keuze voor een probleemanalytisch onderzoek waarin uitsluitend de ware aard van een probleem wordt onderzocht, is vooral in het geval sprake is van een afstudeerproject een aantrekkelijke. Zoals al eerder is opgemerkt, is deze eerste fase van probleemoplossend handelen doorgaans de meest doorslaggevende, maar ook de meest verwaarloosde. Voor een bescheiden onderzoek als een afstudeerproject ligt dan ook hier de beste kans voor een reële en doorgaans zeer nuttige bijdrage aan de oplossing van een bepaald probleem. Deze keus impliceert overigens wél voor de meeste mensen, onder wie niet in de laatste plaats de probleemhebber en of opdrachtgever, dat zij moeten afrekenen met een natuurlijke neiging om direct met de oplossing van een probleem te beginnen. Het is in wezen een vorm van wat de Fransen noemen 'reculer pour mieux sauter' (teruglopen om beter te kunnen springen).

Naast dit principiële argument zijn er ook pragmatische overwegingen om juist in het geval van een afstudeerproject voor een probleemanalytisch onderzoek te kiezen. Bij oplossingsplannen (ontwerp) en de uitvoering daarvan (interventie) zijn er namelijk meestal politieke tegenstellingen en emotionele problemen in het spel. Onderneemt u nu een op oplossing gericht onderzoek, dan loopt u kans om te worden gemangeld in een krachtenspel van tegengestelde belangen en om aldus vertraging op te lopen bij het uitvoeren van uw onderzoek. Door de plaatsing van uw onderzoek in deze fase of in de evaluatiefase, komt u als onderzoeker doorgaans nog het minst in de klem. Wij beseffen overigens dat dit argument voor de afstudeerder een veel zwaarder gewicht heeft dan voor de contractonderzoeker.
Ook zijn er verschillende praktische argumenten te vinden om te kiezen voor een probleemanalytisch onderzoek. Ten eerste hebben veel organisaties moeite met het geven van een antwoord op de vraag 'wat is nu eigenlijk het probleem?' Niet genoeg kan worden benadrukt dat u als onderzoeker juist door het beantwoorden van deze vraag een doorslaggevende bijdrage levert aan een adequate oplossing van een probleem. Ten tweede zijn er meestal weinig problemen met het verkrijgen van de juiste gegevens voor dit soort onderzoeken. Iedereen wil wel bijdragen aan het oplossen van problemen, terwijl men in dit stadium nog niet zozeer gedwongen wordt tot het innemen van standpunten. Ten derde: meestal zijn deze onderzoeken heel goed binnen haalbare grenzen te houden. U praat als onderzoeker immers nog in het geheel niet over een interventie. Voor de betrokkenen betekent dit dat (nog) niet wordt gerekend in termen van tijd en geld. Er is echter ook één duidelijke hobbel te nemen, namelijk het overtuigen van de opdrachtgever/probleemhebber van het belang van een probleemsignalerend onderzoek. Deze laatste immers heeft zoals eerder betoogd de neiging om het probleem meteen in de oplossingssfeer te plaatsen (ontwerp). U moet daar, zoals gezegd, in principe steeds krachtig tegen argumenteren.

Opgave

Voorbeeld 'problemen met het bestuur'
Een belangenorganisatie in de maatschappelijke gezondheidszorg benadert u met de volgende kwestie. Er heerst nogal wat onvrede onder de leden. Men vindt dat het bestuur de belangen van de leden onvoldoende behartigt. Om na te gaan of deze klacht op waarheid berust, en zo ja, op welke aspecten en onderdelen van het bestuurlijke werk deze precies betrekking heeft, wordt u verzocht om een onderzoek uit te voeren. Het bestuur vraagt om vooral te kijken naar de interne communicatie tussen leden en bestuur.
De opdracht is op zichzelf helder, maar u weet de voorzitter ervan te overtuigen dat misschien nog andere problemen dan communicatieproblemen de oorzaken kunnen zijn van de onvrede van de leden. Misschien vinden de leden dat het bestuur niet alert genoeg reageert op maatschappelijke ontwikkelingen in de gezondheidszorg. Misschien vinden de leden dat het beleid van het bestuur te veel intern gericht is en te weinig extern. Misschien spelen de klachten over het bestuur slechts bij enkele, luidruchtige, leden en vindt het merendeel van de leden het bestuur juist erg goed! Kortom, het is nodig om eerst wat meer te weten te komen over het probleem zelf.

Opdracht
Formuleer naar aanleiding van het bovenstaande projectkader een doelstelling voor een probleemanalytisch onderzoek.

Diagnostisch onderzoek

Als na een adequate probleemanalyse het handelingsprobleem helder is geformuleerd en ook door relevante partijen is geaccepteerd, dan kan worden begonnen aan de diagnostische fase. Realiseert u zich dat indien en in de mate waarin deze aanname niet terecht is, er problemen kunnen ontstaan met het diagnostisch onderzoek. Immers, u zoekt naar achtergronden, oorzaken en samenhangen van het probleem in kwestie, terwijl u om de haverklap merkt dat niet helemaal duidelijk is wat het probleem nu precies is, waarom het een probleem is en wiens probleem het is. Dit leidt onherroepelijk tot verwarring en tijdverlies. Hierin ligt andermaal een reden om een probleemanalytisch onderzoek terdege te overwegen. Wilt u een diagnostisch onderzoek uitvoeren, dan probeert u inzicht te krijgen in de achtergronden, oorzaken en samenhangen van de problematiek in kwestie.

Dit diagnostisch onderzoek is een vaak voorkomend type praktijkgericht onderzoek, al dan niet in combinatie met een probleemanalytisch onderzoek. We kunnen daarbij verschillende vormen van diagnostisch onderzoek onderscheiden. Het voert te ver om in dit boek uitvoerig in te gaan op deze verschillende vormen. We noemen daarom alleen de belangrijkste. Op de eerste plaats onderscheiden we het *oorzaken*onderzoek. Soms is een probleem immers dusdanig nieuw of complex, dat de bestaande theoretische of praktische kennis ontoereikend is om duidelijk aan te geven welke van de vele mogelijke factoren nu van invloed zijn op het gesignaleerde probleem. Bovendien is het soms niet duidelijk of deze factoren het gehele probleem of juist aspecten ervan beïnvloeden. In een andere situatie is het van belang te weten te komen welke van de genoemde factoren de belangrijkste beïnvloedende factoren zijn en welke factoren een minder belangrijke rol spelen. In elk van deze situaties is een onderzoek nodig naar de achtergronden en oorzaken van het probleem.

Voorbeeld 'achtergronden van de verkiezingsnederlaag'

Projectkader
Bij de afgelopen verkiezingen voor de Tweede Kamer heeft partij X stevig verloren. Men had wel rekening gehouden met een kleine terugval, maar het verlies was veel groter dan men had gedacht. Waar heeft dit nu aan gelegen, zo vraagt de partijleiding zich af. Een reeks van mogelijke factoren passeert de revue, zoals de uitstraling van de kandidaten en van de lijsttrekker, de aantrekkingskracht van het partijprogramma, de verkiezingsactiviteiten van de andere partijen, maar ook zaken als het weer op de verkiezingsdag en de opkomst in de verschillende landelijke regio's. De partijleiding wil graag een diagnostisch onderzoek laten doen naar de achtergronden en oorzaken van de verkiezingsnederlaag.

Doelstelling
Het doel van het onderzoek is om handvatten te bieden aan de partijleiding van partij X voor de verbetering van het imago van de partij en van het toekomstig campagnebeleid
door
inzicht te geven in de onderscheiden bijdragen van de bovengenoemde factoren en omstandigheden aan de verklaring van de verkiezingsnederlaag.

De gedachte achter deze onderzoeksopdracht is dat als bekend is door welke factoren en omstandigheden het zetelverlies precies is ontstaan, daaruit op basis van gezond verstand suggesties voor verbetering te herleiden zijn. We zien hier een voorbeeld dat niet een apart ontwerpgericht onderzoek wordt geëntameerd om tot een interventie te komen, iets wat we wel vaker zien gebeuren. Of dit een handige strategie is, hangt af van de vraag hoe complex en/of onzeker de situatie is.

Een tweede veelvoorkomende vorm van diagnostisch onderzoek is het *opinie-onderzoek*. Soms is het niet zozeer van belang er achter te komen welke objectieve factoren een bepaald probleem veroorzaken, maar om uit te zoeken hoe de verschillende betrokken partijen tegen de redenen en achtergronden van het probleem in kwestie aan kijken. Immers, soms is het inzicht in de meningen en percepties van betrokkenen belangrijker dan objectieve kennis over de oorzaken ervan. Denk in dit verband bijvoorbeeld aan het onderzoek naar de achtergronden van regelmatig terugkerende conflicten tussen bevolkingsgroepen met een verschillende etnische achtergrond in bepaalde Nederlandse steden. Belangrijker voor een oplossing is dan wellicht hoe de betrokkenen de oorzaken percipiëren, terecht of niet terecht, dan een wetenschappelijk verantwoord objectief beeld van die oorzaken.

Voorbeeld 'informatie- en communicatietechnologie (ICT) en HRM'

Projectkader
ICT-instellingen maken turbulente tijden door. De klanten stellen zich steeds kritischer op en verlangen van de ICT-organisatie een goede begeleiding bij het ontwikkelen en doorvoeren van nieuwe ICT-systemen. Dat stelt hoge eisen aan de kwalificatie en flexibiliteit van de ICT-adviseurs en dus aan het Human Resources Management (HRM) van deze ICT-bedrijven, met name op het terrein van training, scholing en dergelijke van ICT-adviseurs. Een groot ICT-bedrijf in de Verenigde Staten wil voorzien in deze behoeften van de klanten door het HRM-beleid van de organisatie aan te passen en meer organisatiegerichte trainingen aan te bieden aan de ICT-adviseurs. Het hoofd van de HRM-afdeling van het ICT-bedrijf vraagt u om eens na te gaan hoe er bij potentiële klanten wordt aangekeken tegen dit idee.

Doelstelling
Het doel van het onderzoek is aanbevelingen te doen aan het hoofd HRM voor de verbetering van het HRM-beleid op het terrein van training, scholing en begeleiding van ICT-adviseurs
door
inzicht te geven in de meningen van de betrokken groeperingen (management van klantorganisaties, ICT-adviseurs, P&O-functionarissen) over de effectiviteit van specifieke organisatiegerichte trainingen en scholingen voor de verbetering van de adviesvaardigheden van het ICT-personeel.

Een derde veelvoorkomende vorm van diagnostisch praktijkgericht onderzoek is een variant van de eerder genoemde *gap analysis*. Stel, een lokale omroep wil bereiken dat meer mensen op zijn zender afstemmen. Neem voorts aan dat communicatiewetenschappelijke theorieën aangeven dat de verreweg meest belangrijke voorwaarde daarvoor een keuze van en vervolgens afstemming op een nauwkeurig gedefinieerde en afgebakende doelgroep is. Als nu deze omroep zijn heil vooral zoekt in het aankopen van duur tv-materiaal, en tegelijkertijd niets doet aan een doelgroepgerichte programmering, dan is er dus een gap tussen wat volgens de theorie wenselijk of nodig is en wat er in de praktijk feitelijk gebeurt. In deze gap analysis is niet alleen sprake van een gap in probleemanalytische zin (spanning tussen een geringe groep kijkers en de wens deze groep uit te breiden), maar ook in diagnostische zin. Uit de geconstateerde gap (in diagnostische zin) blijkt immers wat de (vermoedelijke) oorzaak is van het probleem.

In het voorbeeld hieronder wordt het idee van een diagnostische gap analysis nog eens met andere woorden geschetst.

Voorbeeld 'fusie en marktoriëntatie'

Projectkader
Twee instellingen (X en Y) die beide te maken hebben met het verlenen van psychiatrische verzorging in de regio Oost-Nederland, besluiten te gaan samenwerken in een nieuw samenwerkingsverband Z. Het doel van de samenwerking is om meer marktgericht en minder aanbodgericht te gaan opereren om zodoende de concurrentie met andere psychiatrische instellingen in de regio beter aan te kunnen. Nu is er de laatste jaren veel onderzoek gedaan naar het verbeteren van de marktgerichtheid van zorginstellingen. Daaruit is gebleken dat een actieve klantgerichte strategie, een platte organisatiestructuur en een teamgerichte samenwerkingscultuur bevorderend zijn voor het succesvol implementeren van een marktgerichte organisatie.

Doelstelling
Het doel van het onderzoek is aanbevelingen te doen aan het MT van het samenwerkingsverband Z over het te voeren beleid met betrekking tot de organisatiestructuur, de organisatiecultuur en de strategie van de organisatie
door
het maken van een diagnostische *gap analysis,* waarbij de huidige organisatiestructuur, -cultuur en -strategie van X en die van Y worden vergeleken met de kenmerken van de in het licht van het succesvol implementeren van marktoriëntatie gewenste organisatiestructuur, -cultuur en -strategie.

Opgave
Lees aandachtig de volgende tekst.

Arbo-artsen
In organisatie Y ervaart arbo-directeur X grote problemen met betrekking tot de rol van de arbo-artsen in allerlei arbeidsconflicten. Vaak komen werknemers bij de arbo-arts met ziekteklachten die duidelijk gerelateerd zijn aan conflicten tussen leidinggevenden en ondergeschikten. De arbo-arts komt dan in een 'dubbele' positie, waarin hij of zij te maken heeft met de belangen van zowel de zieke patiënt als de organisatie. Wat is nu de beste rol van een arbo-arts in dit soort zaken?

Opdracht
a. Formuleer naar aanleiding van het bovenstaande projectkader een doelstelling voor een diagnostisch oorzaken- en achtergrondenonderzoek; ga er hierbij van uit dat er nog niet zoveel bekend is over de relatie tussen arbeidsconflicten, ziekteklachten en de rol van arbo-artsen in deze conflicten.
b. Formuleer naar aanleiding van het bovenstaande projectkader een doelstelling binnen een diagnostisch opinieonderzoek; ga er hierbij van uit dat er resultaten zijn van eerder onderzoek naar de relatie tussen arbeidsconflicten, ziekteklachten en de rol van arbo-artsen in deze conflicten.
c. Formuleer naar aanleiding van het bovenstaande projectkader een doelstelling binnen een diagnostische *gap analysis*; ga er hierbij van uit dat er resultaten zijn van eerder onderzoek naar de relatie tussen arbeidsconflicten, ziekteklachten en de rol van arbo-artsen in deze conflicten.
d. Benoem de belangrijkste verschillen tussen deze drie doelstellingen, gezien in het licht van wat de onderzoeksprojecten opleveren die vanuit deze doelstellingen worden ontworpen.

Ontwerpgericht onderzoek
Een andere mogelijkheid is dat u een ontwerpgericht project gaat uitvoeren. Een voorwaarde waaraan moet zijn voldaan om dit type onderzoek met succes te kunnen uitvoeren, is dat kan worden beschikt over een adequate probleemanalyse en over een diagnose van de op te lossen problematiek. Deze zaken zijn óf bekend uit een eerder onderzoek óf ze moeten in het kader van de nadere verkenning van het projectkader op 'face value' door u zijn in te vullen. Vooral kennis van de ontstaansgeschiedenis van een probleem is vaak een belangrijke schakel in het zoeken naar oplossingen. De genoemde voorwaarden duiden er al op dat u met dit type onderzoeken voorzichtig moet zijn. U kunt er zich gemakkelijk aan vertillen. De veiligste weg is hier u te

beperken tot het formuleren van *aanbevelingen* op basis van een probleemanalyse en een diagnose.

Voorbeeld 'Flexitas'

Projectkader
Flexitas is een middelgrote meubelfabrikant. Men maakt stoelen en tafels in diverse ontwerpen en uitvoeringen voor het middenklassesegment. Tot nu toe is de inrichting van de fabricage gebaseerd op specialisatie: een afdeling maakt de poten, een tweede afdeling maakt tafelbladen, een derde stoelzittingen, enzovoort. Tot slot worden de diverse onderdelen in een assemblagehal in elkaar gezet. Deze productiestructuur voldoet niet, zo heeft eerder onderzoek uitgewezen. Er gaat nogal eens wat fout met de volgorde waarin orders worden geproduceerd, er is weinig afstemming tussen de productie van de verschillende afdelingen en ook de kwaliteit van de producten laat te wensen over. Men wil toe naar een nieuwe productiestructuur waarin één afdeling alle voorkomende handelingen, van deelproductie tot en met assemblage en verzending, voor haar rekening neemt. Dat betekent dat alle gespecialiseerde afdelingen moeten worden opgeheven en dat specialisten in zogenoemde hele taakgroepen moeten gaan samenwerken. Adviesbureau X wordt ingehuurd. Dit adviesbureau maakt een grootscheeps reorganisatieplan. Een onderdeel van het reorganisatieplan is het maken van het ontwerp voor de nieuwe productiestructuur op basis van de principes van de Moderne Sociotechniek. U krijgt als onderzoeker de opdracht dit plan met relevante kennis te ondersteunen.

Doelstelling
Het doel van het onderzoek is het doen van aanbevelingen aan het adviesbureau X voor het maken van een ontwerp voor de nieuwe productiestructuur
door
op basis van bestudering van de bestaande werkstromen, de te verwachten orderstromen en de aanwezige kwaliteiten van het personeel een beoordeling te geven van een conceptontwerp productiestructuur, dat is gebaseerd op de uitgangspunten van de Moderne Sociotechniek.

Als u een specifiek ontwerpgericht onderzoek wilt vormgeven, doet u er verstandig aan een onderscheid te maken in vier soorten vereisten: *functionele*, *contextuele*, *gebruikers-*, en *structurele* vereisten. Met de *functionele* vereisten worden bedoeld de functies die een interventie, of een artefact dat moet worden geproduceerd, moet vervullen. In het geval van een probleemoplossende interventie bestaan deze functionele vereisten grotendeels uit de oplossingsvoorwaarden waaraan volgens de belanghebbenden een adequate oplossing van het voorliggende probleem moet voldoen. In het geval van een te produceren artefact, zoals computersoftware, een nieuwe grassoort of een nieuw type sensor voor luchtvervuiling, bepalen de functionele vereisten welke prestaties het artefact moet kunnen leveren. U kunt deze zaken nauwkeurig in kaart brengen door middel van een empirisch onderzoek.

Contextuele eisen zijn, zoals het woord al zegt, eisen die aan een interventie of artefact worden gesteld vanuit de omgeving. Hierbij kunnen we onderscheid maken naar de politieke, economische, sociale en transactionele omgeving. Met gebruikerseisen worden bedoeld de wensen van toekomstige uitvoerders van het te ontwikkelen beleid of strategisch management, dan wel gebruikers van het te realiseren artefact.

Tot slot, last but not least, de structurele eisen. Dit zijn de materiële en immateriële kenmerken die het te ontwikkelen beleid, strategisch management of artefact moet hebben, voordat de functionele, contextuele en gebruikerseisen kunnen worden vervuld. Als het goed is, moeten dus de structurele eisen logisch uit de overige drie soorten van eisen kunnen worden afgeleid. Een ontwerpgericht onderzoek zou dan kunnen inhouden het verzamelen en analyseren van empirische gegevens betreffende functionele, contextuele en gebruikersvereisten, en het vervolgens via een logische analyse (in combinatie uiteraard met de nodige materiekennis over het artefact of beleid) hieruit afleiden van de benodigde structurele kenmerken.

Opgave
Lees aandachtig de volgende tekst.

Voorbeeld 'Het Groene Hart'
Een overkoepelende werkgroep van gedeputeerden voor het ruimtelijke ordeningsbeleid van de Provinciale Staten van Zuid-Holland, Noord-Holland en Utrecht is verantwoordelijk voor de 'long' van de Randstad. Bedoeld wordt een groot gebied dat delen van de drie provincies beslaat en dat is bestemd voor land- en tuinbouw en recreatie, 'Het Groene Hart' geheten. Iedereen vindt het natuurlijk belangrijk dat dit gebied blijft bestaan, maar toch zijn de meningen verdeeld over het beleid dat de drie provincies moeten gaan voeren met betrekking tot de ontwikkeling van dit gebied in de komende tien jaren. Moet de recreatieve functie meer worden ontwikkeld? Tot op welke hoogte en onder welke condities is de aanleg van verkeersaders en treinverbindingen in of onder het gebied acceptabel? Welke eisen moeten er worden gesteld aan de aanwezige land- en tuinbouw? Is grootschalige veehouderij toelaatbaar?

De meningen over deze zaken zijn verdeeld. Niet alleen de provinciebesturen verschillen onderling van mening. Ook de ambtenaren van verschillende provincies zijn het op onderdelen niet met elkaar eens. Bovendien hebben de betrokken milieuorganisaties elk een eigen oordeel over deze zaken. Vanwege het grote belang voor de toekomst is er onlangs een grootscheeps opinieonderzoek gehouden, waarin de meningen van alle betrokkenen zijn geïnventariseerd. De bovengenoemde werkgroep geeft een groot onderzoeksbureau dat is gespecialiseerd in milieuvraagstukken en overheidsbeleid de opdracht om op basis van de resultaten van het opinieonderzoek een voorstel te maken voor een ruimtelijkeordeningsbeleid met betrekking tot 'Het Groene Hart' waarin de drie provincies zich waarschijnlijk kunnen vinden.

Opdracht
Formuleer naar aanleiding van het bovenstaande projectkader een doelstelling voor een ontwerpgericht onderzoek.

Verandergericht onderzoek
Het projectkader waarmee u begint, zou óók kunnen inhouden dat er al een plan voor probleemoplossing is, maar dat dit ontwerp nog in de organisatie moet worden ingevoerd. Ook kan het zijn dat dit plan al in uitvoering is. In dat geval kan een veranderproject in aanmerking komen, waarmee u beoogt om kennis te leveren die een organisatie kan benutten bij een succesvolle uitvoering van een interventieplan. Dit type noemt men behalve een veranderproject ook wel een monitoringproject. Hierbij verzamelt de projectuitvoerder een continue stroom van gegevens over de uitvoering. Op basis hiervan kan de probleemoplosser bepalen of alles naar wens verloopt, welke knelpunten er zijn en of voor sommige onderdelen een koerscorrectie nodig is. Immers, ook al zijn de probleemsignalering, de diagnose en het interventieplan optimaal geformuleerd, dan nog zijn er in deze uitvoerende fase legio factoren die een bevredigende probleemoplossing in de weg kunnen staan.

> **Voorbeeld 'Hostel Korteweg'**
>
> *Projectkader*
> Hostel Korteweg is een makelaar in verzekeringen die bemiddelt bij het verzekeren van uitzonderlijk grote projecten, zoals het verslepen van boortorens, het bezoek van de paus of de exploitatie van tentoonstellingen. Hostel Korteweg wil de relaties met haar klanten verbeteren en heeft een project 'relatiemanagement' gestart. In dit project worden de medewerkers getraind in een klantvriendelijker aanpak en gedrag en worden de klanten op de hoogte gesteld van het nieuwe cliëntgerichte beleid. De leider van het project is bezorgd over het welslagen ervan en zet een begeleidingsteam in om de verandering in goede banen te leiden. Een organisatiekundig onderzoek moet een bijdrage leveren aan deze begeleiding.

2 Doelstelling

> *Doelstelling*
> Het doel van het project is het doen van aanbevelingen aan de projectleider 'relatiemanagement' voor de verbetering van het implementatietraject
> *door*
> op basis van een nauwkeurige beschrijving en analyse van de verschillende stappen van het project, tijdens de uitvoering ervan een tijdig overzicht te maken van mogelijke implementatieproblemen bij de invoering (monitoring).

Opgave
Lees aandachtig de volgende tekst.

Voorbeeld 'geluidwering'
Op grond van vele klachten van de inwoners van een gemeente heeft het bestuur van deze gemeente een beleid voor geluidwering ontwikkeld. Het beleid bestaat eruit dat bewoners van bepaalde nauwkeurig beschreven zônes in de stad in aanmerking kunnen komen voor een subsidie waarmee de huiseigenaren geluidwerende materialen aan hun huizen kunnen aanbrengen. De afdeling milieuzaken van het gemeentehuis is echter van mening dat er allerlei problemen optreden bij de uitvoering van dit beleid.

Opdracht
Formuleer naar aanleiding van het bovenstaande projectkader een doelstelling voor een verandergericht onderzoek. Zorg daarbij vooral voor een uitgebreid b-gedeelte (een indicatie van de informatie, kennis en inzichten die in het onderzoek moeten worden geproduceerd).

Evaluatieonderzoek
Als de interventie is uitgevoerd, dan is de volgende en voorlopig laatste vraag in hoeverre sprake is geweest van een geslaagde actie. Dit betreft een ex post evaluatieonderzoek. Dit is een onderzoek dat betrekking heeft op de situatie die ná een interventie is ontstaan. Grofweg kan men een drietal typen ex post evaluatieonderzoek onderscheiden, afhankelijk van de soort (onderzoeks)vraag die de onderzoeker zich stelt: plan-, proces- en productevaluatie. Was het een haalbaar en opportuun interventieplan (planevaluatie), is het plan goed uitgevoerd (procesevaluatie) en zijn de resultaten bevredigend (productevaluatie)? In feite lijkt een evaluatieonderzoek veel op een probleemanalytisch onderzoek. In beide gevallen wordt een feitelijke situatie, toestand of ontwikkeling tegen het licht gehouden van een gewenste toestand of ontwikkeling. Alleen wordt dat in het eerste geval gedaan vóórdat er sprake is geweest van een oplossingspoging, en in het tweede geval erna. Cruciaal voor beide typen

onderzoek is dat de ontwerper van het onderzoek een set criteria, normen of standaarden opspoort of zelf ontwikkelt, op basis waarvan vervolgens naar de empirische werkelijkheid wordt gekeken. Uiteraard bedoelen we hier dat specifieke deel van de werkelijkheid dat u afbakende van het projectkader voor nader onderzoek. In komende hoofdstukken komen we hierop uitvoeriger terug.

Het behoeft geen betoog dat ook op basis van de resultaten van een evaluatieonderzoek aan probleemoplossing kan worden bijgedragen. Dit kan in de vorm van verbeteringsvoorstellen voor bestaand beleid, strategisch management of voor (analoge) toekomstige interventies.

Voorbeeld 'projectbeheersingssystemen'

Projectkader
Het ministerie van Binnenlandse Zaken (BiZa) heeft problemen met de beheersing van de binnen de gemeenten uitgevoerde automatiseringsprojecten (gba). De projectleider die tot taak heeft gehad om het beleidsplan 'Verbetering GBA' in te voeren, heeft enkele jaren geleden projectbeheersingsmethode Y ingevoerd bij de begeleiding van de gba-projecten in een aantal grote gemeenten. De vraag is: 'Wordt de belofte ook in de praktijk waargemaakt?' Dit wordt het onderwerp van een bestuurskundig evaluatieonderzoek.

Doelstelling
Het doel van het onderzoek is het doen van voorstellen van de projectleider 'Verbetering GBA' voor de verbetering van het uitgevoerde beleid voor de beheersing van gba-projecten
door
een beoordeling te maken van de effectiviteit van het beleidsplan 'Verbetering GBA' op basis van een evaluatieonderzoek naar de kostenbeheersing, tijdsduur en interne communicatie van gba-projecten in vier gemeenten die de beheersingsmethode Y hebben toegepast.

In de beleidskunde is evaluatieonderzoek verreweg het meest uitgevoerde type onderzoek. In het geval van een ex post evaluatie is de interventie intussen uitgevoerd, zodat de meeste 'hete hangijzers' achter de rug zijn. Wel hebben de betrokkenen bepaalde verwachtingen over de resultaten. De evaluatieonderzoeker kan nagaan in hoeverre deze verwachtingen in vervulling zijn gegaan, waaraan tekortkomingen kunnen worden toegeschreven en hoe verbeteringen in de toekomst mogelijk zijn. Zoals eerder gezegd is dit type evaluatieonderzoek zeer geschikt om te kiezen in het kader van een kwalificatieonderzoek zoals een afstudeerproject of een dissertatieonderzoek. De

2 Doelstelling 63

reden is dat men niet zo snel partij wordt en men zich rustig kan wijden aan de taak van een onderzoeker, dat wil zeggen de productie van relevante kennis, inzichten en informatie.

Opgave
Lees aandachtig de volgende tekst.

Voorbeeld 'verkeer- en vervoerbeleid'
Provinciale Staten heeft enkele jaren geleden een nieuw verkeer- en vervoerbeleidsplan het licht doen zien. Het plan behelsde het meerjarenbeleid van de provincie met betrekking tot de stroomlijning van het verkeer en het vervoer binnen de provincie. Het plan was ambitieus met betrekking tot het terugdringen van het filevraagstuk en het beter toegankelijk maken van het openbaar vervoer. Het plan was ook omvangrijk en omvatte daarom niet alleen de te behalen streefcijfers, maar ook een plan van aanpak en een uitgebreide projectorganisatie. De vraag is nu of het plan heeft gewerkt. De provincie geeft opdracht voor een uitgebreid ex post evaluatieonderzoek met aandacht voor product, plan en proces.

Opdracht
a. Formuleer naar aanleiding van het bovenstaande projectkader een doelstelling voor een ex post evaluatieonderzoek, gericht op een productevaluatie.
b. Doe hetzelfde, maar nu gericht op een planevaluatie.
c. Doe hetzelfde, maar nu gericht op een procesevaluatie.

Tot slot van dit hoofdstuk formuleren we een stappenplan dat een ontwerper die een geschikte doelstelling voor haar of zijn onderzoek wil ontwikkelen, kan volgen.

Stappenplan en voorbeeld
Door middel van een zestal stappen kunt u komen tot een adequate formulering van het projectkader en de doelstelling van uw onderzoek.

> **Doelstelling**
> 1. Bepaal of u met uw onderwerp opteert voor een theoriegericht dan wel een praktijkgericht onderzoek.
> 2. Voer een verkenning uit van het projectkader. Doe dit aan de hand van de soort vragen zoals afgebeeld op pagina 34 en 35. Stel vast wie uw opdrachtgever is.

3. Bepaal op basis van deze verkenning voor welk van de twee typen theoriegericht onderzoek of voor welk van de vijf praktijkgerichte typen onderzoek u kiest.
4. Formuleer de doelstelling van uw onderzoek.
5. Controleer deze doelstelling op vorm en inhoud. De vorm moet zijn: Het doel van het onderzoek is ... (a) ... door realisering van ...(b) ... (zie p. 38). De inhoud moet voldoen aan de criteria van nuttigheid, haalbaarheid, eenduidigheid en informatiegehalte. Controleer hierop en stel uw doelstelling zo nodig bij.
6. Ga na of de doelstelling en de analyses die eraan voorafgaan nog aanleiding geven tot een heroriëntatie op het projectkader. Indien ja, voer deze heroriëntatie uit en kijk of daarna een aanpassing van de doelstelling nodig is (iteratie).

Passen we dit stappenplan toe op de casus De Goede Hoop in de inleiding, dan ontstaat het volgende beeld.

Stap 1: Soort onderzoek
Gelet op de aard van de problematiek en de verwachtingen die men van u heeft, kiest u voor een *praktijkgericht* onderzoek.

Stap 2: Verkenning projectkader
* *Welke problemen spelen er binnen het projectkader?*
* *Welke actoren spelen een rol in het projectkader en wat zijn hun belangen?*

Het managementteam van De Goede Hoop verwacht problemen bij de ontwikkeling en invoering van het plan voor reorganisatie en automatisering. Men constateert dat er nogal wat weerstand is tegen deze veranderingen, vooral bij de medewerkers. De laatsten vrezen dat hun werk ingrijpend zal veranderen.

* *Wat zijn de oorzaken van de problemen?*

Het managementteam van De Goede Hoop zoekt de oorsprong van deze problemen bij de negatieve ervaringen van veel personeelsleden met het vorige reorganisatieproject. De algemene verwachting is dat het deze keer weer fout zal gaan. Er wordt in de organisatie verschillend gedacht over de oorzaken van het falen van het vorige project. Sommigen verwijten de ICT-medewerkers dat zij te weinig rekening hebben gehouden met de belangen van de gebruikers van het nieuwe systeem. Anderen verwijten de directie een te afwachtende houding. Weer anderen wantrouwen het project en beschouwen het als een verkapte manier om personeelsinkrimping te realiseren.

2 Doelstelling 65

* *In welke richting zoekt men zoal naar oplossingen?*

Men heeft ervoor gekozen een onafhankelijk bureau in te schakelen om het project te begeleiden. Dit bureau heeft een voorstel gemaakt waarin verschillende fasen worden onderscheiden. U herkent hierin vier fasen van de interventiecyclus:

- 'inventarisatie van de knelpunten voor reorganisatie (diagnose)';
- 'het maken van een integraal herontwerp van de organisatie (ontwerp)';
- 'het maken van een plan voor invoering (verandering)'; en
- 'het uitvoeren van een evaluatie van de implementatie (evaluatie)'.
---

* *Wie is uw opdrachtgever?*

U gaat uw onderzoek uitvoeren in dienst van het adviesbureau. U rapporteert aan senioradviseur A, die verantwoordelijk is voor het gehele project.

Stap 3: Keuze van het type onderzoek
Er is onlangs een problemanalytisch onderzoek uitgevoerd waarin de aard van de verwachte problemen in kaart is gebracht. Dit maakt een diagnostisch onderzoek mogelijk, waarvoor u dan ook kiest. Meer in het bijzonder kiest u voor een diagnostisch *opinie-onderzoek*.

Stap 4: Doelstelling van het onderzoek
Het doel van uw afstudeerproject is aanbevelingen te doen aan de senior adviseur van adviesbureau Mulder voor de verbetering van het plan voor de implementatie van een integraal herontwerp van de organisatie bij De Goede Hoop
door
inzicht te geven in de meningen, verwachtingen en/of evaluaties van diverse betrokken personeelsgroeperingen over de te verwachten knelpunten bij de voorgenomen reorganisatie en de mogelijke oplossingen voor deze knelpunten die onder het personeel leven.

Stap 5: Controle op kwaliteit

Vorm
U ziet in de formulering van de doelstelling bij stap 4 hierboven duidelijk de structuur 'a bereiken door realisering van b', namelijk ... een verbetering van het plan ... (a) ... door inzicht te geven in ... (b) ...

Inhoud
Het *nut* van de doelstelling volgt direct uit de bijdrage die het onderzoek levert aan fase 1 van het adviesproject.

Het gaat hier om een *haalbare* doelstelling, uitgaande van een project dat circa zes maanden mag duren. Het is aannemelijk dat in dit tijdsbestek de voorgenomen inventarisatie en de daarbij behorende rapportage kunnen worden uitgevoerd (zie ook hoofdstuk 8).

Dit is een *eenduidige* doelstelling, omdat duidelijk is wat het onderzoek gaat opleveren. Uiteraard is er een aantal andersoortige doelstellingen mogelijk. Het onderzoek zou bijvoorbeeld in het kader van fase 1 ook een sterkte/zwakte-onderzoek kunnen omvatten van de organisatiestructuur en de organisatiecultuur van De Goede Hoop. Ook deze doelstelling zou een heldere, eenduidige doelstelling zijn.

De doelstelling is ook *informatierijk*, omdat in globale zin aangegeven is welke kennis nuttig en nodig is om het doel te bereiken.

Stap 6
Er is in dit voorbeeld geen aanleiding tot een heroriëntatie op het projectkader.

3 | Onderzoeksmodel

Onderzoek is een langgerekte redenering, uitmondend in antwoorden op van tevoren gestelde vragen.

3.1 Inleiding

We zijn nu zover dat we weten wat het bredere projectkader is waarbinnen we gaan werken en welke bijdrage we aan dit kader gaan leveren. De volgende vraag is hoe we ervoor kunnen zorgen dat deze doelstelling wordt gehaald. Daartoe is het nodig om de vraagstelling van het onderzoek te formuleren, want daarin wordt aangegeven welke kennis nuttig en nodig is. Echter, voor veel onderzoekers blijkt het bijzonder lastig te zijn om uit de doelstelling rechtstreeks de vraagstelling af te leiden. Met andere woorden, zij vinden het moeilijk om te bedenken welke kennis en inzichten zij zouden kunnen gebruiken bij het halen van de doelstelling. Deze laatste betreft meestal het oplossen van een bepaald probleem. Een nuttige tussenstap kan dan zijn het maken van een onderzoeksmodel. Een onderzoeksmodel is een schematische weergave van het doel van het onderzoek en de globale stappen die gezet moeten worden om dit doel te bereiken. Als u een dergelijk schema heeft gemaakt, ziet u in één oogopslag op welke wijze uw onderzoek is opgebouwd. Het laat vooral goed zien hoe de diverse stappen onderling samenhangen, en hoe de ene stap de andere stap veronderstelt. Kortom, het onderzoeksmodel weerspiegelt de logica van het onderzoek.

Daarnaast is een onderzoeksmodel van belang bij het vaststellen van de theoretische achtergronden (kernbegrippen, conceptueel model, zie Appendix) van uw onderzoek. Zowel bij theoriegerichte als bij praktijkgerichte onderzoeken heeft de theorie een cruciale inbreng, ongeacht de fase in de interventiecyclus waarop dit onderzoek betrekking heeft. Zo kunt u op basis van een discrepantie tussen een theorie en een concrete situatie in de werkelijkheid een probleem constateren (probleemsignalering). In verklarende theorieën vindt u vaak aanwijzingen voor oorzaken van een probleem (diagnose). Ook bij de vraag waar u op af moet koersen en hoe u iets vorm kunt geven, is de theorie bijna niet weg te denken (ontwerp). Beoordeling van een situatie of ontwikkeling ten slotte vindt niet zelden plaats door deze situatie of ontwikkeling te toetsen aan een of andere theorie (evaluatie).

Hoe weinig doorzichtig en gestructureerd een beginsituatie kan zijn en hoe moeilijk het is een beeld te krijgen van wat er in het onderzoek moet gaan gebeuren, laat het volgende voorbeeld zien.

> **Voorbeeld 'agb/jova'**
> De directie van agb/jova, een groot bankconcern, is overtuigd van het nut van een reorganisatie van een gecentraliseerde organisatiestructuur naar een structuur met decentrale business units, waarin elke unit resultaat- en budgetverantwoordelijk is. Deze directie heeft de stafafdeling Organisatieverandering opdracht gegeven om een reorganisatieplan te maken.
> Het project is erg complex: hoeveel units en hoeveel subunits moeten worden ingesteld, welke relaties gaan die met elkaar onderhouden, wie is voor wat verantwoordelijk, enzovoort? Bovendien is er ook nog een financiële kant van de zaak. Wat betekent precies budgetverantwoordelijkheid, wat staat er in een managementcontract en hoe kan men ervoor zorgen dat de managers zich aan dit contract houden? Ook de verandering zelf, het invoeren van de nieuwe organisatiestructuur, is een complexe zaak.
> De stafafdeling Organisatieverandering besluit een sterkte/zwakteanalyse te maken van de organisatie in het licht van dit reorganisatieplan. Wat zijn de voorwaarden voor succesvolle invoering van het business unit concept en in welke mate voldoet de organisatie hieraan?
> Nu bent ú toevallig de persoon die dit onderzoek gaat uitvoeren en u weet dat over een aantal zaken geen misverstand meer mogelijk is. Het projectkader is duidelijk, te weten het reorganisatieplan van agb/jova. Ook de doelstelling van het project ligt vast, namelijk het doen van aanbevelingen aan de directie van agb/jova voor succesvolle invoering van business units door inzicht geven in de kritieke succesfactoren voor de invoering ervan in de organisatie. De vraag is alleen hoe u aan verantwoorde aanbevelingen komt. Deze vraag is niet eenvoudig te beantwoorden. Wat gaat u nu precies onderzoeken, ofwel: wat is uw onderzoeksobject? Welke gegevens heeft u nodig en waar haalt u ze vandaan? Moet u nog andere bankinstellingen dan agb/jova bezoeken? Welke literatuur is relevant? Heel wat vragen komen bij u op en u weet niet precies met welke vraag u het beste kunt beginnen.

In dit hoofdstuk ziet u op welke wijze u een overzichtelijk onderzoeksmodel kunt maken. Hierna laten we eerst aan de hand van een voorbeeld zien hoe een onderzoeksmodel eruitziet en tot stand komt (paragraaf 3.2). Vervolgens presenteren we de algemene principes op basis waarvan een onderzoeksmodel kan worden geconstrueerd, en de voordelen van het gebruik ervan (paragraaf 3.3). Tot slot vatten we dit hoofdstuk samen in een stappenplan. We passen dit stappenplan toe op twee voorbeelden, waaronder het hiervoor genoemde voorbeeld agb/jova.

3.2 MODELBOUW

Als eerste stap in de constructie van een onderzoeksmodel vangen we het doel van het onderzoek in een korte omschrijving. Afhankelijk van het type onderzoek kan het hier gaan om het leveren van een bijdrage aan de verdere ontwikkeling van een theorie, het toetsen van een bestaande theorie, het stellen van een diagnose, het evalueren van een interventie, het formuleren van voorstellen voor verbetering, enzovoort.

> **Voorbeeld 'landbouwbeleid'**
> Stel dat het a-gedeelte van de doelstelling van uw onderzoek is: het doen van voorstellen en aanbevelingen aan de Gedeputeerde Staten voor de verbetering van de effectiviteit van het vigerende landbouwbeleid van een provinciale overheid. De formulering van beargumenteerde voorstellen voor verbeteringen van dit beleid vormt dan het resultaat van het beoogde evaluatieonderzoek.

Wij geven dit schematisch weer in figuur 3.1.

Figuur 3.1 **Doel van het onderzoek**

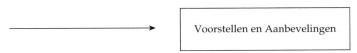

Vervolgens vraagt u zich af hoe u aan het beoogde resultaat komt. Voor de hand ligt dat u het doel bereikt door bestudering van een object. Een onderzoeksobject is het fenomeen in de empirische werkelijkheid dat u bestudeert en waarover u op basis van het uit te voeren onderzoek uitspraken doet. Afhankelijk van de doelstelling van het onderzoek kunnen onderzoeksobjecten een uiteenlopend karakter hebben. Het kan gaan om groepen personen, organisatiestructuren, werkstromen, een wet, een beleidsprobleem, een voorlichtingscampagne, beleidsnotities, enzovoort.

> **Voorbeeld 'landbouwbeleid'**
> In dit onderzoek bestudeert u het huidige landbouwbeleid van een provincie. Dit landbouwbeleid is hier het onderzoeksobject.

De volgende vraag is hoe u naar uw onderzoeksobject gaat kijken. In de door ons uitgewerkte methodiek stellen wij voor dat u dit object gaat bestuderen vanuit een bepaald door u te ontwikkelen perspectief. Je zou ook kunnen zeggen dat deze onderzoeksoptiek het theoretisch kader van het onderzoek vormt. Deze onderzoeksoptiek vormt in een zekere zin de bril waarmee u naar het onderzoeksobject gaat kijken. Het spreekt voor zich dat u een onderzoeksoptiek ontwikkelt waarvan u mag aannemen dat u tot de gewenste inzichten komt, gelet op het bereiken van uw doelstelling. Een bekende vorm van een onderzoeksoptiek bestaat uit een aantal kernbegrippen waartussen causale verbanden bestaan. Zo'n optiek kan op compacte wijze worden vormgegeven in een zogenoemd *conceptueel model*. Vanwege hun belangrijkheid worden voorbeelden en een uitgebreide behandeling van conceptuele modellen gegeven in de Appendix van dit boek.

Voorbeeld 'landbouwbeleid'

In dit voorbeeld gaat u ervan uit dat een evaluatie van het landbouwbeleid van de afgelopen jaren voldoende inzichten oplevert om op een verantwoorde manier tot verbetervoorstellen te komen. Over het algemeen is dit geen onzinnige gedachte. Meer in het bijzonder neemt u zich voor een kritische evaluatie uit te voeren van de effectiviteit van het huidige beleid. We hebben het dan dus over een productevaluatie. Daarmee hebt u geopteerd voor een evaluatieonderzoek. Het object van dit type praktijkgericht onderzoek is dus het huidige landbouwbeleid. Als voornaamste beoordelingscriterium neemt u de doelen die de overheid met het bewuste beleid zegt na te streven. U kijkt dan eenvoudig in hoeverre deze doelen zijn of worden bereikt (doelbereiking), en wel als gevolg van het gevoerde beleid (effectiviteit). We hebben het dus over een productevaluatie. Daarnaast kunt u ook kiezen voor criteria op grond waarvan u verschillende kenmerken van het beleid, zoals de projectorganisatie, het budget, het beleidsplan, de samenwerking tussen relevante actoren en dergelijke, op hun bijdrage aan de effectiviteit van het beleid gaat beoordelen. In dat laatste geval is tevens sprake van een plan- en een procesevaluatie. De gehele set van beoordelingscriteria en de relatie ervan met de verschillende kenmerken van het te onderzoeken beleid vormen samen uw onderzoeksoptiek. De beoogde voorstellen komen als een conclusie naar voren uit een confrontatie van het uitgevoerde beleid met de door u ontwikkelde onderzoeksoptiek, in casu de gekozen beoordelingscriteria voor het uitgevoerde beleid.

We geven dit geheel schematisch weer in figuur 3.2.

Figuur 3.2   Onderzoeksoptiek en onderzoeksobject

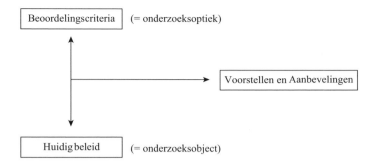

Een laatste, maar niet onbelangrijke vraag is hoe we aan de onderzoeksoptiek komen. Normaliter ligt deze niet kant-en-klaar op u te wachten en zult u zelf een theoretisch kader moeten ontwikkelen dat past bij en geschikt is voor een analyse van uw onderzoeksobject. In een wetenschappelijk onderzoek komt de onderzoeker tot een dergelijk theoretisch kader door het bestuderen van relevante literatuur, eventueel aangevuld met een beperkt vooronderzoek. Dit laatste zou bijvoorbeeld kunnen bestaan uit het voeren van gesprekken met praktijkmensen en deskundigen. Zo 'n vooronderzoek kan bijvoorbeeld de bedoeling hebben om de aan de verschillende theorieën ontleende inzichten toe te spitsen op het onderhavige onderzoek. We passen een en ander toe op ons voorbeeldproject.

> **Voorbeeld 'landbouwbeleid'**
> In het voorbeeld resulteert de onderzoeksoptiek, in dit geval het geheel van beoordelingscriteria voor het te evalueren beleid, uit een bestudering van verschillende theorieën over de effectiviteit van landbouwbeleid. Interessant lijken in dit opzicht organisatietheorieën, landbouwtheorieën en theorieën over openbaar bestuur. In deze theorieën liggen naar verwachting allerlei randvoorwaarden en criteria opgesloten die kunnen dienen als een grondslag voor de beoordeling van dit beleid. Eventueel is een en ander aangevuld met een vooronderzoek dat bestaat uit enkele gesprekken met deskundigen

We geven deze confrontatie op de gebruikelijke wijze schematisch weer, waarna ten slotte een onderzoeksmodel ontstaat zoals in figuur 3.3 (zie p. 72) is weergegeven. De drie kolommen a, b en c in dit model geven globaal de stappen aan die u tijdens de uitvoering van uw onderzoek gaat zetten.

Figuur 3.3   Onderzoeksmodel landbouwbeleid

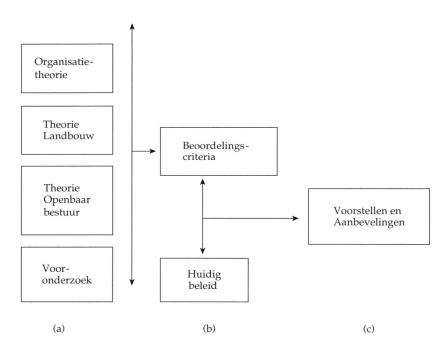

Ten slotte wordt het gehele onderzoeksmodel van links naar rechts lezend verwoord. Hiermee krijgt u een overzicht van de tijdens het onderzoek achtereenvolgens te zetten stappen.

> **Voorbeeld 'landbouwbeleid'**
> (a) Een bestudering van verschillende theorieën en onderzoeksresultaten op het terrein van organisatieontwikkeling, landbouw en openbaar bestuur, met daarnaast een vooronderzoek, levert beoordelingscriteria (b) waarmee de effectiviteit van het huidige landbouwbeleid van de provincie beoordeeld wordt. (c) De beoordelingsresultaten worden verwerkt tot voorstellen voor verbetering van het provinciaal landbouwbeleid.

3.3   METHODIEK

Hierboven werd aan de hand van een voorbeeld de opbouw van een onderzoeksmodel gedemonstreerd. In de nu volgende paragraaf gaan we na welke stappen u hierbij in het algemeen moet zetten en welke keuzemogelijkheden bij elke stap voor u openstaan. In het voorbeeld in de vorige paragraaf zijn vijf basishandelingen te onderkennen die steeds weer terugkeren bij het

maken van een onderzoeksmodel volgens de door ons uitgewerkte methodiek. Deze vijf basishandelingen zijn de volgende:
a. We werken van *achteren naar voren*.
b. We stellen het *onderzoeksobject* (-objecten) vast.
c. Zaken worden met elkaar *geconfronteerd*.
d. We ontwikkelen een *onderzoeksoptiek*.
e. Het gehele onderzoeksmodel wordt schematisch weergegeven en *verwoord*.

Hierna worden deze vijf basishandelingen toegelicht en uitgewerkt.

a.   Van achteren naar voren
Met het werken van achteren naar voren wordt bedoeld dat we bij de opbouw van een onderzoeksmodel bij voorkeur beginnen bij het uiteindelijke beoogde resultaat van het onderzoek. Immers, in deze fase van het ontwerpen heeft u al wel nagedacht over de doelstelling van het onderzoek, maar nog niet over de vraag welke kennis nodig of behulpzaam is bij het bereiken van deze doelstelling, noch over de weg waarlangs u deze kennis wilt produceren. We gaan vervolgens na uit welke stap, te beschouwen als laatste tussenresultaat, dit eindresultaat direct kan voortvloeien. Daarna stellen we de vraag hoe we aan dit tussenresultaat denken te komen, enzovoort.

b.   Onderzoeksobject(en)
Een onderzoeksobject is het fenomeen dat u bestudeert en waarover u op basis van het uit te voeren onderzoek straks uitspraken doet. Sommige onderzoeken hebben één object, zoals in het hierboven aangegeven voorbeeld van het afstudeerproject, waar het object is het landbouwbeleid van de afgelopen jaren in Nederland. Andere onderzoeken zijn gericht op meer dan één object. In dat laatste geval past u de onderzoeksoptiek toe op elk van deze objecten afzonderlijk. Conclusies worden daarna getrokken door een *vergelijking* van de analyseresultaten. Ook is het in principe mogelijk om voor elk object een apart onderzoeksmodel te ontwikkelen. U moet dan wel een zeer gedegen afbakening doorvoeren, aangezien het project anders al gauw veel te omvangrijk wordt.

Voorbeeld 'organisatiecultuur'
In een onderzoek naar de verschillen in organisatiecultuur binnen een zorginstelling worden twee afdelingen onderzocht. Dit zijn dan twee onderzoeksobjecten. U analyseert elk van de twee onderzoeksobjecten met behulp van de door u ontwikkelde onderzoeksoptiek. Vervolgens trekt u conclusies uit een *vergelijking* van beide analyses.

c. Confrontatie

Kenmerkend voor de hier uitgewerkte methodiek is het principe van confrontatie, waaruit vervolgens conclusies worden getrokken. Een confrontatie kan op verschillende manieren worden ingevuld. De meest belangrijke invulling is dat u iets, een waarneming of een object, plaatst in het licht van iets anders. U plaatst bijvoorbeeld een landbouwtheorie in het licht van een bestuurskundige theorie om daaruit vervolgens een onderzoeksoptiek voor het onderzoek naar een adequaat landbouwbeleid af te leiden. Maar het kan ook zijn dat u twee dingen met elkaar vergelijkt om te zien welke overeenkomsten en verschillen er zijn. Deze overeenkomsten en verschillen probeert u vervolgens te interpreteren of te verklaren en te verwerken tot conclusies. Ook kan een confrontatie betekenen dat u A beoordeelt op grond van B. Hier kan B staan voor een of andere standaard of criterium, een theorie, dan wel een of ander maatschappelijk of wetenschappelijk gebruik. Dit laatste speelt vooral in probleemsignalerende (fase 1 van de interventiecyclus) en evaluatieve onderzoeken (fase 5). U kunt deze globale structuur, gebaseerd op het trekken van conclusies uit de confrontatie van waarnemingen en theorieën, in de meest uiteenlopende onderzoeken herkennen. Vergelijkt u maar eens de volgende omschrijvingen van enkele onderzoeken.

> **Voorbeelden 'onderzoeken'**
>
> In een onderzoek worden de besluitvormingspraktijken van vier gemeenten met elkaar vergeleken door deze praktijken te confronteren met besluitvormingstheorieën. Geconcludeerd wordt dat in één gemeente besluitvorming verloopt volgens het rationele model, dat twee gemeenten gekenmerkt worden door incrementele besluitvorming, en dat in de vierde gemeente het 'garbage can'-model overheerst.
>
> In een ander project worden definities over kwaliteit van de arbeid uit de Amerikaanse en de Europese school met elkaar vergeleken door deze te confronteren met de wetenschapsfilosofische discussie over objectieve en subjectieve kwaliteitsdefinities. Geconcludeerd wordt dat de Amerikaanse school vooral uitgaat van een subjectieve definitie van de kwaliteit van de arbeid (arbeidssatisfactie-onderzoek), terwijl het Europese onderzoek zich vooral richt op objectieve criteria (arbeidsomstandighedenonderzoek).

Hoewel het in beide gevallen hierboven om geheel verschillende onderzoeken gaat, hebben ze wel eenzelfde structuur. Het gaat hier om een confrontatie van waarnemingen met theorieën, op grond waarvan conclusies worden getrokken. Deze algemene structuur vormt de kern voor het maken van een onderzoeksmodel. In de meeste onderzoeken wordt het principe van confrontatie verschillende keren toegepast. De eerste confrontatie betreft de totstandkoming van de onderzoeksoptiek. In dat geval confronteert u verschillende inzichten uit theorieën, uit eerder onderzoek of uit gesprekken met deskundigen met elkaar. Uit deze confrontatie construeert u bij wijze van conclusie de onderzoeksoptiek. We hebben het dan over kolom a in het onderzoeksmodel. De tweede confrontatie betreft de ontwikkelde onderzoeksoptiek en het onderzoeksobject. Dit is kolom b in het onderzoeksmodel. Met deze confrontatie en de daaruit te trekken conclusies (c) bereikt u als het goed is het doel van uw onderzoek. Als uw onderzoek betrekking heeft op meer dan één onderzoeksobject, dan vindt nog een derde (reeks van) confrontatie(s) plaats. Bedoeld is de onderlinge confrontatie ofwel vergelijking van de resultaten die uit de tweede confrontatie naar voren komen. Er wordt in dat geval een kolom d aan het onderzoeksmodel toegevoegd (zie later in dit hoofdstuk). Theoretisch zouden we deze lijn kunnen doortrekken met nog meer confrontaties. Maar in de meeste gevallen betekent dit dat het onderzoek te omvangrijk en of te complex wordt.

d. Onderzoeksoptiek

Het bepalen van de aard van de onderzoeksoptiek is een belangrijk onderdeel van een onderzoeksmodel. De onderzoeksoptiek vormt als het ware het zoeklicht waarmee u als onderzoeker naar uw onderzoeksobject gaat kijken. Het is de bril die u opzet bij uw werk als onderzoeker. De onderzoeksoptiek geeft aan vanuit welke invalshoek uw onderzoeksobject belicht wordt en maakt globaal duidelijk welke facetten daarbij worden bestudeerd en welke niet. Uiteraard zijn er verschillende optieken denkbaar bij een en dezelfde onderzoeksthematiek. Er zijn geen vaste methodologische regels om hieruit te kiezen. U kiest het perspectief dat het best bij u en uw deskundigheid past, en dat het meeste uitzicht biedt op een zinnige bijdrage aan het behalen van de doelstelling (het externe doel) van het onderzoek.

> **Voorbeeld 'drugscriminaliteit'**
> Een belangrijk onderdeel van het onderzoeksprogramma van de vakgroep Sociologie aan een universiteit is het onderzoek naar 'drugscriminaliteit'. Verschillende jonge onderzoekers voeren een promotieproject uit in het kader van dit onderzoek. Promovendus A is geïnteresseerd in de theorie van drugsbestrijding. In zijn project onderzoekt hij onder andere de vaak geopperde hypothese dat een agressieve voorlichting een effectiever middel is tegen de drugshandel dan een 'softe' benadering. Deze en andere hypothesen vormen zijn onderzoeksoptiek. Omdat hij onderzoek doet naar causale relaties tussen allerlei factoren aan de ene kant, en drugsverslaving aan de andere kant, wordt deze onderzoeksoptiek vormgegeven in de vorm van een conceptueel model (zie Appendix). Als onderzoeksobjecten kiest hij twee voorlichtingscampagnes die beide enkele jaren geleden zijn gehouden: een 'harde' voorlichtingscampagne in de Franse media en een 'zachte' voorlichtingscampagne in de Nederlandse media. Door de effecten in de twee onderzoeksobjecten met elkaar te vergelijken komt de onderzoeker te weten of zijn theoretische veronderstelling over de effectiviteit van 'harde' en 'zachte' voorlichtingscampagnes juist is. We zijn hier getuige van een *theorietoetsend* onderzoek.

> Promovendus B is vooral geïnteresseerd in de effecten van het enkele jaren geleden begonnen wijkproject 'Spuit Elf'. In dit project hebben buurtwerkers geprobeerd om via een combinatie van begeleiding en voorlichting de omvang van het gebruik van harddrugs in de wijk terug te dringen. Promovendus B evalueert de effectiviteit van deze aanpak. Zij ontwikkelt criteria voor de evaluatie van een effectief drugsbestrijdingsbeleid aan de hand van een uitvoerige literatuurstudie. Deze lijst van criteria vormt de onderzoeksoptiek voor haar onderzoek. Vervolgens beoordeelt zij het onderzoeksobject, in casu het project 'Spuit Elf', aan deze criteria. De promovendus is hier bezig met een *evaluatieonderzoek*, meer in het bijzonder een productevaluatie.
>
> In het eerste geval is sprake van een theoriegericht onderzoek en in het tweede van een praktijkgericht onderzoek. In beide gevallen confronteert de onderzoeker een bepaalde praktijk (interventie) met een aan de theorie ontleende optiek (wenselijke toestand). Het verschil is dat de eerste promovendus probeert een betere optiek (lees theorie) te vinden, en de tweede promovendus streeft naar een verbetering van een praktijksituatie, in casu een drugsbestrijdingsinterventie.

Wij adviseren om de ontwikkeling van een onderzoeksoptiek in drie stappen te laten verlopen, te weten:
1. het vaststellen van de aard van de onderzoeksoptiek;
2. het bepalen van de bronnen die nodig zijn om de onderzoeksoptiek uit te werken;
3. het uitwerken van de onderzoeksoptiek.

De eerste twee stappen behandelen we in dit hoofdstuk. Deze twee stappen horen thuis in het proces van het maken van het onderzoeksmodel. De derde stap, het uitwerken van de onderzoeksoptiek, is vaak een belangrijk onderdeel van het uitvoeren van het onderzoek en hoort dan niet thuis in een boek waarin het ontwerpen van het onderzoek wordt behandeld. Met het oog op het verkrijgen van een totaalbeeld wordt niettemin aan het eind van dit hoofdstuk een voorbeeld gegeven waarin ook deze derde stap in telegramstijl wordt uitgewerkt. In de Appendix, waarin we nader ingaan op het conceptueel model als methodologisch fenomeen, worden eveneens voorbeelden gegeven van de uitwerking van deze derde stap van het maken van een onderzoeksoptiek. Hieronder beperken we ons tot een uitwerking van de eerste twee stappen.

Stap 1: Aard onderzoeksoptiek
Een onderzoeksoptiek kan verschillende vormen aannemen, afhankelijk van het type onderzoek. Zoals we in het voorbeeld over drugscriminaliteit hierboven zagen, is de onderzoeksoptiek van een theorietoetsend onderzoek een

geheel andere dan die van een evaluatieonderzoek, hoewel beide in principe aan de theorie zijn ontleend. In het eerste geval wordt de onderzoeksoptiek gevormd door de set van de te toetsen hypothesen en in het tweede geval door de beoordelingscriteria op grond waarvan de evaluatie plaatsvindt. Het loont dan ook de moeite om onderzoeksoptieken per afzonderlijk type theoriegericht en praktijkgericht onderzoek te bekijken, zoals hieronder gebeurt. U kunt zich door de voorbeelden laten inspireren bij het ontwikkelen van uw eigen onderzoeksoptiek.

a. Theorieontwikkelend onderzoek
Stel dat een theorie over etnische discriminatie moet worden aangescherpt. De reden is dat de vigerende theorieën vooral oog hebben voor expliciete discriminatie, terwijl recente onderzoeken uitwijzen dat veel discriminerende activiteiten onbewust en impliciet plaatsvinden. De onderzoeker bestudeert de literatuur en stelt op grond hiervan voor om in zijn onderzoek het begrip 'etnische subtext' verder te concretiseren. Dit begrip is globaal omschreven als het geheel van vaak onbewust verlopende sociale praktijken die leiden tot etnische discriminatie. De verdere uitwerking van dit begrip vormt de belangrijkste activiteit van de onderzoeker en is derhalve richtinggevend voor het onderzoek. De belichting en doordenking van het empirische fenomeen etnische discriminatie vanuit een optiek van 'etnische subtext' kunnen dan ook gelden als een zinnige opzet voor een theorieontwikkelend onderzoek.

b. Theorietoetsend onderzoek
Bij theorietoetsend onderzoek formuleert de onderzoeker één of meer hypothesen die hij of zij in het onderzoek op juistheid wil gaan controleren. Een hypothese is een kernachtig geformuleerde verwachting over de invloed van een variabele A op een andere variabele B. Een hypothese kan bijvoorbeeld luiden dat leiderschapsstijl (variabele A) een invloed ofwel effect heeft op de arbeidsprestaties van het personeel van een organisatie (variabele B). Meestal onderzoekt iemand de juistheid, of beter gezegd de empirische houdbaarheid, van een stel onderling samenhangende hypothesen, bijvoorbeeld stammend uit een en dezelfde theorie. Het geheel van deze hypothesen vormt de onderzoeksoptiek. In het geval van een theorietoetsend onderzoek is dit altijd een conceptueel model, waarmee de onderzoeker het onderzoeksobject of -objecten beschouwt. Niet om hiermee een problematische situatie op het spoor te komen zoals bij een diagnostische gap analysis. Hier is het oogmerk de theorie, dus de optiek zelf, op validiteit te controleren. Blijkt deze theorie valide, dan kan deze later naar believen gebruikt worden voor een diagnostische gap analysis.

Stel dat er een theoretisch verband wordt verondersteld tussen een aantal kenmerken van doorstartende ondernemers enerzijds en het creëren van de werkgelegenheid in hun bedrijf anderzijds. In een toetsend onderzoek worden de volgende hypothesen onderzocht: (a) vrouwelijke ondernemers creëren minder werkgelegenheid dan mannelijke ondernemers; (b) hoger opgeleide ondernemers creëren meer werkgelegenheid dan lager opgeleide ondernemers. Deze hypothesen vormen het zoeklicht waarmee u naar uw onderzoeksobject, bijvoorbeeld een verzameling van Nederlandse bedrijven in de dienstensector, gaat kijken.

Tot zover een behandeling van onderzoeksoptieken voor theoriegericht onderzoek. We vervolgen met voorbeelden van onderzoeksoptieken voor praktijkgerichte vormen van onderzoek.

c. Probleemanalytisch onderzoek
Stel dat enkele milieuorganisaties graag willen weten in hoeverre de zorg voor het milieu een discussiepunt is bij de besluitvorming rondom de bouw van een multifunctioneel complex. De onderzoeker bepaalt dan in overleg met de betrokkenen welke onderwerpen en aandachtspunten gelden als de kritieke factoren met betrekking tot het milieuaspect van de bouw van het complex. De mogelijke invloed van deze kritieke factoren op het milieuaspect, van het project vormt de onderzoeksoptiek. Omdat het in dit geval gaat om een te onderzoeken causaliteit tussen kritieke factoren en het milieuaspect spreken we van een conceptueel model van waaruit u straks naar het onderzoeksmateriaal gaat kijken. Dit conceptuele model is het perspectief van waaruit u straks tijdens het onderzoek de centrale vragen van het onderzoek gaat beantwoorden. Ook komt het voor dat de relaties (pijlen) in het model de vragen ofwel hypothesen uit de vraagstelling vormen. Dit laatste is bijvoorbeeld het geval bij een theorietoetsend onderzoek (zie hiervoor) en bij een praktijkgericht diagnostisch onderzoek (zie ook hierna).

d. Diagnostisch onderzoek
Bij een diagnose gaat het altijd om de achtergronden en oorzaken van een of ander disfunctioneren ofwel probleem, zoals bedoeld hiervoor onder c, te achterhalen. In de meeste gevallen zijn er meerdere en soms zelfs vele richtingen waarin men naar oorzaken (en daarna naar een verbetering) kan zoeken. De onderzoeker moet dan ook in overleg met betrokkenen een zoekrichting bepalen en daarom een keuze maken uit de veelheid van mogelijke oorzaken van het disfunctioneren. Bijvoorbeeld, in een stad met een hoge graad van jeugdcriminaliteit moet u als onderzoeker in samenspraak met het gemeentebestuur als opdrachtgever bepalen of u de oorzaken (en dus een oplossing) gaat zoeken in de lokale werkgelegenheid, de aanwezigheid en kwaliteit van

jongerenvoorzieningen ter plaatse, of in bestaande subculturen in probleemwijken. In een diagnostisch onderzoek is de onderzoeksoptiek vaak een conceptueel model omdat men hier op zoek gaat naar de achtergronden en oorzaken van het op te lossen probleem. Bij de thematiek van werkloosheid in bepaalde wijken bijvoorbeeld, kan men naar allerlei achtergronden zoeken. Er kunnen sociale, opvoedkundige, psychologische, juridische, economische, onderwijskundige of infrastructurele oorzaken in het spel zijn. Stel dat u zich in dit onderzoek beperkt tot de sociale en economische achtergronden, dan kan het conceptueel model bestaan uit een overzicht van sociale factoren (sociale klasse, woonsituatie, gezinssituatie) en economische factoren (inkomen, uitgavenpatroon) en de mogelijke invloed van deze factoren op de omvang en duur van de werkloosheid.

Soms ook vindt u op bepaalde terreinen kant-en-klare analytische instrumenten die u voor de ontwikkeling van een conceptueel model voor dit type onderzoek kunt benutten. Zo staat een bekende procedure om de vinger te leggen op een niet afdoende functioneren van een organisatie bekend als de SWOT-methodiek (Strengths, Weaknesses, Opportunities, Threats). Ook bestaan er allerlei instrumenten voor projectdiagnose, die aangeven wat de kritieke succesfactoren bij veranderingsprojecten, zoals automatiseringsprojecten, zijn. Eerder hebben we gesproken over een bijzonder type diagnostisch onderzoek, namelijk de diagnostische *gap analysis*. Bij dit type onderzoek behoort ook een bijzondere onderzoeksoptiek. Stel, we willen een of ander (interventie)doel Y bereiken. Nemen we voorts aan dat de theorie zegt dat Y kan worden bereikt door X en Z te doen (interventies, handelwijzen, procedures o.i.d.). Gaan we nu in een bepaald geval (de praktijk) kijken, bijvoorbeeld een productieorganisatie, dan zou kunnen blijken dat men Y niet heeft proberen te bereiken door middel van X en Z, maar door middel van A en B, met als resultaat dat het doel Y niet helemaal werd gehaald. We geven dit aan door het toevoegen van een accent aan Y (Y'). Deze situatie is hieronder schematisch weergegeven.

Figuur 3.4   Diagnostische gap analysis

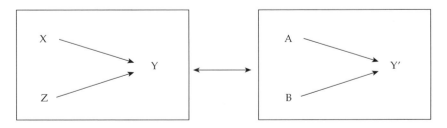

Met ⟷ geven we aan dat beide situaties met elkaar worden geconfronteerd.

Hier hebben we te maken met een verschil (gap), en wel een tweeledige. Allereerst is er het verschil tussen Y en Y', ten teken dat het doel niet (helemaal) werd gehaald. Een tweede gap betreft de weg via welke men dit doel heeft trachten te bereiken. Met andere woorden, deze gap zegt meteen ook iets over de oorzaken van het probleem. Om die reden plaatsen we deze tweede gap onder diagnose.

e. Ontwerpgericht onderzoek
Bij beleidsmatige projecten maakt men vaak gebruik van een ontwerpmodel, een handzame blauwdruk voor bepaalde structurele of beleidsmatige oplossingen. In een onderzoek naar de aanpak van het geluidshinderprobleem is bijvoorbeeld gebruikgemaakt van het planologische sbi-model (Strategische Beleidimplementatie). In dit model wordt aangegeven welke de *parameters* zijn voor het ontwerpen van een succesvolle projectorganisatie en onder welke *condities* (bijvoorbeeld tijd, geld) deze projecten succesvol kunnen worden afgerond. Het sbi-model kan de onderzoeksoptiek vormen, indien u in een ontwerpgericht onderzoek wilt nagaan welke aanbevelingen kunnen worden gedaan voor het ontwerpen van een succesvolle aanpak van een concreet planologisch vraagstuk.
De onderzoeksoptiek kan óók simpel bestaan uit een serie wensen en voorwaarden die de toekomstige stakeholders formuleren, waaronder natuurlijk de gebruikers van het te ontwerpen beleid of fenomeen. In dat geval hebben we te maken met een tamelijk uitzonderlijk geval dat de onderzoeksoptiek in principe niet kan worden afgeleid uit de bestaande literatuur, maar in een (voor)onderzoek door de onderzoeker zelf op empirische wijze moet worden vastgesteld. We zien hier een duidelijk voorbeeld van het gegeven dat het maken van een onderzoeksoptiek niet alleen een hulpmiddel is om een onderzoek te kunnen ontwerpen, maar in feite een onderdeel vormt van het onderzoek zelf. In die zin is met het ontwerpen het feitelijke onderzoek al begonnen.

f. Verandergericht onderzoek
Een verandergericht onderzoek is gericht op het implementeren van de voorstellen tot verbetering die in de ontwerpfase van de interventiecyclus zijn ontwikkeld en geformuleerd. De onderzoeksoptiek die u in een verandergericht project ontwikkelt, kan bestaan uit een beargumenteerde checklist waarmee u de uitvoering van een beleid of een oplossingspoging nauwkeurig gaat monitoren om mogelijke problemen die een succesvolle implementatie in de weg staan snel op het spoor te komen. Vragen die hier kunnen worden gesteld, zijn: worden de plannen volgens de oorspronkelijke bedoelingen uitgevoerd? Als er verschuivingen zijn, wat is hiervan de reden? Leveren de betrokkenen de vereiste inspanningen? Wordt er voldoende samengewerkt? Welke problemen komen zij tegen bij de implementatie of uitvoering van het

beleid of de oplossingspoging? Hoe trachten zij deze moeilijkheden het hoofd te bieden en met welk succes of falen? Soms vindt u in de praktijk kant-en-klare draaiboeken voor de implementatie van een beleid of oplossingsstreven. In dat geval kunt u deze, zo veel mogelijk aangepast aan de concrete situatie, opnemen in de formulering van uw onderzoeksoptiek.

g. Evaluatieonderzoek
Zoals in een eerder voorbeeld van een evaluatieonderzoek reeds naar voren kwam, is de hantering van een toetssteen op grond waarvan u een interventie (plan- en procesevaluatie) of het resultaat daarvan (productevaluatie) beoordeelt, essentieel voor een evaluatieproject. Geen evaluatie zonder criteria. Dit betekent dat u een aantal beargumenteerde beoordelingscriteria formuleert waarvan u (of uw opdrachtgever) vindt dat een interventie, meestal een poging tot oplossing van een bestaand probleem, moet voldoen. Deze criteria kunnen zijn gebaseerd op eisen die de praktijk stelt, op algemeen aanvaarde normen en standaarden, op de te bereiken doeleinden van de interventie, op theoretische inzichten, enzovoort. Een voorbeeld van een dergelijke onderzoeksoptiek zien we bij de evaluatie van het personeelsbeleid van een grote onderneming. Hier wordt gebruikgemaakt van een model voor de beoordeling van effectief en efficiënt personeelsmanagement. Dit model functioneert in het evaluatieonderzoek als een toetssteen. U ontleent er criteria aan op basis waarvan u gaat evalueren. U moet er nauwkeurig op toezien dat de door u gekozen criteria ook operationeel zijn of door u operationeel gemaakt zijn. Dat wil zeggen dat al bij het maken van uw conceptuele onderzoeksontwerp voor een evaluatieonderzoek duidelijk moet zijn bij welk waarnemingsresultaat aan de criteria is voldaan. Zo is de eis dat de besluitvorming rondom een probleemoplossing democratisch moet zijn, niet voldoende operationeel. Wanneer zult u die besluitvorming democratisch noemen? Als alle betrokken projectleiders een veto hebben? Als alle stakeholders tijdens een hearing individueel gehoord zijn? Als de gekozen oplossingsrichting door een meerderheid van de probleemhebbers wordt ondersteund? Het spreekt voor zich dat u in het laatste geval ook het begrip 'probleemhebber' nauwkeurig operationeel moet definiëren.
Een fout die door beginners vaak wordt gemaakt is te denken dat het ontwikkelen van een conceptueel model en daaruit af te leiden criteria door middel van het onderzoek zelf moet plaatsvinden. Dit is in de meeste gevallen een misvatting. Het zijn zaken die u doorgaans moet doen en beslissen voordat u met het feitelijke onderzoek start. Ze behoren tot wat wij ook wel noemen 'bureaubeslissingen' (zie hoofdstuk 5).

Stap 2: Bronnen voor de onderzoeksoptiek
Er zijn verschillende informatiebronnen voor het opbouwen van een onderzoeksoptiek. Soms resulteert de onderzoeksoptiek uit een korte voorstudie die u

verricht om de doel- en vraagstelling van het onderzoek duidelijker te krijgen. In het kader van deze voorstudie kunt u enkele gesprekken voeren met deskundigen op het onderhavige terrein. Ook kunt u, zoals eerder gesuggereerd, een kort vooronderzoek (pilotstudy) houden waarin u de wensen van belanghebbenden bij een bepaalde problematiek onderzoekt. Bij aanvang van een praktijkgericht onderzoek kan dit vooronderzoek ook bestaan uit een bestudering van documentatiemateriaal, nota's en notities die u op weg helpen bij het uitwerken van uw onderzoeksoptiek. Verreweg de belangrijkste bron voor het ontwikkelen van de onderzoeksoptiek is de bestaande wetenschappelijke literatuur. Eerder verricht denkwerk en gedaan onderzoek op dit terrein kunnen u immers helpen bij de nadere bepaling van uw eigen onderzoeksoptiek.

De volgende vraag is natuurlijk waarnaar u in een voorstudie moet gaan kijken, welke deskundigen u moet raadplegen en welke documenten en literatuur u precies moet gaan bestuderen. We leven in een tijd waarin er zeer veel vakspecialismen bestaan. En naar alle waarschijnlijkheid bestaat er een grote hoeveelheid relevante wetenschappelijke literatuur op het terrein van uw keuze. Hoe kunt u nu een zinvolle selectie maken? Het belangrijkste hulpmiddel daartoe is het opsporen van de kernbegrippen uit de doelstelling (zie ook hoofdstuk 4 en 5). Deze kernbegrippen gebruikt u vervolgens als trefwoorden waarmee u gaat zoeken naar relevante theoretische kaders en naar documenten, naar bestaande deskundig(hed)en en naar een geschikte opzet voor een korte pilot.

Voorbeeld 'landbouwbeleid'

We ontlenen aan de doelstelling van het onderzoek de volgende kernbegrippen en stellen de daarbij behorende theoretische kaders vast:

Kernbegrip	*Theoretisch kader*
• effectief beleid	• organisatietheorieën
	beleidstheorieën
• landbouw	• landbouwtheorieën
• overheidsorganisatie	• theorie openbaar bestuur

Op basis hiervan is het eenvoudig om de bronnen van de te bouwen onderzoeksoptiek vast te stellen. De te bestuderen theoretische kaders zijn in de rechterkolom aangegeven. Als deskundigen raadpleegt u een organisatiekundige, een beleidskundige op het niveau van de provincie, een bestuurskundige en/of een landbouwkundige met verstand van het betreffende beleid.

Niet alle zelfstandige naamwoorden uit de doelstelling gelden overigens als kernbegrip. De term 'provincie' in het voorbeeldproject hierboven bijvoorbeeld, heeft niet de status van een kernbegrip. Deze term fungeert slechts als een nadere ruimtelijke aanduiding van het onderzoeksobject.

e. Schematische weergave en verwoording

Een laatste basisprincipe van de hier ontwikkelde methodiek van het bouwen van een onderzoeksmodel is de schematische weergave en de verwoording ervan.

Schematische weergave
Het maken van een plaatje van het onderzoek draagt in belangrijke mate bij aan het verkrijgen van inzicht in en overzicht van wat er in een onderzoek moet gebeuren, en vooral van de dynamiek die erin besloten ligt. De schematische weergave van een onderzoeksmodel wordt in een drietal stappen uitgevoerd. U geeft op de eerste plaats de onderdelen van het model weer in zorgvuldig gekozen *korte* labels (dus geen halve zinnen), liefst één of enkele woorden of afkortingen per label. Vervolgens plaatst u deze labels in kaders. Ten slotte worden deze kaders onderling verbonden met een speciaal samengestelde pijlenconstructie. In een onderzoeksmodel worden de confrontatie en het daaruit trekken van conclusies weergegeven met het symbool in figuur 3.5.

Figuur 3.5 Symbool van de confrontatie tussen twee zaken, waaruit vervolgens een conclusie wordt getrokken

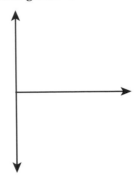

De verticale dubbele pijl staat voor de 'confrontatie' en de horizontale enkelvoudige pijl die vanuit het midden van de verticale pijl vertrekt, staat voor 'hieruit kan worden geconcludeerd of afgeleid'.

Verwoording
Ook de verwoording van een onderzoeksmodel draagt bij aan het verkrijgen van een duidelijk beeld van het onderzoek. Het verdient aanbeveling om deze verwoording volgens een vast patroon te laten verlopen. Wij stellen voor een formulering in aparte zinsneden. In de eerste zinsnede, hierna te noemen het a-deel, bepaalt u op basis van welke bronnen de onderzoeksoptiek zal worden ontwikkeld. De tweede zinsnede, het b-deel, geeft aan op

welk(e) onderzoeksobject(en) de onderzoeksoptiek wordt toegepast of betrokken, de eerdergenoemde confrontatie. Indien er sprake is van meer dan één onderzoeksobject, dan wordt in de volgende zinsnede (c) aangegeven op welke wijze en op welke onderdelen u de analyses van de afzonderlijke onderzoeksobjecten op elkaar betrekt en/of met elkaar vergelijkt. Ten slotte geeft u in de laatste zinsnede (d) aan wat het doel van het onderzoek is. Hieronder volgt een voorbeeld.

> **Voorbeeld 'rampenverzekering'**
> Een onderzoeker beoogt aanbevelingen te doen voor de verzekering van nationale rampen, zoals overstromingen en aardbevingen. Daartoe wordt de effectiviteit van vier soorten rampenverzekeringen (onderzoeksobjecten) beoordeeld met behulp van beoordelingscriteria voor een effectieve rampenverzekering (onderzoeksoptiek). De onderzoeker heeft het volgende onderzoeksmodel in figuur 3.6 gemaakt.

Figuur 3.6 Onderzoeksmodel rampenverzekering

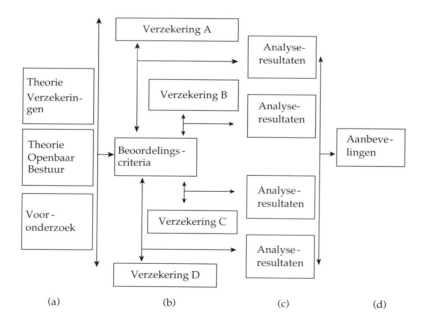

Dit model wordt als volgt verwoord:
(a) Een bestudering van de verzekeringstechnische problemen bij nationale rampen, gebaseerd op gesprekken met deskundigen (vooronderzoek) en op een oriëntatie van wetenschappelijke literatuur ter zake (theorie verzekeringen, theorie openbaar bestuur), levert de beoordelingscriteria (conceptueel

model), (b) waarmee de effectiviteit van vier soorten rampenverzekeringen (onderzoeksobjecten) kan worden geëvalueerd. (c) Een vergelijking van de resultaten van deze vier evaluaties resulteert in (d) aanbevelingen voor de ontwikkeling van een meer effectieve verzekering voor nationale rampen.

Deze verwoording van het onderzoeksmodel geeft structuur aan het onderzoek. Immers, we kunnen nu heel duidelijk verschillende fasen in (de uitvoering van) het onderzoek onderkennen. De onderdelen a, b, c en d staan in de volgorde waarin ze moeten worden uitgevoerd. U kunt pas fase b uitvoeren nadat fase a is afgerond, en fase c is op haar beurt pas mogelijk nadat de fasen a en b zijn uitgevoerd. De conclusies d kunnen pas na de uitvoering van fase c worden getrokken. Ook laat een aldus opgebouwde verwoording van het onderzoeksmodel goed zien wat in onze ogen de essentie van een onderzoek is, namelijk: een langgerekte redenering, leidend tot antwoorden op van tevoren gestelde vragen. Een behandeling van deze laatste, de onderzoeksvragen, volgt hierna in hoofdstuk 4.

Voordelen
Het maken van een onderzoeksmodel heeft verschillende voordelen. In de *eerste* plaats geeft een onderzoeksmodel al vóór aanvang van het onderzoek aan alle betrokkenen (opdrachtgever, student(e), begeleider) een compact en helder beeld van de aard van het onderzoek en van de te verwachten resultaten. Hierdoor wordt een risico op misverstanden en onduidelijke afspraken aanmerkelijk kleiner.
In de *tweede* plaats heeft de schematische weergave van het onderzoeksmodel een sterke communicatieve functie. Alle betrokkenen kijken gezamenlijk naar een en dezelfde voorstelling van het onderzoek. De diverse onderdelen ervan zijn aanwijsbaar en bespreekbaar, waarbij het model uitnodigt om u te beperken tot de hoofdzaken. Blinde vlekken of over het hoofd geziene verbanden komen in het vizier. U kunt, waar gewenst, iets aan het model toevoegen of eruit weglaten, een verband veranderen en dergelijke.
In de *derde* plaats zet het maken van een onderzoeksmodel aan tot het kiezen van relevante literatuur en maakt het duidelijk hoe en vanuit welke optiek deze literatuur moet worden bestudeerd. Wanneer dit aspect onvoldoende is uitgewerkt, loopt u het risico dat u ongestructureerd gaat grasduinen in de bestaande literatuur op het desbetreffende onderzoeksterrein. Sommigen willen een compleet beeld krijgen van alle literatuur over dit onderwerp en zien zo door de bomen het bos niet meer. Anderen gaan uittreksels maken van verschillende boeken en tijdschriften, zonder dat duidelijk is welke onderdelen van de theorie nu wel en welke niet relevant zijn voor het onderzoek. Dit alles betekent natuurlijk een aanzienlijk risico van tijdverlies, een zeer veel voorkomend probleem bij beginnende onderzoekers.

Op de *vierde* plaats is het model behulpzaam bij het maken van de vraagstelling, zoals in de inleiding van dit hoofdstuk aangekondigd. U heeft via de constructie van het onderzoeksmodel een goed inzicht in de wijze waarop de doelstelling wordt nagestreefd. Daarin vindt u meestal ook de thema's waarbinnen centrale vragen en deelvragen kunnen worden geformuleerd (zie hoofdstuk 4).

Op de *vijfde* en laatste plaats is een onderzoeksmodel bijzonder nuttig bij de rapportage. Nu al, tijdens de ontwerpfase, ligt het in het voorbeeldproject over het landbouwbeleid voor de hand dat het eindrapport zal bestaan uit ten minste vijf hoofdstukken.

Voorbeeld 'landbouwbeleid'
- Een inleidend hoofdstuk waarin het conceptuele ontwerp (de doelstelling, de opbouw van het onderzoek en de vraagstelling) wordt beschreven en beargumenteerd.
- Een theoretisch hoofdstuk gebaseerd op een literatuurstudie en gesprekken met deskundigen. Dit hoofdstuk eindigt met de presentatie van de onderzoeksoptiek, die in dit voorbeeld de vorm aanneemt van een lijst beoordelingscriteria.
- Een hoofdstuk waarin de methoden van onderzoek worden verantwoord.
- Een hoofdstuk met een beschrijving van de resultaten van het onderzoek (de beoordeling van de vigerende praktijk van het landbouwbeleid in de betreffende provincie in het licht van de ontwikkelde beoordelingscriteria).
- Een hoofdstuk ten slotte waarin de resultaten van het onderzoek worden vertaald in conclusies en aanbevelingen tot verbetering.

Zoals u kunt zien, volgen de hoofdstukken in deze opzet het onderzoeksmodel. Grofweg herkent u in deze hoofdstukken de eerder gepresenteerde verwoording van het model. Deze indeling in hoofdstukken vormt een geschikt richtpunt in de complexe en langdurige activiteit die het uitvoeren van een onderzoek nu eenmaal is. Een en ander wordt in hoofdstuk 8 verder toegelicht en uitgewerkt.

Stappenplan en voorbeelden

We komen op grond van de beschouwingen hierboven ten slotte tot het volgende stappenplan voor het opbouwen van een onderzoeksmodel.

> **Onderzoeksmodel**
> 1. Typeer in *korte* bewoordingen kernachtig het *doel* van het onderzoek.
> 2. Stel het *onderzoeksobject* of -objecten vast, dat wil zeggen dat deel van de werkelijkheid dat u daadwerkelijk gaat bestuderen.
> 3. Stel de *aard* van de onderzoeksoptiek vast (zie p. 76 e.v.).
> 4. Bepaal op basis van welke *bronnen* u de onderzoeksoptiek ontwikkelt (zie p. 82). Kies in dit kader uw relevante literatuuronderdelen en (eventueel) deskundigen. Doe dit op basis van de kernbegrippen uit de doelstelling. Noem hierbij *titels* van boeken en *namen* van te raadplegen deskundigen!
> 5. Maak een *schematische weergave* van het onderzoeksmodel, gebruikmakend van het principe van confrontatie.
> 6. *Verwoord* het onderzoeksmodel in de vorm van een langgerekte redenering volgens het patroon op pagina 83-84 met een a-, b-, c- en d-deel.
> 7. Controleer of het ontstane model u aanleiding geeft tot bijstelling van de doelstelling. Indien ja, voer deze bijstelling uit en ga vervolgens na of dit noopt tot een wijziging in het onderzoeksmodel, enzovoort (*iteratie*).

Om u meer vertrouwd te maken met de lastige klus van het maken van een onderzoeksmodel, volgen hierna niet één, maar twee voorbeelden van de uiteengezette methodiek zoals neergelegd in het zojuist gepresenteerde stappenplan. Het eerste voorbeeld betreft het evaluatieonderzoek 'projectbeheersingsmethoden', waarmee u reeds in hoofdstuk 2 kennis heeft gemaakt. Het tweede voorbeeld betreft het project 'agb/jova' uit de inleiding van dit hoofdstuk.

> **Voorbeeld 'projectbeheersingsmethoden'**
>
> *Projectkader*
> Het ministerie van Binnenlandse Zaken (BiZa) heeft problemen met de beheersing van de binnen de gemeenten uitgevoerde automatiseringsprojecten (gba). De projectleider die tot taak heeft gehad om het beleidsplan 'Verbetering GBA' in te voeren, heeft enkele jaren geleden projectbeheersingsmethode Y ingevoerd bij de begeleiding van de gba-projecten in een aantal grote Nederlandse gemeenten. De vraag is: 'Wordt de belofte in de praktijk waargemaakt?' Dit wordt het onderwerp van een bestuurskundig evaluatieonderzoek.

> *Doelstelling*
> Het doel van het onderzoek is het doen van aanbevelingen aan de projectleider 'Verbetering GBA' voor de verbetering van het beleid voor de beheersing van gba-projecten
> *door*
> een beoordeling te maken van de effectiviteit van het beleidsplan 'Verbetering GBA' op basis van een evaluatieonderzoek naar de kostenbeheersing, tijdsduur en interne communicatie van gba-projecten in vier gemeenten die de beheersings-methode Y hebben toegepast.

We passen de zeven stappen voor het maken van het onderzoeksmodel toe op dit onderzoek.

Stap 1
Het doel van het onderzoek is te komen tot *aanbevelingen* voor de verbetering van de beheersing van gba-projecten.

Stap 2
De onderzoeksobjecten worden hier gevormd door de implementatie van projectbeheersingsmethode Y in vier grote gemeenten.

Stap 3
We hebben hier te maken met een evaluatieproject, zodat de onderzoeks-optiek bestaat uit een reeks beoordelingscriteria op de terreinen 'geld', 'tijd' en 'communicatie' die van invloed zijn op het succes (lees: de effectiviteit) van de implementatie van projectbeheersingsmethode Y. We lezen hierin dat het gaat om een onderzoek naar de causale relaties tussen een reeks factoren enerzijds, en het succes van de organisatieverandering anderzijds. De onder-zoeksoptiek heeft daarom de vorm van een conceptueel model. We lichten de gba-praktijken in vier grote gemeenten door aan de hand van dit conceptueel model.

Stap 4
Het conceptueel model wordt ontwikkeld met behulp van de bestudering van wetenschappelijke literatuur:

Kernbegrippen
- effectiviteit van projectbeheersing
- ICT
- overheidsorganisatie (lokaal/centraal)

Theorieën
- organisatietheorie van project-matig werken
- theorie ICT
- theorie van het openbaar bestuur

Hiermee zijn de eerste twee tussenstappen voor het maken van de onderzoeksoptiek, in dit geval het conceptueel model, gezet. Hoewel zoals gezegd de uitwerking van het model normaliter pas plaatsvindt tijdens de eerste fase in de uitvoering van het onderzoek (literatuurverkenning, vooronderzoek), laten wij met het oog op een totaalbeeld voor dit voorbeeld een dergelijke uitwerking in rudimentaire vorm zien. De betreffende student heeft de literatuur bestudeerd en hieruit blijkt het volgende.

Op de eerste plaats dient men bij de implementatie van automatiseringsprojecten bij de overheid te letten op de *risico's* die *(project)beheersing* in het algemeen heeft.

Projectbeheersing betekent in dit verband het volgende:
- ramen: in staat zijn om de projectrisico's tijdig en op accurate wijze te beramen;
- vaststellen: de stand van zaken met betrekking tot deze risico's tijdens de implementatie op inzichtelijke wijze monitoren;
- bijsturen: tijdig adequate maatregelen nemen om de geconstateerde problemen bij de projectbeheersing op te vangen.

Uit de bestudering van de relevante literatuur blijkt dat met name de volgende drie risicogebieden van belang zijn:
- geld: kan men de noodzakelijke uitgaven in voldoende mate beheersen?
- tijd: kan men de productie- en implementatietijd beheersen?
- communicatie: worden alle betrokkenen *tijdig*, over de *juiste zaken*, in *voldoende mate* geïnformeerd?

Deze beheersingsrisico's en beheersingsfasen zijn door de student in een conceptueel model geplaatst (zie figuur 3.7 op p. 90). Elke pijl in dit model staat voor een verwachte invloed van het beheersingsrisico op de beheersingsfase. Bijvoorbeeld, pijl 1b staat voor de verwachting dat een ontoereikende beraming van het risico leidt tot vergroting van de beheersingsproblemen met betrekking tot de productie- en implementatietijd.

Stap 5
Een en ander resulteert in een onderzoeksmodel. Zie figuur 3.8 op pagina 90.

Stap 6
Een verwoording van de in het onderzoek te zetten stappen luidt in volgorde: (a) Een bestudering van theorieën over projectmatig werken, ICT en openbaar bestuur, alsmede een vooronderzoek, leveren de beoordelingscriteria (b) op basis waarvan de implementatie van projectbeheersingsmethode Y in vier grote gemeenten wordt geëvalueerd. (c) Een vergelijking van deze analyses resulteert in (d) aanbevelingen voor de verbetering van de beheersing van gba-projecten.

Figuur 3.7   Conceptueel model projectbeheersingssystemen

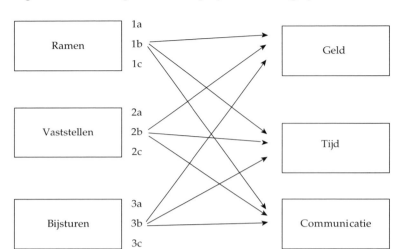

Figuur 3.8   Onderzoeksmodel projectbeheersingssystemen

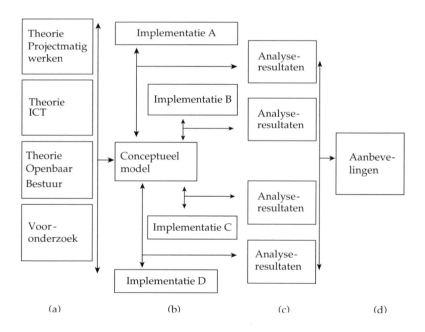

Stap 7
Enige iteratie wijst uit dat er geen aanleiding tot wijzigingen is.

Voorbeeld 'agb/jova'
We lichten een en ander weer toe aan de hand van het voorbeeld aan het begin van dit hoofdstuk.

Stap 1
Doel: aanbevelingen business units.

Stap 2: Onderzoeksobject(en)
De agb/jova-organisatie is te groot om in haar geheel tot object van onderzoek te nemen. Daarom kiest u ervoor om vier regionale kantoren die wat personele omvang, omzet en werkzaamheden betreft vergelijkbaar zijn, te onderzoeken. Deze zijn uw onderzoeksobjecten.

Stap 3: Aard onderzoeksoptiek
Omdat het in dit geval gaat om een diagnostisch praktijkgericht onderzoek, streeft u naar een verzameling van aandachtspunten die u bij de diagnose van de organisatie gaat hanteren. Omdat u graag uitspraken wilt doen over de huidige situatie in de vier kantoren in vergelijking met de situatie die gewenst is bij succesvolle invoering van business units, is er sprake van een diagnostische *gap analysis*.

Stap 4: Bronnen voor de onderzoeksoptiek
In dit onderzoek maakt u vooral gebruik van de wetenschappelijke literatuur bij het ontwikkelen van een conceptueel model. U stelt de volgende kernbegrippen en de daarbij behorende theoretische kaders vast.

Kernbegrippen
- business units
- organisatieverandering

Theoretische kaders
- business unit-theorie
- theorie van organisatieverandering

Bij de aanvang van uw onderzoek bestudeert u deze twee theoretische kaders en u confronteert ze met elkaar. Uit deze confrontatie leidt u een verzameling uitgewerkte en beargumenteerde aandachtspunten af die van belang zijn voor het succes van de invoering van business units. Deze set van aandachtspunten vormt de onderzoeksoptiek.

Stap 5: Schematische weergave

Figuur 3.9   Onderzoeksmodel agb/jova

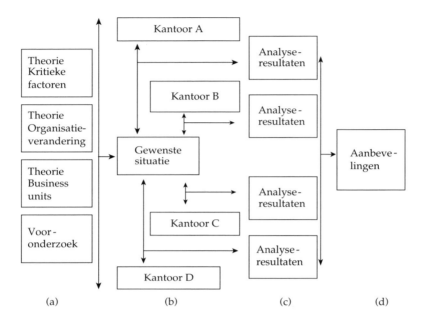

Stap 6: Verwoording
(a) Een analyse van het business units concept, in het licht van kritieke succesfactoren voor de invoering van dit concept in de organisatie, levert een verzameling van aandachtspunten op, (b) waarmee de huidige situatie in vier regionale kantoren van de agb/jova (onderzoeksobjecten) kan worden beoordeeld op de consequenties van de invoering van business units. (c) Een onderlinge vergelijking van deze vier analyses levert (d) inzicht in de voorwaarden waaraan de organisatie moet voldoen teneinde het business units-concept succesvol te kunnen invoeren.

Stap 7: Iteratie
Er is in dit voorbeeld geen aanleiding om de doelstelling van het onderzoek bij te stellen.

Opgaven
Maak een onderzoeksmodel bij de volgende projecten.

A. Hogeschool

Projectkader
HFT is een Hogeschool (18.000 studenten, 1.500 medewerkers).
Binnen HFT bestaat de Diensteenheid facilitaire dienstverlening X. Deze afdeling is de afgelopen tijd geherstructureerd. Waar voorheen werkzaamheden lokaal werden besproken en opgelost, is nu gekozen voor een centrale procesmatige aanpak en een uniforme organisatie van dienstverlening. Medewerkers worden geconfronteerd met een nieuwe context, wat leidt tot individuele spanningen, die een uitwerking hebben op de effectiviteit van het team. De problemen uiten zich zowel in de verhouding tussen medewerker en leidinggevende als tussen medewerkers onderling.

Doelstelling (diagnostisch)
Het doen van aanbevelingen aan de directie van X voor het verbeteren van het beleid ten opzichte van de teamprestaties binnen X
door
aan de hand van interviews met leidinggevenden, medewerkers en klanten van X inzicht te geven in de huidige invloed van Organizational Citizenship Behavior (OCB) op group performance.

B. Organizational Energy

Projectkader
De energie in een organisatie is onderdeel van het dagelijks leven van medewerkers en het is ook een veelvuldig onderwerp van gesprek. Onderzoek van Cross, Baker & Parker (2003) toont aan dat de energie in een organisatie van belang is voor prestatie, moraal, innovatie en leren. Sociale netwerkanalyse kan door middel van het in kaart brengen van de onderlinge relaties in een organisatie laten zien waar energie gecreëerd wordt en waar energie onttrokken wordt. Cross, Baker & Parker geven aan dat door eenvoudige veranderingen in gedrag wijzigingen in de energie veroorzaakt kunnen worden. Vraag is in hoeverre managers in organisaties zich bewust zijn van de invloed die het gedrag van managers heeft op het energieklimaat in hun organisatie.

Doelstelling (theorie-ontwikkelend)
Het doel van het onderzoek is het leveren van een aanvulling op de theorie van Charismatisch Leiderschap ten aanzien van de invloed die het gedrag van managers heeft op het energieklimaat in een organisatie
door
de meningen van managers en medewerkers te inventariseren over de invloed die het gedrag van managers heeft op het energieklimaat in een organisatie.

C. Human talent

Projectkader
Het management van een adviesorganisatie wil gebruikmaken van HRM-beleid dat het management in staat stelt om ervoor te zorgen dat de juiste medewerker op de juiste plaats zit, komt te zitten of blijft zitten. Op dit moment hebben zij onvoldoende zicht of het huidige HRM-beleid met betrekking tot de personeelsplanning ervoor zorgt dat het functioneren en het potentieel (talent) van de medewerkers optimaal afgestemd worden op de behoeften van de organisatie.
Hoe kan het management van B/CKC HRM-beleid opstellen om van de huidige situatie te komen tot een situatie waarin continu sprake is van de juiste medewerker op de juiste plaats, passend bij de eisen en behoeften van de organisatie?

Doelstelling (diagnostisch)
Het doen van aanbevelingen aan het management van B/CKC over HRM-beleid om medewerkers met talent optimaal te benutten en te behouden voor B/CKC
door
het opstellen van een diagnostische *gap analysis* tussen het gewenste HRM-beleid en het huidige HRM-beleid ten aanzien van talent.

4 | Vraagstelling

Eén gek kan meer vragen dan tien wijzen kunnen beantwoorden.

(Nederlands spreekwoord)

4.1 Inleiding

Intussen zijn de eerste stappen in het ontwerpproces achter de rug. U heeft zich een beeld gevormd van het projectkader en van de concrete bijdrage die u hieraan gaat leveren. Deze activiteiten hebben geleid tot een adequaat gekozen en geformuleerde doelstelling. Ook hebt u zichzelf door middel van een overzichtelijk onderzoeksmodel een idee verschaft van de globale stappen die u in het onderzoek gaat zetten om deze doelstelling te bereiken. De volgende vraag die in dit stadium moet worden beantwoord, gaat een stap verder en betreft de kennis die nuttig of nodig is om de doelstelling te bereiken. De meest adequate manier om deze vraag te beantwoorden is het formuleren van een vraagstelling. Dit is een geheel van vragen dat u in het onderzoek gaat beantwoorden. Let wel, het gaat hier niet om interview- of enquêtevragen, maar om onderzoeksvragen. De eerste zijn vragen die u als onderzoeker bij de uitvoering aan derden, de zogenoemde respondenten, gaat stellen. Maar voordat de onderzoeker weet wat hij of zij anderen moet vragen, dient de onderzoeker te weten welke vragen hij of zij *zichzelf* gaat stellen. Deze laatste noemen we de onderzoeksvragen. Een voorbeeld van iemand die aanbelandt in een fase waarin moet worden nagedacht over onderzoeksvragen, ziet u hieronder. Opnieuw gaat het om het voorbeeld 'agb/jova' (zie hoofdstuk 3).

Zonder overdrijving kan worden gezegd dat het formuleren van een sturende vraagstelling tot de moeilijkste, maar ook verreweg de belangrijkste onderdelen behoort van een onderzoek. De moeilijkheid ervan ontstaat voornamelijk doordat u voor dit onderdeel van het conceptuele ontwerp niet zomaar kunt terugvallen op bestaande inzichten en literatuur. U dient hier zélf keuzen te maken, gestuurd door de precieze doelstelling van het onderzoek. Tegelijkertijd is dit deel verreweg het meest doorslaggevend voor een geslaagd onderzoek. Niet alleen wordt de kwaliteit van de onderzoeksresultaten er sterk door bepaald. Immers, die resultaten bestaan uit met empirische feiten (data) onderbouwde antwoorden op de onderzoeksvragen, niet minder maar ook niet meer. Ook de voortvarendheid waarmee het onderzoek kan worden uitgevoerd, is ervan afhankelijk. De reden is dat onderzoeksvragen die volgens de in dit boek uitgewerkte richtlijnen en methodieken tot stand zijn gekomen en zijn geformuleerd, vrij precies duidelijk maken wat er in het onderzoek moet gebeuren, zoals hieronder verder zal worden verduidelijkt.

Voorbeeld 'agb/jova'
Het project rondom het invoeren van business units bij bankinstelling agb/jova is volop in ontwikkeling. U koos voor een diagnostisch praktijkgericht project en op basis van het onderzoeksmodel is het onderzoek als volgt gestructureerd. (a) Een nadere analyse van het business units-concept, in termen van kritieke succesfactoren voor de invoering van dit concept in de organisatie, levert een verzameling van aandachtspunten op, (b) waarmee de huidige situatie binnen vier regionale kantoren van de agb/jova (onderzoeksobjecten) kan worden geanalyseerd in het licht van de invoering van business units. (c) Een vergelijking van deze vier analyses levert (d) inzicht in de voorwaarden waaraan de organisatie moet voldoen teneinde het business units-concept succesvol te kunnen invoeren. Op basis van deze met het onderzoek te verkrijgen resultaten denkt u zinnige adviezen te kunnen geven: de doelstelling van uw onderzoek. U heeft nu weliswaar een aardig beeld van het onderzoek, maar u weet nog niet precies welke kennis u nodig heeft voor het doen van de aanbevelingen. Wat moet u precies voor kennis hebben van de situatie waarin agb/jova als geheel verkeert? Wat moet u weten van de bedrijfscultuur en -structuur binnen de vier regionale kantoren? Als er verschillen zijn tussen wat de theorie voorschrijft en de feitelijke situatie bij agb/jova, wat zijn daar dan de redenen en/of oorzaken van? Hoe ziet het personeel deze verschillen? Welk potentieel heeft het bedrijf om aan de theorie tegemoet te komen? Dit soort vragen is nog onbeantwoord, laat staan dat u weet welk materiaal u moet gaan verzamelen.

Het doel van dit hoofdstuk is u vertrouwd te maken met de vertaling van een doelstelling in een adequate vraagstelling. In paragraaf 4.2 wordt eerst uitgewerkt wat onder een adequate vraagstelling moet worden verstaan en welke vormkenmerken hieruit voortvloeien. Als belangrijkste vormkenmerk komt daarbij naar voren het onderscheid in centrale vragen en daaruit afgeleide deelvragen. In dit hoofdstuk presenteren wij u achtereenvolgens drie handzame methoden om centrale vragen en deelvragen te formuleren (zie figuur 4.1): de methode van het in onderdelen splitsen van het onderzoeksmodel (paragraaf 4.3), de methode van de ondersteunende kennissoorten (paragraaf 4.4) en de methode van het uiteenrafelen van kernbegrippen (paragraaf 4.5). De methodiek van het in onderdelen splitsen van het onderzoeksmodel is uitsluitend geschikt voor het formuleren van de centrale vragen. De methode van de ondersteunende kennissoorten is nuttig zowel bij het afleiden van centrale

4 *Vraagstelling*

vragen uit de doelstelling als bij het afleiden van deelvragen uit centrale vragen. De methodiek van het uiteenrafelen en rasteren van kernbegrippen is weer vooral geschikt voor het afleiden van deelvragen uit centrale vragen.

Figuur 4.1   Drie methoden voor het afleiden van onderzoeksvragen

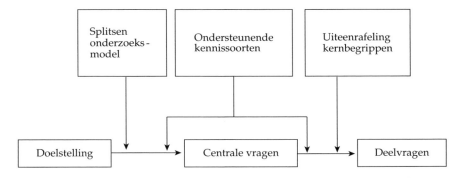

Tot slot vatten we de in dit hoofdstuk ontwikkelde richtlijnen weer samen in een stappenplan en passen we een en ander toe op het voorbeeld agb/jova hierboven.

4.2   FUNCTIE- EN VORMEISEN VAN ONDERZOEKSVRAGEN

Functie-eisen: efficiëntie en sturendheid
Op het eerste oog lijkt het maken van een vraagstelling geen enkele moeilijkheid; iedereen kan toch wel een vraag stellen? Dit moge inderdaad het geval zijn, maar het formuleren van een *adequate* vraagstelling voor een *onderzoek* is heel wat anders dan een vraag in een alledaags gesprek. De voornaamste eisen die aan een onderzoeksvraag moeten worden gesteld, zijn efficiëntie en sturendheid. Efficiëntie slaat op de mate waarin de kennis die beantwoording van de vraagstelling oplevert, bijdraagt aan het bereiken van de doelstelling. De sturendheid betreft de mate waarin de vraagstelling duidelijk maakt wat er verder in het onderzoek moet gebeuren. Het eerste wijst terug en het tweede wijst vooruit in het uitvoeringsproces.
Wat betreft de efficiëntie van een vraagstelling dient u zich te realiseren dat kennis altijd wel op een of andere manier bruikbaar is. Dit is dan ook een rechtvaardiging voor het pure theoretiseren in de wetenschap. Maar in een onderzoek staan wij een meer doelgericht handelen voor. In onze visie dient u zich af te vragen of de onderzoeksvraag die u formuleert een reële bijdrage levert aan het bereiken van de gekozen doelstelling. In principe moet het voor een buitenstaander onmiddellijk duidelijk zijn wat het nut is van de ant-

woorden op de onderzoeksvragen voor het bereiken van de doelstelling. De eerder geïntroduceerde stelregel is dat als dit veel uitleg vergt, u nog niet tevreden kunt zijn. In dat geval dient u verder na te denken over de vraag wat de oplosser van het probleem zoals dat in de doelstelling vermeld staat, allemaal zou moeten weten om met vrucht aan die oplossing te kunnen werken. Is de efficiëntie van een vraagstelling hoofdzakelijk een kwestie van kritische zelfcontrole en vooral gezond verstand van de onderzoeker, over de sturendheid hebben wij heel wat meer te zeggen. Met het sturende vermogen van een onderzoeksvraag bedoelen wij een tweetal zaken:

a. De vragen geven aan welke soorten kennis nodig zijn. In de vraag 'welke kenmerken hebben gezinnen waarin de kinderen zich schuldig maken aan jeugdcriminaliteit?' gaat het bijvoorbeeld om *beschrijvende* kennis. In de vraag 'wat zijn de oorzaken van het verloop onder de ambtenaren op ministerie Y?' gaat het om *verklarende* kennis. Meer in het algemeen geldt dat zeggen hoe iets in de werkelijkheid is, hoe het eruitziet, hoe het werkt, enzovoort, *beschrijvende* uitspraken zijn. Beweringen over waarom zaken zijn zoals ze zijn, behoren tot de *verklarende* uitspraken. In het laatste geval gaat het vooral om het achterhalen van de oorzaken van verschijnselen. In sommige gevallen is de grens tussen beschrijvende en verklarende uitspraken moeilijk te trekken.

b. Uit de vragen kan worden afgeleid welk materiaal in het onderzoek moet worden verzameld. Een vraagstelling die niet aan deze vereisten van sturendheid voldoet, heeft grote nadelen. U kunt op basis van de vraagstelling niet bepalen waar u in de bibliotheek moet gaan zoeken (theorie) en/ of waar en waarnaar u in de werkelijkheid moet gaan kijken (empirie). Het gevolg is dat u straks aan het begin van de uitvoeringsfase van het onderzoek vrijwel zeker tijd gaat verspillen met grasduinen in bibliotheken en archieven en met het verhelderen van de onderzoekseenheden en databronnen (zie ook hoofdstuk 7).

De meeste mensen hebben de neiging om in het kader van het maken van een vraagstelling alles in één vraag te stoppen. Dit leidt vrijwel steevast tot weinig sturende vraagstellingen. We verduidelijken dit aan de hand van een onderzoek met als (externe) doelstelling: 'het leveren van een bijdrage aan de oplossing van het geluidshinderprobleem in een bepaalde stad'. We hebben dan te doen met een praktijkgericht project. Afhankelijk van het type praktijkgericht onderzoek, er zijn zoals u weet vijf typen, zou een vraagstelling bestaande uit één volzin er als volgt uit kunnen zien:

1. Wat is precies het probleem, voor wie is het vooral een probleem en waarom is het een probleem? (probleemsignalering)
2. Wat zijn de oorzaken, achtergronden en samenhangen van het probleem? (diagnose)
3. Hoe kan het probleem worden aangepakt? (ontwerp)

4. In hoeverre wordt het ontwerp of plan van aanpak adequaat uitgevoerd? (verandering)
5. In hoeverre is de interventie een succes geweest? (evaluatie)

Op het eerste gezicht is er met deze vragen weinig mis. Ze zijn helder gesteld en ze gaan direct af op een doel. Maar de vraag is in hoeverre deze vraagstellingen voldoen aan de twee eerder geformuleerde criteria van sturendheid. We kijken eerst of de vragen aangeven welk soort kennis wordt gezocht, het eerste criterium van zojuist. Van de eerste twee vraagstellingen kan worden gezegd dat deze inderdaad aansturen op herkenbare kennisinhouden. Zo zet vraag 1 aan tot beschrijvende kennis over wat de feiten en meningen rondom geluidshinder zijn. Vraag 2 stuurt eveneens duidelijk aan op kennis, vooral van verklarende aard. Hier zijn vragen aan de orde als: Wat zijn de geluidsbronnen? Op welke afstand bevinden zij zich? Welke factoren bepalen vooral het geluidsniveau buiten en binnen de huizen?

Vraag 3 echter maakt onvoldoende duidelijk welk soort kennis moet worden geproduceerd. Er blijkt nauwelijks uit over welke zaken in de werkelijkheid we kennis en informatie willen, noch wat voor soort kennis en informatie dit moet zijn. Eigenlijk gaat het bij vraag 3 niet om een kennisvraag, maar om een 'hoe kan'-vraag, een *handelings*vraag dus. Dit is een veelvoorkomende zwakte in vraagstellingen. De reden hiervan is dat zo'n 'hoe kan'-vraag meer zegt over de doelstelling van het onderzoek dan over de vraagstelling ervan. We zien dat al aan het gebruik van een vervoeging van het werkwoord 'kunnen', terwijl het bij een vraagstelling moet gaan om 'kennen'. Deze 'vraagstelling' voegt dan ook niets toe aan de doelstelling. Het is gewoon de doelstelling in een ander jasje, te weten een volzin, eindigend met een vraagteken. Niets makkelijker dan dat. Maar we zijn er ook helemaal niets mee opgeschoten. Meer in het algemeen geldt dat 'hoe kan'-vragen in het kader van de vraagstelling voor een onderzoek moeten worden vermeden.

Wat we hier leren, is dat niet elke vraag, een volzin met een vraagteken er achter, ook een *onderzoeks*vraag is. De vraag moet betrekking hebben op een kennisprobleem en niet op een handelingsprobleem. Het stellen van een 'hoe kan'-vraag geeft in feite blijk van een foutieve opvatting van onderzoek, namelijk als een instrument voor probleemoplossing (probleem in de zin van een handelingsprobleem). Maar zoals hierboven al vaker is gememoreerd, het enige wat we met een onderzoek kunnen doen is het produceren van kennis, inzichten en informatie. Anders gezegd, onderzoek is een middel tot kennisproductie. Natuurlijk is het wél zo dat we kennis moeten genereren die nuttig is bij de probleemoplossing. De lezer herkent hier het criterium van efficiëntie.

Ook de vragen 4 en 5 geven onvoldoende informatie over welke kennis we moeten gaan produceren. Deze vraagstellingen suggereren het bestaan van een maatstaf voor de beoordeling of evaluatie van respectievelijk de uitvoering en de resultaten van een interventie. Niet duidelijk wordt in welke richting deze maatstaf dan moet worden gezocht of op grond van welke criteria er beoordeeld wordt. Ook deze wijze van vragen brengt ons niet veel verder. De conclusie is dat alleen de vragen 1 en 2 hierboven voldoen aan het eerste van de twee criteria voor een sturende vraagstelling.

Kijken we vervolgens of de vijf vraagstellingen voldoen aan de tweede voorwaarde voor een sturende vraagstelling, te weten de eis dat er uit valt af te leiden welk materiaal moet worden verzameld. Op dit punt blijkt vraag 1 in redelijke mate te voldoen. Het is duidelijk dat we naar de geluidshinderzones moeten om daar waarnemingen te verrichten en om met de mensen die daar wonen te gaan praten. Maar vraag 2 voldoet in dit opzicht beduidend minder. U wilt de achtergronden van het geluidshinderprobleem leren kennen, maar de vraagstelling geeft niet aan in welke richting we die achtergronden moeten zoeken, laat staan dat helder is welke gegevens moeten worden verzameld.

Er is overigens een duidelijk aanwijsbare reden waarom vraag 2 op dit punt minder voldoet dan vraag 1. Bij vraag 2 gaat het om verklarende kennis, waarvoor in het algemeen geldt dat deze abstracter en moeilijker te genereren is dan de beschrijvende kennis in vraag 1. Zoals in de volgende paragraaf duidelijk wordt gemaakt, hebben we meestal eerst beschrijvende kennis nodig willen we in staat zijn tot verklaring. Een korte inspectie van de vragen 3, 4 en 5 ten slotte maakt duidelijk dat ook deze vrijwel geen aanwijzingen geven over de vraag waar en waarnaar we in bibliotheken en in de werkelijkheid moeten gaan kijken. En wat erger is, door in de bibliotheek te duiken of in de werkelijkheid te gaan waarnemen wordt dit ook niet duidelijk. Dit ondanks een even wijdverbreide als ijdele hoop van beginnende onderzoekers dat dit wél zal gebeuren. Gaan we met een dergelijke zwakke vraagstelling van start, dan leidt dit onherroepelijk tot tijdverlies. Wat er in dit stadium eerst moet gebeuren, is nadenken over de vraag welke kennis, inzichten en informatie behulpzaam zouden kunnen zijn bij het behalen van de doelstelling van het onderzoek. Hier dient men dus geheel te vertrouwen op het gezonde verstand, hopelijk aangevuld met bestaande theoretische inzichten.

Een voorbeeld kan dit verder toelichten. Stel dat het (externe) doel van het onderzoek is 'het leveren van een bijdrage aan het maken van een geschikte voorlichtingsfilm die landbouwers moet overtuigen van het belang van duurzame landbouw'. Nemen we vervolgens aan dat als 'vraagstelling' voor het onderzoek wordt geformuleerd: 'hoe ziet een geschikte voorlichtingsfilm eruit?' We herkennen hierin een (verkapte) 'hoe kan'-vraag. In feite gaat het nog steeds over de doelstelling van het onderzoek, en zijn we geen millimeter opgeschoten. Logisch nadenken (gezond verstand) levert de volgende set vragen op: 'Wat *weten* de landbouwers van duurzame landbouw, welke methoden er zijn, wat erbij komt kijken, en dergelijke?' 'Wat *vinden* ze van duurzame landbouw?' 'In hoeverre passen zij al duurzame landbouwmethoden en hulpmiddelen toe?' Met deze vragen lijken we nog ver verwijderd te zijn van het maken van een voorlichtingsfilm. Maar de schijn bedriegt; enig nadenken maakt duidelijk dat de genoemde inzichten van essentieel belang zijn voor de filmmaker. Met andere woorden, de efficiëntie van de vraagstelling is wel degelijk verzekerd. Bovendien beschikken we aldus over sturende onderzoeksvragen. Het is immers onmiddellijk duidelijk dat we naar landbouwers in de doelgroep toe moeten om vragen te stellen en om eventueel observaties te verrichten terwijl zij hun beroep uitoefenen.

We komen dan tot de volgende conclusie. Hoewel de vraagstellingen op bladzijde 4 er op het eerste oog stuk voor stuk gezond uitzien, schieten ze met uitzondering van vraag 1 tekort qua sturend vermogen. De vragen zeggen voornamelijk iets over wat de onderzoeker met het onderzoek wil bereiken (extern doel) en weinig over wat er in het onderzoek zelf moet gebeuren (het interne doel, ofwel het soort kennis dat wordt geproduceerd). Mede als gevolg hiervan zeggen deze vragen ook vrijwel niets over het materiaal dat in het onderzoek moet worden verzameld.

Vormeisen: centrale vragen en deelvragen
Vooral het vinden van sturende vragen kan in het begin lastig zijn, hoe simpel het er hierboven ook uitziet. Wij adviseren de volgende twee stappen. Op de eerste plaats gaat u na welke kennis nuttig kan zijn bij het bereiken van de doelstelling. Dit laat u uitmonden in de formulering van één of enkele centrale vragen. Vervolgens vraagt u zich af welke kennis nodig is om deze centrale vraag of vragen op zijn/hun beurt te kunnen beantwoorden. Dit laatste laat u per centrale vraag uitmonden in twee of meer deelvragen. Nota bene, slechts één deelvraag formuleren voldoet niet. Ofwel omvat zo'n vraag in feite hetzelfde als de bijbehorende centrale vraag, en is dus overbodig. Ofwel deze deelvraag versmalt de centrale vraag, wat uiteraard niet de bedoeling is. De bedoeling is dat (de antwoorden op) de deelvragen te samen het antwoord vormen op de centrale vraag waaruit ze zijn afgeleid, niet meer maar zeker ook niet minder. U kunt hierop controleren door, nadat u de deelvragen heeft geformuleerd, de betreffende centrale vraag te schrappen. In feite moet dit dan geen enkel verlies opleveren. Ziet u toch verlies optreden, dan dient u óf de deelvragen uit te breiden, óf (vooral) de centrale vraag in te perken, of beide.

De voornaamste functie die de deelvragen hebben, is *sturing*. Zoals namelijk zo meteen zal blijken zijn deze deelvragen, mits op de juiste wijze afgeleid, sturender dan de centrale vragen waaruit ze zijn afgeleid. En deze laatste zijn op hun beurt weer meer sturend, nog steeds in de hierboven bedoelde zin, dan de doelstelling van het onderzoek. Een tweede functie van de afleiding van deelvragen is dat we hiermee een handzame structurering van het onderzoek tijdens de uitvoeringsfase verkrijgen. In elke afzonderlijke fase neemt de onderzoeker zich voor om een van de deelvragen te beantwoorden. Maar zoals eerder aangegeven, qua *inhoud* van het onderzoek dient de introductie van deelvragen volkomen *neutraal* te zijn.

Samenvattend kunnen we zeggen dat de formulering van een vraagstelling door middel van vragen en deelvragen aan een tweetal strikte eisen moet voldoen:

a. De antwoorden op centrale vragen tezamen zijn voldoende om de doelstelling van het afstudeerproject te helpen bereiken, en niet meer dan dat.
b. De antwoorden op de deelvragen geven tezamen een voldoende antwoord op de centrale vraag waaruit ze zijn afgeleid, en niet meer dan dat.

Deze twee eisen betekenen dat u voor elke door u geformuleerde vraag nagaat of deze wel echt nodig is en of deze geen uitbreiding betekent van de doelstelling respectievelijk van de centrale vraag. In de praktijk blijkt dit veel lastiger te zijn dan de meeste mensen vooraf denken, de lezer zij gewaarschuwd.

Vooral het verruimen van een doelstelling of een centrale vraag bij het afleiden van (deel)vragen kan ernstig afbreuk doen aan de efficiëntie van uw onderzoek. Niettemin is dit een fout waaraan veel onderzoekers zich schuldig maken. De verleiding is altijd groot om een imposante vraagstelling te formuleren. En op papier is dat ook gemakkelijk. Maar niet gemakkelijk is een afdoende onderbouwing te geven van de antwoorden op de onderzoeksvragen.

Een en ander neemt natuurlijk niet weg dat u bij het afleiden van (deel)vragen kunt stuiten op zaken die u bij de doelstelling respectievelijk bij de formulering van de centrale vragen ten onrechte over het hoofd zag. In dat geval handhaven we natuurlijk de centrale vraag, respectievelijk deelvraag, en stellen we de doelstelling, respectievelijk de centrale vraag, bij. In dat geval hebben we te doen met iteratie. We lichten deze iteratieve werkwijze bij het formuleren van een vraagstelling toe aan de hand van een tweetal voorbeelden.

4 Vraagstelling

> **Voorbeeld 'organisatiecultuur'**
> In een onderzoek beoogt u de verschillen in organisatiecultuur tussen twee afdelingen van een ziekenhuis in kaart te brengen. Als een van uw vragen formuleert u: waarin verschilt de organisatiecultuur van ziekenhuizen van die in scholen? In dit voorbeeld van een vraagstelling van het beschrijvende type is dus sprake van een uitbreiding ten opzichte van het oorspronkelijke voornemen. U doet dit omdat u denkt dat uit een vergelijking van twee verschillende organisatietypen meer algemeen geldende inzichten naar voren komen. In dat geval voegt u voorlopig het element 'sectorvergelijking' aan de doelstelling toe. Als nu de opdrachtgever, geattendeerd op het voordeel van een sectorvergelijking, deze laatste belangrijk blijkt te vinden, dan bent u wellicht een lacune in de doelstelling op het spoor. Als dat het geval blijkt, dan past u uw doelstelling zodanig aan dat de vraag hierboven er logisch uit kan worden afgeleid; een duidelijk geval van iteratie.

> **Voorbeeld 'mestbeleid'**
> Een van uw vragen luidt: welke problemen doen zich voor bij de invoering van het nieuwe mestbeleid van de overheid? Als een van de deelvragen formuleert u: waardoor ontstaan de geconstateerde invoeringsproblemen van het mestbeleid? In dat geval wordt de centrale vraag uitgebreid. Immers, deze laatste vraag is van beschrijvende aard, terwijl u met uw deelvraag een element van verklarende aard toevoegt. Om te weten of deze toevoeging terecht is, moet u terug naar uw doelstelling (iteratie). Blijkt de toevoeging inderdaad terecht, bijvoorbeeld omdat u het mestbeleid wilt verbeteren, dan wordt deze deelvraag een centrale vraag en denkt u opnieuw na over geschikte deelvragen die uit deze verklarende vraagstelling kunnen worden afgeleid. Zoals we hieronder zullen zien, komt men dan meestal uit op deelvragen van beschrijvende aard.

Met de constatering hierboven dat het afleiden van centrale vragen en deelvragen gunstig is met het oog op een sturende vraagstelling, zien we ons voor een nieuw probleem gesteld. De vraag is namelijk, hoe we aan centrale vragen en deelvragen komen die voldoen aan de hierboven gestelde criteria van efficiëntie en sturendheid. We raken hiermee een van de moeilijkste onderdelen van het ontwerpen van een onderzoek. Dat komt omdat u, op dit punt van het ontwerp aangekomen, een ommezwaai moet maken. Bij het vaststellen van het projectkader, de doelstelling en het onderzoeksmodel ging het tot nu toe om terreinverkenning, afbakening en structurering van het onderzoek. Dit zijn allemaal aspecten van het ontwerp waarbij u vooral met uw gezonde verstand te werk bent gegaan en vooral geleund heeft op uw vermogen tot het aanbrengen van orde in een onoverzichtelijk geheel. Uw vakinhoudelijke kennis en inzichten hebt u nog niet in stelling hoeven brengen. Maar het formuleren van de centrale onderzoeksvragen en deelvragen vraagt dat laatste wel van u. U moet nu overschakelen van structureren naar (vak)inhoudelijk redeneren. Het maken van de vraagstelling betekent immers dat u het antwoord wilt weten op de volgende methodologische vraag: welke onderzoeksvragen dien ik te beantwoorden ten einde te voldoen aan de doelstelling van het onderzoek? Anders gezegd: welke (vak)inhoudelijke kennis is nodig en/of nuttig om de doelstelling te (helpen) bereiken?

Het is onze ervaring van de afgelopen jaren dat voor veel ontwerpers van onderzoeken deze vereiste ommezwaai van structureren naar vakinhoudelijk redeneren een grote sprong is. Daarom reiken we in de volgende paragrafen een drietal methoden aan, die behulpzaam zijn bij het formuleren van de centrale vragen en deelvragen.

4.3 Het splitsen van het onderzoeksmodel

Een eerste methode voor de ontwikkeling van een adequate vraagstelling sluit aan bij het onderzoeksmodel dat u als tweede stap in het ontwerpen van het onderzoek heeft gemaakt (zie hoofdstuk 3). Deze methode omvat de splitsing van het onderzoeksmodel in herkenbare onderdelen. Voor elk van deze onderdelen formuleert u een centrale vraag. We zullen eerst de systematiek van de methode uitleggen en vervolgens met voorbeelden laten zien hoe deze methode eruitziet. We werken daartoe het eerder aangehaalde voorbeeld van de 'rampenverzekering' (zie pagina 84) nader uit.

> **Voorbeeld 'rampenverzekering'**
> Met een bedrijfseconomisch onderzoek wordt beoogd aanbevelingen te doen voor de effectiviteit van de verzekering van nationale rampen, zoals overstromingen en aardbevingen. Daartoe worden vier soorten rampenverzekeringen (onderzoeksobjecten) beoordeeld met behulp van criteria voor effectieve rampenverzekering. Uit een analyse van overeenkomsten en verschillen komen naar verwachting ideeën voor verbetering naar voren. De onderzoeker heeft het volgende onderzoeksmodel gemaakt (figuur 4.2).

In woorden luidt dit onderzoeksmodel als volgt. (a) Een bestudering van de verzekeringstechnische problemen bij nationale rampen via gesprekken met deskundigen (vooronderzoek) en een oriëntatie van wetenschappelijke literatuur ter zake (theorie verzekeringen, theorie openbaar bestuur), levert de beoordelingscriteria, (b) waarmee de effectiviteit van vier soorten rampenverzekeringen (onderzoeksobjecten) kunnen worden geëvalueerd. (c) Een vergelijking van de resultaten van deze vier evaluaties resulteert in (d) aanbevelingen voor de ontwikkeling van een effectieve verzekering voor nationale rampen.

Figuur 4.2   Onderzoeksmodel rampenverzekering

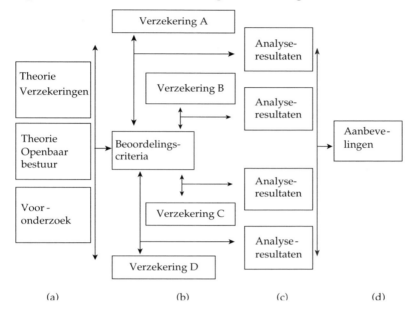

Deze wijze van verwoorden gaan we gebruiken voor het vaststellen van de centrale vragen.

De eerste centrale vraag heeft betrekking op passage (a) en betreft de bronnen van de beoordelingscriteria (zie figuur 4.3). Het antwoord op de eerste centrale vraag zijn deze criteria.

Figuur 4.3   De eerste centrale vraag

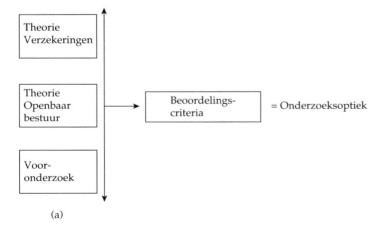

De eerste centrale vraag luidt:

I Welke criteria hanteren we voor een beoordeling van de effectiviteit van soorten rampenverzekeringen?

Deze vraag heeft, in combinatie met het onderzoeksmodel, een adequaat sturend vermogen. Het is immers duidelijk dat u voor een beantwoording de in het model aangegeven theorieën over verzekeringen en openbaar bestuur gaat bestuderen en deskundigen op dit terrein zult gaan raadplegen. Het resultaat van uw inspanningen is een lijstje met beoordelingscriteria.

De tweede centrale vraag heeft betrekking op passage (b) uit het onderzoeksmodel, de analyse van de verzamelde gegevens over het onderzoeksobject of -objecten. In het voorbeeld heeft deze vraag betrekking op het volgende gedeelte van het model (zie figuur 4.4).

Figuur 4.4   De tweede centrale vraag

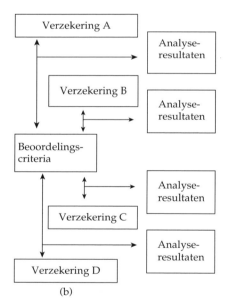

De tweede centrale vraag luidt als volgt:

II Wat is de waarde of kwaliteit van de vier onderzochte rampenverzekeringen, gezien in het licht van de gestelde criteria?

Het is duidelijk dat u pas met het beantwoorden van de tweede centrale vraag kunt beginnen wanneer u de eerste centrale vraag heeft beantwoord.

Ook deze tweede vraag is zeer sturend. Het antwoord ontstaat door confrontatie van het onderzoeksobject met de gevonden criteria.

We dienen onderscheid te maken tussen projecten waarbij sprake is van één onderzoeksobject en projecten waarbij meer dan één onderzoeksobject betrokken is. In het eerste geval is de tweede centrale vraag tevens de laatste! Immers, indien u dit ene onderzoeksobject grondig heeft bestudeerd aan de hand van de onderzoeksoptiek (in het voorbeeld de criteria), dan heeft u voldoende informatie verzameld om de doelstelling van het onderzoek te bereiken. In het tweede geval vormt het antwoord op de tweede centrale vraag het materiaal om de derde centrale vraag te beantwoorden (zie onder).

In het gegeven voorbeeld is het voornemen om de vier verzekeringen door te lichten aan de hand van het lijstje beoordelingscriteria (het resultaat van de beantwoording van de eerste centrale vraag). Aan het einde van deze exercitie beschikt u over vier analyseresultaten, van elk van de verzekeringen één. Deze vier analyseresultaten vormen de input voor de derde centrale vraag. De derde centrale vraag heeft namelijk betrekking op passage (c), waarin de resultaten van de analyses van elk der onderzoeksobjecten met elkaar worden vergeleken in het licht van een efficiënte verzekering van nationale rampen (zie figuur 4.5).

Figuur 4.5   **De derde centrale vraag**

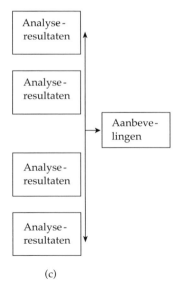

De derde centrale vraag luidt als volgt:

III Wat leert ons de vergelijking van de analyseresultaten van de vier onderzochte soorten verzekeringen met het oog op het doen van aanbevelingen voor de totstandkoming van een effectieve verzekering voor nationale rampen?

Ook nu weer zal het duidelijk zijn dat u pas aan het beantwoorden van de derde centrale vraag kunt beginnen indien u het antwoord op de tweede centrale vraag heeft gevonden. Met behulp van het antwoord op de derde centrale vraag kunt u tevens aangeven of en, zo ja, in welke mate het doel van het onderzoek is bereikt. Eerder is aangegeven dat het antwoord op de tweede centrale vraag de doelrealisatie aangeeft in het geval dat u te maken heeft met niet meer dan één onderzoeksobject.

Opgave 'Marktgerichte zorg'
a. Bestudeer het onderstaande projectkader, doelstelling en onderzoeksmodel van het onderzoeksproject 'Marktgerichte zorg'.
b. Formuleer met behulp van de methode van het splitsen van het onderzoeksmodel de centrale vragen van het onderzoek.

Projectkader
ABC is een zorginstelling met als kernactiviteit het onafhankelijk en verantwoord adviseren van ondersteuning bij een fysieke handicap. Onder invloed van een terugtredende overheid is ABC niet langer verzekerd van een continuïteit in haar inkomsten. De aanbodgestuurde werkwijze moest een marktgerichte worden, onder andere door het invoeren van 'accountmanagement', waarbij de zorgadviseurs verantwoordelijk waren voor alle contacten met (een kleine groep) klanten. Van een goede inbedding van het proces van accountmanagement in de organisatie is echter nooit sprake geweest. Vooral ontbreekt het aan een, in het licht van marktgericht werken, adequate interne structuur voor het accountmanagement.

Doelstelling
Het doen van aanbevelingen aan de leiding van het team van accountmanagers van ABC, ter verbetering van de interne structuur van accountmanagement
door
het geven van inzicht in het verschil tussen de huidige en gewenste interne structuur van accountmanagement

Figuur 4.6   Onderzoeksmodel ABC

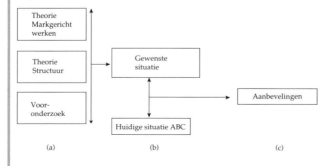

4 Vraagstelling

Opgave 'Feniks'

a. Bestudeer het onderstaande projectkader, doelstelling en onderzoeksmodel van het onderzoeksproject 'Feniks'.
b. Formuleer met behulp van de methode van het splitsen van het onderzoeksmodel de centrale vragen van het onderzoek.

Projectkader

Feniks is de naam van een samenwerkingsverband van twee ontwikkelingshulporganisaties. De samenwerking heeft als doel de organisatie van de fondswerving te verbeteren en daardoor effectiever te zijn in het verzamelen van het benodigde geld. Een complicerende factor daarbij is dat de beide samenwerkingspartners op dit moment een geheel verschillende organisatiestructuur en organisatiecultuur hebben. Deze verschillen kunnen een succesvolle samenwerking in de weg staan. Hoe kan het MT van Feniks deze problemen voorkomen?

Doelstelling

Het doen van aanbevelingen aan het MT van Feniks voor verbetering van het beleid ter implementatie van de voorgenomen samenwerking, door een inventarisatie te maken van de meningen van verschillende groeperingen binnen organisaties (directies, medewerkers) over de achtergrond van de geschetste problemen en over de oplossingen voor deze problemen.

Onderzoeksmodel

Figuur 4.7   Onderzoeksmodel Feniks

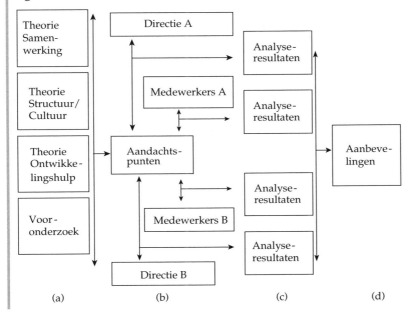

In deze paragraaf hebben wij een manier aangereikt voor het formuleren van de centrale vragen. In de volgende twee paragrafen worden twee andere methodieken gepresenteerd om op adequate wijze zowel centrale vragen uit de doelstelling, als deelvragen uit de centrale vragen af te leiden.

4.4 ONDERSTEUNENDE KENNISSOORTEN

In paragraaf 4.2 werd al een onderscheid gemaakt tussen beschrijvende en verklarende kennis. Daarbij werd zijdelings opgemerkt dat beschrijvende kennis vaak behulpzaam is bij het verkrijgen van verklarende inzichten. Dit geeft ons een aanknopingspunt voor het afleiden van centrale vragen uit de doelstelling en/of van deelvragen uit de centrale vragen. Zo kan een centrale vraag van verklarende aard in principe uiteengelegd worden in deelvragen van beschrijvende aard.
Om te komen tot een algemeen bruikbare methode voor het afleiden van vragen voor een vraagstelling, onderscheiden wij hieronder eerst een aantal verschillende kennissoorten. We geven daarbij telkens aan in welk type onderzoek deze kennissoorten een dominante plaats kunnen innemen. Daarna kijken we hoe deze onderscheiden kennissoorten elkaar kunnen ondersteunen. In een derde en laatste stap laten we vervolgens zien hoe we op basis hiervan een adequaat sturende vraagstelling kunnen ontwikkelen.
Start vormt het onderscheid van vijf kennissoorten:

1. Beschrijvende kennis
De onderzoeker die kennis van beschrijvende aard wil produceren, neemt zich voor om een of ander(e) object, fenomeen, toestand, gebeurtenis of ontwikkeling nauwkeurig en zo werkelijkheidsgetrouw mogelijk vast te leggen. Hij of zij doet dit door directe zintuiglijke waarneming. Vooral praktijkgerichte onderzoeken van het type probleemanalyse, verandering en evaluatie beogen overwegend beschrijvende kennis op te leveren. Beschrijving is de meest primaire en basale activiteit in wetenschappelijk onderzoek. Men kan er zelden omheen, al zal men vaak ook méér moeten doen dan alleen beschrijving. Een fout van veel beginnende, maar ook gevorderde, onderzoekers is te denken dat beschrijving een niet echt wetenschappelijke activiteit is en dat verklaring veel belangrijker is.

2. Verklarende kennis
Bij verklaring is de onderzoeker erop gericht duidelijk te maken hoe of waardoor iets tot stand komt. In het hedendaagse wetenschappelijk onderzoek komt dit in de meeste gevallen neer op het achterhalen van de achtergronden en oorzaken van het te verklaren verschijnsel. Men wijst bijvoorbeeld op

interne spanningen in de organisatie als oorzaak van ziekteverzuim. Men spreekt wel van een *causale* verklaring. Deze verklarende kennis kenmerkt vooral theoriegericht en praktijkgericht diagnostisch onderzoek. Een verschil tussen beide is wel dat men in theorieën zoekt naar *algemeen geldende* (causale) verklaringen van verschijnselen ofwel causale wetten, terwijl in een diagnostisch onderzoek wordt gezocht naar de oorzaken van een *concreet probleem*, plaats- en tijdgebonden. Maar in beide gevallen is sprake van een redeneren in termen van oorzaken en gevolgen.

3. *Voorspellende kennis*
Bij voorspelling tracht de onderzoeker op basis van kennis van heden of verleden uitspraken te doen over toekomstige toestanden of gebeurtenissen. We komen voorspellende kennis tegen bij zowel theorietoetsende als praktijkgerichte typen onderzoek. In het geval van theorietoetsing probeert men uit een theorie af te leiden (te 'voorspellen') wat men in de werkelijkheid moet aantreffen, wil de theorie geldig genoemd worden. Vooral in de economische en aanverwante wetenschappen tracht men de toekomst te voorspellen op basis van kennis over het verleden. Dat wil zeggen, op basis van bestaande trends tracht men te extrapoleren naar de toekomst.

4. *Evaluatieve kennis*
Evalueren is het vellen van een oordeel over een toestand of gebeurtenis in termen van gunstig of ongunstig. Zoals we eerder zagen veronderstelt zo'n beoordeling de beschikbaarheid van een set criteria op basis waarvan een oordeel kan worden geveld. Evaluatieve kennis wordt natuurlijk vooral nagestreefd in evaluatieonderzoek. Dit is onderzoek dat plaatsvindt binnen het vijfde en laatste stadium van de interventiecyclus. Maar ook probleemanalytische onderzoeken zijn vaak gericht op het produceren van evaluatieve kennis. Ook daar gaat het er namelijk om een bestaande situatie te vergelijken met een wenselijke situatie. Deze laatste kan worden neergelegd in de vorm van een set criteria waaraan de werkelijkheid in onze ogen moet voldoen.

5. *Prescriptieve kennis*
Prescriptieve kennis geeft voorschriften over de wijze waarop een situatie moet worden veranderd. Als u bijvoorbeeld het ziekteverzuim wilt terugdringen, dan zult u moeten zorgen voor een goede werksfeer. Vooral het ontwerpgerichte onderzoek, waarin het enige en directe doel is een of andere situatie te veranderen, kenmerkt zich door prescriptieve kennis. Het spreekt voor zich dat men prescriptieve kennis bij uitstek nastreeft in praktijkgericht onderzoek dat zich richt op het doen van voorstellen (interventieplan) voor probleemoplossing, fase 3 van de interventiecyclus.

De genoemde vijf kennissoorten hangen onderling nauw samen en soms vloeien ze zelfs naadloos in elkaar over. De belangrijkste eigenschap is dat deze kennissoorten een bepaalde reeks vormen. In volgorde van boven naar beneden is sprake van een steeds complexere kennissoort. Uit deze toenemende complexiteit volgt een eigenschap die zeer interessant is als basis voor een methodiek om een reeks onderzoeksvragen te ontwikkelen. Deze eigenschap is dat een kennissoort hoger in dit rijtje een ondersteunende rol kan spelen bij (het genereren van) een kennissoort lager in dit rijtje, *niet* omgekeerd. Zo kan beschrijvende kennis ten dienste staan van verklarende kennis, maar niet andersom. Een voorbeeld kan dit toelichten. Stel dat we willen weten hoe het komt dat sommige kinderen betere schoolprestaties leveren dan andere. Dit is een verklarende vraagstelling. Om te begrijpen hoe beschrijvende kennis zou kunnen helpen bij het vinden van een verklaring voor deze verschillen in schoolprestaties moeten we weten hoe over het algemeen in een onderzoek wordt gezocht door oorzaken (respectievelijk gevolgen) van een fenomeen. Dit is via het in de methodologie zeer fundamentele principe van *vergelijking*. We vergelijken een groep kinderen met uitmuntende prestaties met een groep scholieren die zeer zwak presteren, en we kijken op welke manieren beide groepen nog meer van elkaar verschillen, behalve hun schoolprestaties. Daarbij letten we natuurlijk vooral op zaken waarvan we verwachten dat ze mogelijk verantwoordelijk zijn voor de verschillen in schoolprestaties. Zo kunnen we beide groepen vergelijken qua gezinssituatie waarin de scholieren leven, hun intelligentie, karakter, hun motivaties en dergelijke. Uit deze vergelijkingen krijgen we zeer waarschijnlijk belangrijke aanwijzingen voor een verklaring van de verschillen in schoolprestaties. Van deze zogenoemde *verschilmethode* kunnen we gebruikmaken bij het zoeken naar deelvragen bij de centrale vraag: 'Hoe komt het dat sommige scholieren veel beter presteren dan andere?' Als deelvragen formuleren we dan de volgende vragen, alle van beschrijvende aard: 'Hoe ziet de gezinssituatie van beide groepen scholieren eruit?' 'Wat voor karakteristieken hebben scholieren?' Welke motivaties hebben beide groepen scholieren en wat is hun intelligentie, wat vinden ze vooral belangrijk in het leven en wat houdt hen in het dagelijkse leven vooral bezig?

Uit het bovenstaande destilleren we als eerste algemene stelregel van de methode van ondersteunende kennissoorten dat we in geval van een centrale vraag van verklarende aard gaan zoeken naar deelvragen van het beschrijvende type. Kijken we vervolgens naar de volgende kennissoort in het rijtje hierboven, te weten voorspelling. Ook voor voorspelling geldt dat dit vaak eerst mogelijk is op basis van kennissoorten die eerder komen in het rijtje, te weten inzichten van beschrijvende en/of van verklarende aard. Zo is een belangrijke manier van voorspelling de extrapolatie. Hierbij wordt een bepaalde regelmatigheid, men spreekt wel van een *trend*, doorgetrokken naar de toekomst. De lezer dient zich te realiseren dat hier sprake is van kennis van beschrijvende aard, meer in het bijzonder beschrijvende kennis van het verleden. Een tweede manier van voorspellen is gebruikmaking van causale wetmatigheden. Een in de natuurkunde bekende causale wetmatigheid is: als een gas wordt verhit, dan zet het uit. De verklaring van deze wetmatigheid is dat door de verwarming de moleculen sneller gaan bewegen, waardoor op haar beurt de intermoleculaire ruimte tussen de gasmoleculen groter wordt, met als uiteindelijk gevolg dat het volume van het gas toeneemt. Op basis van deze kennis kan ik voorspellen wat er gebeurt als ik een ballon ga verhitten. Hier vormt dus verklarende kennis, te weten kennis van een causale wetmatigheid, de basis voor voorspelling.

Zojuist zagen we dat beschrijvende kennis via het principe van extrapolatie kan bijdragen aan voorspelling. Maar nu we eenmaal weten dat verklaring tot voorspelling in staat stelt, en verklaring op haar beurt kan plaatsvinden op basis van beschrijving, is er een reden temeer om aan te nemen dat ook beschrijvende kennis (indirect) kan bijdragen aan voorspelling. Dit leidt tot een tweede stelregel van de methoden van ondersteunende kennissoorten. Deze is dat een centrale vraag van voorspellende aard kan worden uiteengelegd in een serie deelvragen van verklarende en/of beschrijvende aard.

Bekijken we vervolgens de situatie van evaluatieve kennis. Een evaluatie bestaat uit een beoordeling in termen van gunstig of ongunstig. Volgens het rijtje hierboven is dit type kennis gebaseerd op kennis van beschrijvende, verklarende en/of voorspellende aard. Een simpele constatering is dat evaluatie inderdaad minimaal vraagt om beschrijving, namelijk van het te beoordelen fenomeen (de feiten) en van de beoordelingscriteria (de wensen). De lezer herkent in deze omschrijving de basisstructuur van een evaluatieonderzoek (zie hoofdstuk 2).

Vooral als de evaluatie gericht is op de (mate van) effectiviteit van een interventie, dan is ook verklarende kennis nodig. Dan moet namelijk worden aangetoond dat er een causaal verband is tussen de interventie en de beoogde verandering. En als we ons afvragen wat op termijn de effecten zullen zijn, dan is ook nog voorspellende kennis nodig.

De vijfde en laatste vorm van kennis in het rijtje, de prescriptie, is verreweg de meest complexe. Hier komen in principe alle overige vier kennissoorten samen. Zo is algemeen bekend dat in veel gevallen kennis van de oorzaken van een probleem (verklaring) een belangrijke voorwaarde is om tot een verantwoorde aanpak te komen (prescriptie), namelijk het elimineren, reduceren of in een andere zin ombuigen van deze oorzaak. Daarnaast is evaluatie van een bestaande handeling (of interventie), toestand of ontwikkeling een van de belangrijkste bases voor prescriptie. Hier geldt een aloude volkswijsheid, namelijk dat je veel kunt leren van fouten van jezelf en van anderen. Ook kan iemand die een probleem wil oplossen (en dus zoekt naar prescriptieve kennis), veel hebben aan inzicht in eerdere oplossingspogingen of in pogingen van anderen tot oplossing van soortgelijke problemen als waar de probleemoplosser voor staat. Dat tot slot een inschatting van de effecten van een handeling (voorspelling) een belangrijke rol kan spelen bij prescriptie, spreekt eveneens voor zich.

Het valt niet moeilijk in te zien hoe het idee van verschillende kennissoorten die elkaar kunnen ondersteunen, ons behulpzaam is bij het formuleren van onderzoeksvragen. Is de doelstelling van uw onderzoek van prescriptieve aard, bijvoorbeeld het geven van adviezen voor het ontwerpen van een nieuwe productiestructuur of het maken van een nieuw landbouwbeleid, dan zoeken we naar onderzoeksvragen van evaluatieve, voorspellende, verklarende en/of beschrijvende aard. Een aldus afgeleide centrale vraag van bijvoorbeeld verklarende aard is waarschijnlijk efficiënt. Zoals we immers zagen, is kennis van oorzaken in de regel een krachtig hulpmiddel om tot verbetering te komen. Maar van de meeste verklarende vragen zult u moeten constateren dat deze laag scoren op het tweede criterium voor een adequate vraagstelling, te weten het sturende vermogen. Bijvoorbeeld de vraag 'wat zijn de oorzaken van een hoog ziekteverzuim van organisatie A?' maakt niet duidelijk wat de onderzoeker tijdens de uitvoering van het onderzoek moet doen. Maar de daaruit afgeleide beschrijvende vraag 'ligt het ziekteverzuim in de afdeling X van organisatie A (waar sprake is van notoir vage werkafspraken) hoger dan in afdeling Y (waar de taken goed zijn beschreven en afgebakend)?' is wat dat betreft veel duidelijker. We weten nu dat we naar de mensen op deze beide afdelingen moeten met vragen (interview/enquête) over ziekteverzuim, taakstellingen en werkafspraken.

Meer in het algemeen geldt dat u in de fase van de formulering van een vraagstelling probeert om door middel van analyse complexere kennissoorten te decomponeren in minder complexe kennissoorten (in dit geval: die hoger staan in het rijtje met kennissoorten). Een goede stelregel is dat een onderzoeker één of enkele complexe centrale vragen terugbrengt tot een serie deelvragen van liefst uitsluitend beschrijvende aard. De reden is dat deze laatste in principe van alle kennissoorten verreweg het meest sturend zijn.

Het voorafgaande betekent dat in een onderzoek dat een doelstelling heeft op het prescriptieve kennisniveau (bijvoorbeeld het oplossen van een bepaald probleem), in principe een groter aantal deelvragen nodig is dan in een onderzoek met bijvoorbeeld een verklarende doelstelling of zelfs een beschrijvende doelstelling.

Hierboven werd aan de hand van voorbeelden beargumenteerd dat kennissoorten die eerder in het rijtje hierboven zijn genoemd, ondersteunend kunnen zijn voor kennissoorten later in dit rijtje. Dit zou betekenen dat deelvragen altijd van een kennissoort zijn die hoger staat in het rijtje van vijf dan datgene waaruit ze zijn afgeleid. Dit is echter een onvolledige voorstelling

4 Vraagstelling

van zaken. De (deel)vragen kunnen ook van *hetzelfde* kennisniveau zijn als die waaruit ze zijn afgeleid. Zo kunnen uit een doelstelling op beschrijvend niveau heel wel centrale vragen van beschrijvende aard worden afgeleid. Evenzo is het mogelijk om uit een evaluatieve centrale vraag andere evaluatieve deelvragen af te leiden. Met andere woorden: ook kennisinhouden van een en dezelfde soort kunnen voor elkaar ondersteunend zijn. Dit zal zich dan ook veelvuldig voordoen als men gebruikmaakt van de beide andere methoden voor het afleiden van onderzoeks(deel)vragen. Het enige wat we te allen tijde moeten uitsluiten, ongeacht de methode die we gebruiken, is het 'afleiden' van een deelvraag met een kennissoort *lager* in het rijtje uit een centrale vraag van een kennissoort die hoger staat in deze reeks. Dergelijke deelvragen zullen de centrale vraag altijd uitbreiden, wat zoals eerder uiteengezet niet de bedoeling is. Uit het bovenstaande leiden wij ten slotte de volgende algemene stelregel af, waarin de methode van ondersteunende kennissoorten wordt samengevat:

Uit een doelstelling of centrale vraag van een bepaald kennistype kunnen centrale vragen respectievelijk deelvragen worden afgeleid die hoger of op gelijke hoogte staan in het rijtje van de vijf kennissoorten op pagina 110-112.

Op de volgende pagina wordt aan de hand van een uitgebreid voorbeeld toegelicht hoe van deze methode gebruik wordt gemaakt bij de afleiding van centrale vragen uit de doelstelling en van deelvragen uit de centrale vragen.

> **Voorbeeld 'ziekteverzuim'**
> Stel dat de doelstelling van een onderzoek is het maken van een plan om het ziekteverzuim onder de ambtenaren van een gemeente terug te dringen door inzicht te geven in de oorzaken van het huidige ziekteverzuim en in manieren om deze oorzaken uit de weg te ruimen.
> Het is duidelijk dat deze doelstelling hoort bij een ontwerpgericht onderzoek en dat de doelstelling vraagt om prescriptieve kennis. Vragen we ons af welke kennis nuttig zou kunnen zijn om deze prescriptie te maken, dan is al gauw duidelijk dat naast andere kennisinhouden de kennis van de oorzaken en achtergronden van het ziekteverzuim hier van belang is. We hebben het in dat geval over verklarende kennis, met als eenvoudige centrale vraag: wat zijn de oorzaken van het ziekteverzuim?
> Deze vraag is al veel sturender dan de vraag: hoe kan het ziekteverzuim worden teruggedrongen? We zien hier het gebruik van de beruchte 'hoe kan'-constructie, een veel gemaakte fout.
> Toch heeft ook de vraag hierboven nog altijd slechts een betrekkelijk zwak sturend vermogen. Zo is niet onmiddellijk duidelijk welke gegevens moeten worden verzameld. We dienen ons daarom opnieuw af te vragen welke soorten kennis en inzichten nodig zijn om deze centrale vraag te kunnen beantwoorden. Te denken valt aan kennis over zaken als de soort ziekten die voorkomen, de spreiding van het verzuim over verschillende afdelingen van de organisatie, kenmerken van diegenen die vaak ziek zijn en dergelijke. Kortom, we hebben behoefte aan beschrijvende kenniselementen. Op grond van deze constatering komen we tot de volgende verzameling van deelvragen:
> 1. In hoeverre verschilt het verzuim per afdeling?
> 2. In welke afdeling(en) is het verzuim het hoogst?
> 3. In welke afdeling(en) is het verzuim het laagst?
> 4. Waardoor onderscheiden zich de afdelingen bij de vragen 2 en 3 nog meer van elkaar?
> 5. Om wat voor soort ziekten gaat het vooral?
> 6. Wie zijn er vooral ziek?
> 7. Hoe lang is men gemiddeld per keer ziek?
> 8. Zijn het vaak dezelfde personen die ziek zijn?
> 9. Waardoor worden deze mensen gekenmerkt?

In dit voorbeeld wordt een centrale vraag met een verklarend karakter gesplitst in een serie deelvragen die allemaal van beschrijvende aard zijn. Zoals de lezer kan verifiëren, is elk van deze deelvragen sturender dan de centrale vraag waaruit deze is afgeleid. Vooral is het op basis van deze deelvragen veel duidelijker welke gegevens moeten worden verzameld dan het geval is bij de oorspronkelijke vraag.

De methode van ondersteunende kennissoorten sluit heel wel aan bij de methodiek van het maken van een onderzoeksmodel. Om dit te laten zien gaan we terug naar het voorbeeld van het landbouwbeleid in hoofdstuk 3.

> **Voorbeeld 'landbouwbeleid'**
> De verwoording van het onderzoeksmodel luidde als volgt:
> (a) Een bestudering van verschillende theorieën en onderzoeksresultaten op het terrein van organisatieontwikkeling, landbouw en openbaar bestuur levert beoordelingscriteria, (b) waarmee de effectiviteit van het huidige landbouwbeleid van de provincie beoordeeld wordt. (c) De beoordelingsresultaten worden verwerkt tot voorstellen voor verbetering van het provinciale landbouwbeleid.

Bij (c) herkennen we de doelstelling van het onderzoek. Deze doelstelling is van prescriptieve aard (zoals heel vaak het geval is). Zoeken we naar vragen voor een vraagstelling, dan weten we dat we die vooral moeten zoeken in de richting van evaluatieve, voorspellende, verklarende en/of beschrijvende kennis. De volgende centrale vragen lijken nuttig:
1. Hoe luiden de relevante beoordelingscriteria voor effectief beleid van de provinciale overheid? (beschrijvende kennis)
2. In hoeverre voldoet het vigerende beleid van de provincie Gelderland aan deze criteria? (evaluatieve kennis)

Op basis van de antwoorden op deze twee vragen worden de voorstellen voor de verbetering van het landbouwbeleid geformuleerd. Hiermee hebt u voldaan aan de doelstelling van het onderzoek.

De twee vragen in het voorbeeld hebben in zoverre al enig sturend vermogen dat ze aangeven om welke soorten kennisinhouden het steeds gaat. Ook valt het ondersteunende karakter van de vragen op. Het antwoord op vraag 1 is ondersteunend of zelfs voorwaardelijk voor het antwoord op vraag 2, terwijl de onderzoeker van plan is om zijn conclusies te baseren op het antwoord op vraag 2. Maar deze vragen maken niet volledig duidelijk waar in de bibliotheek (vraag 1) en waar in de werkelijkheid (vraag 2) we precies moeten gaan kijken. Hierover geeft vooral het ontwikkelde onderzoeksmodel enige duidelijkheid (zie p. 75 e.v.). We lezen dat bepaalde theorieën met elkaar moeten worden geconfronteerd. Uit dit gedeelte van het onderzoeksmodel zouden we de volgende deelvragen voor de eerste centrale vraag hierboven kunnen afleiden:
1.1 Welke criteria kunnen we ontlenen aan theorieën over effectief landbouwbeleid?
1.2 Welke criteria kunnen we ontlenen aan bestuurs- en beleidstheorieën?

1.3 Welke veranderingen ondergaan deze criteria of welke geheel nieuwe criteria kunnen worden geformuleerd als gevolg van een onderlinge confrontatie van de criteria bij 1.1 en 1.2?

Met deze drie deelvragen hebben wij in feite dat deel van het project gedefinieerd dat straks bij de uitvoering van het onderzoek moet uitmonden in een goed gefundeerd en uitgewerkt onderzoeksperspectief.
Bij de centrale vraag 2 is het niet onmiddellijk duidelijk welk materiaal verzameld moet worden. Daarom is het nuttig om ook hier deelvragen te formuleren die de evaluatieve kennis van vraag 2 ondersteunen. We weten al dat we dan moeten zoeken in de richting van beschrijvende kennis. Enkele deelvragen zouden kunnen zijn:
2.1 Wat zijn de beleidsuitgangspunten van het vigerende provinciale landbouwbeleid? (beschrijvende kennis)
2.2 Welke afdelingen of personen zijn betrokken bij de uitvoering van dit beleid en hoe ziet het daar, respectievelijk door hen, gevoerde beleid er precies uit? (beschrijvende kennis)
2.3 Op welke manier zijn de verantwoordelijkheden en bevoegdheden van het beleid verdeeld over de verschillende personen? (beschrijvende kennis)

Door de zes deelvragen 1.1 tot en met 2.3 toe te voegen aan de centrale vragen verkrijgt u een vraagstelling die, zoals u kunt constateren, voldoet aan beide criteria voor een sturende vraagstelling. Dat wil zeggen, bij elke deelvraag is het vrij duidelijk wat er bij de uitvoering van het onderzoek moet gebeuren.

Opgave 'Arbo-artsen'
a. Bestudeer het onderstaande projectkader, doelstelling, onderzoeksmodel en centrale vragen van het onderzoeksproject 'Arbo-artsen'.
b. Formuleer met behulp van de methode van de ondersteunende kennissoorten deelvragen bij de centrale vraag 1 en centrale vraag 2 van het onderzoek.

Projectkader
In organisatie Y ervaart Arbo-directeur X grote problemen met betrekking tot de rol van de Arbo-artsen in allerlei arbeidsconflicten. Vaak komen werknemers bij de Arbo-arts met ziekteklachten die duidelijk gerelateerd zijn aan conflicten tussen leidinggevenden en ondergeschikten. DeArbo-arts komt dan in een 'dubbele positie', waarin hij of zij te maken heeft met zowel de belangen van een zieke patiënt als de belangen van de organisatie. Wat is nu de beste rol van een Arbo-arts in dit soort zaken?

4 Vraagstelling

Doelstelling (diagnostisch project)
Het doen van aanbevelingen aan X voor het beleid ter verbetering van de rol van de Arbo-arts bij conflicten
door
het geven van inzicht in de meningen van betrokken groeperingen (Arbo-artsen, leidinggevenden, medewerkers, P&O-functionarissen) over de invloed van arbeidsconflicten op ziekteklachten van medewerkers en over de rol van Arbo-artsen bij de oplossing van deze conflicten.

Onderzoeksmodel

Figuur 4.8   Onderzoeksmodel Arbo-artsen

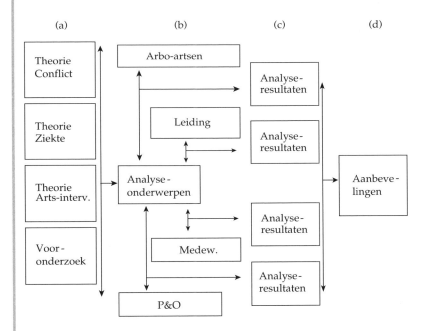

Centrale vragen

1. Wat is de invloed van arbeidsconflicten op ziekte en welke is de rol van de arbo-arts hierbij?
2. Wat is de mening van de vier betrokken partijen over de invloed van arbeidsconflicten op ziekte en de rol van de arbo-arts hierbij?
3. Wat zijn de belangrijkste overeenkomsten en verschillen tussen de meningen van de vier betrokken partijen?

4.5   Uiteenrafeling van kernbegrippen

Een derde methodiek, die vooral geschikt is om een centrale vraag te splitsen in deelvragen, is die van het uiteenrafelen of kortweg rafelen van kernbegrippen. Deze methodiek is multifunctioneel. U zult haar ook gebruiken bij het afbakenen van een onderzoek (zie hoofdstuk 5), bij het nader specificeren van een conceptueel model (zie de Appendix), wat overigens ook een vorm van afbakenen inhoudt, en bij het operationaliseren van (kern)begrippen.

De methodiek van rafeling komt erop neer dat u een bepaald fenomeen, aangeduid door een (kern)begrip, uiteenlegt in (a) dimensies en aspecten, (b) delen en onderdelen, of (c) soorten en ondersoorten, categorieën en subcategorieën of typen en subtypen. Van (a) is veelal sprake in het geval we te doen hebben met een abstract en theoretisch begrip, zoals de begrippen intelligentie, sociaaleconomisch milieu, sociaal voelendheid en dergelijke. Een uitsplitsing van iets in delen en onderdelen (b) is vaak mogelijk in het geval van fysieke objecten, zoals een gebouw, een voertuig of een logistiek systeem. Een verdeling in soorten en ondersoorten, enzovoort (c) is vooral toepasselijk bij begrippen die betrekking hebben op fenomenen waarvan veel variëteiten in de werkelijkheid voorkomen, zoals de begrippen ambtenaar, voertuig, boom en schooltype.

Toegepast op het vinden van centrale vragen en het daaruit afleiden van deelvragen komt de techniek van het rafelen erop neer dat u eerst de kernbegrippen in het b-gedeelte van de doelstelling, respectievelijk in een van de centrale vragen opspoort, om deze vervolgens te splitsen in verschillende dimensies en aspecten, of in delen en onderdelen, dan wel in soorten en ondersoorten, enzovoort. Dit werkt, zoals gezegd, vooral goed als we te maken hebben met complexe kernbegrippen waaronder een grote diversiteit van verschijnselen uit de werkelijkheid valt. Andere voorbeelden dan de bovenstaande zijn begrippen als politieke betrokkenheid, secularisering, sociale integratie, productiesysteem, werkplek, elektronische snelweg, duurzame landbouw. Een handig hulpmiddel bij het uiteenrafelen van kernbegrippen is het maken van een *boomdiagram*. Zo'n diagram ontstaat door het steeds verder uitsplitsen van een fenomeen. Aldus ontstaat een systeem van steeds wijdere vertakkingen, lijkend op een boom. De elementen in het boomdiagram, te weten dimensies en aspecten, delen en onderdelen, soorten en ondersoorten, worden in een kader of box geplaatst, die vervolgens worden verbonden door simpele lijnen (zie figuur 4.9). Het resultaat hiervan noemt men ook wel een taxonomie. Als voorbeeld geven we een boomdiagram van dimensies en aspecten. Eenzelfde diagram kunt u maken voor delen/onderdelen en soorten/ondersoorten.

4 Vraagstelling

Figuur 4.9   Voorbeeld boomdiagram (kernbegrip, dimensie, aspect en deelaspect)

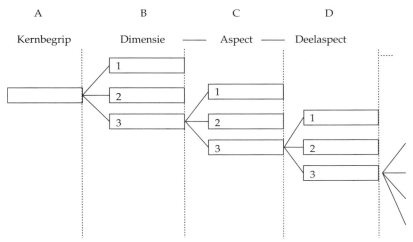

De lijn die twee boxen verbindt, noemen we een connector. Deze connector betekent 'is een dimensie van' of 'is een aspect van', of 'is een (onder)deel van', of 'is een (onder)soort, (sub)type of (sub)categorie van'. Een boomdiagram leest men van links naar rechts. Dus, wat in het rechtervakje staat, is een dimensie of aspect, deel of onderdeel, soort of ondersoort, type of subtype, categorie of subcategorie van wat in het linker van twee verbonden vakjes staat. Zo lezen we in het hierboven gegeven voorbeeld: B1, B2 en B3 zijn dimensies van A, terwijl C1, C2 en C3 aspecten zijn van B3, en D1, D2 en D3 zijn deelaspecten van C3.

Toegepast op het afleiden van vragen en deelvragen is de werking van de rafeltechniek simpel. Men legt een kernbegrip uit het b-gedeelte van de doelstelling of uit een centrale vraag uiteen door middel van een boomdiagram. Vervolgens formuleert men vragen respectievelijk deelvragen op basis van de aspecten van dit kernbegrip zoals men die aantreft rechts in het diagram. We demonstreren deze procedure aan de hand van een voorbeeld.

Voorbeeld 'informatietechnologie'

Projectkader
Een verzekeringsbedrijf heeft een administratieve afdeling waar polissen en schadeformulieren worden verwerkt. Onlangs is voor deze verwerking een nieuw informatiesysteem ontwikkeld. Maar ondanks de inspanningen van de betrokkenen is dit geen succes geworden. Op sommige afdelingen kon het systeem om tech-

> nische redenen niet worden ingevoerd. Op afdelingen waar het wel is ingevoerd, loopt het niet naar behoren en zijn de medewerkers ontevreden over het resultaat. Vermoedelijk is de oorzaak van deze mislukking een gebrekkige afstemming tussen betrokkenen bij de ontwikkeling van het systeem.
>
> *Doelstelling*
> Het doen van voorstellen aan het Hoofd ICT voor verbetering van de invoering van informatiesystemen door inzicht te geven in de aard, de omvang en het ontstaan van problemen met de afstemming tussen verschillende groepen.
>
> *Eerste centrale vraag*
> Het betreft hier zoals u ziet een diagnostisch onderzoek. De eerste centrale vraag luidt: welke factoren zijn van invloed op het ontstaan en de continuering van afstemmingsproblemen voor, tijdens en na de ontwikkeling van een informatiesysteem? (beschrijvend)

We herkennen in deze centrale vraag het kernbegrip *afstemming*. Nota bene, *niet* het woord afstemmings*probleem* is hier het kernbegrip. De kern is hier de afstemming, daarvan willen we weten wat het allemaal omvat. Pas daarna kunnen we nagaan welke problemen er met de diverse aspecten en onderdelen van deze afstemming zijn. Er zijn meestal vele manieren om een begrip uiteen te rafelen. U laat zich bij een keuze uiteraard vooral leiden door de doel- en vraagstelling van uw onderzoek. Maar ook daarbinnen bestaat er niet zoiets als één juiste taxonomie. Ook pragmatische overwegingen kunnen een rol spelen, zoals uw (en uw begeleiders) voorkeuren en interesses, alsook de vraag welk onderzoeksmateriaal u straks denkt te kunnen vergaren (zie ook hoofdstuk 7). In het onderhavige onderzoek is vooral gekeken naar drie delen van afstemming, te weten (1) 'tussen wie', (2) 'waarover' en (3) 'wanneer' vindt afstemming plaats? Elk van deze delen laat zich weer verder uiteenrafelen in onderdelen. Na bestudering van het projectkader en een eerste oriëntatie op de literatuur over organisatorische vraagstukken bij automatisering, wordt het begrip 'afstemming' in een boomdiagram opgesplitst (zie figuur 4.10).

Figuur 4.10 Boomdiagram van 'afstemming bij de ontwikkeling van een informatiseringssysteem'

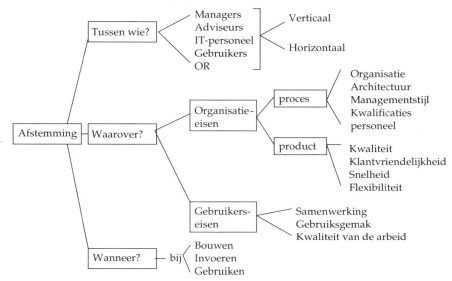

Het blijkt dat er heel wat zaken zijn waaraan bij de afstemming tijdens een informatiseringproces moet worden gedacht. Uit oogpunt van de steeds noodzakelijke begrenzing van een gedegen onderzoek maken we een keuze uit de vele mogelijkheden die een uiteenrafeling van kernbegrippen doorgaans naar voren brengt. Deze keuze maken we door als het ware een raster over het boomdiagram te leggen. Op basis van prioriteiten die vanuit de doelstelling en de centrale vragen, in combinatie met uw eigen deskundigheid en belangstelling, worden gesteld, wordt uit het geheel van onderscheiden onderdelen de volgende selectie gemaakt. Wat betreft de vraag wie er met wie moet afstemmen valt de keuze bijvoorbeeld op de *verticale* afstemming, en wel tussen *alle vijf* in het diagram genoemde actorgroepen. Qua onderwerp van afstemming wordt gekozen voor de gebruikerseisen, en daarbinnen voor de onderdelen *gebruiksgemak* en de *kwaliteit van de arbeid*. Wat betreft het stadium van systeembouw ten slotte waarop de afstemming betrekking heeft, wordt op grond van de probleemstelling gekozen voor de fase waarin systemen worden *gebouwd*. Niet gekozen wordt dus voor (a) de horizontale afstemming, (b) de organisatie-eisen, (c) het aspect van samenwerking in het gebruik van automatiseringssystemen, en (d) de stadia van de invoering en het gebruik ervan. Figuur 4.11 (zie p. 124) geeft de selectie van te onderzoeken deelaspecten aan. Deze soort keuzes zijn belangrijk voor de haalbaarheid van het onderzoek.

Figuur 4.11 Te onderzoeken delen en onderdelen van het begrip 'afstemming'

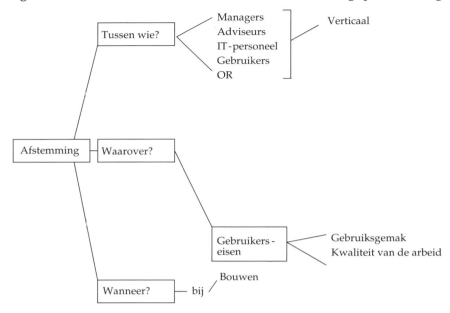

Nu komen we toe aan datgene waar het ons in feite in deze paragraaf om te doen is: de formulering van adequaat sturende deelvragen. Op grond van de opsplitsing in het boomdiagram hierboven en van de aangegeven keuzen daarbinnen, komen we tot de volgende verzameling deelvragen:
1. Welke verticale afstemming is nodig tussen managers, organisatieadviseurs, automatiseerders, gebruikers en ondernemingsraad?
2. Welke knelpunten treden op met betrekking tot het gebruiksgemak?
3. Welke knelpunten treden op met betrekking tot de kwaliteit van de arbeid?
4. Welke knelpunten treden op tijdens de bouw van het informatiseringsysteem?

De lezer wordt aangeraden zelf te controleren of deze vraagstelling een sturend karakter heeft. De deelvragen zeggen inderdaad veel meer over de gegevens die moeten worden verzameld dan de centrale vraag waaruit ze zijn afgeleid.

Opgave 'Arbo-artsen'
De doelstelling van het onderzoek luidt als volgt:
Het doen van aanbevelingen aan X voor het beleid ter verbetering van de rol van de Arbo-arts bij conflicten
door

4 Vraagstelling

het geven van inzicht in de meningen van betrokken groeperingen (Arbo-artsen, leidinggevenden, medewerkers, P&O-functionarissen) over de invloed van arbeidsconflicten op ziekteklachten van medewerkers en over de rol van Arbo-artsen bij de oplossing van deze conflicten.

a. Maak boomdiagrammen van de begrippen 'arbeidsconflict', ziekteklacht' en 'rol arbo-arts'. Onderscheid daarbij (naar keuze) dimensies en (deel)aspecten, delen en onderdelen, soorten en ondersoorten, typen en subtypen, categorieën en subcategorieën.
b. Selecteer uit elk van deze boomdiagrammen enkele te onderzoeken (deel)aspecten, (onder)delen, (onder)soorten, (sub)typen en/of (sub-)categorieën.
c. Formuleer op grond van deze selectie de relevante deelvragen voor het onderzoek.

Stappenplan en voorbeeld vraagstelling
Na deze uiteenzettingen over de wijze waarop u een efficiënte en sturende vraagstelling voor uw onderzoek kunt ontwikkelen, vatten wij een en ander, zoals intussen gebruikelijk is, nog eens kort samen in een stappenplan.

Vraagstelling

Centrale vragen
Er zijn twee manieren om centrale vragen te formuleren. Beide kunnen elkaar aanvullen.

Splitsen onderzoeksmodel
1. Formuleer met behulp van de methode van het splitsen van het onderzoeksmodel de centrale vragen van het onderzoek.

of

Ondersteunende kennissoorten
1a. Bepaal welk(e) kennistype(n) in aanmerking komt (komen) gezien de doelstelling van uw onderzoek. Maak hierbij gebruik van uw onderzoeksmodel.
1b. Formuleer één of meer centrale vragen van dit kennistype dat of van kennistypen die voor deze doelstelling direct ondersteunend is/zijn. Controleer of de beantwoording kennis oplevert die nodig of nuttig is voor het bereiken van de doelstelling (efficiëntie).

Deelvragen
U kunt nu zowel de methode van de ondersteunende kennissoorten als de methode van het uiteenrafelen van kernbegrippen gebruiken. Zij kunnen elkaar zeer goed aanvullen.

Ondersteunende kennissoorten
2. Spoor per centrale vraag ondersteunende kennis op en formuleer deelvragen van dit kennistype. Stuit u op een 'hogere' kennissoort dan die van de betreffende centrale vraag, formuleer dan óf een centrale vraag van een 'hoger' kennisniveau, óf een andere deelvraag, of beide.

en/of

Uiteenrafeling kernbegrippen
2a. Bepaal de relevante kernbegrippen in de centrale vraag (vragen).
2b. Maak per kernbegrip een uiteenrafeling door middel van een boomdiagram. Het maken van een boomdiagram is vaak mede gebaseerd op de bestudering van relevante literatuur.
2c. Kies op basis van haalbaarheid uit dit boomdiagram de te onderzoeken (deel)aspecten, (onder)delen, (onder)soorten, (sub)typen en/of (sub)categorieën, en formuleer voor elk daarvan een deelvraag.
P.m. Iteratie:
Kijk tijdens het hierboven beschreven proces *voortdurend* of de aldus verkregen vraagstelling aanleiding geeft tot veranderingen in de doelstelling of in het onderzoeksmodel. Indien dit zo is, voer deze verandering uit en doorloop opnieuw de stappen uit het stappenschema, enzovoort.

Als men bij de eerste twee stappen kiest voor de eerste variant, dan omvat het stappenschema, zoals de lezer kan nagaan, twee stappen. Kiest men echter in beide stappen voor de tweede variant, dan omvat de totale procedure zes stappen. Kortom, het stappenschema bestaat uit minimaal twee en maximaal zes stappen. Hierbij nemen we aan dat er geen iteratieslagen hoeven te worden gemaakt.

Vraagstelling 'agb/jova'
Tot slot passen we dit stappenplan toe op het voorbeeld 'agb/jova' uit de inleiding van dit hoofdstuk. We maken hierbij gebruik van een eerder geïntroduceerde diagnostische *gap analysis*. Deze laatste vraagt op zijn beurt om gebruik van een conceptueel model. Dit laatste fenomeen is uitvoerig uitgewerkt in de Appendix.

Stap 1: Centrale vragen
Voor het formuleren van de centrale vragen van het onderzoek kiezen we ervoor om in dit voorbeeld gebruik te maken van de methode van het split-

sen van het onderzoeksmodel. Daarom blijft een uitwerking van de methode van de ondersteunende kennissoorten achterwege

We roepen het onderzoeksmodel van het onderzoek 'agb/jova' nog even in herinnering (zie ook hoofdstuk 3, figuur 3.9).

Figuur 4.12   Onderzoeksmodel 'agb/jova'

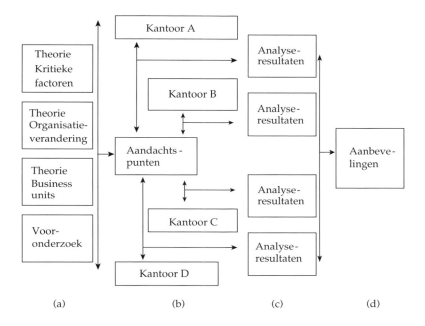

Het doel van het onderzoek is aanbevelingen te doen voor de succesvolle invoering van business units in de organisatie door de huidige situatie binnen vier regionale kantoren te beoordelen in het licht van kritieke succesfactoren voor de invoering van business units. Dat wil zeggen dat de onderzoeker de bestaande praktijk op dit gebied bij agb/jova gaat vergelijken met de in het licht van de invoering van business units gewenste praktijk zoals deze in theoretische literatuur staat beschreven. Eerder hebben we dit type onderzoek een *'diagnostische gap analysis'* genoemd (zie hoofdstuk 3). De kritieke succesfactoren waarover wij hierboven spraken, zijn factoren die bepalend zijn voor, ofwel een effect hebben op, iets wat we willen bereiken. In dit voorbeeld wil de onderzoeker het concept van business units helpen invoeren en vormgeven. Een diagnostische *gap analysis* bestaat eruit dat we nagaan wat de theorie zegt hoe we een succesvolle invoering kunnen bereiken, en hoe zich dat verhoudt tot hoe men dit in de praktijk bij agb/jova heeft proberen te

realiseren. Uit een gap tussen die twee leiden we direct af hoe we de bestaande praktijk kunnen verbeteren. (Vergelijk figuur 3.4 op p. 79.)
Met behulp van de in paragraaf 4.1 aangereikte methode kunnen we op basis van het onderzoeksmodel de volgende centrale vragen formuleren:
1. Hoe luiden de relevante kritieke succesfactoren (de gewenste bepalende factoren) voor een succesvolle invoering van het business unit-concept bij agb/jova?
2a. Hoe wordt de huidige situatie met betrekking tot de onder 1 genoemde factoren in de vier regionale kantoren getypeerd?
2b. Hoe wordt de huidige situatie met betrekking tot de onder 1 genoemde factoren in de vier regionale kantoren (zie 2a) beoordeeld in het licht van de kritieke succesfactoren?
3. Wat zijn de belangrijkste overeenkomsten en verschillen tussen de vier diagnoses van de regionale kantoren in termen van de kritieke succesfactoren?

Na beantwoording van deze vragen kan naar verwachting het beloofde inzicht in de voorwaarden voor succesvolle invoering worden gegeven en kan de doelstelling van het onderzoek worden bereikt. Constateer dat deze centrale vragen overeenkomst vertonen met de in het onderzoeksmodel onderscheiden fasen (zie figuur 4.12): centrale vraag 1 = (a); centrale vraag 2a en 2b = (b); centrale vraag 3 = (c); doelstelling = (d).
Het lijkt erop dat we hiermee klaar zijn met het formuleren van de vraagstelling. Een probleem is echter nog dat (kernbegrippen in) centrale vragen vaak een complex en/of abstract karakter hebben. Daarmee voldoen ze doorgaans niet of onvoldoende aan het criterium van sturendheid. Om die reden zetten we de centrale vragen om in een serie deelvragen met een meer sturend karakter.

Stap 2: Deelvragen
Aangezien de centrale vragen hierboven alle van het beschrijvende type zijn (het 'laagste' niveau in het rijtje en tevens het meest sturende type), is hier met de methode van ondersteunende kennissoorten niet veel winst in sturendheid meer te behalen. Om die reden kiezen we voor het alternatief, de methoden van het uitsplitsen van kernbegrippen. Zoals zal blijken, is hiermee nog wél een forse winst te boeken.

Stap 2a: *Kernbegrippen*
De eerste centrale vraag hierboven gaat over relevante bepalende factoren voor een succesvolle invoering van business units. Nu blijkt uit het onderzoeksmodel en de daarbij genoemde literatuur dat er twee domeinen bepalend zijn, te weten de vormgeving van het business units-concept en het

4 Vraagstelling

management van organisatieverandering. Om meer sturendheid in de centrale vragen te krijgen lijkt het dan ook zinnig om de volgende twee kernbegrippen uit te splitsen: 'vormgeving business units-concept' en 'management van organisatieverandering'.

Stap 2b: *Boomdiagrammen*
Per kernbegrip stelt u vervolgens de relevante aspecten en eventueel deelaspecten vast. Om de dimensies en aspecten van beide kernbegrippen te bepalen maakt u gebruik van de methode van het maken van een boomdiagram. Hierbij kan zoals gezegd het uitvoeren van een literatuurstudie behulpzaam zijn. U gaat op zoek naar recente wetenschappelijke literatuur waarin definities en uitwerkingen van het kernbegrip worden gegeven. In het onderhavige onderzoek oriënteert u zich op de studies over business units (o.a. Wissema, 1992[1]) en organisatieverandering (o.a. Groote en anderen, 1990[2]). Een ontrafeling van het business units-concept wordt in het boomdiagram van figuur 4.13 weergegeven en de onderzoeker kiest voor de volgende uiteenlegging van het begrip 'management van organisatieverandering' (zie figuur 4.14 op p. 130).

Figuur 4. 13 Boomdiagram van 'vormgeving business units-concept'

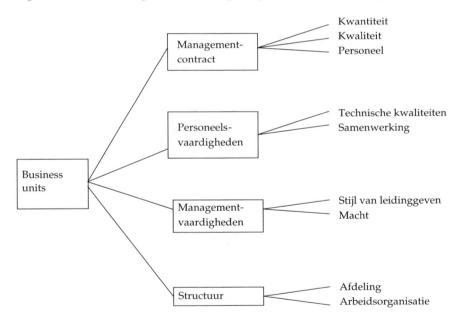

1. Wissema, J.G. (1992) *Unit management: entrepeneurship and coordination in the decentralised firm.* Londen: Pitman.
2. G.P. Groote, C.J. Sasse & P. Slikker (1990) *Projecten leiden: methoden en technieken voor projectmatig werken.* Utrecht: Het Spectrum.

Figuur 4.14 Boomdiagram van 'management van organisatieverandering'

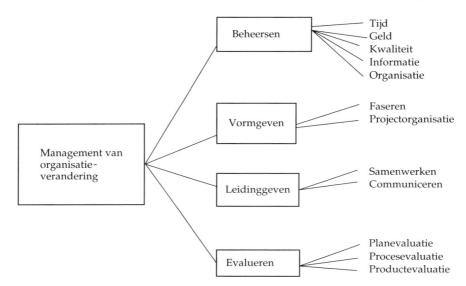

Stap 2c *De selectie van aspecten*
Lang niet alle in het boomdiagram onderkende aspecten en onderdelen worden in het project betrokken. De onderzoeker heeft normaliter een welbewuste en beargumenteerde keuze uit dit geheel gemaakt. Om dit te doen heeft hij of zij nog eens goed het projectkader en de doelstelling van het project bestudeerd en – in het kader van een kort vooronderzoek – de keuze van de te onderzoeken aspecten en onderdelen voorgelegd aan enkele deskundigen in en buiten de organisatie. Hierbij kwam naar voren dat de opdrachtgever bij agb/jova vooral wilde weten of er in de vier kantoren voldoende personeels- en managementkwaliteiten aanwezig waren om de doelstellingen van het 'business units'-plan te realiseren. Tevens bleek van belang de analyse van de mate waarin het management in staat zou zijn de risico's op het terrein van geld en tijd te beheersen en het veranderproject adequaat vorm te geven. Voor de onderzoeker betekent dit dat de nadruk komt te liggen op de onderdelen 'managementvaardigheden' en 'personeelsvaardigheden' van het kernbegrip 'vormgeving business units' en op de onderdelen 'beheersen van geld', 'beheersen van tijd', 'fasering' en 'projectorganisatie' van het kernbegrip 'management van organisatieverandering'.
Nu we deze keuzen hebben gemaakt, kunnen we de invloed die deze aspecten hebben op een succesvolle invoering van business units als volgt in een pijlendiagram weergeven (zie figuur 4.15).

4 Vraagstelling

Figuur 4.15 Pijlendiagram met de geselecteerde aspecten van 'vormgeving business units' en 'management van organisatieverandering' als kritieke succesfactoren voor de invoering van business units

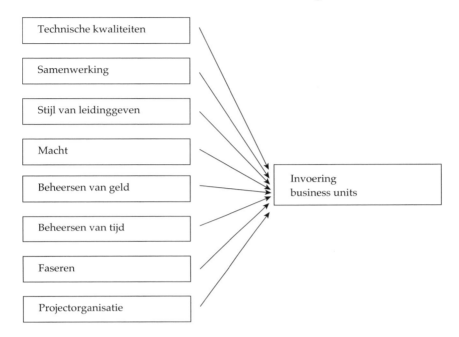

Voor elk van de gekozen aspecten uit de domeinen 'business units' en 'organisatieverandering' kan nu in een deelvraag worden nagegaan:
a. wat de theorie er precies over zegt (lees voorschrijft of aanbeveelt); dit worden de deelvragen voor de eerste centrale vraag;
b. hoe de situatie er bij agb/jova uitziet op het gebied van de gekozen aspecten (= deelvragen van centrale vraag 2a);
c. hoe zich (a) en (b) verhouden op al deze aspecten (= deelvragen van centrale vraag 2b);
d. wat de overeenkomsten en verschillen zijn tussen de resultaten bij de vier regionale kantoren (deelvragen bij centrale vraag 3).

De deelvragen bij de eerste centrale vraag zien er als volgt uit:
Wat zegt de theorie over de/het benodigde:
1.1 technische kwalificatie van het personeel?
1.2 samenwerking tussen het personeel?
1.3 stijl van leidinggeven van de betrokken managers?
1.4 aard van de macht van managers?
1.5 financiële beheer?

1.6 timemanagement?
1.7 fasering van projecten?
1.8 aard van de projectorganisatie?

Deelvragen bij centrale vraag 2a luiden derhalve:
Hoe ziet de situatie bij agb/jova er feitelijk uit aangaande de/het:
2a.1 technische kwalificatie van het personeel?
2a.2 samenwerking tussen het personeel?
2a.3 stijl van leidinggeven van de betrokken managers?
2a.4 aard van de macht van managers?
2a.5 financiële beheer?
2a.6 timemanagement?
2a.7 fasering van projecten?
2a.8 aard van de projectorganisatie?

De deelvragen van de centrale vragen 2b en 3 worden op analoge wijze als hiervoor geformuleerd.

Zoals de lezer kan nagaan, geven deze deelvragen al veel beter aan wat er in het onderzoek moet gebeuren dan de centrale vragen waaruit ze zijn afgeleid. Vooral is nu vrij duidelijk welke waarnemingen bij agb/jova moeten worden verricht, ofwel welke data moeten worden verzameld.

Stap 3: Iteratie
Als onderdeel van een iteratieve benadering leidt de ontwikkeling van de vraagstelling hierboven tot een aanscherping van de doelstelling en het onderzoeksmodel van het afstudeerproject. Nadrukkelijk is nu gesteld dat de onderzoeker zich concentreert op de organisatie-interne kritieke succesfactoren en daarbij vooral aandacht schenkt aan de personeelsvaardigheden, de managementvaardigheden, beheersingsvraagstukken en de vormgeving van het veranderingsproject. De bijgestelde doelstelling luidt als volgt: het doel van het onderzoek is aanbevelingen te doen voor de succesvolle invoering van business units in de organisatie door de huidige situatie binnen vier regionale kantoren te beoordelen in het licht van kritieke succesfactoren voor de succesvolle invoering van business units ten aanzien van personeelsvaardigheden (technische kwalificatie en samenwerking), managementvaardigheden (stijl van leidinggeven en macht), beheersingsvraagstukken (geld, tijd) en vormgeving van het veranderingsproject (fasering, projectorganisatie).

5 | Begripsbepaling

De meeste fundamentele ideeën van de wetenschap zijn in wezen eenvoudig en zij kunnen als regel worden uitgedrukt in een taal die voor iedereen begrijpelijk is.

Albert Einstein

5.1 Inleiding

Nu we beschikken over een heldere en haalbare doelstelling, een overzichtelijk onderzoeksmodel en een stel centrale vragen en deelvragen, lijkt het erop dat we kunnen beginnen met het maken van een onderzoekstechnisch ontwerp. Maar er is nog één tussenstap nodig, te weten een nadere bepaling en invulling van de kernbegrippen in uw project. Het blijkt namelijk dat deze begrippen niet alleen van grote invloed zijn op wat er in een onderzoek gaat gebeuren, maar óók dat ze op heel verschillende manieren kunnen worden ingevuld. In het alledaagse spraakgebruik maken wij ons zelden druk over de precieze betekenis van de begrippen die we gebruiken. Een intuïtief en globaal idee van die betekenis is doorgaans voldoende om een zinnig gesprek te kunnen voeren. Maar in een empirisch onderzoek bent u zonder een nauwkeurige omschrijving van kernbegrippen het spoor al gauw bijster. De reden hiervan is dat het conceptuele ontwerp moet worden vertaald in concrete onderzoeksstappen. Voor de meeste beginnende onderzoekers betekent dit een ware 'cultuuromslag'. Zo krijgen studenten gedurende hun opleiding aan de middelbare school, en daarna aan de universiteit of hogeschool, ruime ervaring in het maken van werkstukken. Deze zijn doorgaans gebaseerd op literatuurstudie en logisch nadenken. Het is hierbij niet nodig een uitwerking te maken naar de eigen zintuiglijke waarneming van de werkelijkheid. Daarom was het steeds voldoende om een intuïtief en globaal begrip te hebben van de gebruikte concepten. Om u een idee te geven hoe dit verandert als een *empirisch* onderzoek moet worden uitgevoerd, volgt hieronder een voorbeeld. Zie het voorbeeld 'werkloosheid' op pagina 134.

Het voorbeeld laat goed het verschil zien in behoefte aan duidelijkheid in het alledaagse intermenselijk verkeer en bij het maken van een beschouwend werkstuk aan de ene kant, en in een empirisch onderzoek aan de andere. Hebben we in een gesprek tijdens een feestje absoluut geen behoefte aan een

Voorbeeld 'werkloosheid'
U studeert sociologie met als specialisatie Methoden en Technieken van onderzoek. U vervult uw afstudeerverplichtingen bij het ambtelijk apparaat van een provinciale overheid. Daar neemt u deel aan een grootschalig onderzoek dat de nodige kennis en inzichten moet verschaffen voor het ontwikkelen van een werkloosheidsbeleid voor de betreffende provincie (extern doel). Men heeft u een mooi afgebakend onderdeel van dit onderzoek toegewezen. Uw deelproject moet bijdragen aan een antwoord op de volgende vraag (intern doel):

Welke factoren leiden ertoe dat mensen in de betreffende regio langdurig werkloos zijn?

U besluit om met het oog op het beantwoorden van deze vraag een groot aantal mensen die al lange tijd zonder werk thuiszitten te gaan interviewen. Met deze vraaggesprekken wilt u gegevens verkrijgen over zaken als de leeftijd, het opleidingsniveau, mogelijke handicaps, interesses, vaardigheden, levensbeschouwing, sociale contacten en dergelijke van die persoon.
Enthousiast en onervaren als u bent, gaat u meteen aan de slag met de verzameling van onderzoeksmateriaal. De eerste persoon die u op uw lijst van potentieel te interviewen mensen tegenkomt, is een vrouw die steevast minstens twintig uur per week werkt in het huishouden. Ze heeft vier kinderen en een moeder die zwaar hulpbehoevend is. Ze zit bepaald niet verlegen om (nog meer) werk. Moet u haar als werkloos beschouwen? Moet u, meer in het algemeen, iemand die de werving van een inkomen willens en wetens overlaat aan de partner, als werkloos aanmerken? En wat doet u als u iemand tegenkomt die slechts voor vier uur per week een vaste baan heeft? Hoeveel uren betaald werk wenst u als scheidend criterium voor wel of niet werkloos te beschouwen?
U heeft deze vragen nog maar net voor uzelf beantwoord of u komt opnieuw enkele gevallen tegen die u aan het twijfelen brengen, zoals iemand die de week vult met vrijwilligerswerk. Ook treft u op uw zoektocht personen aan die invalide of langdurig ziek zijn en mensen die lange tijd in het buitenland verblijven. U komt in de namenregisters van lokale overheden zelfs enkele criminelen tegen die een straf uitzitten. Zij allen hebben volgens uw informatie te kennen gegeven dat ze graag een baan zouden willen hebben, maar is die wens reëel? Kortom: u tast in het duister bij de vraag wie u nu wel en wie u niet als werkloos moet beschouwen, en dús wie u wel en wie niet moet interviewen.
Overigens heeft u niet alleen moeite om te bepalen wie u moet interviewen. Ook is het u niet duidelijk hoe de doelgroep van het te formuleren beleid er precies uitziet. De doelstelling van het grotere project waaraan u participeert is het ontwikkelen van een voorlichtingscampagne voor werklozen, met als doel het verhogen van hun kansen om aan werk te komen. Dit alles als onderdeel van het te ontwikkelen werkloosheidsbeleid in de betreffende provincie. Uw vraag is of daar nu ook de zogenoemde

5 Begripsbepaling

> verborgen werklozen bijhoren. Bedoeld zijn mensen die wel een baan willen hebben, maar die dit niet kenbaar maken omdat zij zich bij voorbaat kansloos weten. Ook in dat opzicht heeft u behoefte aan een sluitende omschrijving van het begrip werkloos.

nauwkeurige omschrijving van begrippen, de sfeer zou er zelfs onder kunnen lijden, in een onderzoek is dit bittere noodzaak. Zonder een nadere invulling van begrippen weten we niet waar en waarnaar we in de theorie en in de werkelijkheid precies moeten kijken en op wie of wat we de doelstelling van ons project precies moeten richten. Overigens, zo bitter is dit niet. Meestal ontstaan bij het zoeken naar definities belangrijke inzichten in het onderwerp van uw keuze. In die zin is met het definiëren van uw kernbegrippen in feite het onderzoek al begonnen. Meer in het algemeen stellen wij ons op het standpunt dat met het ontwerpen van een onderzoek in feite de kennisproductie al begint.

Een vraag zou kunnen zijn waarom u zich nú al druk zou maken om de invulling van begrippen. Later bij de uitvoering van het onderzoek is dat toch vroeg genoeg? Dit is in feite iets wat bij de meeste beginnende onderzoekers terug te vinden is: een soort uitstelgedrag. Dat dit uitstel niet gunstig is voor de realiteit van het onderzoek, valt gemakkelijk in te zien. De manier waarop een vraagstelling beantwoord gaat worden, wordt in niet onbelangrijke mate bepaald door de betekenis van de centrale begrippen in deze vraagstelling. Ergo bepaalt deze betekenis ook voor een deel de soort kennis die in het onderzoek wordt geproduceerd. En het soort kennis bepaalt op zijn beurt weer het antwoord op de vraag of, en zo ja in hoeverre, de geproduceerde kennis bijdraagt aan het bereiken van de gekozen doelstelling. Wanneer u in het voorbeeld hierboven werklozen definieert als 'zij die als werkzoekend staan ingeschreven bij een arbeidsbureau', dan vallen in ieder geval de verborgen werklozen buiten de boot. Dit kan een ernstig nadeel zijn voor het te ontwikkelen werkloosheidsbeleid. We hebben hier te doen met een politiek zeer gevoelige kwestie waarover u in ieder geval reeds in een beginstadium een beslissing moet nemen. Hoe langer u ermee wacht, hoe meer gedane arbeid achteraf vergeefse moeite kan blijken te zijn, dan wel dat deze aanstuurt op weinig bruikbare onderzoeksresultaten.

Maar ook zonder dat u bij het toekennen van betekenis aan begrippen bewuste of onbewuste *keuzen* maakt, kan die betekenisverlening repercussies hebben voor uw conceptuele ontwerp. U kunt namelijk bij het zoeken naar geschikte definities op onverwachte dingen stuiten, die een aanpassing van de doelstelling en/of de vraagstelling vergen. Bovendien zal in het volgende hoofdstuk blijken dat de betekenis die u toekent aan kernbegrippen, in sterke mate bepaalt welk soort materiaal moet worden verzameld. De conclusie is dat een eerste invulling van kernbegrippen niet kan worden uitgesteld tot de uitvoeringsfase. Dit laatste behoudens gevallen waarin uw oogmerk met het onderzoek geheel en al is het vinden van een adequate invulling van een bepaald begrip. Vooral in kwalitatieve onderzoeken kan dit nog wel eens het geval zijn. Voor het overige dient een (minstens globale) omschrijving ofwel definiëring van kernbegrippen een integraal onderdeel te zijn van het *iteratieve* proces van het ontwerpen van een onderzoek.

Stipuleren
De volgende vraag is hoe u in dit stadium aan geschikte begripsomschrijvingen komt en waaraan deze definities moeten voldoen. Het antwoord op deze vraag is sterk afhankelijk van de aard van het onderzoek. Voor een theoriegericht onderzoek vindt u meestal goed uitgewerkte en onderbouwde definities in de vakliteratuur. Deze definities kunnen vaak zonder veel bezwaar door u worden gebruikt. Maar met name bij een praktijkgericht onderzoek wordt u aangeraden niet zonder meer de definities uit de literatuur over te nemen. De reden hiervan is dat deze begripsomschrijvingen meestal veel te algemeen, te complex en/of te abstract zijn voor dit onderzoek. Dit belemmert u bovendien om te komen tot een onderzoek dat in de daarvoor gestelde tijd kan worden afgerond. Bovendien zal het straks bij de uitvoering moeilijk blijken om de overstap naar de empirie te maken.
De oplossing die wij hiervoor in dit hoofdstuk kiezen, is het formuleren van zogenoemde *stipulatieve* definities. Dit zijn definities die beginnen met de zinsnede '… in dit onderzoek verstaan wij onder …', enzovoort. Kenmerkend voor deze definities is dat noch waarheid, noch een gangbaar woordgebruik maatgevend is voor de adequaatheid ervan, zoals dat normaliter het geval is met definities. Wat telt is de *bruikbaarheid* van de gekozen omschrijving. Bovenstaande betekent dat u bij het definiëren van kernbegrippen niet kunt volstaan met omschrijvingen zoals u die tegenkomt in handboeken, woordenboeken of dictionaires. U zult zelf een op uw onderzoek toegesneden omschrijving moeten maken. De meeste beginnende onderzoekers voelen een weerstand om dit te doen. Ze voelen zich veiliger door bestaande definities uit de boeken over te nemen. Toch is het van groot belang dat zij leren deze weerstand te overwinnen.
De zojuist geformuleerde eis van bruikbaarheid plaatst ons weer voor een nieuwe vraag, namelijk wat we in dit verband moeten verstaan onder bruikbaarheid. Er zijn drie eisen waaraan voldaan moet zijn, willen wij spreken van een bruikbare stipulatieve definitie:
a. *Afbakening* van een begrip tot haalbare proporties.
b. *Duidelijkheid* over de vraag welke waarneembare zaken in de werkelijkheid onder de definitie vallen.
c. *Aansluiting* bij de doel- en vraagstelling van het onderzoek.

De afbakenende functie van stipulatieve definities wordt behandeld in paragraaf 5.2. Het zorgen voor omschrijvingen in waarneembare ofwel operationele termen is onderwerp van paragraaf 5.3. De aanpassing van definities aan de doel- en vraagstelling van het betreffende onderzoek staat tot slot centraal in paragraaf 5.4.

5.2   AFBAKENING

Wellicht denkt u dat de afbakening van een onderzoek op zijn vroegst begint bij het maken van een onderzoekstechnisch ontwerp. Pas daar bepaalt u immers welk en hoeveel materiaal u gaat verzamelen en wat u vervolgens met dit materiaal gaat doen. Dit is evenwel een veelvoorkomende misvatting. In de loop van de nu volgende paragraaf wordt duidelijk dat een adequate afbakening van een onderzoek voornamelijk een kwestie is van het *conceptuele* ontwerp en in mindere mate van het *technische* ontwerp.
In hoofdstuk 2 maakte u al kennis met een eerste belangrijke afbakenende activiteit, namelijk het achterhalen van doelstrevingen in een projectkader en het daaruit afzonderen van een nauw omschreven doelstelling van het onderzoek. Ook in hoofdstuk 4 nam u beperkende maatregelen door sommige uitsplitsingen in de boomstructuren wel en andere niet om te zetten in een onderzoeksvraag. Daarmee bracht u ongemerkt reeds een beperking aan in de vraagstelling van uw onderzoek. In de nu volgende paragraaf laten we zien hoe deze begrenzing in een vraagstelling via stipulatieve definities kan worden geëxpliciteerd, geconsolideerd en verder uitgebouwd. Daarbij maken we gebruik van een onderscheid tussen het *domein* en het *beweerde* van een vraagstelling. Verder is hier van belang de methodiek van *rafelen en rasteren* zoals u die in het vorige hoofdstuk heeft leren kennen. Over deze twee onderwerpen gaat dan ook het restant van deze paragraaf.

Domein en beweerde
Centraal in deze paragraaf staat de omvang van een onderzoek die binnen haalbare grenzen moet worden gehouden. Met de omvang van een onderzoek bedoelen we het geheel van activiteiten die moeten worden verricht om *geldige* en *betrouwbare* antwoorden te krijgen op de vragen in de vraagstelling. Om te begrijpen op welke manier u door middel van stipulatieve begripsdefinities de omvang van uw onderzoek in de hand kunt houden en welke mechanismen daarbij een rol spelen, is een onderscheid in het domein en het beweerde van een uitspraak of een vraag van belang. Het domein is dat deel van de werkelijkheid waarover u door middel van het onderzoek uitspraken wilt doen. Het beweerde is datgene wat u van dit domein wilt weten of zeggen. In de uitspraak 'raven zijn zwart' bijvoorbeeld vormen 'raven' het

domein en is 'zijn zwart' het beweerde. Als we deze uitspraak omzetten in de vorm van een vraag, namelijk 'zijn raven zwart?' dan noemen we 'raven' nog altijd het domein en vormt de zinsnede 'zijn zwart' nog steeds het beweerde, ondanks dat we eigenlijk beter zouden kunnen spreken van het 'gevraagde'.

Opgave domein en beweerde
Welk onderdeel of welke onderdelen vormen in de volgende uitspraken het domein en welk onderdeel of welke onderdelen vormen het beweerde?

- Ambtelijke teksten zijn voor de meeste mensen moeilijk toegankelijk.
- Het onderwijs in Nederland is van een hoog niveau.
- Zijn perziken uit Portugal geel of beige?
- Ik zou wel eens willen weten of wijk X echt zo onveilig is als men wel eens beweert.
- Duitsers vinden Nederlandse autowegen slecht.

Een volgende stap is het laten zien hoe dit onderscheid in domein en beweerde in verband staat met de omvang van een onderzoek. Vergelijkt u bijvoorbeeld de volgende twee uitspraken met elkaar:
- Zeilboten hebben een maximumsnelheid van 25 kilometer per uur.
- Pleziervaartuigen hebben doorgaans gunstige vaareigenschappen.

Stel dat we deze twee uitspraken als hypothesen nemen die we door middel van een onderzoek op juistheid willen controleren. Het is duidelijk dat het aantal activiteiten dat nodig is om de tweede hypothese op juistheid te onderzoeken, veel groter is dan het aantal voor de toetsing van de eerste hypothese. Hiervoor zijn twee redenen. In de tweede hypothese is niet alleen het domein maar ook het beweerde veel omvangrijker dan in de eerste hypothese. Zeilboten vormen een deelverzameling van de verzameling pleziervaartuigen (domein), terwijl vaarsnelheid slechts een van de vele vaareigenschappen is (beweerde). Andere vaareigenschappen zijn bijvoorbeeld manoeuvreerbaarheid, koersvastheid, stabiliteit, comfort, enzovoort. Dit betekent dat, om na te gaan of deze twee hypothesen kloppen, u in het tweede geval veel meer gegevens nodig heeft dan in het eerste. U dient niet alleen naar meer vaartuigen te kijken, maar van elk vaartuig moet u ook veel meer te weten zien te komen. Stel dat we om deze gegevens te verzamelen de eigenaren van vaartuigen gaan benaderen met een interview. Dan zou u in het tweede geval niet alleen veel meer interviews moeten afnemen. Bovendien zou elk interview langer duren. Meer in het algemeen kunnen we zeggen dat de *Omvang* van een onderzoek is uit te drukken als een *vermenigvuldiging* van het aantal eenheden in het *Domein* met het aantal eigenschappen waarnaar het *Beweerde* verwijst.

Symbolisch: $O = D \times B$

5 Begripsbepaling

De vermenigvuldigingsfactor in deze 'formule' duidt erop dat een uitbreiding van het domein of van het beweerde flinke consequenties heeft voor de omvang van het onderzoek. De conclusie is dat we een onderzoek qua omvang kunnen inperken door ofwel het domein, ofwel het beweerde, ofwel beide af te bakenen. Om maar iets te noemen: door beperking van het domein kunt u zich reistijd besparen. Als u in het voorbeeld van werkloosheid besluit om alleen onderzoek te doen in de Euregio-KAN, dan heeft u onder overigens gelijkblijvende omstandigheden minder reistijd nodig dan wanneer u het (domein van het) onderzoek zou uitbreiden tot heel Nederland. Als u het beweerde beperkt, kunt u in plaats van een lang gesprek volstaan met een korte schriftelijke of telefonische enquête.

Het totaal van domeinen van alle onderzoeksvragen tezamen noemt men ook wel de onderzoekspopulatie of kortweg *populatie*. Het betreft dat deel van de werkelijkheid waarover u door middel van het onderzoek uitspraken wilt doen. Kenmerkend voor beginnende onderzoekers is dat zij graag grote populaties kiezen voor hun onderzoek, en ze hebben dan ook een hekel aan afbakening. Zij vrezen dat door de beperkingen het onderzoek aan waarde zal inboeten. Meer in het bijzonder zijn zij bang dat de mogelijkheid om te generaliseren naar grotere domeinen, c.q. ruimere populaties, afneemt. Kortom, zij vrezen dat de externe validiteit van hun uitspraken minder wordt. In principe is dat ook zo, maar dit is een noodzakelijke prijs die in een onderzoek betaald moet worden. Immers, behalve een streven naar algemene uitspraken gebiedt de eis van wetenschappelijkheid ook dat uw uitspraken *intern* geldig zijn. Als een onderzoeker niet rigoureus afbakent, komt hij of zij überhaupt niet tot zinnige uitspraken. Hij of zij is onvoldoende in staat om beweringen (in casu de antwoorden op de onderzoeksvragen) met empirische gegevens te onderbouwen. Met andere woorden, de *interne* validiteit gaat verloren, en daarmee tevens de externe validiteit. Het is dan ook veel beter om als ontwerper van een onderzoek zelf willens en wetens beperkingen aan te brengen in het domein en beweerde van de onderzoeksvragen, dan dat men later van anderen moet vernemen dat wat het onderzoek heeft opgeleverd twijfelachtig of zelfs niet waar is.

Nu we weten welke zaken in het conceptuele ontwerp bepalend zijn voor de omvang van een onderzoek, is de volgende vraag hoe we het domein en het beweerde van de afzonderlijke vragen in de vraagstelling kunnen afbakenen. Een probaat middel daartoe is de in hoofdstuk 4 geïntroduceerde methodiek van rafelen en rasteren door middel van boomdiagrammen. We passen dit middel toe op de begrippen die in de onderzoeksvragen staan voor respectievelijk het domein en het beweerde. De afbakening van een onderzoeksvraag komt dan tot stand door in de stipulatieve definities van deze begrippen slechts bepaalde aspecten of onderdelen uit de boomdiagrammen op te nemen, niet minder maar zeker ook niet méér. Als u dit doet, zult u merken dat uw vraagstelling helderder en concreter wordt, en daardoor ook sturender.

Hieronder volgt een voorbeeld van rafeling en rastering van kernbegrippen uit het domein en het beweerde van een vraagstelling en het op basis daarvan stipulatief definiëren van kernbegrippen. In dit voorbeeld geven we uitsluitend de resultaten van de in dit kader te maken keuzen. In een korte bespreking daarna volgt een uiteenzetting van de achtergronden van deze keuzen.

> **Voorbeeld 'overheidsambtenaren'**
> U bent een studente bestuurskunde die is geïnteresseerd in bestuurlijke processen van grote organisaties. Vooral het democratisch gehalte van besluitvormingsprocessen van overheidsorganen heeft uw belangstelling. Een van de centrale vragen in uw afstudeerproject luidt als volgt. In hoeverre hebben overheidsambtenaren een democratische instelling? De twee kernbegrippen zijn hier de woorden ambtenaar en democratische instelling. Het eerste woord betreft het domein en het tweede het beweerde van deze vraagstelling.

Proberen we eerst het domein aan banden te leggen. Zoals het boomdiagram in figuur 5.1 laat zien, kunnen vele soorten en categorieën van ambtenaren worden onderscheiden. Daarvan kiest u in dit onderzoek uitsluitend de categorieën met een asterisk (nogmaals, een toelichting van deze keuzen volgt aanstonds). Een en ander resulteert in de volgende stipulatieve definitie van het begrip ambtenaar:

'Onder een ambtenaar wordt in deze studie verstaan iemand die bij provinciale overheden belast is met de ontwikkeling van het milieubeleid, in het bijzonder beleid op het gebied van geluidshinder.'

Figuur 5.1 Rafelen en rasteren van het begrip 'overheidsambtenaar'

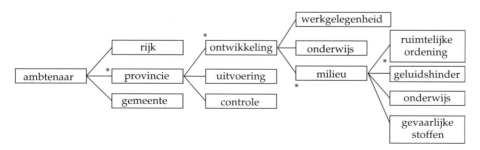

5 Begripsbepaling

Ook het begrip 'democratische instelling' uit het beweerde geeft u door middel van rafelen en rasteren een beperkte en op dit specifieke onderzoek afgestemde inhoud (zie figuur 5.2, inclusief de daarin aangebrachte asterisken), met als resultaat de volgende stipulatieve definitie:

'Onder een democratische instelling versta ik in deze studie dat iemand zich inzet voor haar of zijn ondergeschikten, een collegiale houding heeft, behulpzaam is voor klanten en voldoende tijd voor deze laatsten neemt.'

Figuur 5.2   Rafelen en rasteren van het begrip 'democratische instelling' van ambtenaren in hun werk

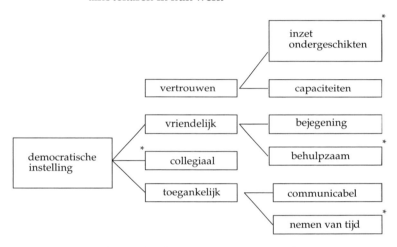

In het voorbeeld 'overheidsambtenaren' ziet u dat ten aanzien van het begrip ambtenaar wordt gekozen voor enkele specifieke categorieën van overheidsambtenaren, conform de rastering in het boomdiagram. U kunt er natuurlijk ook voor kiezen om alle in het schema voorkomende categorieën in uw onderzoek te betrekken. Nog afgezien van de vraag of al die soorten ambtenaren evenzeer uw belangstelling hebben of een even groot belang hebben gezien vanuit de doelstelling van uw project, kleeft aan deze keuze een belangrijk bezwaar. Uw populatie, ofwel de verzameling van potentiële onderzoekseenheden, is erg groot en divers. U zult dan in ieder geval met een steekproef moeten werken. Maar dan nog is het de vraag of van alle genoemde categorieën wel een voldoende groot aantal in uw onderzoek kan worden vertegenwoordigd om alle variaties en schakeringen in beeld te brengen. Een veel interessantere manier van onderzoeken is dat u kiest voor bepaalde typen ambtenaren. Met een aldus gereduceerd domein is het voor de onderzoeker gemakkelijker zo niet überhaupt haalbaar om tot goed onderbouwde en nieuwe kennis te komen.

Verder ziet u dat ook het beweerde danig is ingeperkt. Immers, als u wilt kan onder een democratische instelling heel wat meer worden begrepen dan het geval is in de gekozen stipulatieve definitie. Maar daarvoor kiezen zou ook betekenen dat u de mensen bij het interviewen veel meer vragen moet gaan stellen. Het is de vraag of dit gezien vanuit de eerder gekozen doelstelling per se nodig is. En áls dat nodig zou zijn, dan kan dit aanleiding zijn om met het oog op de haalbaarheid en validiteit van het onderzoek deze ruime doelstelling bij te stellen tot meer haalbare proporties.

Hierboven werd vooral het domein van een onderzoeksvraag haalbaar gemaakt door slechts bepaalde delen en onderdelen, soorten en ondersoorten, typen en subtypen of categorieën en subcategorieën te kiezen. Nota bene, het kiezen van dimensies en aspecten komt bij het afbakenen van het domein minder voor, en speelt vooral een rol bij een afbakening van het beweerde, waarbij het veelal gaat om kernbegrippen met een hoge complexiteit en abstractiegraad en dito theoretisch gehalte. Aan het bovenstaande moet nog worden toegevoegd een laatste afbakening van het domein die altijd nodig is, ongeacht het type vraagstelling. Deze is een verbijzondering naar *plaats* en *tijd*. Zo dient men in het voorbeeld van de pleziervaartuigen te zeggen tot welk geografisch gebied en tot welke tijdspanne het onderzoek zich uitstrekt. Gaat het om lokaal, regionaal, nationaal of mondiaal onderzoek? En betreft het een momentopname (welk moment?), een tijdspanne in het verleden of in de toekomst? Noem jaartallen of desnoods ook maanden, weken, dagen! De ontwerper van een onderzoek dient hier realistisch te zijn, op straffe van ongeldige of zwak geldige onderzoeksresultaten.

Opgave stipulatieve definitie
Hieronder ziet u een drietal voorbeelden van onderwerpen voor een onderzoek:
1. Leerproblemen bij leerlingen in het Nederlandse onderwijs.
2. Leiderschapsstijlen in verschillende bedrijfstakken in Gelderland.
3. Het leefklimaat van gedetineerden in Nederlandse gevangenissen.

Opdracht
a. Kies afhankelijk van uw belangstelling een van de bovengenoemde onderwerpen voor onderzoek.
b. Bepaal het domein en het beweerde van dit onderwerp.
c. Maak met behulp van de techniek van 'rafelen en rasteren' een boomstructuur voor zowel het domein als het beweerde in het gekozen onderwerp.
d. Formuleer vervolgens voor zowel het domein als het beweerde een stipulatieve begripsdefinitie waarmee het uit te voeren onderzoek drastisch wordt ingeperkt.

5 Begripsbepaling

Tot slot de vermelding dat de afbakening van een onderzoek vooral vraagt om een kritische behandeling van begrippen in de onderzoeksvragen die slaan op het domein, en in mindere mate die welke slaan op het beweerde. Voor de vertaling van begrippen in zintuiglijke waarneming geldt precies het omgekeerde. Vooral de begrippen in het beweerde hebben vaak een abstract en complex karakter en vragen derhalve om een nadere concretisering. Hierover gaat de nu volgende paragraaf.

5.3   OPERATIONALISERING

Een tweede in de inleiding genoemde voorwaarde om te kunnen spreken van een bruikbare invulling van begrippen betreft de *waarneembaarheid* van datgene wat in de (stipulatieve) definitie kenmerkend voor een fenomeen wordt genoemd. Meer in het bijzonder gaat het erom aan te geven wanneer of onder welke voorwaarden een bepaald begrip op een verschijnsel in de realiteit van toepassing is. Stel bijvoorbeeld dat macht een kernbegrip is in een onderzoek. Wanneer zult u nu van een bepaalde persoon X zeggen dat deze macht heeft en hoe bepaalt u de omvang van die macht? Als antwoord hierop kiest u bijvoorbeeld het aantal mensen op een afdeling dat zegt dat zij voor een bepaalde handelwijze (het machtsobject) toestemming van persoon X nodig hebben. Dit aantal noemt men de *indicator* van het begrip macht. Meer in het algemeen is een indicator te omschrijven als een zintuiglijk waarneembaar fenomeen dat ons informatie verschaft over het (niet direct waarneembare) verschijnsel dat met het te definiëren begrip wordt bedoeld. Het proces van het kiezen en nauwkeurig omschrijven van indicatoren voor complexe en/of abstracte begrippen heet *operationaliseren*. Als eenmaal de indicatoren zijn gekozen, dan moet tot slot nog worden bepaald hoe de waarden op deze indicatoren worden vastgesteld. We hebben het dan over het feitelijke proces van *meting* (kwantitatief onderzoek) of van *registratie* en *beschrijving* (kwalitatief onderzoek). Daarbij zijn nodig (a) een *instrumentalisering* en (b) *instructies* voor de onderzoeker. Deze vormen het sluitstuk van een operationaliseringsproces.
In een kwantitatief onderzoek bestaat de instrumentalisering in veel gevallen uit een serie gesloten vragen voor een enquête of een gestructureerd interview. Een gesloten vraag is een vraag met een serie antwoordalternatieven waaruit de onderzoekspersoon kan kiezen. Maar het kan ook een serie welomschreven items zijn waarop wordt gelet bij een gestructureerde observatie of bij een bestudering van documenten. Instructies zijn hier doorgaans codeerinstructies, ofwel aanwijzingen voor de onderzoeker (of waarnemer) hoe het waargenomene moet worden geïnterpreteerd. Dit totale proces wordt ook wel *meting* genoemd.

In een kwalitatief onderzoek bestaat de instrumentalisering veelal uit een serie open vragen, dan wel een topic list voor een open interview. Ook kunnen het waarnemingsopdrachten zijn voor een open observatie of een kwalitatieve bestudering van tekstuele of audiovisuele documenten. De instructies bestaan uit aanwijzingen voor de uitvoering van de interviews (interviewinstructies), van open observaties of van de bestudering van documenten.

Slechts in een enkel geval zullen de dimensies en aspecten die bij het rafelen naar voren komen als zaken die u gaat onderzoeken, voldoende direct waarneembaar zijn. Maar meestal is dit niet het geval en zult u deze dimensies en aspecten moeten operationaliseren door er indicatoren voor te bedenken. Er kunnen grofweg twee redenen zijn waarom de zaken die in een stipulatieve definitie worden genoemd, niet voldoen aan het criterium van waarneembaarheid, waardoor een verdergaande operationalisering nodig is. Een eerste reden is dat de invulling van sommige begrippen of aspecten daarvan sterk is gebonden aan heersende opvattingen, normen en waarden. We hebben dan *criteria* nodig om te kunnen beslissen of het begrip of aspect in kwestie op een bepaald fenomeen van toepassing is. Zo is het de vraag in het voorbeeld 'werkloosheid' in de inleiding onder welke voorwaarden iemand de status werkloos (en daarmee recht op een uitkering) krijgt. Enkele criteria die in Nederland anno 2007 gelden zijn bepaalde leeftijdsgrenzen, geen zwaar mentaal of lichamelijk handicap hebben, en niet gedetineerd zijn.

Een tweede en voor onderzoekers meest belangrijke reden voor het operationaliseren van begrippen is abstractie van het betreffende begrip, waardoor een nadere sturing van de waarneming nodig is. Onderdeel van een stipulatieve definitie voor het begrip werkloze kan zijn dat de persoon in kwestie de wens heeft om betaald werk te verrichten. Iedereen begrijpt onmiddellijk wat hier bedoeld is. Maar, hoe stellen we in een onderzoek, waar het kan gaan om honderden of misschien wel enkele duizenden werklozen, vast of iemand betaald werk wil verrichten? We kunnen dat natuurlijk de persoon in kwestie vragen, als een van de vragen in een interview. Maar als die persoon aangeeft in het geheel niet in betaald werk te zijn geïnteresseerd, dan hebben we deze persoon voor niets benaderd. Dit betekent tijdverlies en nodeloos lastigvallen van mensen. Handiger kan het zijn om te kiezen voor het al dan niet ingeschreven staan op een arbeids- of uitzendbureau, als indicator voor een 'wens tot het verrichten van betaalde arbeid'.

Natuurlijk is het zo dat er mensen zijn die wel ingeschreven staan, maar desondanks geen betaald werk nastreven. En omgekeerd komt het voor dat iemand niet staat ingeschreven, maar desondanks graag een baan zou willen hebben. Dit zijn uiteraard aantastingen van de geldigheid van de hier gekozen indicator. Hier hebben we opnieuw te maken met een stuk onzekerheid waarmee een onderzoeker moet leren omgaan. Geen enkele operationalise-

5 Begripsbepaling

ring is perfect geldig. In de praktijk moet altijd een compromis worden gezocht tussen geldigheid en haalbaarheid.

Uit het bovenstaande wordt duidelijk dat in feite altijd een operationalisering, ofwel vertaling in indicatoren, instrumenten en instructies, nodig is. Dit geldt zelfs in een eenvoudig geval als het bepalen van iemands wens om te willen werken. Het is inderdaad een eenvoudig geval, waarin kan worden volstaan met slechts één indicator. In complexere gevallen zijn soms hele regimenten indicatoren nodig. Zo duurt een intelligentietest in de regel een hele dag. Er zijn zelfs al varianten die twee hele dagen vergen. Dit komt omdat intelligentie een geweldig abstract en complex begrip is, dat een vergaande theoretische uitwerking door psychologen heeft ondergaan. Daardoor valt dit begrip uiteen in diverse dimensies, zoals taalvaardigheid, rekenvaardigheid en sociale vaardigheid, en deze ondergaan weer een uitsplitsing in verschillende aspecten. Daardoor zijn al gauw honderden indicatoren nodig om het gehele begripsdomein te kunnen afdekken, die vaak elk weer een meervoudige instrumentalisering nodig hebben in de vorm van concrete opgaven in een test.

Een voorbeeld van een begrip dat niet erg complex is, maar niettemin vraagt om meerdere indicatoren, is het begrip 'betrokkenheid' die een werknemer aan de dag legt bij de organisatie waarvoor hij werkt. Betrokkenheid is in zoverre een abstract begrip dat we deze niet onmiddellijk aan iemands gezicht kunnen aflezen. Wat we wél kunnen doen is kijken naar zaken die logisch voortvloeien uit een betrokkenheid. Meer in het algemeen is een handige strategie om, als we een verschijnsel zelf niet kunnen waarnemen, in plaats daarvan te kijken naar de (waarneembare) gevolgen of uitwerking die dit verschijnsel heeft in de werkelijkheid. Hiervan gebruikmakend zou een operationalisering van het begrip betrokkenheid kunnen uitmonden in de volgende vijf indicatoren: De mate waarin...

1. de organisatie de persoon in kwestie bezighoudt;
2. de werknemer zelfstandig initiatieven neemt richting organisatie;
3. het wel en wee van de organisatie iemand aan het hart gaat;
4. men bereid is iets voor de eigen organisatie over te hebben;
5. de betreffende persoon moeite doet om anderen een gunstig beeld van de organisatie te geven.

Nadat we de indicatoren hebben gekozen moeten deze vervolgens worden geïnstrumentaliseerd. In een kwantitatief onderzoek is een voor de hand liggende mogelijkheid dat we de werknemers hiernaar vragen door het stellen van gesloten vragen tijdens een enquête of een gestructureerd interview. Per indicator hebben we minimaal één vraag nodig. Maar vooral als we veel zekerheid willen aangaande de meetgeldigheid, zullen we al gauw kiezen voor meerdere vragen per indicator. U ziet hier een voorbeeld waarin elke hiervoor genoemde indicator is vertaald in één interviewvraag:

1. Praat u in gesprekken met familie, vrienden en bekenden wel eens over de organisatie waarin u werkt?
2. Neemt u wel eens initiatieven voor verbeteringen in de organisatie?
3. Bent u bereid om in voorkomende gevallen problemen in de organisatie op te lossen of te helpen oplossen?
4. Bent u bereid om waar nodig ongemakken te accepteren?
5. In hoeverre draagt u in uw contacten de organisatie positief naar buiten uit?

Bij elke vraag kunnen gesloten antwoordcategorieën aan de respondent worden aangeboden, lopend van altijd, vaak, regelmatig, soms naar nooit. Deze antwoordcategorieën maken de vragen hierboven van het gesloten type. Verdere instructies zijn in dit geval niet nodig, aangezien de respondent hier zelf het antwoord kiest dat het best bij haar of hem past. We noemen dit systeem ook wel 'self rating'. Maar zouden we open vragen hebben gesteld (zie ook hieronder), dan zouden instructies nodig zijn om de open antwoorden op een systematische en uniforme wijze te duiden.

In een kwalitatief onderzoek zouden we de gesloten vragen hierboven kunnen vervangen door open vragen, bijvoorbeeld beginnend met de zinsnede 'in hoeverre ... enzovoort'. Maar veel kwalitatieve onderzoekers hebben een voorkeur voor een nog meer open benadering. Deze bestaat eruit dat de vragen hierboven hooguit functioneren als een topic list, als onderwerpen die de onderzoeker tijdens een gesprek ter sprake wil brengen. Het zal duidelijk zijn dat juist bij zo'n open benadering interviewinstructies nodig zijn (a) om te zorgen dat datgene wat de onderzoeker wil weten ook daadwerkelijk aan bod komt, (b) dat de uitlatingen van de geïnterviewde helder zijn en 'to the point', en (c) enigszins vergelijkbare interviews te krijgen.

Het is mogelijk om op basis van deze vijf indicatoren te komen tot een definitie van het begrip betrokkenheid. Dit kan door eenvoudig de vijf indicatoren in de omschrijving op te nemen, precies zoals dit werd gedaan met dimensies en aspecten bij de definities in de vorige paragraaf. Het resultaat noemen we een *operationele* definitie. Deze luidt in dit geval als volgt:

Voorbeeld 'betrokkenheid'

In deze studie noemen we een werknemer meer betrokken bij haar of zijn organisatie naarmate deze persoon zegt er vaker met anderen over te spreken, initiatieven voor verbeteringen te nemen, bereid te zijn om voorkomende problemen op te lossen en ongemakken te accepteren en de organisatie positief naar buiten uit te dragen.

5 Begripsbepaling

Het spreekt voor zich dat ook de operationele definitie hierboven stipulatief van karakter is. Immers, de indicatoren zijn gekozen vanuit de doel- en vraagstelling van het onderzoek. Het is niet erg waarschijnlijk dat we die bijvoorbeeld in een handboek over bedrijfskunde precies zo tegenkomen, al is er wel een toename van gestandaardiseerde schalen in de literatuur te bespeuren. Een meetschaal of kortweg schaal is een serie geïnstrumentaliseerde indicatoren, ook wel (schaal)items genoemd, die één bepaald abstract en theoretisch begrip beogen te meten. De vijf interviewvragen met betrekking tot betrokkenheid hierboven zijn er een voorbeeld van.

Een begrip als betrokkenheid is weliswaar tamelijk abstract, maar het is een betrekkelijk weinig complex begrip. Vandaar dat hier met relatief weinig indicatoren kan worden volstaan. Zoals al eerder gezegd blijken sommige kernbegrippen in een vraagstelling niet alleen abstract, maar bovendien zeer complex te zijn. Dit is vooral het geval met zogenoemde theoretische begrippen. In zo'n geval zijn in principe veel meer dan vijf indicatoren nodig. Een voorbeeld daarvan zagen we hierboven waar we de meting van het begrip intelligentie bespraken. Een ander, iets minder complex voorbeeld is het begrip 'democratisch gehalte van een samenleving'. Zo'n begrip is zo veelomvattend dat het verstandig is om het eerst te splitsen in enkele dimensies en vervolgens de dimensies uiteen te leggen in aspecten. *Als we dit alles doen onder de conditie dat we de uitsplitsingen zodanig maken dat we expliciet zoeken naar een steeds **directere waarneembaarheid** in de empirie (zintuiglijk waarneembare werkelijkheid), dan kunnen we de zaken die het meest rechts in het boomdiagram verschijnen indicatoren noemen.* Het geheel noemen we een proces van operationaliseren (= waarneembaar maken). Een poging daartoe ziet u in figuur 5.3 (zie p. 148). We zien dat hier aan het begrip 'democratisch gehalte' een drietal dimensies wordt onderkend, te weten: vrijheid, gelijkheid en solidariteit. Deze dimensies hebben nog altijd een abstract karakter, zodat nog niet is voldaan aan de eis van waarneembaarheid. Elk van deze dimensies bevat weer meerdere aspecten. Zo kunnen we bij de dimensie 'gelijkheid' denken aan gelijkheid van mannen en vrouwen, van jongeren en ouderen, van autochtonen en allochtonen, enzovoort. Deze laatste aspecten zijn al beduidend minder abstract dan de drie dimensies, maar het is nog altijd moeilijk om ze direct waar te nemen. Ze vragen dan ook om een verdere instrumentalisering, bijvoorbeeld in de vorm van vragen voor een vragenlijst. We dienen dan zodanige vragen te bedenken en te formuleren, dat de antwoorden ons een beeld geven van de mate waarin bijvoorbeeld mannen en vrouwen in een bepaalde maatschappij aan elkaar gelijk zijn. Met het oog op een nauwkeurige en betrouwbare meting kan een en ander al gauw enkele tientallen vragen opleveren. Dit is een reden waarom enquêtes vaak een zeer groot aantal vragen bevatten. Voor u als onderzoeker is het bovendien een reden temeer om uw onderzoek af te bakenen.

Figuur 5.3 Operationalisering van het begrip 'democratisch gehalte van een samenleving' door middel van een boomdiagram

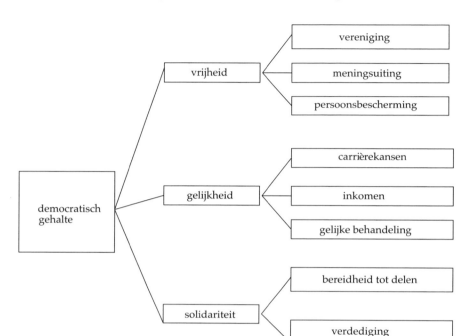

Opgave operationalisering
a. Maak twee verschillende operationaliseringen voor het begrip 'betrokkenheid', één voor 'betrokkenheid van een gedetineerde bij zijn medegevangenen' en een voor 'de mate van betrokkenheid van een supporter bij haar/zijn favoriete voetbalclub'.
b. Geef aan op welke argumenten en overwegingen de verschillen tussen beide operationaliseringen zijn gebaseerd.

5.4 Afstemming op het onderzoek

Als derde voorwaarde om in het kader van het maken van een onderzoeksontwerp te kunnen spreken van een bruikbare begripsdefinitie noemden wij de eis dat deze laatste moet aansluiten op de gekozen doel- en vraagstelling van het betreffende onderzoek, naast de eigen interesse en deskundigheid. We bekijken dit punt aan de hand van het voorbeeld 'overheidsambtenaren'.

5 Begripsbepaling

Stel dat het doel van dit project is te komen tot een trainingsprogramma voor jeugdige vrouwelijke ambtenaren met enige jaren beroepservaring, welk programma is gericht op het verhogen van de carrièrekansen van deze groep. In dat geval zou de stipulatieve definitie van het begrip 'ambtenaar', aangevend het domein in deze onderzoeksvraag, als volgt kunnen worden uitgebreid:

'Onder een ambtenaar wordt in deze studie verstaan iemand die bij provinciale overheden belast is met de ontwikkeling van milieubeleid, in het bijzonder beleid op het gebied van geluidshinder in Amsterdam, die vóór 1 januari 2005 in dienst is getreden, die een leeftijd heeft tussen de 25 en 35 jaar en die van het vrouwelijke geslacht is.'

U ziet hier een toespitsing van het domein naar *plaats* en *tijd*, wat in principe een standaardonderdeel is van een stipulatieve definitie van het domein van een vraagstelling. Met name is het jaartal 2005 gekozen om te zorgen dat uitsluitend mensen met enkele jaren werkervaring in het onderzoek worden betrokken. Ten slotte is er een verbijzondering gemaakt naar leeftijd en geslacht. Ook dit soort toespitsingen zijn strikt genomen in *elk* onderzoek nodig. In dit geval vloeide die noodzaak voort uit de doelstelling van het project.

Door alle verbijzonderingen is ten slotte een populatie ontstaan die geen duizenden maar hooguit enkele tientallen personen beslaat. We hebben aldus het domein teruggebracht tot proporties die zeer wel binnen een onderzoeksproject haalbaar zijn. Hieronder geven we een tweede, meer uitgebreid voorbeeld waarin het aspect van afstemming op de doel- en vraagstelling goed naar voren komt.

> **Voorbeeld 'ziekteverzuim'**
> Een van de vragen in een onderzoek luidt als volgt: in hoeverre is er in productieorganisaties met een participatieve leiderschapsstijl minder ziekteverzuim dan in organisaties met meer traditionele vormen van leiderschap?
> Een van de kernbegrippen is hier, naast leiderschap en productieorganisatie, het begrip ziekteverzuim. Een eerste poging tot omschrijving van dit begrip luidt:
>
> 'Ziekteverzuim is het aantal uren dat werknemers ziek zijn.'
>
> Deze omschrijving schiet, gezien vanuit de optiek van een empirisch onderzoek, nog op drie punten tekort. Ten eerste dienen we uit het oogpunt van precisie niet een absolute maar een *relatieve* maat van verzuim te hanteren. Bedoeld is een relatering van het verzuim aan het aantal uren dat men werkt. Ten tweede heeft het weinig zin om het verzuim per individuele werknemer te bekijken. Immers, leiderschapsstijl is een collectief kenmerk van een bedrijf of van een afdeling daarbinnen.

> Ergo dienen we het verzuim ook te bekijken voor het bedrijf respectievelijk de afdeling als geheel. Met andere woorden: we moeten het verzuim aggregeren over de betrokken werknemers. Ten derde dienen we met het oog op concreetheid nauwkeurig aan te geven waaraan we aflezen of, en zo ja, hoe lang iemand ziek is. Een betrouwbare maar ook een tijdrovende manier hiervoor is een bezoek aan de zieke door een controlerend arts. Iets minder tijdrovend (en ook minder betrouwbaar, alles heeft tenslotte zijn prijs) is het afgaan op de eigen ziekmelding van de werknemer. Deze beslissingen leiden tot de volgende definitie: 'Ziekteverzuim is het percentage van het totale aantal arbeidsuren per maand dat werknemers van bedrijf X niet op het werk verschijnen onder opgaaf van gezondheidsklachten.'
>
> Toch is deze definitie nog altijd onvoldoende toegesneden op het geschetste onderzoek. We zullen van de omschrijving moeten uitsluiten al die gezondheidsklachten die op voorhand niets met de leiderschapsstijl te maken hebben. Bovendien wordt met deze omschrijving het probleem verlegd naar de vraag wat allemaal gezondheidsklachten zijn. Daarom rafelen we het begrip 'reden van ziekmelding' uiteen in een boomdiagram (zie figuur 5.4). Daarbinnen geven we vervolgens aan wat we wel en niet gaan onderzoeken. In het schema van figuur 5.4 zijn met een asterisk de redenen voor een ziekmelding aangegeven die in principe met leiderschapsstijl te maken kunnen hebben. De onderzoeker zal zich vooral moeten richten op klachten die te maken kunnen hebben met spanningen op het werk, voortvloeiend uit een bepaalde stijl van leidinggeven. Een en ander leidt ten slotte tot de volgende stipulatieve definitie:
>
> 'Onder ziekteverzuim wordt in deze studie verstaan het percentage van het totaal aantal contractuele werkdagen per jaar dat de werknemers van bedrijf X niet op het werk aanwezig zijn onder opgaaf van griep, migraine, overspannenheid, vermoeidheid en/of depressiviteit en dergelijke.'

Tot zover het voorbeeld. Duidelijk is dat u een stipulatieve definitie als deze niet gauw in de vakliteratuur zult tegenkomen. Daarvoor is deze definitie te veel afgestemd op de specifieke doel- en vraagstelling van dit onderzoek. Wel is het vaak zo dat de gekozen stipulatieve defintie kan gelden als een concreet of bijzonder geval van de zaak zoals die in de theorie is vastgelegd. Verder is het een uiterst effectieve begripsomschrijving als het gaat om de uitvoering en uitvoerbaarheid van uw onderzoek. Hieruit kan de conclusie getrokken worden dat u in principe bij het ontwerpen van een onderzoek voor het definiëren van begrippen niet zonder meer kunt terugvallen op bestaande begripsomschrijvingen, maar u kunt zich er natuurlijk wél door laten inspireren. Zo richten woordenboeken zich daarvoor te veel op een algemeen spraakgebruik. En in theoretische handboeken zijn de begripsdefinities meestal te abstract en algemeen om ze in een concreet onderzoek onverkort te gebruiken.

Figuur 5.4 Rafeling en rastering van het begrip 'reden van ziekmelding'

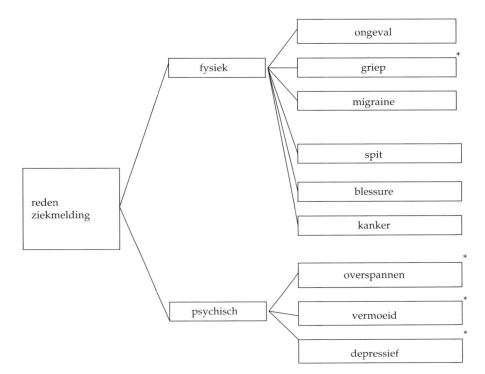

Opgave afstemming onderzoeksdoelstelling en stipulatieve definitie
Stel dat u onderzoek wilt gaan doen naar agressie van patiënten jegens hun therapeuten in de geestelijke gezondheidszorg. U hebt een tweetal nogal verschillende onderzoeksdoelen op het oog. Het ene is het leveren van een bijdrage aan het leefklimaat in een instelling voor geestelijke gezondheid. Een tweede doelstelling is het doen van aanbevelingen gericht op het zich veiliger voelen van de therapeuten.

Opdracht
a. Maak twee verschillende stipulatieve begripsomschrijvingen van het begrip agressie (van een patiënt ten opzichte van haar/zijn behandelaar), een voor elk van beide doelen.
b. Leg uit op welke overwegingen en argumenten de verschillen gebaseerd zijn.
c. Maak voor elk van beide begripsomschrijvingen van het begrip agressie een operationalisering met minimaal vijf indicatoren.
d. Leg voor de verschillen tussen beide operationaliseringen uit op welke argumenten en overwegingen deze gebaseerd zijn.

Stappenplan en voorbeeld

Aan het einde gekomen van dit hoofdstuk vatten wij de gepresenteerde adviezen samen in het volgende stappenplan, dat u kunt toepassen zodra u uw eigen project vorm gaat geven.

Begripsbepaling

1. Neem de begrippen uit uw vraagstelling die het domein en het beweerde aangeven, inclusief de gemaakte rafeling en rastering.
2. Controleer of dit niet meer dan *vier à vijf* begrippen zijn. Zijn het er meer, dan is dit in principe aanleiding om uw vraagstelling te vereenvoudigen of delen daaruit te schrappen.
3. Geef van elk van deze begrippen een *stipulatieve definitie* door opsomming van die dimensies en aspecten waarvoor u bij het rafelen en rasteren heeft gekozen.
4. Controleer de definities op *omvang* (formule: O = D x B). Indien nodig hanteert u een nog straffere rastering en beperkt u het domein door toevoeging van (nog striktere) tijd- en plaatsbepalingen en/of kenmerken van de onderzoekseenheden.
5. Vertaal de definities in *waarnemingen* door criteria en/of indicatoren voor de kernbegrippen te kiezen.
6. Formuleer operationele definities van de kernbegrippen door een opsomming te geven van de gekozen indicatoren.
7. Controleer of deze operationele definities voldoende zijn *aangepast* aan de doel- en de vraagstelling. Zo niet, stel dan óf deze definities, óf de doel- en vraagstelling, óf beide bij. Indien u iets wijzigt aan de doel- of vraagstelling, doorloop dan opnieuw de stappen 1 tot en met 6 (iteratie).

De aldus tot stand gekomen betekenisverlening aan centrale begrippen in de vraagstelling (en eventueel het b-gedeelte van de doelstelling) is zodanig bepalend voor een onderzoek, dat u uw vraagstelling dient te beschouwen als *één onafscheidelijk geheel* met de definities. Laat daarom uw vraagstelling steeds vergezeld gaan van uw begripsdefinities, en eventueel ook van uw operationalisering.

Passen we tot slot de richtlijnen en aanwijzingen in dit hoofdstuk toe op het voorbeeld betreffende langdurig werklozen in de inleiding, daarbij het zojuist gepresenteerde stappenschema volgend.

Stap 1

Het enige kernbegrip in de vraagstelling is het begrip werkloos, dat bepalend is voor zowel het domein als het beweerde. Omdat voor dit voorbeeld de vraagstelling niet eerder aan de orde was en er dus ook niet is gerafeld en gerasterd, doen we dit hierna alsnog.

Voor het begrip 'werkloos' (het adjectief 'langdurig' komt later terug) ziet dit er als volgt uit:

Figuur 5.5 Rafeling en rastering van het begrip 'werkloos'

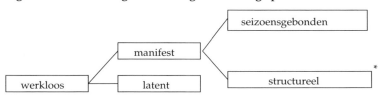

Blijkens de aangebrachte asterisken kiezen we, op hier niet nader uit te werken gronden, voor de manifeste werkloosheid en daarbinnen voor de *structurele* werkloosheid. Daarmee vallen de verborgen werkloosheid en de seizoensgebonden werkloosheid definitief buiten het onderzoek.

Een rafeling en rastering van het begrip 'oorzaken van werkloosheid' laat bijvoorbeeld figuur 5.6 zien:

Figuur 5.6 Rafeling en rastering van het begrip 'oorzaken van werkloosheid'

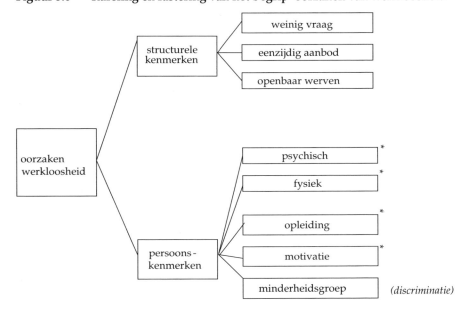

Zoals aangegeven kiezen we hier voor een onderzoek naar *persoonskenmerken* als mogelijke achtergronden van een langdurige werkloosheid. Realiseert u zich de sturende werking van zo'n beslissing voor het onderzoek. Zou u (ook) kiezen voor structurele (economische) kenmerken, dan zou dit vragen om veel (meer) en heel ander onderzoeksmateriaal.

Van de persoonskenmerken sluit u een eventueel discriminerend aannamebeleid van bedrijven uit. Een pragmatische reden voor deze uitsluiting kan zijn het feit dat discriminatie een zeer moeilijk aantoonbaar fenomeen is. Een apart onderzoek hiernaar zou meer op zijn plaats zijn.

Stap 2
Afgaande op het *aantal* kernbegrippen kan de vraagstelling niet omvangrijk of complex genoemd worden. Er is dus geen reden om in te grijpen.

Stap 3
Mede op basis van de rasteringen hierboven kiezen we voor de volgende stipulatieve definitie:
'Onder een langdurig werkloze verstaan we in dit onderzoek iemand die sinds een half jaar of langer werk zoekt en wiens werkloosheid niet is toe te schrijven aan seizoensinvloeden.'

Stap 4
Gelet op de vele twijfelgevallen waarmee de onderzoeker in het voorbeeld werd geconfronteerd, lijkt de definitie van werkloze nog altijd veel te ruim. Let wel, het gaat hier om het *domein* van de vraagstelling. Er zijn vooral veel 'randgevallen'. Bovendien sluit de definitie het vrijwilligerswerk niet uit. Een verbetering lijkt de volgende definitie:
'Werkloos is iemand die *betaald* werk wil verrichten en wiens wens in Nederland anno 2007 legitiem wordt gevonden.'

Stap 5
Met deze algemene omschrijving zijn, zoals de lezer kan controleren, weliswaar enkele vragen die in het voorbeeld rezen beantwoord, maar hoe bepaalt u of iemand de wens heeft om betaald werk te verrichten? We hebben een indicator nodig. Een in het interview te stellen vraag naar iemands arbeidswens voldoet wel aan de eis van waarneembaarheid, maar is hier toch niet geschikt als indicator. U gaat dan immers veel mensen benaderen die meteen bij deze eerste vraag afvallen. En hoe maakt u uit of iemands wens tot het hebben van een betaalde baan legitiem is? Ook hiervoor hebt u criteria nodig. Als indicator voor de wens tot het verwerven van een betaalde baan nemen we het al dan niet ingeschreven staan op een arbeidsbureau.

Stap 6
Wat betreft de legitimiteit van de wens tot het verrichten van betaald werk kiest u enkele criteria zoals neergelegd in de volgende *operationele* definitie:
'In dit onderzoek beschouw ik iemand als werkloos als deze persoon staat *ingeschreven* bij een arbeidsbureau, een leeftijd heeft *tussen 15 en 65 jaar, niet langdurig ziek of gehandicapt* is, *20 uur of meer per week* wenst te werken, *geen werkkring* heeft en binnen twee weken voor dit werk *beschikbaar* is.'
De wijze van registreren van de wens tot werken staat nu vast. U gaat na of iemand al dan niet staat ingeschreven bij een arbeidsbureau. Ook zijn verschillende criteria genoemd waaraan moet zijn voldaan wilt u in het onderzoek spreken van een legitieme arbeidswens en dus van werkloosheid. Maar nieuwe vragen rijzen. Wanneer noemt u iemand 'langdurig ziek'? En in welke gevallen is sprake van een zodanige handicap dat een plaats op de reguliere arbeidsmarkt is uitgesloten? U ziet dat het operationaliseringsproces nog niet is afgerond. Dat hoeft in dit stadium ook nog niet. Ook bij de uitvoering van het onderzoek kunnen op dit vlak nog beslissingen worden genomen. In de fase van het formuleren van het conceptuele ontwerp is het, zoals eerder gezegd, slechts nodig die beslissingen te nemen aangaande de betekenis van kernbegrippen, die evidente repercussies (kunnen) hebben voor de doel- en vraagstelling.

Stap 7
Over de vraag of de in stap 5 gegeven definitie voldoet aan de doelstelling van het onderzoek, in casu het ontwikkelen van een werkloosheidsbeleid, kan op basis van de beschikbare informatie geen uitsluitsel worden gegeven. Een heikel politiek punt zou kunnen zijn het feit dat met de gekozen definitie de verborgen werkloosheid niet boven tafel komt. Het gaat hier om mensen die eigenlijk wel betaald werk zouden willen hebben, maar die hun wens niet kenbaar maken omdat zij zich bij voorbaat kansloos op de arbeidsmarkt weten. Deze mensen staan niet ingeschreven bij een arbeidsbureau en vallen daarmee buiten de boot.
Ook de bepaling dat slechts de wens tot *betaald* werk van niet-gehandicapten legitiem is, is omstreden. Men hoort wel geluiden dat hoogopgeleide gehandicapten via telewerken zelfs beter presteren dan vergelijkbare mensen zonder handicap. De onderzoeker doet er goed aan dit soort kwesties voor te leggen aan de opdrachtgever om problemen met de te verkrijgen onderzoeksresultaten te voorkomen.
Afgezien van het gestelde bij stap 6 lijkt de bij stap 5 gegeven stipulatieve definitie de meeste van de problemen die de onderzoeker in het voorbeeld in de inleiding tegenkwam te ondervangen. Een verdere bijstelling van de doel- en vraagstelling lijkt vooralsnog niet nodig.

Deel II

Onderzoekstechnisch ontwerp

Op dit punt in het ontwerpproces aangekomen is er sprake van een duidelijke overgang. Tot nu toe stond alles in het teken van een *conceptueel ontwerp*, ofwel het ontwikkelen van een haalbare en sturende doel- en vraagstelling en het maken van een onderzoeksmodel. De vraag die in dit deel aan de orde komt, is wat we allemaal moeten gaan doen om op de vragen uit de vraagstelling een adequaat antwoord te krijgen en hoe dit binnen redelijke tijd en met een haalbare inspanning kan gebeuren. Met andere woorden: we moeten nu gaan nadenken over hoe het onderzoek straks uitgevoerd moet worden.
Nu is hierover vrij veel te vinden in de bestaande handboeken over methoden en technieken van onderzoek (zie hiervoor de aanbevolen literatuur, p. 321-232). U leest daar vooral hoe de diverse vormen van onderzoek en van dataverzameling moeten worden *uitgevoerd*. De hoofdstukken in deel II onderscheiden zich hiervan doordat juist die zaken worden behandeld die u nodig heeft voor het maken van een *onderzoekstechnisch ontwerp*. Het is raadzaam om, zodra u het onderzoek gaat uitvoeren, alsnog kennis te nemen van de bestaande literatuur die gaat over die methoden en technieken die u in uw ontwerp heeft opgenomen.
Globaal is er een tweetal voorwaarden waaraan voldaan moet zijn wilt u bij het onderzoekstechnisch ontwerpen in staat zijn tot het maken van de juiste afwegingen. Allereerst dient u een *overzicht* te hebben over de soorten keuzebeslissingen die u moet nemen en van de diverse mogelijkheden waaruit u

telkens kunt kiezen. Ten tweede dient u op de hoogte te zijn van de diverse *voor- en nadelen en de gebruiksmogelijkheden* (en -onmogelijkheden) van de diverse keuzen.

Het doel van dit deel is u te helpen bij de beslissingen die bij het maken van een onderzoekstechnisch ontwerp moeten worden genomen en bij de argumenten die daarbij kunnen worden aangevoerd. Hieruit leiden we de volgende drie subdoelstellingen van dit deel af:

1. het geven van een *overzicht* van de diverse keuzemogelijkheden wat betreft onderzoeksstrategieën, onderzoeksmateriaal en onderzoeksplanning;
2. laten zien wat de diverse *voor- en nadelen en gebruiksmogelijkheden* zijn van deze keuzemogelijkheden;
3. het geven van *literatuurverwijzingen* voor meer informatie die u nodig kunt hebben zodra u de gekozen methoden en technieken in de uitvoeringsfase van het onderzoek in praktijk gaat brengen.

6 | Onderzoeksstrategieën

> *Kennis is niet waar of onwaar zoals de aristotelische traditie ons wil doen geloven.*
> *Zij heeft slechts een aantal sterke en dus ook een aantal zwakke kanten.*
> *Elk kennisproduct is verbeterbaar.*
>
> Reuling (1986)

6.1 Inleiding

De meest bepalende beslissing die u bij het maken van een technisch ontwerp voor uw ondezoeksproject moet nemen, is de keuze van een onderzoeksaanpak, ofwel onderzoeksstrategie. Onder een onderzoeksstrategie verstaan wij een geheel van met elkaar samenhangende beslissingen over de wijze waarop u het onderzoek gaat uitvoeren. Bij deze uitvoering wordt vooral gedoeld op het vergaren van relevant materiaal en de verwerking van dit materiaal tot valide antwoorden op de vragen uit de vraagstelling. Op dit punt in het ontwerpproces aangekomen duikt er opnieuw een groot aantal vragen bij u op. Het onderstaande voorbeeld geeft u hiervan een indruk.

Voorbeeld 'geluidsoverlast'

U woont in gemeente X waar al jaren veel te doen is over de geluidsoverlast die een vlak langs de bebouwde kom lopende snelweg veroorzaakt. Er is al jarenlang 'getouwtrek', met name tussen een vertegenwoordiging van de direct belendende stadswijk en het gemeentebestuur. Eigenlijk heeft u zelf ook last van de weg en u besluit om een leeronderzoek, dat u in het kader van uw opleiding moet uitvoeren, aan deze problematiek te wijden. Als eens goed op papier zou komen te staan wat het probleem nu precies is, wie er allemaal last van hebben en welke consequenties het probleem heeft voor verschillende inwonersgroepen en/of welk arsenaal aan oplossingen elders is ingezet, wellicht dat dan het gemeentebestuur een keer bereid is om over te gaan op het treffen van passende maatregelen. Misschien kunt u op deze manier de genoemde vertegenwoordigers wel helpen.

Maar nadenkend over uw onderzoek zit u met de vraag wat voor soort onderzoek het moet worden. Het eerste waaraan u denkt is het rondsturen van een vragenlijst naar een groot aantal, bijvoorbeeld tweehonderd, inwoners van X. U zou de mensen kunnen vragen naar hun beleving van de geluidsoverlast en de gevolgen die deze heeft voor hun leven. Het voordeel van deze aanpak is dat u straks vanuit een brede achterban aan de gemeente kunt rapporteren. Dat zal meer indruk maken dan wanneer u slechts enkele interviews afneemt.

> U gaat aan deze mogelijkheid twijfelen bij de gedachte dat u met gesprekken bij de mensen thuis een veel levensechter beeld krijgt dan met een afstandelijke schriftelijke enquête. U vraagt zich af of u aldus niet een nog meer overtuigende gesprekspartner voor het gemeentebestuur zult kunnen zijn. Bovendien, enkele tientallen gesprekken zouden voldoende kunnen zijn, zodat er tijd over is voor interviews met deskundigen op het gebied van geluidsweringen en met ambtenaren belast met het geluidshinderbeleid. Dat zal uw blikveld aanzienlijk verruimen en u in staat stellen om in een gesprek met de gemeente beter te argumenteren.
> Een derde mogelijkheid die u overweegt is een literatuurstudie naar deze problematiek. Er zijn al diverse milieukundigen op theoretisch niveau met deze kwestie bezig geweest. Zij zeggen vast iets over aanvaardbare normen aangaande geluidshinder, over de gevolgen die geluidshinder kan hebben voor de ecologische omgeving, over mogelijke oplossingen en over de voor- en nadelen die aan deze oplossingen verbonden zijn.
> Weer een andere mogelijkheid die u na enig nadenken ziet en die een keuze alleen maar moeilijker maakt, is de bestudering van rapporten van onderzoeken naar de problematiek van geluidshinder in andere gemeenten. Mogelijk kunt u ook zelf een evaluatieonderzoek doen naar de effecten van een geluidshinderbeleid dat in een vergelijkbare gemeente is uitgevoerd.
> U begrijpt wel dat een keuze uit al deze mogelijkheden voor een groot deel afhangt van een interventiestrategie die u en/of de aan het begin genoemde wijkbewoners nog dienen te ontwikkelen. Maar uw onzekerheid ontstaat voor een groot deel ook doordat u niet weet welke mogelijkheden van onderzoekaanpak er zoal zijn, wat u zich met de diverse mogelijkheden allemaal op de hals haalt, wat ze van u vergen en welke voor- en nadelen eraan zijn te onderkennen vanuit methodologisch standpunt gezien.

De keuze voor een bepaalde strategie zien wij als enkele kernbeslissingen waaruit vervolgens weer een aantal andere beslissingen voortvloeit. Een eerste kernbeslissing betreft de vraag of u een breed overzicht over het terrein van uw keuze wilt hebben of dat u meer bent geïnteresseerd in een diepgaand onderzoek waarin een tijdruimtelijk beperkt fenomeen in al zijn facetten wordt bekeken. Kortom, het betreft hier een keuze voor *breedte of diepgang*. We spreken hier met recht over een keuze, omdat beide mogelijkheden in een spanningsverhouding ten opzichte van elkaar staan. Kiest u voor breedte, dan betekent dit een grootschalige aanpak die generalisering van de resultaten mogelijk maakt, maar die beperkingen oplegt aan de diepgang en detaillering van de resultaten. Kiest u voor diepgang, dan stuurt dit aan op een kleinschaliger aanpak waarbij u weliswaar tot minder generaliseerbare kennis komt, maar die u wel in staat stelt tot diepgang, detaillering, complexiteit en een sterke onderbouwing met een minimum aan onzekerheid.

Een tweede met de vorige samenhangende kernvraag is of u (dan wel uw opdrachtgever) houdt van *kwantificering*, waarbij u uw bevindingen vooral neerlegt in tabellen, grafieken, cijfers en berekeningen. Of bent u eerder een beschouwend type dat meer ziet in een *kwalificerende* en interpreterende benadering waarbij vooral verbaal en beschouwend wordt gerapporteerd? Deze tweede kernvraag hangt nauw samen met een derde en laatste centrale overweging. Bent u het type van een rechtgeaard onderzoeker, een doe-mens die graag zelf het veld ingaat, zelf gegevens verzamelt om op basis van een analyse van deze gegevens tot uitspraken te komen? Of bent u meer een denker en lijkt u een bureauonderzoek, waarbij u gebruikmaakt van bestaande literatuur en/of door anderen bijeengebracht materiaal, een beter idee?

Met de drie genoemde kernbeslissingen hangt een fors aantal andere beslissingen samen. Zo bepalen ze in vergaande mate het aantal en de soort van te kiezen onderzoekseenheden, de wijze waarop u die eenheden selecteert, de keuze van bronnen en de techniek(en) waarmee u die bronnen gaat ontsluiten, alsook de wijze waarop u de gegevens en de literatuur gaat verwerken tot antwoorden op uw vraagstelling.

Er zijn in de literatuur verschillende strategieën van onderzoek te vinden en uitvoerig beschreven. Elke strategie bestaat uit een specifieke mix van centrale en afgeleide beslissingen zoals hierboven bedoeld. In dit hoofdstuk worden de vijf belangrijkste strategieën uitgewerkt. Deze zijn achtereenvolgens:
1. survey;
2. experiment;
3. casestudy;
4. gefundeerde theoriebenadering;
5. bureauonderzoek.

Omdat u door de hoeveelheid en complexiteit van informatie in dit hoofdstuk kans loopt het overzicht te verliezen, volgt hieronder van deze vijf categorieën eerst een korte schets aan de hand van een voorbeeld (paragraaf 6.2). Dit geeft u bovendien de mogelijkheid om in eerste aanzet reeds een keuze te maken, waarna u selectief verder leest. Daarna worden deze vijf strategieën afzonderlijk in een vijftal paragrafen verder uitgewerkt (paragrafen 6.3 tot en met 6.7). We sluiten het hoofdstuk weer af met een stappenplan dat u kunt volgen wanneer u zelf een onderzoeksaanpak gaat ontwikkelen. Dit stappenplan wordt ter illustratie toegepast op het eerder aangehaalde voorbeeld 'geluidsoverlast'.

6.2 VIJF STRATEGIEËN IN VOGELVLUCHT

Stel u bent AIO aan de Landbouw Universiteit van Wageningen en u stelt belang in teeltmethoden in de hedendaagse akkerbouw. Er zijn zoals gezegd vijf manieren om dit onderzoek te gaan doen. Deze passeren hieronder achtereenvolgens kort de revue.

1. Survey
Een eerste mogelijkheid is dat u een *breed* overzicht gaat creëren van de actuele akkerbouwpraktijk in diverse regio's van Nederland, van de omstandigheden waaronder het werk op de bedrijven wordt uitgevoerd en van de problemen en knelpunten die zich bij de dagelijkse gang van zaken voordoen. Het is zeer de vraag of de bestaande vakliteratuur u een voldoende compleet en actueel beeld van de praktijk kan verschaffen. Meer voor de hand ligt dat u zelf in de werkelijkheid gegevens gaat verzamelen. Dit betekent dat u niet kiest voor een literatuuronderzoek maar voor een *empirisch* onderzoek.
In dat kader gaat u gesprekken voeren met akkerbouwers of u stuurt hun een schriftelijke vragenlijst toe. Omdat u graag uitspraken wilt doen die zo weinig mogelijk afhankelijk zijn van specifieke lokale omstandigheden, kiest u voor een groot aantal bedrijven verspreid over het land. Gelet op deze wens om een totaalbeeld te krijgen, ligt het voor de hand om voor het onderzoek een flink aantal bedrijven aselect te kiezen uit alle akkerbouwbedrijven in Nederland. Een dergelijk onderzoek met grote aantallen willekeurig gekozen onderzoekseenheden, waarbij u een breed overzicht over het terrein in kwestie wilt krijgen, noemt men wel een *survey-onderzoek*. U kiest hier duidelijk meer voor *breedte en generaliseerbaarheid* dan voor diepte en specificiteit. Vanwege de grote aantallen onderzoekseenheden en het vele materiaal dat deze opleveren, ligt een *kwantitatieve* verwerking en analyse van de gegevens voor de hand.

2. Experiment
Een geheel andere mogelijkheid is bijvoorbeeld dat u nagaat welke effecten verschillende teeltmethoden hebben in termen van opbrengst, milieubelasting en biodiversiteit. In dat geval kunt u besluiten om te werken met proefvelden voor het onder verschillende condities telen van gewassen. U kunt dit natuurlijk zelf gaan doen, met als voordeel dat u alles onder controle heeft, maar dit vergt veel kennis van het telen van gewassen. Een alternatief is dat u probeert enkele akkerbouwers te interesseren voor uw project. U slaagt erin hen over te halen om volgens bepaalde teeltmethoden te werken en zich daarbij strikt te houden aan enkele door u te formuleren gedragsregels die voor het onderzoek van belang zijn. U komt regelmatig bij hen langs om allerlei metingen te verrichten en om met hen te praten. Doordat u en de

enthousiaste akkerbouwers erin slagen om allerlei omstandigheden goed onder controle te houden, krijgen alle betrokkenen een goed beeld van de effecten van de diverse teeltmethoden. In het hier geschetste geval is sprake van een *experiment*, meer in het bijzonder een veldexperiment (zie verderop).

3. Casestudy

Nog een andere mogelijkheid is dat u heel gedetailleerd alle finesses van de teeltmethoden wilt gaan blootleggen, de variaties in de wijze waarop die methoden in de praktijk worden toegepast en uitgevoerd, de motieven en overwegingen die akkerbouwers daarbij hanteren, alsook de herkomst van die motieven. In dat kader wilt u misschien zelfs wel verbindingen leggen met allerlei sociaal-culturele achtergronden van de akkerbouwers, zoals religie, politieke opvattingen, levensbeschouwing en dergelijke. U kiest er dan voor om minder in de breedte, zoals bij het survey-onderzoek, maar meer in de diepte te gaan. U besluit dan ook om zorgvuldig enkele specifieke akkerbouwbedrijven uit te kiezen die u nauwkeurig gaat volgen. Door een gedetailleerde waarneming op locatie, het voeren van gesprekken in combinatie met het bestuderen van allerlei documenten, krijgt u een diepgaand inzicht in de wijze waarop bepaalde processen zich in de praktijk voltrekken en waarom ze zich zo en niet anders afspelen. Een dergelijk onderzoek noemt men een *casestudy*. Veelal hanteert u hierbij *kwalitatieve* methoden van onderzoek.

4. Gefundeerde theoriebenadering

In de beschrijvingen tot nu toe wilde u steeds een bepaalde (landbouw)praktijk in beeld brengen. Met andere woorden, u was steeds bezig met een *praktijkgericht* project. Maar stel nu dat u meer bent geïnteresseerd in theorievorming. U wilt bijvoorbeeld een gedachtegang ontwikkelen die verklaart waarom sommige landbouwers zich aangetrokken voelen tot meer milieuvriendelijke productiewijzen. Ook wilt u nagaan welke factoren een dergelijke oriëntatie bevorderen of in de hand werken en dergelijke. U wilt daarmee een geheel eigen bijdrage leveren aan de theorievorming op het gebied van sociale vernieuwingsbewegingen in de westerse samenleving in het algemeen, en in de landbouw in het bijzonder. Kortom, u bent bezig met een zuiver *theoriegericht* promotieproject. In dat geval biedt een aanpak die bekendstaat als de gefundeerde theoriebenadering interessante mogelijkheden. Deze puur kwalitatieve benadering heeft raakvlakken met de eerdergenoemde casestudy. Kenmerkend is dat u voortdurend de verschillende zaken die u in de werkelijkheid waarneemt, met elkaar en met theoretische uitgangspunten vergelijkt, om te zien vanuit welke gedachte de overeenkomsten en verschillen zijn te duiden of te verklaren.

5. *Bureauonderzoek*
Een laatste hier te noemen type onderzoek speelt zich hoofdzakelijk af achter uw bureau, in de bibliotheek en/of in archieven. Vandaar dat we hier spreken van een bureauonderzoek. Dit als onderscheidend van een onderzoek waarin u zelf het veld ingaat om met uw eigen zintuigen waarnemingen te verrichten in de empirische werkelijkheid, zoals in de vorige vier aanpakken het geval was.
Stel dat u wilt weten welke teeltmethoden in de theorievorming op agrarisch gebied worden onderscheiden, welke voor- en nadelen ze hebben gezien vanuit de landbouwwetenschap en vanuit natuur en milieu. U besluit zich in het onderzoek volledig te gaan baseren op bestaande literatuur en/of door anderen bijeengebracht materiaal. Te denken valt aan nota's, archieven en databanken van het ministerie van Landbouw, tijdschriften voor landbouwers, verslagen van onderzoekingen van landbouwkundige onderzoeksbureaus, theoretische literatuur, enzovoort. Via indexen en zakenregisters groepeert u de onderwerpen en/of gegevens en maakt u aantekeningen. U vergelijkt verschillende standpunten van auteurs en u probeert die eventueel te duiden vanuit bestaande belangengroepen. Wanneer u op een dergelijke manier uw onderzoek invult, spreken we van een *bureauonderzoek*.

We lieten achtereenvolgens vijf onderzoeksstrategieën de revue passeren. Daarbij tekende zich al enigszins af dat ze elk staan voor een bepaalde mix van kernbeslissingen. De drie eerdergenoemde kernbeslissingen zijn:
1. breedte versus diepgang;
2. kwalitatief versus kwantitatief onderzoek;
3. empirisch versus bureauonderzoek.

Met uitzondering van het bureauonderzoek zijn de genoemde strategieën te kwalificeren als empirisch onderzoek. Hierbij dient de onderzoeker zelf het 'veld' in te gaan teneinde waarnemingen te verrichten en materiaal te verzamelen of te genereren. Het survey-onderzoek en vaak ook het experimenteel onderzoek kunnen worden aangemerkt als kwantitatief onderzoek. De gefundeerde theoriebenadering en meestal ook de casestudy echter zijn vormen van kwalitatief onderzoek. Ook bij het bureauonderzoek werkt men meestal op kwalitatieve wijze. Verder onderzoekt men in een survey vooral in de breedte, terwijl de onderzoeker in een casestudy meer de diepte ingaat. Tot slot van deze opsomming zij vermeld dat het survey, het experiment en de casestudy alle drie geschikt zijn om zowel in het theoriegerichte als in het praktijkgerichte type onderzoek toe te passen. De gefundeerde theoriebenadering is speciaal ontwikkeld met het oog op theoriegericht onderzoek. Maar ook bij een meer praktijkgericht project blijkt deze methode heel wel toepasbaar. Dat ook en vooral het bureauonderzoek inzetbaar is in een theoriegericht project, spreekt voor zich.

Opgave
a. Bedenk een projectkader en doelstelling die zich meer lenen voor een survey dan voor een casestudy. Argumenteer uw keuze.
b. Idem als bij a, maar nu omgekeerd.
c. Bedenk twee doelstellingen die zich bij uitstek lenen voor een experiment. Argumenteer uw keuze.
d. Bedenk een projectkader en doelstelling die zich typisch lenen voor een gefundeerde theoriebenadering. Argumenteer uw keuze.
e. Idem als bij d, maar nu voor een bureauonderzoek. Waarom is juist hier een bureauonderzoek aangewezen?

Tot zover een eerste behandeling van vijf van de meest belangrijke onderzoeksstrategieën waar u uit kunt kiezen. Alvorens deze verder uit te werken is een drietal opmerkingen op zijn plaats. Ten eerste benadrukken we dat, hoewel de vijf genoemde strategieën als zelfstandige hoofdvormen van onderzoek zijn terug te vinden in de methodische handboeken, u in de praktijk zelf vaak zult uitkomen op mengvormen. Vooral bij kwalitatief onderzoek kan het ontwerp kenmerken hebben van zowel een casestudy, de gefundeerde theoriebenadering als het bureauonderzoek. Dit benadrukt opnieuw het creatieve karakter van het maken van een onderzoeksontwerp.

Ten tweede is uit de voorbeelden hierboven mogelijk al enigszins duidelijk geworden dat bij elke strategie een bepaald type doel- en vraagstelling behoort. Maar dit betekent voor het ontwerpproces niet dat de onderzoeksstrategie een pure afgeleide is van de doel- en vraagstelling. Wellicht heeft u voorkeuren voor een bepaalde strategie en laat u de formulering van de doel- en vraagstelling mede afhangen van deze voorkeur. Ook is het zo dat u in het nadenken over de te volgen strategie op nieuwe of aanvullende ideeën voor de doel- en vraagstelling kunt komen. Met deze gedachte maakte u eerder kennis onder het kopje 'iteratief ontwerpen'.

Ten derde: door de ruime aandacht die er hier en ook elders in de literatuur aan wordt gegeven, kan de indruk ontstaan dat het volgen van een strategie alles bepalend is. Maar er is één alles dominerende stelregel die voor elk van de vijf strategieën geldt, namelijk dat u bij de uitvoering van een onderzoek systematisch toewerkt naar een antwoord op de vragen in de vraagstelling. Dit is dan ook de belangrijkste voorwaarde voor een geslaagd onderzoek. Toepassing van principes uit de gepresenteerde strategieën kan dit hooguit iets vergemakkelijken en/of meer valide maken.

Gaan we vervolgens over op een meer uitgebreide behandeling van de diverse onderzoeksstrategieën. Deze behandeling vindt plaats volgens een vast stramien. Eerst worden de belangrijkste *kenmerken* van de betreffende onderzoeksstrategie geschetst. Vervolgens ziet u verschillende varianten van de betreffende hoofdvorm. Daarna volgt een *praktijkvoorbeeld* van een van de varianten. De besprekingen worden telkens afgerond met een overzicht van de *voor- en nadelen en van de gebruiksmogelijkheden* van de diverse hoofdtypen en hun varianten.

6.3 Het survey-onderzoek

Het survey is een type onderzoek waarbij de onderzoeker probeert om een breed beeld te krijgen van een in principe tijdruimtelijk uitgebreid fenomeen. Dit kan bijvoorbeeld zijn het ziektepatroon van astmapatiënten, de naleving door het bedrijfsleven van milieuvoorschriften, de aansluiting van het Europese ruimtelijk beleid bij het nationale ruimtelijk beleid van de lidstaten, enzovoort.

Kenmerken
Een survey herkent u aan de volgende zaken:
1. een ruim domein, bestaande uit een *groot aantal* onderzoekseenheden;
2. een *arbeidsextensieve* datagenerering;
3. meer *breedte* dan diepte;
4. een *aselecte* steekproef;
5. een beweerde dat bestaat uit (scores op) variabelen en relaties daartussen;
6. een van tevoren vastgelegde procedure voor datagenerering;
7. *kwantitatieve* gegevens en dito analyse.

Deze zeven hoofdkenmerken, die onderling nauw samenhangen, worden hieronder uitgewerkt en toegelicht. Het meest bepalende kenmerk van een survey-onderzoek is wel dat gegevens worden verzameld over een relatief groot aantal onderzoekseenheden. Een onderzoekseenheid kan letterlijk alles zijn waarover de onderzoeker uitspraken wil doen. Onderzoekseenheden kunnen bijvoorbeeld zijn ambtenaren van een lokale overheid, de producten die een bedrijf maakt, zoals softwarepakketten, of de diensten die een ziekenhuis levert, de afleveringen van een bedrijfscourant, enzovoort. Maar het kunnen ook grotere gehelen zijn, zoals bedrijven, provincies, ambtenarenapparaten van gemeenten of scholengemeenschappen. Bij een 'groot aantal' moet u in deze context denken aan een aantal van minimaal 40 à 50 eenheden. Beneden dit aantal krijgen de resultaten van de meeste kwantitatieve analyses, eigen aan het survey-onderzoek, een te lage betrouwbaarheid.
Een tweede hoofdkenmerk van een survey is dat de onderzoeker zich bedient van minder tijdrovende manieren van datagenerering. Dit is ook wel

nodig, gelet op het grote aantal onderzoekseenheden dat moet worden benaderd. Meestal hanteert zij of hij dan ook slechts één methode, die bovendien redelijk snel kan worden uitgevoerd. Bepaald populair is de schriftelijke enquête.

Vanwege de beoogde breedte van het onderzoek – het aantal potentiële onderzoekseenheden (de populatie) kan gemakkelijk liggen in een orde van grootte van 5.000 tot 50.000 of nog (veel) meer – werkt men vaak met een steekproef. Typerend voor het survey is dat de steekproef aselect wordt getrokken. Dat wil zeggen dat alle potentiële onderzoekseenheden in de populatie een even grote kans hebben om in de steekproef te worden opgenomen, ongeacht de kenmerken die deze eenheden hebben. Een aselecte trekking is de beste garantie voor het verkrijgen van een representatief beeld van de totale populatie, zodat de onderzoeksresultaten straks gegeneraliseerd kunnen worden. Dit alles wijkt sterk af van de hierna te behandelen casestudy, waar men de onderzoekseenheden juist heel selectief kiest vanwege bepaalde kenmerken die ze hebben.

Eveneens kenmerkend voor een survey is dat het beweerde wordt geformuleerd in termen van (scores op) variabelen, en relaties daartussen. Dit houdt in dat deze onderzoeksvorm kan worden getypeerd als *reductionistisch* van aard. Dat wil zeggen dat de werkelijkheid wordt gereduceerd tot een verzameling onderzoekseenheden (zie punt 1), en deze laatste in variabelen (zie punt 5).

Vanwege de grote aantallen gegevens die binnen dit onderzoekstype moeten worden verzameld, dient dit op een van tevoren goed gestructureerde wijze te gebeuren. Dit betekent het gebruik van gesloten vragen (enquête of interview) of gesloten waarnemingscategorieën voor observaties of documentenonderzoek. Het werken met grotere aantallen onderzoeksgegevens (data) betekent in de meeste gevallen dat deze op een kwantitatieve wijze en met behulp van principes en procedures uit de statistiek worden verwerkt en geanalyseerd.

Varianten
Er zijn verschillende variaties op het survey-onderzoek, afhankelijk van de vraag of het gaat om één of meer tijdstippen waarop materiaal wordt verzameld en van de vraag of dit materiaal bij een en dezelfde groep dan wel bij wisselende groepen wordt verzameld.

1. Cross sectioneel onderzoek
Een onderzoek dat voldoet aan de zeven kenmerken hierboven en waarbij op slechts één tijdstip materiaal wordt verzameld bij een en dezelfde groep, noemt men een cross sectionele survey. Vanwege de gemakkelijke uitvoerbaarheid en de relatief lage kosten – veel is gestandaardiseerd en/of kan

automatisch worden uitgevoerd – is dit een van de meest populaire vormen van onderzoek. Verreweg de meeste opiniepeilingen, marktonderzoeken en verkiezingsonderzoeken zijn van dit type.

2. Panelonderzoek
Als er niet eenmalig maar op meerdere tijdstippen bij een en dezelfde groep wordt gemeten, spreken we van een panelonderzoek. Dit type onderzoek is vooral geschikt om veranderingen binnen onderzoekseenheden in beeld te brengen. U wilt bijvoorbeeld weten wat de effecten zijn van een bijscholingsprogramma van werknemers op hun vermogen om tijdens het werk optredende problemen op te lossen. U kunt dan hun vaardigheid om problemen op te lossen meten vóór de bijscholing en nog een keer nadat de bijscholing is afgerond. Men spreekt hier achtereenvolgens wel van nulmeting en nameting. Uit een vergelijking van beide meetresultaten kunt u voor elke werknemer afleiden of, en zo ja in welke mate, deze vorderingen heeft gemaakt. Het is van groot belang dat u bij de nul- en de nameting exact dezelfde vragen stelt. Doet u dit niet, dan weet u niet in hoeverre verschillen in meetresultaten bij de nul- en de nameting kunnen worden toegeschreven aan de interventie dan wel (mede) het gevolg zijn van verschillen in stimuli bij de meting.
Omdat bij elke individuele werknemer allerlei toevalligheden een rol kunnen spelen in de prestaties die hij levert, weet u pas of de bijscholing effectief is geweest als u de resultaten van alle werknemers tezamen bekijkt. Het via de wet van de grote getallen uitschakelen van toeval is een van de grote voordelen van het survey-design.

3. Tijdreeks onderzoek
Soms ook verricht men niet meerdere metingen bij een en dezelfde groep, zoals bij de werknemers in het voorbeeld hierboven, maar bij steeds wisselende steekproeven. Men spreekt dan van een tijdreeksonderzoek. Het doel van dit type onderzoek is meestal het opsporen van een trend ofwel een verandering in een of andere collectieve eigenschap. Zo kan men op basis van een regelmatige sondering bijhouden hoeveel werklozen in een bepaald land als werkzoekend staan ingeschreven bij de arbeidsbureaus (ruwe aantallen). Of men berekent het gemiddelde aantal jaarlijks door ingezetenen in een land per spoor afgelegde kilometers tussen 1980 en 1995, om te zien wat voor trend dit te zien geeft. Omdat voor het bepalen van een trend een relatief groot aantal meetmomenten nodig is, zich meestal uitstrekkend over een aantal jaren, kan de onderzoeker de gegevens gewoonlijk niet zelf verzamelen. Zij of hij dient gebruik te maken van gegevens die door allerlei instanties continu worden verzameld. Men spreekt hier wel van ambtelijk statistisch materiaal.

Omdat men zowel in een panel- als in een tijdreeksonderzoek doorgaans werkt met kwantitatieve gegevens van grote aantallen onderzoekseenheden, meestal verkregen op basis van een aselecte steekproef, kunnen deze onderzoeksstrategieën worden gerekend tot de klasse van survey-designs. De verwerking van de kwantitatieve gegevens gebeurt in principe via de pc. Er zijn allerlei softwarepakketten waarmee dit soort gegevens kan worden verwerkt, zoals SPSS en SAS. Ook kunnen hiermee fraaie tabellen en grafieken worden gemaakt en statistische berekeningen worden uitgevoerd. Een en ander kan verder duidelijk worden aan de hand van het volgende praktijkvoorbeeld.

> **Voorbeeld 'voorlichting'**
> Er wordt een onderzoek gedaan naar de effectiviteit van een voorlichtingscampagne ter voorkoming van autodiefstal. De campagne begint en eindigt in november 1998 en bestaat uit persconferenties voor de landelijke, regionale en lokale radio, tv en pers. Daarnaast worden brochures verspreid bij garages, tankstations, autoverhuurbedrijven, alsook huis aan huis in diverse gemeenten. In de brochures worden tips gegeven hoe het risico op diefstal van goederen uit geparkeerd staande auto´s kan worden verkleind.
> De meting voorafgaande aan de campagne (nulmeting) bestaat uit een telefonisch gesprek waarin vragen worden gesteld van het gesloten type. De meting wordt uitgevoerd bij een steekproef van inwoners van de drie steden. Deze steekproef is op aselecte wijze getrokken uit een lijst met de namen van alle inwoners van de betreffende gemeenten die in het bezit zijn van een telefoon. Men trekt bijvoorbeeld met behulp van een tabel met randomgetallen namen uit het telefoonboek. Direct bij het opnemen van de telefoon wordt gevraagd naar het gezinshoofd of diens partner. De eerste vraag die vervolgens gesteld wordt, is of men in het bezit is van een auto en of men die minimaal eenmaal per maand gebruikt. Luidt het antwoord ontkennend, dan wordt de persoon in kwestie niet in de steekproef opgenomen en is dit het einde van het gesprek. Is het antwoord bevestigend, dan wordt een aantal vragen gesteld over mogelijke ervaringen met autodiefstal en over wat men weet en doet om deze soort diefstal te voorkomen. De onderzoekers gaan door met bellen tot het voorgenomen aantal van 600 gerealiseerde enquêtes is bereikt.
> Daarnaast worden er eveneens, voorafgaande aan de voorlichtingscampagne, op aselect gekozen tijdstippen en in dito stadswijken van de in het onderzoek betrokken gemeenten, waarnemingen verricht bij 3000 geparkeerd staande auto's. Gelet wordt op het zichtbaar achterlaten van kostbaarheden, het niet afsluiten van ramen en portieren en dergelijke.

> Na afloop van de campagne worden de 600 mensen bij wie de eerste keer een enquête is afgenomen, opnieuw telefonisch voor een enquête benaderd. Daarvan worden na herhaalde pogingen uiteindelijk 444 enquêtes gerealiseerd. Tijdens de gesprekken worden dezelfde vragen gesteld als bij de eerste keer, aangevuld met vragen over de verspreide brochures. Ook worden opnieuw geparkeerd staande auto's geïnspecteerd, en wel op dezelfde dagen van de week, op dezelfde momenten van de dag en in dezelfde wijken als de eerste keer. Dit alles wordt gedaan met het oog op een maximale vergelijkbaarheid van het onderzoeksmateriaal. In totaal worden in deze tweede ronde 4304 geparkeerd staande auto's gecontroleerd.
>
> De uitslag van het onderzoek is dat vrij veel mensen de brochure kennen, deze zelfs lezen en in redelijke mate de inhoud daarvan blijken te kennen en te kunnen reproduceren. Vergeleken met de nulmeting is er vermoedelijk dan ook duidelijk sprake van een toegenomen inzicht in hoe men zich tegen diefstal uit auto's kan beveiligen. Maar het effect daarvan in termen van het daadwerkelijk nemen van voorzorgsmaatregelen is blijkens de waarnemingen minimaal. Het wekt dan ook geen verbazing dat uit de statistieken van de politie in de betrokken gemeenten nauwelijks een afname valt te constateren in het aantal aangiften van inbraken in auto's. Met andere woorden: er is geen enkele trendbreuk in het aantal diefstallen. Het valt niet te verwachten dat andere steden het voorbeeld van deze campagne zullen volgen. Men besluit tot een grondige herziening van de voorlichting.

U ziet hier een voorbeeld van een *panelonderzoek*. Er is sprake van een *herhaalde meting* bij een grote en aselecte steekproef van onderzoekseenheden, te weten 600 personen en 3000 auto's, respectievelijk 444 personen en 4304 auto's. Daarbij moet worden opgemerkt dat om redenen van praktische aard concessies zijn gedaan aan het principe van aselectheid. Strikt genomen hebben niet alle inwoners van de drie steden een gelijke kans om in de steekproef te komen. Gekozen wordt immers uit degenen met een aansluiting op het telefoonnet. Van deze laatsten hebben weer uitsluitend zij die in de telefoonregisters zijn opgenomen een kans om te worden getrokken. Daarmee worden mensen zonder telefoon, met een geheim nummer, met een recente aansluiting of afsluiting, uitgesloten. Jonge mensen die bij hun ouders inwonen vallen eveneens buiten het onderzoek. Ten slotte worden door de gekozen werkwijze ook zieken en hoogbejaarden ondervertegenwoordigd in de steekproef; zij verblijven in zieken- en verzorgingshuizen.

Ook aan het panelkarakter valt een en ander af te dingen. In feite is alleen het enquêtegedeelte te kwalificeren als een panelonderzoek. Alleen is hier sprake van een herhaald onderzoek bij *dezelfde* personen. In het gedeelte dat slaat op de inspectie van geparkeerd staande auto's, volgt men de principes van een tijdreeksonderzoek. Immers, de verzameling geparkeerde auto's bij de nameting is niet dezelfde als bij de nulmeting. Met andere woorden: in dit gedeelte werkt men met wisselende groepen, zijnde hét kenmerk van een tijdreeksonderzoek. Bovendien, van de gecontroleerde auto's weten de onderzoekers niet of ze van de geënquêteerde personen zijn. Sterker is natuurlijk als de auto's van deze laatsten worden waargenomen, zowel bij de voor- als bij de nameting. In dat geval kunnen we een verbinding leggen tussen wat mensen aan de telefoon zeggen en wat ze met hun auto doen. Ook kunnen we dan met iets meer zekerheid een eventueel na de voorlichting qua voorzorgsmaatregelen en diefstal verbeterde situatie toeschrijven aan deze voorlichting. Maar een dergelijk onderzoek is om begrijpelijke redenen omvangrijker en aanzienlijk lastiger om uit te voeren. Vandaar dat is gekozen voor deze eenvoudigere variant.

De wijze van datagenerering is conform de principes van een survey-onderzoek relatief weinig arbeidsintensief. Normaliter is weliswaar een meervoudige wijze van dataverzameling – gebruikt worden enquêtes en waarnemingen in het veld – te omvangrijk voor een survey. Maar een telefonische enquête gaat doorgaans vrij snel, terwijl de waarneming in dit onderzoek relatief snel verloopt omdat het gaat om een vluchtige controle op een beperkt aantal zaken.

Een moeilijk te vermijden onvolkomenheid van dit onderzoek is de vrij grote uitval: slechts 444 van de 600 personen die aanvankelijk in de steekproef zitten, worden met de nameting bereikt. Aangezien degenen die uitvallen normaliter geen randomsteekproef vormen uit het gehele personenbestand bij de nulmeting, komt dit de geldigheid van de onderzoeksresultaten niet ten goede. Dit nadeel van uitval doet zich bij de meeste panelonderzoeken in meer of mindere mate voor.

Tot zover een voorbeeld dat verschillende zaken duidelijk maakt. Ten eerste ziet u een bevestiging van een eerdere opmerking dat in de praktijk vaak mengvormen van verschillende varianten van een onderzoeksstrategie voorkomen. Ook kunt u zelf in uw afstudeerproject een geheel eigen variant samenstellen. U laat zich leiden door de situatie waarin u zich bevindt, de mogelijkheden die u hebt en de eisen die aan u worden gesteld. Ten tweede laat het voorbeeld zien dat in een onderzoek allerlei concessies moeten worden gedaan. Er moeten vaak diverse pragmatische beslissingen worden genomen die u misschien verbazen. De realiteit is dat geen enkele onderzoeker ontkomt aan dit soort keuzen. We beweren zelfs dat een ideaal onderzoeksontwerp niet bestaat, en als het bestond, dan was het onuitvoerbaar.

Voor- en nadelen
Een van de belangrijkste redenen voor het gebruik van een survey is het bereik, dat vergeleken met het hierna te behandelen experiment en de casestudy groot is te noemen. Behalve dat u in principe tot een breed overzicht en algemeen geldende (extern geldige) uitspraken kunt komen, geeft

het grote aantal onderzoekseenheden u de mogelijkheid om allerlei statistische samenhangen (correlaties) te berekenen. Zo kunt u in het voorbeeld over de Nederlandse akkerbouw in de vorige paragraaf de samenhang berekenen tussen de prijs die het gewas oplevert en de voedingswaarde die het heeft, of tussen de prijs en het verwerkingsgemak van de gewassen. Ook kunt u relaties leggen tussen allerlei kenmerken ofwel variabelen van de bedrijven, zoals tussen de grondsoort, de kwaliteit en het pijl van het grondwater enerzijds en de kwaliteit van de producten anderzijds. Bij het berekenen van samenhangen gebruikt u principes uit de statistiek.

Een ander praktisch voordeel van het survey-onderzoek is dat er in vergelijking met de andere strategieën veel methodologische handboeken bestaan waaronder statistische werken, waarin uitvoerig beschreven staat hoe de diverse onderdelen van dit onderzoekstype moeten worden uitgevoerd. Ook is er op dit vlak veel software voor dataverwerking en -analyse beschikbaar, veel meer dan voor meer kwalitatieve vormen van onderzoek. Genoemd werden al softwarepakketten zoals SPSS en SAS. Het survey-onderzoek is dan ook in vergaande mate gestandaardiseerd. Dit is niet alleen gemakkelijk voor de onderzoeker. Ook en vooral zijn de resultaten en de wijze waarop deze tot stand zijn gekomen, voor derden, waaronder de opdrachtgever, controleerbaar. Wellicht is deze standaardisering en controleerbaarheid oorzaak van de grote populariteit die deze onderzoeksstrategie heeft bij onderzoekers en vooral ook bij opdrachtgevers. Onderdeel van deze populariteit is de ruime aandacht die dit type onderzoek krijgt in de meeste studierichtingen aan universiteiten en hogescholen. De overige onderzoeksstrategieën krijgen tot op heden doorgaans relatief weinig aandacht. Een vak als statistiek bijvoorbeeld, dat in veel universitaire studierichtingen een verplicht onderdeel van het studieprogramma is, past geheel in de strategie van het kwantitatieve survey.

Een van de belangrijkste beperkingen van het survey-onderzoek is de in vergelijking met andere onderzoeksstrategieën geringe diepgang en het aspectmatige karakter van de verkregen kennis. Omdat u tijdruimtelijk gezien zo'n breed domein bestrijkt, bestudeert u meestal noodgedwongen slechts bepaalde aspecten van het door u gekozen onderzoeksobject. Dit is een verschil met de meer kwalitatieve vormen van onderzoek waar, zoals aanstonds blijkt, veel meer wordt gepoogd een integraal beeld te krijgen van het onderzochte. Deze geringere diepgang is de belangrijkste prijs die moet worden betaald voor een totaaloverzicht over een breed terrein en generaliseerbare kennis.

Een ander nadeel van het survey kan zijn dat u van tevoren al relatief veel over het onderwerp in kwestie moet weten. Doordat u op een snelle manier de data dient te genereren, nodig vanwege de grote aantallen onderzoekseenheden, moet van tevoren een goed doordacht meetinstrument worden geconstrueerd, bijvoorbeeld een vragenlijst. Voor het maken van een adequate vragenlijst is doorgaans veel voorkennis nodig. Zo is het meestal nodig dat u uitgebreid kennisneemt van de theorie op het terrein in kwestie. Er zijn gevallen waarin u niet of onvoldoende kunt beschikken over al dit soort voorkennis, terwijl ook theorievorming kan ontbreken. Toepassing van een survey kan dan bezwaarlijk zo niet onmogelijk zijn.

Ook in snel veranderende situaties kan een survey moeilijk toepasbaar zijn. Dit speelt vooral in het praktijkgerichte onderzoek. De sterke mate van structurering vooraf die nodig is, maakt het onderzoek namelijk weinig wendbaar. Als eenmaal de vragenlijst is ontwikkeld en de steekproef is getrokken, is het moeilijk om nog in te spelen op onvoorziene zaken en onverwachte gebeurtenissen. Vooral als u een onderzoek doet dat moet bijdragen aan de oplossing van een probleem, kan dit een handicap zijn. In dit type onderzoek heeft u vaak te maken met een snel veranderende omgeving en met onverwachte bevindingen.

De genoemde bezwaren spelen veelal niet of veel minder in het theoriegerichte onderzoek. Vandaar de voorkeur van veel wetenschappers aan universiteiten en andere wetenschappelijke instellingen voor dit type onderzoek.

Gebruiksmogelijkheden

De verschillende varianten van een survey kunnen worden gebruikt als uw doel is te komen tot hetzij algemeen geldende kennis, hetzij kennis over onderzoekseenheden die talrijk zijn en of die een grote tijdruimtelijke uitgebreidheid hebben, hetzij beide. Voorbeelden van onderzoek met een groot aantal onderzoekseenheden zijn de problematiek van samenvoeging van Nederlandse gemeenten, het ziekteverzuim bij een multinational, het milieubewustzijn in het bedrijfsleven, de vitaliteit van de Nederlandse bossen, het gebruik dat de inwoners van een stad maken van het aanbod van lokale media in die gemeente, enzovoort.

Van een panelonderzoek en een tijdreeksonderzoek kunt u gebruikmaken als u veranderingen in de tijd wilt bestuderen. Dit is onder meer het geval als u de effectiviteit van een of andere interventie, bijvoorbeeld een reorganisatie, een nieuwe wetgeving of een voorlichting, wilt vaststellen. Wel is in dat geval de tijdreeks iets zwakker dan het panelonderzoek. De reden hiervan is dat bij de tijdreeks een verschil in meetresultaten bij de voor- en de nameting niet zonder meer aan de interventie kan worden toegeschreven. Mogelijk hebben deze verschillen ook te maken met verschillen tussen de groep die de nulmeting en de groep die de nameting ondergaat.

Een voordeel van de tijdreeks boven het panelonderzoek is dat in principe geen testeffecten kunnen optreden. Dit zijn (leer)effecten van de nulmeting. Vraagt men bijvoorbeeld bij de voormeting naar iemands mening over veilig vrijen, dan kan alleen al door de gedachten die deze vraag bij de respondenten oproepen een positieve houding tegenover veilig vrijen ontstaan. Ziet men vervolgens bij de nameting een positievere houding tegenover veilig vrijen dan vóór de voorlichting, dan kan dit niet zonder meer worden toegeschreven aan de voorlichting. Als met wisselende groepen wordt gewerkt, zoals in een tijdreeks, is er deze verstorende nawerking van de nulmeting uiteraard niet. Ook kan men in een tijdreeksonderzoek op een groot aantal tijdstippen metingen verrichten zonder dat diegenen die enquêtevragen moeten beantwoorden 'beurs' raken of zelfs afhaken. Immers, iedere persoon wordt in principe slechts één keer benaderd.

Een tijdreeks kan bijvoorbeeld worden gekozen door de afstudeerder in de beleidswetenschappen die als onderwerp heeft de carrièrekansen die vrouwen hebben bij de Nederlandse overheid. In dat kader kan bijvoorbeeld worden gekeken naar het verloop in het percentage vrouwen dat overheden in dienst hebben, berekend voor een reeks van jaren. Hetzelfde kan worden gedaan met het aantal vrouwen in bepaalde leidinggevende functies. Meestal krijgt u met deze benadering een trend te zien, op basis waarvan u onder voorbehoud voorspellingen kunt doen over de toekomstige ontwikkeling van het bestudeerde fenomeen. Voorwaarde is wel dat u instanties vindt waar de betreffende gegevens voorradig zijn. Er is in een gemiddeld onderzoeksproject geen gelegenheid om deze reeksen gegevens zelf te verzamelen. Alweer een aanleiding om al itererend het zoeken naar een probleemstelling mede te laten afhangen van wat u aan interessante (tijdreeks)gegevens kunt vinden.

Tot zover enkele karakteristieken van de klasse van survey-onderzoek. Voor meer informatie over dit type onderzoek en de daarbij te hanteren methoden, waaronder methoden van datagenerering en steekproeftrekking, wordt u verwezen naar handboeken van bijvoorbeeld Swanborn (1994), Segers (1989, 1990) en Baarda en De Goede (1999).

Opgave
a. Bedenk een projectkader en doel- en vraagstelling die zich typisch lenen voor een cross sectioneel survey.
b. Idem voor een panelenonderzoek.
c. Idem voor een tijdreeksonderzoek.
d. Schets voor elk van deze drie gevallen wat de voor- en nadelen, mogelijkheden en beperkingen zijn van de betreffende onderzoeksstrategie, gegeven de gekozen doel- en vraagstelling.

6.4 HET EXPERIMENT

Een experiment is hét type onderzoek waarmee u ervaringen kunt opdoen met nieuwe te creëren situaties of processen en waarmee u kunt nagaan wat de effecten van deze veranderingen zijn. Deze effecten krijgt u in beeld door (minimaal) twee zo veel mogelijk gelijke groepen te creëren, waarbij de ene groep een behandeling (interventie) ondergaat en de andere geen of een andere behandeling krijgt. Daarna kijkt u in hoeverre de beide groepen van elkaar verschillen.

Kenmerken
Een experiment in zijn meest zuivere vorm – we spreken ook wel van een laboratoriumexperiment – herkent u aan de volgende zaken:
1. formering van (minimaal) twee groepen, een experimentele groep en een controlegroep;
2. willekeurige toedeling van proefpersonen of -objecten aan beide groepen. Men noemt dit randomisatie;
3. de onderzoeker bepaalt (en niet de onderzochten!) welke groep aan de interventie wordt blootgesteld en ook wat er verder binnen de groepen gebeurt;
4. de onderzoeker zorgt dat er geen of zo weinig mogelijk invloeden van buitenaf zijn;
5. naast een nameting is er bij voorkeur sprake van een nulmeting voordat de interventie wordt uitgevoerd.

Deze vijf kenmerken worden hieronder kort uitgewerkt en toegelicht. Om te beginnen kan de interventie bestaan uit een grote diversiteit van zaken. Voorbeelden zijn het vertonen van een voorlichtingsfilm tegen roken, het invoeren van een nieuwe leermethode op basisscholen, het doorvoeren van een organisatieverandering, enzovoort. De groep die de interventie ondergaat, heet experimentele groep. De groep die geen of een andere interventie ondergaat, heet controlegroep. Na de interventie wordt voor beide groepen nagegaan (gemeten) hoe zij zich gedragen op het vlak van datgene wat men met de interventie wil bereiken. Men noemt dit laatste ook wel de *doelvariabele*. In de voorbeelden hierboven betekent dit dat van de deelnemers aan het experiment in volgorde wordt nagegaan in hoeverre zij zijn gestopt met roken, betere leerprestaties hebben gekregen of producten leveren met een hogere kwaliteit dan voorheen. Ziet men verschillen tussen de beide groepen op het vlak van de doelvariabele, dan mogen deze worden toegeschreven aan de interventie, mits aan de kenmerken 2, 3 en 4 hierboven is voldaan. We hebben hier te doen met een causale bewijsvoering die nagenoeg waterdicht is, op voorwaarde dat de interventie inderdaad het *enige* verschil vormt tussen de beide groepen.
De zojuist genoemde drie kenmerken staan alle drie in functie van deze gelijkheid. Naarmate er in mindere mate aan één of meer van deze drie kenmerken is voldaan, is de bewijsvoering minder waterdicht. Maar ook dan kan

de bewijsvoering in vergelijking met de andere onderzoeksstrategieën nog altijd vrij sterk worden genoemd. Nemen we bijvoorbeeld kenmerk 2, de randomisatie. Wanneer de onderzoeker de toedeling aan groepen niet expliciet aan het toeval overlaat, bestaat de kans dat bijvoorbeeld in de ene groep meer mannen dan vrouwen terechtkomen en in de tweede juist minder mannen dan vrouwen. We weten dan na afloop niet in hoeverre verschillen in meetresultaten moeten worden toegeschreven aan de interventie of aan de factor geslacht.

Een berucht mechanisme dat de gelijkheid van groepen en daarmee de causale bewijsvoering ernstig bedreigt, is wat bekendstaat als *zelfselectie*. Met zelfselectie wordt bedoeld dat als regel juist mensen met speciale kenmerken wel of juist niet voor blootstelling aan de interventie kiezen. Stel bijvoorbeeld dat u wilt vaststellen in hoeverre een voorlichting, gericht op het aankweken van een positieve houding ten opzichte van stoppen met roken, effect heeft. Neem voorts aan dat degenen die kiezen voor blootstelling aan de voorlichting juist diegenen zijn die al een positieve houding tegenover stoppen met roken hebben, hetgeen beslist niet denkbeeldig is. Als we nu vinden dat in de experimentele groep meer mensen zitten die na afloop zijn gestopt met roken dan in de controlegroep, dan is de conclusie onterecht dat de voorlichting effectief is. Niet de voorlichting beweegt de deelnemers om te stoppen met roken, maar omgekeerd, de positieve houding ten opzichte van stoppen met roken is dan de aanleiding om zich bloot te stellen aan de voorlichting: een omkering van de causaliteitsvolgorde. De combinatie van de voorwaarden 2 en 3 hierboven moet de onderzoeker behoeden voor deze zelfselectie.

In plaats van een randomtoedeling maakt men met het oog op het verkrijgen van vergelijkbare groepen ook wel gebruik van *matching*. Hierbij wordt bijvoorbeeld voor een vrouw van middelbare leeftijd met drie kinderen en universitaire opleiding in de experimentele groep een vrouw met vergelijkbare kwalificaties gezocht voor de controlegroep. In dit voorbeeld wordt gematcht op de variabelen geslacht, leeftijd, kindertal en opleiding. Natuurlijk kiest men voor matchingvariabelen die naar verwachting de grootste bedreiging voor de bewijsvoering vormen. Vanwege hun fundamentele karakter worden in veel onderzoeken geslacht, leeftijd en opleiding genomen als variabelen waarop wordt gematcht.

Ook het vierde kenmerk, controle over omgevingsfactoren, is evenals de kenmerken 2 en 3 nodig om zeker te weten dat de interventie bij uitsluiting de oorzaak is. Zorgden zojuist bepaalde kenmerken van de deelnemers voor mogelijke alternatieve verklaringen, nu gaat het om mogelijke alternatieve oorzaken *van buitenaf*. Zo moet worden uitgesloten dat tv-programma's waarin de gevaren van roken op pregnante wijze aan de orde worden gesteld en die toevallig in de periode van de voorlichting worden uitgezonden, de werkelijke oorzaak zijn van veranderingen in rookgedrag. Als de deelnemers aan het experiment deze tv-programma's zien, dan is niet meer vast te stellen in hoeverre eventuele veranderingen in het rookgedrag zijn toe te schrijven aan de voorlichting of aan de bewuste tv-programma's.

De vijfde en laatste voorwaarde ten slotte, het uitvoeren van een nulmeting, is nodig om zeker te weten of er wel echt iets veranderd is. Immers, als we bij de nameting verschillen constateren tussen de experimentele en de controlegroep, dan moeten we wél zeker weten dat die verschillen er vóór de interventie nog niet waren, op straffe van foutieve conclusies.

Varianten
Hoewel alle vijf kenmerken moeten worden gezien als voorwaarden voor een sluitende causale bewijsvoering, zal aan die vijf in de praktijk lang niet altijd volledig zijn voldaan. Dit betekent dat er verschillende sterkere en zwakkere varianten van het experiment bestaan, waarover nu meer.

1. Laboratoriumexperiment
Als aan alle vijf voorgaande voorwaarden is voldaan, spreken we van een laboratoriumexperiment. Dit is de meest sterke variant. Er is geen enkel type onderzoek waarmee een causale relatie tussen twee verschijnselen op meer overtuigende wijze kan worden aangetoond. Een in principe iets minder sterke subvariant van het laboratoriumexperiment is een onderzoek waarbij er geen nulmeting is. Dit wil in de praktijk nogal eens voorkomen, omdat men vaak pas op het idee komt om een interventie op effectiviteit te onderzoeken nadat deze is uitgevoerd. Meestal is overigens in zo'n situatie een ontbrekende nulmeting niet de enige voorwaarde waaraan niet is voldaan. Maar is zulks wél het geval, dan is er doorgaans weinig verlies in causale bewijsvoering. In dat geval fungeert immers de nameting van de controlegroep als nulmeting van de experimentele groep. Een manier waarop er dan nog bij de conclusies iets mis kan gaan, is dat er ondanks de door de onderzoeker getroffen maatregelen systematische verschillen zijn tussen de experimentele groep en de controlegroep. Bij een adequate randomisatie en/of matching is die kans overigens klein.

Soms slaat het potentiële nadeel van een ontbrekende nulmeting zelfs om in een voordeel. Een nadeel van nulmeting kan immers het risico zijn van *testeffecten*. Een testeffect is zoals gezegd de invloed op de doelvariabele die uitgaat van de nulmeting. Dit gevaar zou zich bijvoorbeeld kunnen voordoen in het voorbeeld van de voorlichting tegen roken. In het kader van een nulmeting worden normaliter allerlei vragen gesteld betreffende het (ophouden met) roken. Alleen al door het stellen van deze vragen worden mensen aan het denken gezet. Ziet men bij de nameting dat er bij de deelnemers een positievere houding ten opzichte van stoppen met roken is ontstaan, dan weten we niet in hoeverre dit te danken is aan de voorlichting, of dat deze positie-

vere houding (mede) het gevolg is van de nulmeting. In dit soort gevallen kan de onderzoeker expliciet streven naar een ontwerp zonder nulmeting.
Nóg beter is de subvariant die bekendstaat als het *Solomon four group design*. Bij deze variant van het laboratoriumexperiment zijn er naast de experimentele groep drie controlegroepen. Een eerste controlegroep krijgt een nulmeting en geen interventie, een tweede groep ondergaat geen nulmeting en wel een interventie, en een derde groep krijgt noch een nulmeting, noch een interventie. Met een dergelijk ontwerp kunnen we niet alleen testeffecten op het spoor komen, maar ook mogelijke interacties tussen de nulmeting en de interventie. Een interactie betekent in deze context het effect van de *combinatie* van twee factoren. De causale bewijsvoering is hier op haar sterkst, maar het is wel een duur onderzoek.
Een tweede subvariant is het zogenoemde factorieel ontwerp. Hiervan kunt u gebruikmaken als u wilt weten welke combinatie(s) van twee (of meer) interventies het meest effectief is (zijn). Stel dat u wilt weten welke combinatie van stijl van voorlichting en mediumtype het meeste effect sorteert. Qua stijl van voorlichting heeft u de keus uit een waarschuwende en een feitenverstrekkende aanpak, en als medium kunt u kiezen uit de krant of de televisie. In totaal zijn er dan vier combinaties van stijl en medium. Om te weten welke combinatie het meest succesvol is, maakt u vier experimentele groepen, één voor elke combinatie. Er is geen aparte controlegroep. De diverse groepen fungeren als elkaars controlegroepen.

2. *Quasi-experiment*
Naast de klasse van laboratoriumexperimenten zijn er verschillende varianten die bekendstaan onder de verzamelnaam quasi-experiment. Dit zijn in vergelijking met het zuivere laboratoriumexperiment iets zwakkere varianten, omdat aan een of enkele van de vijf genoemde voorwaarden niet (volledig) is voldaan. Een causale bewijsvoering moet dan, zoals intussen bij de lezer bekend is, met iets minder garanties voor de *interne* geldigheid worden uitgevoerd. Daar staat tegenover dat dit type onderzoek veel vaker toepasbaar is dan het laboratoriumexperiment. Bovendien zijn deze varianten meestal levensechter, wat de *externe* geldigheid van de resultaten ten goede komt. Binnen het quasi-experiment zijn weer verschillende subvarianten mogelijk, waarvan wij er twee noemen.
Een bekende subvariant van de klasse van quasi-experimenten staat bekend als het werken met *bestaande groepen*. Stel een studieleider wil weten wat de effecten zijn van een nieuwe rekenmethode op de prestaties van leerlingen in het voortgezet onderwijs. Zij of hij kan dan in de ene klas deze nieuwe rekenmethode invoeren en in de parallelklassen de oude methode handhaven. Vervolgens kan worden nagegaan wat de verschillen zijn in leerprestaties tussen de leerlingen in de diverse klassen. Hoewel hier niet voldaan is aan het

tweede kenmerk – waar wordt gewerkt met bestaande groepen, wordt per definitie niet gerandomiseerd of gematcht – kan toch worden gesproken van redelijk vergelijkbare groepen. De klassen zullen immers tamelijk gelijk zijn op de variabelen leeftijd en opleidingsniveau. Dit zijn niet zomaar twee variabelen. Ze zijn om begrijpelijke redenen erg belangrijk als het gaat om vergelijking van leerprestaties van kinderen. Aangezien scholen vaak een specifiek recruteringsgebied hebben, zullen de groepen bovendien tot op zekere hoogte homogeen zijn qua sociaaleconomisch milieu. Ook zelfselectieprocessen krijgen hier in de regel weinig kans, aangezien leerlingen meestal niet zelf voor een klas kunnen kiezen.

Verder heeft de leraar/experimentator een vrij grote controle op wat er gebeurt in de klas en in de omgeving (zie de kenmerken 3 en 4 in het rijtje). Als een benadering van de nulmeting (kenmerk 5) ten slotte, kunnen gemiddelde rapportcijfers uit het verleden worden gehanteerd. Tot zover het (quasi-)experimenteren met bestaande groepen.

Een tweede hier te noemen veel toegepaste quasi-experimentele variant is het *veldexperiment*. Hier maakt de onderzoeker gebruik van verschillen die hij in 'het veld' aantreft, in plaats van zelf door middel van een interventie verschillen te creëren. Zij of hij kan in deze variant weliswaar vaak niet bepalen wie aan een interventie wordt blootgesteld, maar kan wél uitmaken wie de interventie *niet* ondergaat. Deze mogelijkheid doet zich bijvoorbeeld voor als u de effecten van een mailing wilt weten. Blootstelling kan dan in zoverre niet worden geforceerd, dat mensen een toegezonden brief of e-mail ongelezen kunnen laten. Maar wie geen brief of e-mail krijgt toegestuurd, blijft normaliter verstoken van blootstelling. Dit betekent dat er wat betreft het *niet* worden blootgesteld (nagenoeg) geen zelfselectie kan optreden.

Een ander voorbeeld is de onderzoeker die de effecten van lokale media wil bestuderen. Zij of hij kan dan enkele gemeenten kiezen waar deze media aanwezig zijn en enkele gemeenten waar deze (nog) niet bestaan. Deze onderzoeker kan als onderzoeksstrategie kiezen voor een mix van een veldexperiment en een hierna te behandelen vergelijkende casestudy. Deze laatste mengvorm wordt veelvuldig gekozen door onderzoekers in een praktijkgericht onderzoek.

3. *Nabootsing*
In de voorbeelden tot nu toe was steeds sprake van experimenteren met vergelijkbare groepen. Hoewel de nu volgende varianten niet werken met vergelijkbare groepen en daarom strikt genomen niet vallen onder de eerder gegeven definitie van een experiment, mogen ze naar onze smaak niet in een opsomming als deze ontbreken. De bedoelde varianten hebben onderling en met het klassieke experiment gemeen dat de onderzoeker iets laat gebeuren om vervolgens te kijken naar de effecten die deze interventie heeft. Bedoeld

is een categorie van onderzoek waarin wordt gewerkt met nabootsing van de te onderzoeken werkelijkheid. Ook van dit type onderzoek bestaan verschillende subvarianten.

Een veel toegepaste vorm van nabootsing om daaruit lering te trekken is *computersimulatie*. Een voorbeeld is het maken van een computermodel van een communicatieproces, om vervolgens een van de onderdelen van dit model te veranderen. De computer kan dan doorrekenen wat daarvan de gevolgen zullen zijn. Het belangrijkste voordeel van deze computersimulatie is dat men relatief gemakkelijk en goedkoop allerlei wijzigingen in het model kan aanbrengen (de interventie) om daarvan de effecten te bestuderen. Bovendien en vooral is het voordeel dat, waar in de praktijk effecten vaak lang op zich laten wachten, men hier al na zeer korte tijd de effecten kan meten.

Een andere voor diverse moderne disciplines interessante vorm van nabootsing is de *spelsimulatie* ofwel 'gaming'. Hierbij maakt men een spel van dat deel van de werkelijkheid dat men wil bestuderen. Zo'n spel bestaat grofweg uit een verzameling rollen. Per rol is er een aantal taken, bevoegdheden en voorschriften waaraan de rolspeler zich moet houden. Bovendien krijgt elke speler bepaalde instructies en informatie die zij of hij in bepaalde gevallen moet opvolgen respectievelijk naar eigen wens kan gebruiken bij het nemen van gedragsbeslissingen. In het spel kan men allerlei onverwachte gebeurtenissen inbouwen (vergelijk de kanskaart bij het monopolyspel), waarna de gevolgen daarvan kunnen worden bestudeerd.

Nog weer een andere, vooral voor praktijkgerichte disciplines relevante manier van experimenteren door middel van nabootsing is het gebruik van *schaalmodellen*. Een bepaald proces of object kan op kleine schaal worden nagebouwd, waarna het minder kostbaar, tijdrovend en/of riskant is om hierin te wijzigen dan wanneer dit met het te onderzoeken systeem zelf gebeurt. Dit middel wordt vooral gehanteerd bij het uittesten van nieuwe technologische ontwikkelingen.

Tot zover een overzicht van enkele varianten. Teneinde u meer inzicht te geven in wat een experiment als onderzoeksvorm inhoudt, volgt hieronder een praktijkvoorbeeld.

Voorbeeld 'kaartlezen'
Bij militaire oefeningen raken bij nachtelijke operaties regelmatig legeronderdelen in moeilijkheden, mede als gevolg van bijzondere en onverwachte terreinomstandigheden. Dit brengt de legerleiding op de gedachte om de vaardigheid van manschappen in het interpreteren van zaken als luchtfoto's, stafkaarten en andere geografische informatie op te voeren. Men besluit dan ook een trainingsprogramma te ontwikkelen. In principe heeft men de keuze uit twee soorten instructiemateriaal,

te weten films en dia's. Omdat niet bekend is welke van beide de beste resultaten oplevert, probeert men beide varianten. Er worden drie groepen geformeerd. Eén groep krijgt een training met behulp van filmmateriaal, één groep gaat oefenen met dia's en een derde groep krijgt in het geheel geen instructies.
Voor het samenstellen van de groepen hanteert men de volgende richtlijnen:
a. de groepen komen alle uit een en dezelfde compagnie;
b. uit deze compagnie worden de deelnemers random geselecteerd;
c. de eenmaal samengestelde groepen worden nog eens speciaal gecontroleerd op opleidingsniveau;
d. de trainingen worden op dezelfde dagen van de week en op gelijke tijdstippen van de dag gegeven. Hetzelfde geldt voor de te verrichten metingen (zie hierna);
e. men zorgt ervoor dat de activiteiten voor en na de instructies voor de drie groepen gelijk zijn.

Om de vaardigheid in het kaartlezen te meten kiest men voor een schriftelijke test bestaande uit 40 meerkeuzevragen. Voor een controle op mogelijke interactie-effecten van de mate van intelligentie van de proefpersonen neemt men ook een intelligentietest af (zie ook verderop). Beide testen worden in alle drie de groepen onaangekondigd afgenomen, en wel een halve dag na afloop van de training.
De resultaten wijzen uit dat beide trainingen zorgen voor een iets verhoogde vaardigheid in het kaartlezen. Gemiddeld halen de beide getrainde groepen een hogere score dan de ongetrainde groep. De veronderstelling dat stilstaande beelden (dia's) voor het leren lezen van kaarten (eveneens stilstaande beelden) beter zijn dan bewegende beelden, wordt niet bevestigd. De groep met de diabeelden blijkt het weliswaar gemiddeld een fractie beter te doen dan de 'filmploeg', maar het verschil is niet statistisch significant. De bijdrage van de training aan het kaartlezen blijkt voor de meer intelligenten sterker dan voor hen met een wat lagere score op de intelligentietest.

We zien hier een *laboratoriumexperiment* met als *doelvariabele* een verhoging van vaardigheid in het kaartlezen. De *interventie* bestaat uit een tweetal trainingen met elk hun eigen soort instructiemateriaal. Er wordt voor elk van beide methoden een aparte *experimentele* groep ingericht, met daarnaast één *controlegroep*. Met het oog op een sluitende bewijsvoering tracht men de groepen in allerlei opzichten *aan elkaar gelijk* te maken: recrutering uit *één en dezelfde* compagnie, *randomisatie* aangevuld met een extra controle op de hier natuurlijk zeer belangrijke variabele opleidingsniveau, inroostering van alle activiteiten op één en hetzelfde dagdeel (het individuele prestatieniveau kan over dagdelen variëren), en een inbedding van de training in overeenkomstige activiteiten (uitschakeling van externe factoren als vermoeidheid of

'goed op dreef zijn' door voorafgaande activiteiten, anticiperen op bezigheden daarna, enzovoort).
Vanwege de hier zeker niet denkbeeldige mogelijkheid van testeffecten kiest men voor een ontwerp zonder nulmeting. Om te voorkomen dat de deelnemers extra hun best doen wordt verzwegen dat er sprake is van een experiment en dat de prestaties na afloop worden gemeten. Deze maatregelen verhogen de natuurgetrouwheid van het experiment en daarmee de generaliseerbaarheid ofwel externe geldigheid van de onderzoeksresultaten.
De gehanteerde meetprocedure is een voorbeeld van een enquête met gesloten vragen. Het voordeel hiervan boven een interview met open vragen is de vergelijkbaarheid van de antwoorden in de verschillende groepen. Voor de externe geldigheid zou het nog beter zijn geweest om levensechte oriënteeropdrachten in het veld te geven, gevolgd door participerende observaties van de onderzoeker(s). Maar dit kost natuurlijk veel meer tijd. Bovendien kan dit ten koste gaan van de interne geldigheid, vanwege de moeilijke vergelijkbaarheid van meetresultaten die zijn verkregen op basis van vrije (onsystematische) observaties. Dit laatste zou weer vragen om verschillende onafhankelijke waarnemers; een nog hogere tijdinvestering derhalve.
Tot slot blijkt uit de onderzoeksresultaten dat er sprake is van een interactie tussen de interventie en de intelligentie van de deelnemers. De trainingen hebben een effect, maar voor de slimmeren is dit effect sterker dan voor de minder slimmen. Tot zover het voorbeeld.

Voor- en nadelen
Zoals ook het survey heeft de categorie van (quasi-)experimentele opzetten allerlei plus- en minpunten. Het verreweg belangrijkste voordeel van het (zuivere) experiment is de hoge mate van *interne* geldigheid. Zoals gezegd kan met geen enkele andere onderzoeksstrategie het bewijs van een causale relatie op zo overtuigende wijze worden geleverd.
Een potentieel probleem is de *externe* geldigheid van de resultaten. In een experiment verkeren mensen in een voor hen ongewone situatie. Ze worden bijeengebracht in een groep met mensen met wie zij normaliter niet omgaan, en komen in een situatie die afwijkt van hun dagelijkse leefpatroon. Het is dan nooit helemaal zeker dat wat we vinden aan resultaten, ook opgaat voor het alledaagse leven. Een andere beperking is dat lang niet alle interventies uitvoerbaar zijn. Er kunnen morele bezwaren zijn tegen bepaalde experimenten. Zo is het moreel discutabel om bij het experimenteel uittesten van een overtuigend nieuw geneesmiddel tegen aids een controlegroep in te richten. Ook kan het moreel aanvechtbaar zijn om mensen in een experimentele groep niet te vertellen wat de verwachte gevolgen van een interventie zijn, ondanks dat de validiteit van het onderzoek hier meestal om vraagt.

Verder zijn er legio variabelen waarvan we de effecten willen weten, maar die niet of bezwaarlijk kunnen worden gemanipuleerd. Zo is het bijvoorbeeld niet mogelijk om met een experiment na te gaan wat voor invloed het sociaaleconomisch milieu waaruit mensen komen heeft op leerprestaties. De reden is dat de experimentator niet naar believen variaties kan aanbrengen in het fenomeen sociaaleconomisch milieu.

Gebruiksmogelijkheden
Van een experimentele onderzoeksstrategie kan bijvoorbeeld, zoals eerder gezegd, zeer goed gebruik worden gemaakt in een evaluatieonderzoek. Dit kan zich voordoen als een onderzoeker de effectiviteit van een bepaald overheidsbeleid wil vaststellen, een vorm van productevaluatie. Of men wil nagaan wat de effecten zijn van een reorganisatie op de werksfeer en op de arbeidsproductiviteit in een bedrijf. Het gaat hier immers in beide gevallen om het aantonen van een causale relatie, te weten tussen de interventie en de doelvariabele.
Experimenteren in de zin van nabootsing is met name een mogelijkheid wanneer men toekomstige ontwikkelingen wil verkennen. Ook kan dit soort onderzoek worden ingezet om erachter te komen hoe mensen of bepaalde zaken reageren in een nieuwe omgeving of wanneer in een bestaande situatie wijzigingen worden aangebracht.
In meer exploratieve zin kan vooral ook het veldexperiment dienen om erachter te komen wat bijvoorbeeld de meest geschikte werkprocedures in een organisatie zijn.
De lezer die van plan is een (quasi-)experimenteel onderzoek te gaan uitvoeren, wordt aangeraden om, alvorens aan de uitvoering te beginnen, kennis te nemen van de betreffende methodologische literatuur. Een goede keuze is bijvoorbeeld Cook en Campbell (1979) of Campbell en Stanley (1966). Voor simulatie kan worden verwezen naar Geurts en Vennix (1989) en Vennix (1996).

Opgave
a. Bedenk een projectkader en doel- en vraagstelling die zich typisch lenen voor een laboratoriumexperiment volgens een factorieel design.
b. Idem voor een experiment met bestaande groepen.
c. Idem voor een veldexperiment.

6.5 DE CASESTUDY

Een casestudy is een onderzoek waarbij de onderzoeker probeert om een diepgaand en integraal inzicht te krijgen in één of enkele tijdruimtelijk begrensde objecten of processen. Deze objecten of processen kunnen zijn een lokale omroep, een bedrijf, de totstandkoming van een bepaalde wet, de locatiekeuze van een stortplaats, enzovoort.

Kenmerken
Een casestudy herkent u aan de volgende zaken:
1. een smal domein, bestaande uit een *klein aantal* onderzoekseenheden;
2. een *arbeidsintensieve* benadering;
3. meer *diepte* dan breedte;
4. een *selectieve* ofwel strategische steekproef;
5. het beweerde betreft in veel gevallen het *geheel* (in plaats van eenheden en variabelen zoals bij het survey);
6. een *open* waarneming *op locatie*;
7. *kwalitatieve* gegevens en dito onderzoeksmethoden;

Vergelijking van deze kenmerken met die van een survey laat zien dat de survey en de casestudy in meerdere opzichten elkaars tegenpolen zijn. Hieronder worden de genoemde kenmerken uitgewerkt en toegelicht.
Een eerste en belangrijkste onderscheidend kenmerk is dat men in de casestudy werkt met een relatief *klein aantal* onderzoekseenheden. Deze laatste worden in een casestudy overigens doorgaans case genoemd. Dit aantal kan variëren van één tot hooguit enkele tientallen. Het werken met kleine aantallen heeft diverse consequenties voor de uitvoering van het onderzoek en voor de aard van de resultaten. Een eerste in het oog springende consequentie is dat in principe een kwantitatieve analyse van de verzamelde gegevens niet mogelijk is en dat men is aangewezen op een of andere *kwalitatieve* manier van onderzoek doen. Dit betekent dat u niet zozeer gaat tellen en rekenen met waarnemingsresultaten, maar dat u deze laatste met elkaar gaat vergelijken en duiden.
Een tweede karakteristiek van de casestudy is dat veel meer in de *diepte* dan in de breedte, zoals in een survey, wordt gewerkt. Deze diepgang wordt bereikt door te werken met *verschillende arbeidsintensieve* vormen van datagenerering. In een survey-onderzoek gebruikt men vaak uitsluitend de telefonische of schriftelijke enquête met liefst gesloten vragen. In plaats daarvan kiest men in een casestudy vaak voor het meer arbeidsintensieve vrije face-to-face interview met open vragen. Maar liever nog hanteert de onderzoeker een combinatie van zo'n individueel interview met bijvoorbeeld groepsinterviews, met (participerende) observatie en met inhoudsanalyse van tekstueel en audiovisueel materiaal. We noemen dit *methodentriangulatie*. Ook probeert de onderzoeker diepgang te krijgen door te werken met meerdere bronnen, de zogenoemde *bronnentriangulatie*.
Een derde karakteristiek van een casestudy die eveneens voortvloeit uit het werken met kleine aantallen, is een *strategische* steekproeftrekking in plaats

van een aselecte trekking zoals in een survey. Met kleine aantallen is de kans om met een aselecte trekking een atypische steekproef te krijgen veel te groot, met alle consequenties voor de externe geldigheid van de onderzoeksresultaten van dien. Bij een strategische steekproeftrekking laat de onderzoeker zich bij haar of zijn keuze van onderzoekseenheden bewust leiden door het conceptueel ontwerp en door datgene wat hij over de onderzoekseenheden te weten wil komen. Kortom, de probleemstelling treedt in de plaats van het toeval bij het selecteren van onderzoekseenheden.

Een andere karakteristiek van de casestudy is dat men probeert een *integraal* beeld te krijgen van het object *als geheel*. Men zou hier kunnen spreken van een *holistische* werkwijze, te onderscheiden van een *aspectmatige* ofwel reductionistische benadering die kenmerkend is voor het survey. Dit holistische uit zich in het gebruik van kwalitatieve en niet voorgestructureerde maar open wijzen van dataverzameling. Te noemen zijn het vrije interview, (participerende) observatie en de interpretatie van tekstueel en audiovisueel materiaal. Ook hier helpt *triangulatie* bij het verkrijgen van een integraal beeld van het onderzoeksobject. Het verkrijgen van een integraal beeld van het object speelt met name een belangrijke rol bij de etnografische wijze van dataverzameling (zie hoofdstuk 7, paragraaf 7.4).

Kenmerkend voor een casestudy is voorts dat het object, de case, in zijn *natuurlijke omgeving* wordt bestudeerd. In de inleiding spraken we in dit kader van een onderzoek *op locatie*. Een casestudy aangaande het functioneren van de lokale omroep in een gemeente betekent bijvoorbeeld dat u naar deze omroeporganisatie toegaat om daar ter plaatse met de mensen te praten, om documenten te bekijken en waarnemingen te verrichten. In een survey zou u de medewerkers van de omroep veeleer een schriftelijke enquête toesturen, telefonisch enquêteren of, in het meest vergaande geval, hen thuis opzoeken voor een interview.

Omdat de selectie van te onderzoeken cases in de casestudy een cruciale plaats inneemt, volgen hieronder tot slot enkele manieren van strategische steekproeftrekking. Grofweg zijn er twee mogelijkheden: u kiest voor óf minimaal óf maximaal van elkaar verschillende cases. Stel dat u nog heel weinig van het onderwerp in kwestie weet, om welke reden u van plan bent een *exploratief* onderzoek te starten. Het kan dan raadzaam zijn om cases te zoeken die over het geheel genomen zo veel mogelijk op elkaar lijken (minimale variatie). Als er namelijk sterke verschillen tussen de cases zijn, dan is het moeilijk om tot algemene beschrijvende uitspraken te komen. Ook is het in dat geval lastig om verbanden tussen verschijnselen te leggen (verklaring). Als we bijvoorbeeld denken dat er een verband is tussen leiderschapsstijl en arbeidsproductiviteit, dan is het best mogelijk dat geconstateerde verschillen in arbeidsproductiviteit moeten worden toegeschreven aan andere verschillen tussen de onderzochte cases dan de verschillen in leiderschapsstijl.

Een andere, wellicht nog interessantere strategie van steekproeftrekking is die waarbij de onderzochte cases in bepaalde *zorgvuldig door de onderzoeker te kiezen* opzichten maximaal van elkaar verschillen en voor het overige maximaal aan elkaar gelijk zijn. Deze strategie kan aantrekkelijk zijn als u gericht zoekt naar een causaal verband tussen X (onafhankelijke variabele) en Y (afhankelijke variabele). Stel dat u vermoedt dat de mate van samenwerking tussen zorgverleners (X) in sterke mate de kwaliteit van de gezondheidszorg in ziekenhuizen bepaalt (Y). Om deze hypothese op houdbaarheid te controleren kunt u een instelling zoeken waar er nauwelijks enige vorm van samenwerking is en een instelling die op dit punt als goed bekendstaat. Door middel van een vergelijkende casestudy gaat u vervolgens na of de tweede instelling zich onderscheidt door een betere kwaliteit van de verleende medische hulp. In dit geval laten we dus de *onafhankelijke* variabele, in casu de mate van samenwerking (X), zo sterk mogelijk variëren.

Een andere mogelijkheid is die waarbij voor een maximale variatie in de *afhankelijke* variabele wordt gezorgd. Deze strategie is zinvol indien u wilt nagaan welke factoren de kwaliteit van medische hulp, de afhankelijke variabele van zojuist, beïnvloeden. U zou dan enkele (afdelingen binnen) ziekenhuizen kunnen selecteren die bekendstaan om hun hoge kwaliteit van medicatie en zorg. Deze zou u kunnen vergelijken met (analoge afdelingen van) ziekenhuizen die in dit opzicht als minder goed gelden. In een vergelijkende analyse speurt u dan naar systematische verschillen tussen de goede en de minder goede (afdelingen van) ziekenhuizen. Vindt u die verschillen, dan kunnen deze onder voorbehoud worden aangewezen als de oorzaken van kwaliteitsverschillen. Zie voor de redenen en de aard van dit voorbehoud een behandeling van het hiervoor genoemde experiment.

Een derde en laatste hier te noemen methodiek om cases voor een casestudy te selecteren is de zogenoemde *snowball sampling*. Hierbij selecteert u de cases een voor een. De eerste case wordt bestudeerd en op grond van bevind van zaken wordt de tweede case geselecteerd, enzovoort. Deze methodiek kan worden gehanteerd als u nog heel weinig van het terrein in kwestie weet en/of wanneer u volledig in het ongewisse bent over wat u in een case zoal kunt tegenkomen. Ook indien de onderzoekspopulatie en de elementen daarin van tevoren niet bekend zijn, kan met vrucht een sneeuwbalprocedure worden gevolgd. Dit doet zich bijvoorbeeld voor in een onderzoek onder zwervers en daklozen in een bepaalde stad.

Een laatste hier te noemen interessante mogelijkheid voor snowball sampling doet zich voor als we bijvoorbeeld een bepaalde informatiestroom of een interactienetwerk willen achterhalen. We kunnen dan een respondent vragen bij wie deze bepaalde informatie heeft opgedaan, respectievelijk met wie deze regelmatig interacteert, enzovoort.

Varianten
Er zijn binnen de casestudy verschillende modaliteiten en varianten, waarvan we hier enkele van de belangrijkste noemen.

1. *Enkelvoudige casestudy*
In de enkelvoudige casestudy wordt slechts één case diepgaand bestudeerd. Liefst ligt hier een zwaar accent op triangulatie. Dit alles om het toeval – we hebben maar één case – zo veel mogelijk uit te schakelen. Een subvariant van de enkelvoudige casestudy is die waarbij in een en dezelfde case meerdere subcases worden onderscheiden. Stel, u wilt uitspraken doen over het ambtelijke apparaat van een nationale overheid. Met het oog hierop onderzoekt u de afzonderlijke ministeries of zelfs afdelingen daarbinnen als waren het losse cases.
In dit kader wijzen we op het verschil tussen waarnemings- en onderzoekseenheden. In het voorbeeld hierboven vormen ministeries de onderzoekseenheden. Als waarnemingseenheden ofwel databronnen fungeren de afzonderlijke afdelingen.

2. *Vergelijkende casestudy*
Het verschil tussen een vergelijkende en een enkelvoudige casestudy is dat men niet één case afzonderlijk bestudeert, maar verschillende cases in onderlinge vergelijking. Ook hier zijn er weer subvarianten. De twee belangrijkste volgen hieronder.
De hiërarchische methode: Bij deze subvariant voert u het onderzoek in twee fasen uit. In de eerste fase onderzoekt u de *afzonderlijke* cases als betrof het een serie van enkelvoudige casestudy's. Hierbij is het van groot belang dat deze afzonderlijke cases zo veel mogelijk *onafhankelijk* van elkaar worden bestudeerd. Bij de analyses en bij het weergeven van de onderzoeksresultaten van die afzonderlijke cases volgt u bij voorkeur een vast patroon. Dit vergemakkelijkt het uitvoeren van vergelijkingen in de tweede fase. In deze tweede fase neemt u vervolgens de resultaten uit de eerste fase als input voor een vergelijkende analyse over alle onderzochte cases heen. Hierbij tracht u verklaringen te vinden voor de overeenkomsten en verschillen tussen de diverse cases zoals die in de eerste fase naar voren zijn gekomen. Ook kunt u tot een iets hoger abstractieniveau komen door diverse zaken uit de afzonderlijke cases onder meer algemene en abstracte noemers te plaatsen. Een variatie op deze methode is dat in de eerste fase niet meerdere cases afzonderlijk worden bestudeerd, maar verschillende onderzoekers dezelfde case bestuderen. De door hen *onafhankelijk van elkaar* verkregen onderzoeksresultaten worden vervolgens in de tweede fase op een iets hoger abstractieniveau geanalyseerd. Men noemt dit wel *onderzoekerstriangulatie*. Deze onderzoeksvorm kan in principe alleen worden toegepast als wordt gewerkt met andere

databronnen dan personen. U kunt het een persoon nu eenmaal niet aandoen om deze de een na de andere onderzoeker op haar of zijn dak te sturen met steeds dezelfde of analoog geformuleerde vragen.
In veel situaties biedt deze hiërarchische vorm van de casestudy zeer interessante mogelijkheden voor studenten en AIO's. Zij ondernemen bijvoorbeeld met een medestudent een gezamenlijk project waarin zij onder meer het principe van onderzoekerstriangulatie toepassen.
De sequentiële methode: In deze variant van een vergelijkende casestudy begint de onderzoeker met één case die hij of zij diepgaand bestudeert. Op grond van de bevindingen kiest men weloverwogen een tweede case, die *in vergelijking met* de resultaten van de eerste case wordt bestudeerd. Pas nadat uit deze vergelijking conclusies zijn getrokken, kiest men mede op basis van deze conclusies een derde case, enzovoort. Deze methode vertoont gelijkenissen met zowel de hiërarchische methode, de snowball sampling als met de verderop te behandelen gefundeerde theoriebenadering.

Tot zover een overzicht van enkele varianten van de casestudy. Hieronder volgt ter verdere verduidelijking een praktijkvoorbeeld.

Voorbeeld 'Rustig Doorgaan'
In bejaardenhuis 'Rustig Doorgaan' hoort men in de wandelgangen steeds meer klachten. Er zijn spanningen, ziekteverzuim en verloop onder het personeel. Tijdens de bestuursvergaderingen klagen ook de vertegenwoordigers van de bewoners steen en been: onvriendelijke bejegeningen en onvoldoende zorg door het personeel zijn aan de orde van de dag. De werkdruk van het personeel is door de bezuinigingen van de afgelopen jaren veel te hoog. Het opvallende is wél dat er grote verschillen zijn tussen de diverse afdelingen van het bewonerscomplex. In de ene afdeling lijkt alles pais en vree, in de andere afdeling gonst het van de negatieve geruchten, terwijl ook roddel en achterklap de sfeer volledig verpesten. De vraag is dan ook wat de achtergronden precies zijn van de geconstateerde problemen. Pas als dit duidelijk is, kan zinvol worden nagedacht over een oplossingsplan en over een beleid waarmee dit kan worden gerealiseerd.
De directie besluit dan ook tot een onderzoek en verstrekt een opdracht aan onderzoeksbureau UVWD. Dit bureau start daarop met een onderzoek. Omdat de onderzoekers na een eerste intakegesprek met verschillende betrokkenen verwachten dat er sprake is van een complexe problematiek die over een lange reeks van jaren is gegroeid, besluiten ze om de gehele situatie vanuit verschillende perspectieven en in haar totale context diepgaand te bestuderen.
Besloten wordt om per afdeling van het bejaardenhuis een onderzoek te verrichten. Men start met de afdeling waar de problemen het sterkst zijn en met een afdeling waar alles nog zonder al te veel problemen verloopt. In beide afdelingen worden gesprekken gevoerd met bejaarden. Ook met het personeel wordt gepraat en overleg gevoerd.

> Daarnaast gaan de onderzoekers op gezette tijden naar de eetzaal, naar de recreatieruimten en andere gemeenschappelijke ruimten om te zien wat er gebeurt en waar de mensen over praten. Vooral als er door de oudjes druk wordt gediscussieerd, zijn de onderzoekers alert. Verder worden ook vergaderingen en meetings bijgewoond en worden verslagen van eerdere vergaderingen bestudeerd. Aan het begin van die vergaderingen laten de onderzoekers de problematiek op de agenda zetten. Voor wat betreft het observatiegedeelte van het onderzoek spreken de onderzoekers af de waarnemingen zo veel mogelijk onafhankelijk van elkaar te verrichten, om daarna de resultaten met elkaar te vergelijken.
> Ten slotte vragen en krijgen de onderzoekers tot op zekere hoogte toegang tot (geanonimiseerde!) medische dossiers. Ter aanvulling daarop praten de onderzoekers met alle hulpverleners die naast het reguliere verzorgende personeel in het tehuis werkzaam zijn.
> Het aldus verzamelde materiaal wordt per afdeling diepgaand bestudeerd en met elkaar in verband gebracht. Op basis van de resultaten die dit oplevert, wordt vervolgens een derde afdeling voor onderzoek geselecteerd, waarna dezelfde procedure volgt. Op deze manier worden in totaal zes van de twaalf afdelingen aan een onderzoek onderworpen. Op basis van de eerste resultaten van deze zes afzonderlijke studies wordt in een slotanalyse gepoogd een gedetailleerd beeld te krijgen van de oorzaken en achtergronden van de problemen.

We zien hier een team van onderzoekers aan het werk dat een praktijkgericht onderzoek uitvoert volgens het model van de vergelijkende casestudy. Refererend aan de interventiecyclus in hoofdstuk 2 nemen zij als onderzoeksdoel het stellen van een diagnose, te weten het achterhalen van de oorzaken en achtergronden van de problemen. Met het oog hierop starten zij met een *strategische* selectie van cases. Dat wil zeggen, zij kiezen twee afdelingen die *maximaal verschillen* op het punt van de te verklaren ofwel afhankelijke variabele, te weten de ernst van de geschetste problemen. Dit is een handige strategie, aangezien de onderzoekers de oorzaken en achtergronden van de geschetste problemen willen achterhalen. Vervolgens werken ze volgens het principe van *snowball sampling*.
Verder valt uit de omschrijving op te maken dat in de eerste plaats personen, te weten bewoners en personeel en later ook andere hulpverleners, worden gekozen als databronnen. Bij deze personen worden met behulp van interviews (gesprekken) relevante gegevens verzameld. Maar ook het middel van observatie wordt gebruikt als de onderzoekers besluiten om op gezette tijden rond te gaan kijken in gemeenschappelijke ruimten en bij gemeenschappelijke activiteiten van de bewoners. Er is dus sprake van *methodentriangulatie* en *bronnentriangulatie*. Daarnaast buiten zij het feit dat ze met meerdere onderzoekers aan hetzelfde project werken uit met een slimme *onderzoe-*

kerstriangulatie. Ze besluiten immers om de observaties zo veel mogelijk onafhankelijk van elkaar te verrichten. Nog meer bronnentriangulatie vindt plaats in de vorm van de bestudering van documenten, te weten medische dossiers van de bewoners.

Verder wordt duidelijk dat de onderzoekers kiezen voor een *hiërarchische vergelijkende casestudy.* Immers, de diverse afdelingen worden aanvankelijk *afzonderlijk* bestudeerd. Pas in een tweede fase worden de resultaten van deze deelstudies bij elkaar gelegd en met elkaar vergeleken teneinde een *gestructureerd en diepgaand totaalbeeld* te krijgen. We zien overigens ook elementen uit de *sequentiële* methode, waar de derde en volgende cases steeds worden gekozen op grond van en worden vergeleken met eerdere cases.

Ook dit voorbeeld laat goed zien dat u vrij bent om uw eigen ontwerp te bouwen en dat u rustig kunt afwijken van standaardprocedures. Ook kunt u elementen uit verschillende varianten en strategieën in uw ontwerp inbouwen. Dit alles maakt het ontwerpen van een onderzoek tot een creatieve bezigheid waarbij u veel fantasie, persoonlijk inschattingsvermogen en eerder verworven kennis en inzichten kunt benutten. Tot zover het voorbeeld.

Voor- en nadelen
Vooral voor een praktijkgericht project kan de casestudy voordelen hebben. Ten eerste biedt deze methode mogelijkheden om een *integraal* beeld te krijgen van het onderzoeksobject. Hierin wijkt de casestudy af van het survey en het experiment, waarmee veel meer aspectkennis wordt verkregen. Dit integrale beeld kan met name een voordeel zijn in een onderzoek dat is gericht op verandering van een bestaande situatie. Veranderingspogingen zijn in het algemeen riskant wanneer men de situatie en de context waarin het object is ingebed, niet in al zijn facetten kent. Men overziet dan immers de gevolgen van een ingreep niet meer.

Een tweede voordeel van een praktijkgericht onderzoek dat als een casestudy is ingericht, schuilt in de mate waarin voorstructurering nodig is. In de casestudy is veel minder voorstructurering nodig dan in een survey of in een experiment. Dit maakt de casestudy in vergelijking met de beide andere strategieën veel *wendbaarder.* Hier is het dan ook veel gemakkelijker om tijdens het onderzoek nog van koers te veranderen. Dit is met name een voordeel als het onderzoek betrekking heeft op een snel veranderende situatie.

Een derde en laatste hier te noemen voordeel van de casestudy gezien vanuit een praktijkgericht project, is dat de resultaten vaak eerder door 'het veld' zullen worden *geaccepteerd* dan die van een kwantitatieve survey of van een ingewikkeld en vaak ook enigszins kunstmatig experiment. Een van de redenen hiervan is dat in een casestudy de onderzoeker een veel minder afstandelijke rol speelt dan in een survey en in een experiment. Bovendien zijn de gebruikte methoden en de soort gegevens die een casestudy oplevert meer alledaags van karakter, zoals ook al eerder opgemerkt. Daardoor kunnen de resultaten herkenbaarder zijn en beter geaccepteerd worden dan in een survey. Deze acceptatie door 'het veld' is vaak een voorwaarde om een daadwerkelijke bijdrage aan een veranderingsproces te kunnen leveren. Voor de theoriegerichte onderzoeker spelen deze argumenten niet of in ieder geval veel minder.

Een potentieel nadeel van de casestudy is dat de *externe* geldigheid van de resultaten soms onder druk staat. Naarmate men minder gevallen bestudeert, is het moeilijker om de bevindingen van toepassing te verklaren op het geheel of op analoge gevallen. Het spreekt voor zich dat dit voor een praktijkgericht onderzoek, waarin men bijvoorbeeld uitspraken wil doen over slechts één organisatie, in principe veel minder een rol speelt dan in het theoriegerichte onderzoek. Ook in dat opzicht is de kwantitatieve survey een tegenpool van de casestudy. In de survey is externe geldigheid in principe makkelijker haalbaar dan in een casestudy. Maar door de geringere diepgang, de meer arbeidsextensieve methoden en de geringere wendbaarheid zal de interne geldigheid in een survey eerder onder druk komen dan in een casestudy.

Gebruiksmogelijkheden
De casestudy biedt met name voor de beginnende onderzoeker zeer interessante mogelijkheden. Hiervoor zijn drie pragmatische redenen aan te voeren. Een eerste pragmatisch voordeel is dat dit type onderzoek voor de beginnende onderzoeker in principe gemakkelijker binnen haalbare proporties is te houden dan bijvoorbeeld het experiment en vooral de survey; dit vanwege de hoge mate van voorstructurering die het survey en ook het experiment vereisen en het grote aantal onderzoekseenheden waarover in het survey gegevens moeten worden verzameld.

Een tweede praktisch voordeel kan zijn dat bij een casestudy in principe met relatief weinig methodologische kennis en training toch heel zinvolle onderzoeksresultaten kunnen worden verkregen. Kenmerkend voor de casestudy is namelijk dat de door de onderzoeker te volgen werkwijzen meer overeenkomsten hebben met het alledaagse denken en handelen dan het geval is met de andere onderzoeksstrategieën. Zo kan een student zonder veel kennis van methoden en statistiek in principe gemakkelijker en met minder risico's een casestudy uitvoeren dan bijvoorbeeld een survey of een experiment. Vooral in de analysefase van een survey is uitgebreide kennis van de statistiek en kwantitatieve onderzoeksmethoden onontbeerlijk.

Een derde en laatste hier te vermelden praktisch voordeel is dat de casestudy, anders dan de meeste andere strategieën, in vrijwel elke situatie is toe te passen. Zo stuit een experiment vaak op praktische of morele bezwaren, terwijl slechts zeer specifieke causale vraagstellingen kunnen worden onderzocht.

Voor een survey ontbreken vaak de benodigde grote aantallen onderzoekseenheden. Bovendien zijn vooral veel praktijkgerichte vraagstellingen gebaat bij een meer kwalitatieve benadering.

De lezer die overweegt om zijn onderzoek naar het model van de casestudy in te richten, wordt geadviseerd om, in aanvulling op het bovenstaande, kennis te nemen van bijvoorbeeld Yin (2003) of Hutjes en Van Buuren (1996).

Opgave
Stel, u wilt een casestudy gaan uitvoeren naar de achtergronden en oorzaken van de vele conflicten die zich op een van de afdelingen van een gemeentelijk ambtenarenapparaat voordoen. Maak een gedetailleerd technisch ontwerp voor dit onderzoek. Geef bij elke daarbij gemaakte keuze aan wat uw argumenten en overwegingen zijn.

6.6 DE GEFUNDEERDE THEORIEBENADERING

Een onderzoek uitgevoerd volgens de gefundeerde theoriebenadering is te karakteriseren als een manier om, met bewust afzien van kennis die de onderzoeker van het object onder studie heeft en door het voortdurend op elkaar betrekken van fenomenen, te komen tot nieuwe theoretische inzichten.

Kenmerken
De belangrijkste kenmerken van de gefundeerde theoriebenadering zijn:
1. een *zoekende* (tentatieve, hermeneutische, 'verstehende') houding van de onderzoeker;
2. het voortdurend onderling en met elkaar *vergelijken* van empirische gegevens en theoretische concepten;
3. een zorgvuldige en consequente toepassing van hieronder nader aan te geven *procedures en technieken*.

Deze drie kenmerken lichten we hieronder in het kort toe.

Zoekende houding
In deze bij uitstek kwalitatieve onderzoeksbenadering ontstaat een theorie of een theoretisch concept langzaam maar zeker *tijdens* het onderzoek. De onderzoeker begint dus niet met een uitgewerkte theorie die vervolgens wordt getoetst. Zij of hij begeeft zich als het ware als een ontdekkingsreiziger op pad. Niet voor niets heet de baanbrekende studie van Glaser en Strauss uit 1967 *The Discovery of Grounded Theory*. Het is een speurtocht die soms langs meer bekende contreien voert, maar vaak ook leidt naar onbekende landschappen, waarin de onderzoeker moeite heeft om de weg te vinden en vast

te houden. De onderzoeker dient daarbij voortdurend open te staan voor de indrukken die de bestudering van de onderzoeksgegevens en het bestuderen van relevante literatuur meebrengen. Deze open houding – ook wel 'theoretical sensitivity' genoemd – 'refers to the attribute of having insight, the ability to give meaning to data, the capacity to understand, and capability to separate the pertinent from that which isn't' (Strauss & Corbin, 1990). Sommige onderzoekers hebben een dergelijke houding van nature meer dan andere. Maar deze houding is ook aan te leren en zal versterkt worden naarmate men zich meer toelegt op en meer vertrouwd raakt met de technieken en procedures van de gefundeerde theoriebenadering.

In de sociale wetenschappen is deze houding van de onderzoeker bekend als een 'hermeneutische' of 'verstehende' houding. Deze is onderscheiden van een meer hypothetisch-deductieve houding van bijvoorbeeld de surveyonderzoeker, die zich in principe in sterke mate laat leiden door theoretische inzichten en zich niet zelden richt op hypothesetoetsing. Beide zijn legitieme wetenschappelijke houdingen en leiden tot een verdere ontwikkeling van de wetenschap, mits men daarbij de wetenschappelijke criteria van betrouwbaarheid, geldigheid en navolgbaarheid in acht neemt. Voor de zoekende houding impliceert dit laatste dat de onderzoeker er voortdurend op alert is zich niet te laten meeslepen door zijn fantasie en creativiteit, maar een kritische en sceptische houding behoudt ten aanzien van de zich ontwikkelende theorie. Daarbij geldt dat de ontwikkelde concepten op hun empirische geldigheid getoetst moeten worden. En als zij deze toets niet kunnen doorstaan, dan moeten ze zonder pardon terzijde worden geschoven (Blumer, 1974).

Voortdurende vergelijking
Vaak wordt de onderzoekstechniek, behorende bij de gefundeerde theoriebenadering, aangeduid als de methode van voortdurende vergelijking. De onderzoeker is tijdens zijn ontdekkingsreis steeds bezig om datgene wat hij aantreft te vergelijken met wat eerder is waargenomen en geïnterpreteerd of wat anderen hebben beschreven. De onderzoeker onderzoekt of het nieuwe fenomeen dezelfde kenmerken bezit als een eerder waargenomen vergelijkbaar fenomeen of juist afwijkende eigenschappen laat zien. In dat laatste geval zal de onderzoeker moeten nagaan of er hierbij sprake is van een afwijking die de regel bevestigt, van een bijstelling van de regel of dat er sprake is van een tot nu toe onderbelicht facet van het te ontwikkelen theoretisch concept.
Er zijn heel wat vergelijkingsmogelijkheden, waarvan we er enkele zullen noemen. De voorbeelden erbij zijn ontleend aan een onderzoek van Benschop (1996).

a. Primaire empirische vergelijking
De onderzoeker kan een door haar of hem zelf waargenomen verschijnsel vergelijken met een ander fenomeen uit hetzelfde onderzoek. In een onderzoek

naar de kwaliteit van de arbeid in de banksector bijvoorbeeld constateert Benschop dat deeltijdarbeid vooral voorkomt bij de lager gekwalificeerde administratieve functies en niet bij de hogere commerciële functies. Tevens constateert zij dat vooral vrouwen in de bank in deeltijdfuncties werken. Zou er een verband bestaan tussen beide verschijnselen, zo vraagt zij zich af?

b. *Secundaire empirische vergelijking*
De onderzoeker kan een door haar of hem aangetroffen verschijnsel vergelijken met hetzelfde of een analoog door andere onderzoekers beschreven verschijnsel. Onze onderzoeker bestudeert bijvoorbeeld verslagen van door anderen uitgevoerd onderzoek naar het voorkomen van deeltijdarbeid. Zij constateert dat ook in deze onderzoeken gewag wordt gemaakt van het feit dat vooral vrouwen in lagere deeltijdfuncties werkzaam zijn. Dit bevestigt dan een (nieuw ontdekte) regel.

c. *Primaire theoretische vergelijking*
De onderzoeker vergelijkt een door haar of hem waargenomen verschijnsel met de theoretische inzichten die deze op basis van eerdere verschijnselen heeft ontwikkeld. Op basis van een eerste analyse van de aangetroffen verschijnselen formuleert de onderzoeker in ons voorbeeldonderzoek twee hypothesen. De eerste is dat vooral vrouwen met jonge kinderen een deeltijdbaan prefereren boven een volle baan vanwege hun zorgverplichtingen binnenshuis. De tweede hypothese stelt dat vooral kort cyclisch en dus laaggekwalificeerd werk in aanmerking komt voor deeltijdfuncties. De combinatie van beide hypothesen zou verklaren waarom vooral vrouwen op laaggekwalificeerde deeltijdtaken werken. Wanneer zij in het volgende door haar onderzochte bedrijf opnieuw constateert dat ook daar vooral vrouwen in deeltijd werken, onderzoekt zij beide hypothesen door ook de gezinssituatie van deze vrouwen in de analyse te betrekken en het cyclische karakter van de deeltijdfuncties te bestuderen. Haar theoretische vermoedens worden bevestigd.

d. *Secundaire theoretische vergelijking*
De onderzoeker vergelijkt een verschijnsel met theorieën van andere onderzoekers. De onderzoeker in ons voorbeeld bestudeert bijvoorbeeld de wetenschappelijke literatuur die gaat over de kwaliteit van de arbeid, over deeltijd en over de positie van vrouwen in organisaties. In verschillende studies wordt het door haar waargenomen verschijnsel dat vooral vrouwen met jonge kinderen op laaggekwalificeerde arbeidsplaatsen werken, geplaatst binnen de theorie van *the mommy track*: vrouwen met jonge kinderen kunnen vaak alleen in deeltijd werken en komen, ongeacht hun kwaliteiten en kwalificaties, doorgaans uitsluitend terecht op de lager gekwalificeerde functies. Zij worden vaak in hun arbeidscarrière op een zijspoor gezet.

e. Theorieënvergelijking
De onderzoeker vergelijkt de door haar of hem ontwikkelde theoretische concepten met andere theoretische concepten. Benschop duikt bijvoorbeeld verder de literatuur in en vergelijkt de theorie over de *mommy track* met andere theorieën over carrièrekansen en -beperkingen. Het blijkt dat succesvolle carrières vaak gemaakt worden door mensen die zich helemaal kunnen storten op hun werk en geen andere sociale of maatschappelijke verplichtingen hebben. Gecombineerde verantwoordelijkheden vormen een carrièrebarrière.

f. Deductieve vergelijking
De onderzoeker leidt uit een of andere theorie het vóórkomen van een karakteristiek van een verschijnsel af en gaat in het eigen onderzoek op zoek naar karakteristieken die met de aan de theorie ontleende karakteristieken vergelijkbaar zijn. In ons voorbeeldonderzoek signaleert de onderzoeker in de wetenschappelijke literatuur over loopbaanontwikkeling bijvoorbeeld dat men er in organisaties als vanzelfsprekend van uitgaat dat mensen die een carrière ambiëren, zich fulltime ter beschikking zullen stellen. Voetstoots wordt aangenomen dat mensen die blijk geven van andere prioriteiten, zoals het verzorgen van kinderen, geen carrière willen maken. De onderzoeker gaat na hoe er binnen de door haar onderzochte bedrijven gedacht wordt over het maken van carrières. Zij komt veel uitspraken en meningen tegen die het beeld bevestigen van een carrièremaker als een persoon die fulltime beschikbaar is voor de organisatie.

g. Inductieve vergelijking
De onderzoeker stelt in de werkelijkheid een karakteristiek van een verschijnsel vast en gaat vervolgens in de theorie op zoek naar een verklaring voor deze karakteristiek. Benschop constateert bijvoorbeeld dat in de door haar onderzochte bedrijven veel mensen impliciet een bepaald beeld hebben van wat men doorgaans verstaat onder 'de' carrièremaker: vaak denkt men aan een persoon die meer dan fulltime wil werken en bereid is het privéleven op te offeren voor het werk. Vaak heeft men daarbij ook een man voor ogen. Het valt Benschop op dat dit beeld ook onderschreven wordt door veel vrouwen die in deeltijd werken. Ook deze vrouwen blijken het normaal te vinden dat zij – juist omdat zij in deeltijd werken – geen carrièreperspectief hebben. De onderzoeker gaat vervolgens in de literatuur op zoek naar een verklaring voor dit fenomeen en stuit op theorieën die een dergelijk zelfbeeld verklaren vanuit genderspecifieke socialisering en identiteitsvorming.

Tot zover de voorbeelden. De onderzoeker kan naar wens de gewenste vergelijkingstypen kiezen. Verder is kenmerkend voor dit onderzoekstype dat niet alleen het ontwerpen van het onderzoek zoals gebruikelijk, maar ook het uitvoeren ervan op iteratieve wijze gebeurt. Als de onderzoeker bijvoorbeeld halverwege het onderzoek op het spoor komt van een theoretische verklaring, dan gaat zij of hij met deze nieuwe 'bril' op terug naar eerder door haar of hem geanalyseerde interviewverslagen of documenten. Dit om nadere gegevens over dit nieuwe inzicht te verkrijgen.

Van belang bij al deze activiteiten is dat de onderzoeker zorgvuldig en navolgbaar te werk gaat. Dit is hier veel meer dan bij andere onderzoekstypen van belang, vanwege het feit dat de onderzoeker hier veel vrije keuzemogelijkheden heeft en sterk moet vertrouwen op eigen interpretaties en intuïtie. In feite is hier de onderzoeker zelf het 'meetinstrument'. Daarom doet zij of hij van elke stap nauwkeurig verslag om aan te geven op welke wijze zij of hij tot haar of zijn bevindingen is gekomen. Behulpzaam hierbij zijn de min of meer gestandaardiseerde procedures en technieken van de gefundeerde theoriebenadering, waarover nu meer.

Procedures en technieken
Juist omdat de ontwikkeling van nieuwe theorieën en theoretische concepten het gevaar in zich draagt van onnavolgbaarheid, hebben de grondleggers van deze onderzoeksstrategie veel waarde gehecht aan het consequent volgen van bepaalde procedures en technieken. De zorgvuldige en vooral ook consequente toepassing van deze procedures en technieken stelt kritische collega-onderzoekers in staat het ontwikkelingsproces van de nieuwe theorie stap voor stap te volgen en op waarde te schatten. We zullen hieronder in het kort de belangrijkste procedures en technieken presenteren. Deze technieken vullen elkaar aan en de onderzoeker kan deze procedures in elke fase van het onderzoek toepassen.

1. Sensitizing concepts en open coding
In de eerste fase van de theorievorming gaat het om het verkennen van het onderzoeksterrein. De onderzoeker maakt hierbij gebruik van alle tot haar of zijn beschikking staande bronnen en technieken en is nieuwsgierig naar alles wat haar of hem informatie kan geven over het onderzoeksterrein in kwestie. In deze fase spelen zogenoemde 'sensitizing concepts' een belangrijke rol. Dit zijn richtinggevende concepten, waarvan de betekenis aan het begin van het onderzoek nog zo open mogelijk wordt gehouden. In de loop van het onderzoek wordt aan deze begrippen naar bevind van zaken geleidelijk een steeds specifiekere betekenis toegekend. De concrete onderzoeksactiviteiten die bij deze eerste fase horen, zijn het maken van aantekeningen van de waargenomen verschijnselen en het tentatief formuleren van begrippen die de beschreven verschijnselen kunnen duiden. Strauss en Corbin (1990) noemen deze activiteiten 'open coding'. Dit is het proces waarin gegevens met elkaar worden vergeleken. Ook probeert de onderzoeker in deze fase stukken tekst (of

audiovisueel materiaal) te karakteriseren door het toekennen van een pakkend label ofwel code. Het onderstaande is een voorbeeld van open coding, waarbij gebruikgemaakt wordt van sensitizing concepts.

Voorbeeld 'overspronggedrag'

Veel studenten stellen hun studeeractiviteiten uit tot vlak voor het tentamen. Een onderzoek naar het studeergedrag van studenten moet nader inzicht opleveren in dit fenomeen. 'Dat heeft veel te maken met overspronggedrag', zegt een van de geïnterviewden. 'Je stelt het studeren steeds maar uit omdat je, zo vind je, eerst nog iets anders moet doen.' De onderzoeker gaat na wat er zoal komt kijken bij dit overspronggedrag door andere mensen hierover te interviewen, zijn eigen overspronggedrag te analyseren en andere studies hierover te lezen. *Overspronggedrag* is dan een 'sensitizing concept' in het onderzoek naar het studeergedrag van studenten. Nu heeft elke student zo zijn of haar eigen manieren van overspronggedrag ontwikkeld. De onderzoeker bestudeert daarom verschillende verschijningsvormen van het overspronggedrag en beschrijft deze. Vervolgens geeft de onderzoeker een label (of code) om het in dit stukje tekst beschreven gedrag te karakteriseren. Door verschillende verschijningsvormen onderling met elkaar te vergelijken (open coding) krijgt de onderzoeker meer en meer inzicht in de karakteristieken van dit fenomeen.

---

2. Axial coding

Vervolgens dienen de concepten (codes) en de voorlopige inhouden en connotaties die deze hebben gekregen, te worden vergeleken en aldus te worden verrijkt met nieuwe of meer specifieke betekenisinhouden. Dit gaat door totdat deze concepten in voldoende mate ontwikkeld zijn tot volwaardige begrippen, die eenduidig omschreven zijn en belangrijke facetten van het te analyseren onderzoeksterrein bestrijken. Strauss en Corbin (1990) spreken in dit verband over 'axial coding', een procedure waarin de verschillende concepten (codes, labels) met elkaar in verband worden gebracht, zo mogelijk binnen een oorzaak-gevolgschema. In dit proces worden de *condities* en de *context* waarbinnen het *fenomeen* optreedt, de *handelingstrategieën* die het fenomeen tot uiting laten komen en de *gevolgen* van deze strategieën aangegeven. We geven hiervan weer een voorbeeld.

> **Voorbeeld 'overspronggedrag'**
> Bij het overspronggedrag (*fenomeen*) speelt een aantal zaken een rol, zoals de zwaarte van het tentamen, de prestaties van de student tot dusver, de sociale contacten, de faalangst van de student, enzovoort (*condities en context*). Het overspronggedrag zelf bestaat uit een veelvoud van handelingen (*strategie*), zowel op het terrein van het studeergedrag zelf (eerst nog een ander artikel lezen), het sociale gedrag (eerst bij anderen op bezoek gaan) als het persoonlijke gedrag (eerst de keuken schoonmaken en boodschappen doen). Overspronggedrag veroorzaakt spanning, slechte tentamenresultaten en schuldgevoelens (*gevolgen*).

3. Selective coding

De veelheid van beschreven verschijnselen en ontwikkelde begrippen en trefwoorden wordt teruggebracht tot een kernachtige omschrijving van de te ontwikkelen theorie. Dit gebeurt door de kernbegrippen vast te stellen en de essentie van de samenhangen tussen de kernbegrippen en aanverwante verschijnselen in een betooglijn te formuleren. Strauss en Corbin (1990) noemen dit 'selective coding', het vaststellen van een 'core category' (kernbegrip) door de redenering achter de samenhang van verschijnselen (storyline) aan te geven.

> **Voorbeeld 'overspronggedrag'**
> Het overspronggedrag van studenten lijkt deel uit te maken van een meer complex leef- en denkpatroon, dat typisch is voor studenten in onze tijd. Er is sprake van een zogeheten studentensubcultuur (kernbegrip). Deze subcultuur wordt gekenmerkt door een aantal structurele kenmerken, bijvoorbeeld de aard van de huisvesting en een aantal handelingskenmerken, zoals het blokken voor een tentamen of een studentikoos leven leiden. Nadere analyse van de kenmerken van deze studentensubcultuur zal meer aan het licht brengen over het studeergedrag, inclusief het overspronggedrag van studenten.

Na de formulering van het kernbegrip en van de centrale betooglijn wordt ten slotte de theorie verder uitgewerkt. Hierbij gaat het vooral om het zorgvuldig formuleren van de relaties tussen de gevonden kernbegrippen en de overige inhoudelijke concepten van het onderzoek. Er worden verbindingen gelegd met andere bestaande theorieën op dit terrein. Ook worden de grenzen van de theorie afgetast door extreme situaties te bestuderen die in eerste instantie de theorie lijken tegen te spreken. Daarna is de theorie rijp voor empirische toetsing. Tot zover een drietal elkaar in de tijd opvolgende procedures die de onderzoeker kan doorlopen. Zo dadelijk geven we een voorbeeld dat het hele proces bestrijkt.

Varianten

Er bestaan van deze benadering geen gestandaardiseerde varianten. Maar wel kunt u uw eigen ontwerp maken door bepaalde accenten te leggen en keuzen te maken uit de diverse vergelijkingsmogelijkheden. We geven hiervan een voorbeeld.

Voorbeeld 'gender subtext'

Een voorbeeld van de toepassing van de procedures en technieken van de gefundeerde theoriebenadering is het eerder ter sprake gebrachte onderzoek van Benschop (zie Benschop & Doorewaard, 1998) naar verschijningsvormen en effecten van het onderscheid tussen mannen en vrouwen en tussen masculiniteit en femininiteit in organisaties. In de wetenschappelijke publicaties op het terrein van vrouwenstudies wordt gewezen op het bestaan van onderliggende, aan macht gerelateerde, processen in organisaties die zorgen voor de persistentie van genderongelijkheid in organisaties. Benschop gebruikt deze notie van onderliggende *machtsprocessen* als een 'sensitizing concept'. Vervolgens werkt zij dit concept op exploratieve wijze verder uit. Ze doet dit door bestaande theorieën op dit terrein te confronteren met door haar verzameld empirisch materiaal.

Zij gaat in de wetenschappelijke literatuur op de terreinen van vrouwenarbeid, vrouwenstudies en organisatiewetenschappen op zoek naar begrippen en noties die haar bij haar speurtocht naar machtsprocessen behulpzaam zijn. Voorts verzamelt Benschop bij vijf cases in de banksector gegevens over deze processen. Ze doet dit overeenkomstig de principes van triangulatie door middel van observaties, interviews en documentanalyse.

Met behulp van de techniek van open coding werkt zij een aantal begrippen uit die van belang lijken bij de beschrijving van het fenomeen genderongelijkheid. Een van die begrippen is bijvoorbeeld het begrip 'paradepaardjes'. Hiermee zijn bedoeld vrouwen die erin geslaagd zijn om hoge posities te verwerven en wier carrière als lichtend voorbeeld wordt gehouden voor iedereen in de organisatie. Met behulp van de technieken van axial coding en selective coding, toegepast op de genoemde begrippen, komt Benschop tot de ontwikkeling van het kernbegrip 'gender subtext in organisaties'. Gender subtext is een verzameling van organisatorische maatregelen en sociale praktijken die vaak impliciet het genderonderscheid (re)produceren. Doorgaans manifesteert zich dit genderonderscheid als genderongelijkheid. De genoemde arrangementen hangen onderling samen en vormen de basis voor onderscheiden organisatiepraktijken, waarin het genderonderscheid naar voren komt.

De resultaten van het onderzoek laten zien dat gender subtext zoals door Benschop geconcipieerd voorkomt in diverse en uiteenlopende sociale praktijken of organisatorische constellaties. Dit evenwel vaak zonder dat de betrokken mannen en vrouwen zich hiervan expliciet bewust zijn of deze gender subtext opzettelijk creëren en in stand houden. Zo is er overduidelijk sprake van een ongelijke horizontale en dito

> verticale arbeidsverdeling tussen mannen en vrouwen. Maar tegelijkertijd overheerst in alle onderzochte bedrijven, zowel bij mannen als bij vrouwen, de mening dat er sprake is van gelijkheid in behandeling en waardering van mannen en vrouwen. In die zin is er sprake van een gelijkheidsideologie.
> De studie van Benschop is vooral verkennend van aard. Het concept 'gender subtext' krijgt gaandeweg meer gestalte door de voortdurende vergelijking tussen theoretische basisconcepten over macht, interactie en identiteit enerzijds, en empirische gegevens anderzijds. Het is vervolgens zaak om het concept in een empirisch vervolgonderzoek te toetsen door het zodanig te operationaliseren dat bijvoorbeeld ook kwantitatief onderzoek naar het bestaan en de invloed van genderongelijkheid mogelijk wordt.

Voor- en nadelen

Een belangrijk voordeel van de gefundeerde theoriebenadering is dat hiermee een theorie kan worden ontwikkeld die ondanks abstractie zeer herkenbaar is voor de personen over wie deze theorie gaat. De reden hiervan is dat deze theorie in veel gevallen op basis van bestaande praktijken, en niet alleen op basis van een creatief en associatief gedachteproces, wordt ontwikkeld. Vandaar ook de naam 'grounded theory'. Ook is het een methode waarmee de onderzoeker een totaalbeeld van een complexe situatie kan krijgen. Een gevaar kan zijn dat men zich juist in die complexiteit verliest en dat men de eigen fantasie al te zeer de vrije loop laat.

Gebruiksmogelijkheden

De gefundeerde theoriebenadering is vooral geschikt als men een theorie wil ontwikkelen op een nieuw, nog niet of weinig onderzocht terrein. Favoriet daarbij is dat men niet zozeer streeft naar abstracte, maar naar dicht bij de empirie staande theorieën. Ook is deze strategie bruikbaar bij het uitwerken van onderdelen van de vraagstelling. Regelmatig komt het voor dat een onderzoeker op onderdelen geconfronteerd wordt met onvoldoende uitgewerkte theoretische concepten. Door nu – zij het op beperkte schaal – gebruik te maken van de procedures en technieken van de gefundeerde theoriebenadering, is de onderzoeker in deze gevallen in staat om de vraagstelling op wetenschappelijke wijze verder uit te werken. Daarom verdient het aanbeveling om van de in een vraagstelling geformuleerde theoretische concepten na te gaan of deze een hechter theoretisch fundament behoeven. U combineert in dat geval de gefundeerde theoriebenadering met één of meer varianten van de casestudy, het experiment, het survey-onderzoek of het bureauonderzoek.

Voor wie volgens deze gefundeerde theoriebenadering wil gaan werken adviseren wij kennis te nemen van auteurs als Glaser en Strauss (1967), Strauss en Corbin (1990), Smaling (1987), Wester (1987) en Boeije (2005).

Opgave
a. Bedenk voor uw vakgebied drie terreinen of onderwerpen voor een onderzoek die naar uw inschatting zodanig nieuw zijn, dat hiervoor nog geen of weinig theorievorming heeft plaatsgevonden (en die zich dus goed lenen voor een gefundeerde theoriebenadering).
b. Bedenk voor elk van deze drie terreinen of onderwerpen een begrip dat zich leent om te gebruiken als sensitizing concept. Licht uw antwoord toe.

6.7 BUREAUONDERZOEK

Een bureauonderzoek is een onderzoeksstrategie waarbij de onderzoeker gebruikmaakt van door anderen geproduceerd materiaal, dan wel waar hij of zij probeert via reflectie en het raadplegen van literatuur tot nieuwe inzichten te komen.

Kenmerken
Een bureauonderzoek herkent u aan drie zaken:
1. gebruik van *bestaand materiaal*, in combinatie met *reflectie*;
2. er is *geen direct contact* met het onderzoeksobject;
3. gebruik van het materiaal vanuit *een ander perspectief* dan waarmee het werd geproduceerd.

We lichten deze kenmerken hier kort toe. Veruit het belangrijkste kenmerk van een bureauonderzoek is dat het materiaal dat u gebruikt door anderen is geproduceerd. U gaat er dus bijvoorbeeld zelf niet op uit om mensen te interviewen of om processen te observeren.
Er zijn drie categorieën bestaand materiaal waarvan u in een bureauonderzoek gebruik kunt maken: literatuur, secundaire data en ambtelijk statistisch materiaal. Met *literatuur* worden bedoeld boeken, artikelen, congrespapers en dergelijke, waarin wetenschappers hun kennisproducten neerleggen. Met *secundaire data* doelen we op empirische gegevens die door andere onderzoekers of door uzelf in een eerder onderzoek bijeen zijn gebracht. Dit kunnen bijvoorbeeld protocollen zijn waarin interviews zijn vastgelegd. Maar het kan ook gaan om databestanden die geschikt zijn voor een kwantitatieve analyse met behulp van de pc. Er zijn allerlei archieven waar dit soort secundair materiaal ligt opgeslagen, de zogenoemde databanken. Het is van belang erop te wijzen dat secundaire data kunnen stammen uit een survey, uit een experiment of uit een casestudy. Materiaal dat voortkomt uit een gefundeerde theoriebenadering is vaak zo persoonsgebonden, dat het zich bezwaarlijk leent voor een secundair onderzoek. Dit betekent dat bureauonderzoek waarin van secundaire data gebruik wordt gemaakt, in grote lijnen

voldoet aan de karakteristieken van een van de typen onderzoek zoals beschreven in de paragrafen 6.3 tot en met 6.5. Met *ambtelijk statistisch materiaal* zijn bedoeld data die periodiek of continu worden verzameld voor een breder publiek.

De hiervoor genoemde kenmerken 2 en 3 zijn een rechtstreeks gevolg van het werken met bestaand materiaal. Aan deze kenmerken zijn enkele voordelen maar vooral ook diverse beperkingen verbonden. Deze worden verderop behandeld onder het kopje 'Voor- en nadelen'.

Varianten
We onderscheiden twee hoofdvarianten van het bureauonderzoek, te weten *literatuuronderzoek* en *secundair onderzoek*. Parallel aan het onderscheid tussen kennisbronnen en databronnen maakt u bij het eerste type onderzoek gebruik van door anderen geproduceerde *kennis* (kennisbronnen), terwijl in het tweede geval wordt gewerkt met door anderen geproduceerde empirische *data* (databronnen). Het spreekt overigens voor zich dat ook hier weer de mogelijkheid bestaat van een mix van beide varianten. Beide typen lichten we hieronder kort toe.

1. Literatuuronderzoek
Vooraf merken we op dat een bestudering van literatuur onderdeel uitmaakt, of althans dient uit te maken, van élk type onderzoek. Hieronder gaat het ons echter om een onderzoek dat geheel en al bestaat uit een bestudering (en vergelijking) van literatuur.

Zoals de naam al zegt steunt u bij een literatuuronderzoek geheel en al op de bestaande vakliteratuur. Deze niet veelvuldig gekozen onderzoeksstrategie komen we bijvoorbeeld tegen als een onderzoeker de theoretische stand van zaken op een bepaald terrein of thema in kaart wil brengen. De wijze waarop de gekozen literatuur wordt bestudeerd, is geheel afhankelijk van de doelstelling van het project. Om dit te zien vergelijken we twee situaties met elkaar. In het ene geval is uw doel de visie op macht van de politicologen Hunter en Dahl met elkaar te vergelijken. In het tweede geval wilt u een overzicht geven van definities die in de bedrijfseconomische literatuur worden gegeven van het begrip 'cashflow'. In het eerste onderzoek zult u een grondige studie moeten maken van de geschriften van beide politicologen. U bent immers niet alleen op zoek naar een definitie van macht bij beide auteurs. Ook wilt u weten welke visies op macht beiden hebben en wat de achtergronden zijn van deze visies. Om verschillen in visies beter te kunnen begrijpen zult u wellicht besluiten om ook biografieën over beide heren te bestuderen. Literatuuronderzoek betekent in dit geval diepgaande bestudering van enkele nader te selecteren wetenschappelijke studies van de genoemde politicologen. Een dergelijk onderzoek heeft veel trekken van een casestudy, waarin u gebruikmaakt van een werkwijze die men zou kunnen aanduiden als een *kwalitatieve* inhoudsanalyse. In het tweede geval daarentegen gaat het u uitsluitend om de vergelijking van verschillende bedrijfseconomische definities, die vaak in de vorm van een formule zijn weergegeven. Literatuuronderzoek betekent in dit geval juist niet een diepgaande bestudering van slechts enkele boekwerken. Meer aangewezen is een vluchtige screening van een groot aantal bedrijfseconomische publicaties. Dit om zo veel mogelijk verschillende definities van het begrip 'cashflow' op te sporen, met elkaar te vergelijken en op hun merites te beoordelen. Dit onderzoek heeft trekken van een survey, met een werkwijze die lijkt op een *kwantitatieve* inhoudsanalyse.

2. Secundair onderzoek

U volgt in uw onderzoek een secundaire onderzoeksstrategie indien u bestaande data herordent en vanuit een nieuw gezichtspunt analyseert en interpreteert. Veel onderzoeken binnen de bedrijfs-, bestuurs- en beleidswetenschappen maken voor de beantwoording van één of meer onderdelen uit de vraagstelling van deze strategie gebruik. Voorwaarde is natuurlijk dat de data in wetenschappelijk opzicht betrouwbaar zijn. Aan deze voorwaarde voldoet veel statistisch materiaal dat erkende onderzoeksinstituten, zoals het eerdergenoemde CBS, jaarlijks publiceren. Ook kunt u ervan uitgaan dat de cijfers in de jaarrekeningen of jaarverslagen van bedrijven en instellingen getoetst en gecontroleerd zijn.

Aan de andere kant kunnen statistische gegevens een heel verkeerd beeld van de werkelijkheid geven, ondanks het feit dat deze gegevens in technisch opzicht juist zijn. In een advertentie van een autorijschool staat bijvoorbeeld: 'Bij onze school heeft 85% van degenen die voor de eerste keer slaagden minder dan 25 rijlessen gehad.' Dit klinkt heel wat anders dan: '30% van degenen die voor de eerste keer opgaan voor het rijexamen slaagt en daarvan heeft een groot aantal meer dan 25 rijlessen gehad.' Beide uitspraken kunnen waar zijn, maar ze geven een geheel verschillende suggestie.

In secundair empirisch onderzoek maakt de onderzoeker in veel gevallen vooral gebruik van statistische gegevens die op *kwantitatieve* wijze worden verwerkt en geanalyseerd. Maar het is ook mogelijk om secundair onderzoek te doen, gebruikmakend van secundaire *kwalitatieve* onderzoeksgegevens. Zo kan een onderzoeker de interviewverslagen van een collega, vanuit een andere vraagstelling, opnieuw op een kwalitatieve wijze analyseren. Hij leest bijvoorbeeld de interviewprotocollen door en poogt de meningen van de respondenten in het licht van een nieuwe theorie te interpreteren. Hieronder lichten we het fenomeen bureauonderzoek nader toe. Eerst ziet u een voorbeeld van een literatuuronderzoek, gevolgd door een secundair onderzoek.

> **Voorbeeld ' kwaliteit van de arbeid'**
> Het begrip 'kwaliteit van de arbeid' is binnen de bedrijfswetenschappen een actueel concept. Naar dit fenomeen is al het nodige empirische en theoretische onderzoek verricht. Er bestaat echter geen eenduidige, overkoepelende definitie van kwaliteit van de arbeid. In de literatuur vindt men een onderscheid tussen een objectieve en een subjectieve benadering van dit begrip. Met name economen kiezen vaak voor een objectieve insteek. In de objectieve benadering worden aspecten van het werk beoordeeld door het tegen het licht te houden van intersubjectieve criteria voor kwaliteit van de arbeid. In de subjectieve benadering worden de verwachtingen die iemand zelf heeft met betrekking tot haar of zijn werk afgezet tegen diens arbeidsbelevingen. Men stelt dus de mate van *tevredenheid* met het werk vast. Deze laatste benadering wordt in vele arbeidssociologische benaderingen voorgestaan.
>
> In lijn met het voorgaande neemt een bedrijfswetenschappelijk onderzoeker zich voor om de verschillende definities die de afgelopen tien jaar zijn gehanteerd in de Amerikaanse en Europese traditie van onderzoek naar kwaliteit van de arbeid te vergelijken. Het doel van het project is om te komen tot een voorstel voor een algemenere, overkoepelende, bedrijfswetenschappelijke definitie van 'kwaliteit van de arbeid'. Met gebruikmaking van verschillende hulpmiddelen en werkwijzen zoals zoekregisters, excerpten, vaktijdschriften en de sneeuwbalmethode, verzamelt de onderzoeker de titels van 253 onderzoeksverslagen en wetenschappelijke artikelen op het terrein van de kwaliteit van de arbeid. Hieruit kiest zij er vervolgens aselect 85 voor nader onderzoek. In de 85 gekozen publicaties zoekt zij vervolgens naar begripsomschrijvingen. Ook neemt zij globaal kennis van de context waarbinnen deze definities zijn gehanteerd. Zij vergelijkt en ordent de diverse definities en contexten van het begrip 'kwaliteit van de arbeid'. Op basis hiervan komt ze tot de conclusie dat één overkoepelende definitie niet haalbaar is, maar doet wel voorstellen voor enkele objectieve en subjectieve definities van het begrip die een relatief groot deel van de bestaande definities overkoepelen. Ook geeft zij aan wat de diverse voor- en nadelen zijn van deze definities, gezien vanuit bepaalde contexten.

In dit voorbeeld herkent u een literatuuronderzoek die gemeenschappelijke trekken heeft met een survey. De onderzoeker werkt met een relatief groot aantal onderzoekseenheden. In dit geval zijn dat 85 publicaties (kennisbronnen) die zij at random trekt uit een populatie van 253 titels. Deze publicaties onderzoekt zij vervolgens op een relatief klein aantal zaken.

> **Voorbeeld 'pensioenkosten en pensioenvoorziening'**
> Een ander voorbeeld betreft een student bedrijfseconomie, specialisatie financial accounting, die is geïnteresseerd in de wijze waarop de lasten van pensioenen in jaarrekeningen worden verwerkt. Immers, bedrijven en instellingen dienen jaarlijks geld te reserveren voor de pensioenverplichtingen die zij zijn aangegaan voor hun personeelsleden. Maar het is onwaarschijnlijk dat er in hetzelfde boekjaar een even groot geldbedrag aan pensioenen zal worden uitgegeven. Met andere woorden: er is een bepaalde omvang aan pensioenkosten, maar deze kosten drukken niet op dezelfde wijze op het resultaat van een onderneming als bijvoorbeeld de salariskosten in het lopende boekjaar. De vraag is nu óf, en zo ja, op welke wijze men deze pensioenkosten in de jaarrekening opneemt. In de bedrijfseconomische literatuur worden zes verwerkingsmethoden behandeld, gebaseerd op een verschillende toepassing van bedrijfseconomische principes. De student bedrijfseconomie vraagt de jaarverslagen op van twintig willekeurig gekozen beursgenoteerde multinationals in een bepaald boekjaar. Vervolgens onderzoekt hij of, en zo ja op welke wijze, deze ondernemingen de pensioenkosten in de jaarrekening opnemen. De student kan in zijn verslag van het afstudeerproject inzicht geven in een groot aantal kenmerken van de methoden van verwerking van pensioenkosten. Het blijkt dat er nogal wat verschillen bestaan in de manier waarop deze bedrijven omgaan met de verwerking van deze kosten. Uit het onderzoek blijkt zelfs dat bij veel bedrijven de wijze van verwerking niet erg inzichtelijk is. Zo wordt uit de jaarrekeningen niet duidelijk hoeveel kosten worden geboekt en onder welke post(en) deze pensioenkosten vallen. Er valt nog wel wat te verbeteren aan de financiële verslaglegging van ondernemingen, zo luidt zijn conclusie. Hij sluit zijn scriptie af met enkele suggesties.

In dit voorbeeld ziet u een student aan het werk volgens de strategie van een secundair onderzoek. Een casestudy waarin deze student via triangulatie zelf allerlei bedrijfseconomische gegevens verzamelt, was ook een reële optie geweest. Toch ligt het in dit geval voor de hand om het afstudeerproject op te zetten als een secundair onderzoek. Dit gelet op het doel om de kwaliteit van de verslaglegging zelf te beoordelen.

Voor- en nadelen
Een bureauonderzoek heeft verschillende voor- en nadelen. Het belangrijkste voordeel is dat de onderzoeker met behulp van deze onderzoeksstrategie *snel* over een groot aantal gegevens kan beschikken. Binnen de tijd die voor een project wordt ingeruimd, is vaak geen ruimte voor een uitgebreide dataverzameling. Literatuuronderzoek en secundaire analyse op eerder verzameld materiaal zijn vaak wél mogelijk. Een van de nadelen van secundair onderzoek is dat het materiaal waarvan de onderzoeker gebruikmaakt, in principe voor *andere doel-*

einden is verzameld dan waarvoor hij of zij het wenst te gebruiken. Hij of zij moet roeien met de riemen die hij of zij heeft. Als u zelf het materiaal gaat verzamelen, zoals in een survey of in een casestudy, dan kunt u precies bepalen welke gegevens u genereert en welke niet. In de praktijk van het secundaire onderzoek blijkt dan ook vaak dat u het onderzoeksontwerp moet aanpassen aan de aard en de omvang van het beschikbare materiaal. Dit nadeel geldt uiteraard ook voor de theorieën en theoriefragmenten die u in het kader van een literatuuronderzoek gaat bestuderen. Dit nadeel impliceert bovendien dat de onderzoeker welhaast onvermijdelijk met een *eenzijdige* kijk op het onderzoeksmateriaal genoegen zal moeten nemen. Stel dat u gebruikmaakt van onderzoeksmateriaal dat verzameld is in het kader van een onderzoek naar de interne arbeidsmarkt van bedrijven. Stel verder dat het een onderzoek is waarbij vooral gekeken is naar de aanbodkant van de zaak. Bedoeld zijn bijvoorbeeld kenmerken van functionarissen die voor een andere baan in aanmerking komen. In dat geval leent dit materiaal zich minder voor een onderzoek dat ook de vraagkant van het arbeidsmarktproces in kaart wil brengen.

Het feit dat u niet uw eigen materiaal produceert, heeft voorts als belangrijke consequentie dat u bij de formulering van de doel- en vraagstelling afhankelijk bent van de vraag of u al het benodigde materiaal in de u ter beschikking staande bronnen kunt vinden. Voor zover dat niet het geval is, zult u uw doel- en vraagstelling moeten aanpassen.

De consequentie van het bovenstaande is dat de onderzoeker geen direct contact heeft met de onderzoekseenheden. Voor zover deze eenheden mensen zijn, betekent dit dat hij allerlei non-verbale informatie mist, zoals gezichtsuitdrukkingen, gebaren en lichaamshoudingen. Ook kan men geen toelichting geven als iemand iets niet of verkeerd dreigt te begrijpen.

Gebruiksmogelijkheden
De gebruiksmogelijkheden zijn voor een bureauonderzoek talrijk. In principe kunt u elke onderzoeksstrategie toepassen op door anderen verzameld onderzoeksmateriaal, waardoor het een vorm van bureauonderzoek wordt. Stel dat u gebruikmaakt van een bestaand databestand, vergaard op basis van een representatieve steekproef uit de door u te bestuderen populatie. U kunt dan een secundaire analyse op het materiaal uitvoeren, een vorm van bureauonderzoek. U heeft dan alle voordelen van een survey-onderzoek (zie hierboven) zonder het nadeel van een doorgaans zeer tijdrovende gegevensverzameling. Ook kunt u het in het kader van een door anderen uitgevoerde casestudy daarbij verzamelde materiaal opnieuw gaan bekijken. U kunt dan in uw eigen project eenzelfde diepgang bereiken als in de oorspronkelijke casestudy waaraan u het materiaal heeft ontleend, zonder dat het u verplicht om zelf geschikt onderzoeksmateriaal te genereren. Zelfs is het mogelijk om met behulp van in het kader van experimenten verzamelde gegevens een secundaire analyse te maken. U probeert bijvoorbeeld via een statistische analyse een nog niet in het oorspronkelijke onderzoek getoetste hypothese te verifiëren.

Er zijn verschillende omstandigheden waarbij de keuze voor een bureauonderzoek als onderzoeksstrategie voor de hand ligt. Op de eerste plaats is een dergelijke strategie aantrekkelijk indien er materiaal voorhanden is dat past bij uw doel- en vraagstelling. De meeste vakgroepen op de universiteiten voeren grootscheepse onderzoeksprogramma's uit, met een zeer breed opgezette dataverzameling waaruit diverse onderzoekers die werken aan verschillende maar wel onderling samenhangende vraagstellingen, kunnen putten. Aansluiting bij zo'n programma heeft belangrijke voordelen. Men springt als het ware op een rijdende trein, en men kan gemakkelijk steun vinden bij andere onderzoekers binnen het programma die met soortgelijke problemen kampen.

Een tweede geval waarin de keuze voor een secundair onderzoek voor de hand ligt, doet zich voor als uw onderzoeksobjecten of relevante databronnen uitsluitend bestaan uit informatiedragers. Bedoeld zijn papier (tekst) en tapes of disks (audiovisueel materiaal). In het hierboven vermelde afstudeerproject, waarin de student onderzoek doet naar de financiële verslaglegging van ondernemingen, ligt een bureauonderzoek voor de hand.

Tot slot spreekt het voor zich dat het bureauonderzoek, met name literatuuronderzoek, vooral veel voorkomt bij theoriegerichte projecten. Veel theoretisch werk komt tot stand door een combinatie van logisch nadenken, kritische reflectie en bestudering van bestaande literatuur. Overigens valt dit type onderzoek niet echt binnen het domein van dit boek, dat zich vrijwel geheel richt op het empirisch onderzoek.

Over het bureauonderzoek, de verschillende varianten ervan, alsook de voor- en nadelen en de gebruiksmogelijkheden die dit type onderzoek heeft, kunt u nadere informatie vinden in Swanborn (1987) en Vorst (1982). Stappenplan

Opgave
Zoek naar vijf voor uw vakgebied relevante terreinen waarvoor volgens u secundaire data voorhanden of te vinden zijn. Tip: denk hierbij aan allerlei instanties die zich met een systematische vergaring en opslag van gegevens bezighouden.

en voorbeeld

Onderzoeksstrategie
1. Ga na of u vanuit de doel- en vraagstelling en vanuit uw deskundigheid en interesse kiest voor *breedte of diepgang*.
2. Ga vanuit dezelfde soort overwegingen als bij stap 1 na of u kiest voor een overwegend *kwantificerende* of een overwegend kwalificerende benadering.
3. Bepaal of u kiest voor een *empirisch* of *niet-empirisch* onderzoek.

4. Kies mede op basis van uw beslissingen bij stap 1, 2 en 3 op *welke van de vijf* geschetste onderzoeksstrategieën het door u te ontwerpen onderzoek het meest moet gaan lijken.
5. Kies op grond van uw doel- en vraagstelling binnen de gekozen strategie voor een van de *varianten* en voor een verdere invulling van kenmerken.

Ter afsluiting van dit hoofdstuk passen we het stappenplan toe op het voorbeeld 'geluidshinder' uit de inleiding.

Stap 1
Zoals elk onderdeel van een ontwerp dient ook de in een onderzoek te volgen strategie vorm te krijgen vanuit het projectkader en de doel- en vraagstelling. Het projectkader bestaat uit een actiegroep in gemeente X die een geluidshinderbeleid wil. Nadenkend over een doelstelling kiest u ervoor om de gemeente een *zo levensecht en compleet* mogelijk beeld te geven van de geluidshinderproblematiek. Dit betekent dat u meer de nadruk legt op *diepgang* dan op breedte.

Stap 2
U kiest niet voor een interventiestrategie waarbij u probeert vanuit een zo groot mogelijke achterban bij de gemeente aan te kloppen. Dit zou vragen om een enquête bij een grote steekproef van inwoners van gemeente X. Dit zou op zijn beurt betekenen dat u kiest voor kwantitatief onderzoek. U koos echter bij stap 1 voor een meer 'indringende' benadering. Dit vraagt om een *kwalitatief* onderzoek.

Stap 3
Verder bent u van plan om zo veel mogelijk de actuele werkelijkheid te laten spreken. Dit houdt in dat u kiest voor een *empirisch* onderzoek. Dat wil zeggen onderzoek dat is gebaseerd op uw eigen zintuiglijke waarneming.

Stap 4
Gegeven de keuzen die bij de stappen 1, 2 en 3 worden gemaakt, ligt het voor de hand om het onderzoek in te richten volgens de strategie van de *casestudy*. Dit is immers een strategie waarin wordt gewerkt met een relatief klein aantal onderzoekseenheden. Het kleine aantal onderzoekseenheden stelt de onderzoeker in staat om meer in de diepte te gaan dan bijvoorbeeld het geval is in een survey. Zou u als interventiestrategie hebben gekozen voor politieke druk vanuit een breed draagvlak, dan was een survey de aangewezen strategie geweest. U had dan op basis van een steekproef, met gebruikmaking van

een arbeidsextensieve methode van datagenerering (enquête) en via de weg van kwantificering, tot een onderzoeksrapport gekomen waarmee u naar de gemeente was gestapt.

Stap 5
U denkt de casestudy als volgt te gaan inrichten. Allereerst besluit u tot het afnemen van open interviews bij de mensen aan huis. U kunt dan meteen ook op basis van eigen waarneming (observatie) vaststellen hoe het staat met de geluidshinder zowel binnen als buiten de huizen op de adressen die u gaat bezoeken. U gaat zich daarbij tevens bedienen van geluidsmeters (directe meting). Gelet op deze meervormige wijze van waarneming kunnen we hier met recht spreken van *methodentriangulatie*. Voor de selectie van cases, in dit geval mensen in wijk A, maakt u gebruik van de *sneeuwbalmethode*. U begint met één of enkele interviews, en op basis van uw bevindingen worden volgende mensen voor een vraaggesprek gezocht. U neemt zich voor om in totaal twintig gezinnen te selecteren, waar u in principe spreekt met een van de aanwezige volwassenen. Verder besluit u om vijf *rapporten* door te nemen van elders uitgevoerd geluidshinderbeleid.

7 ONDERZOEKSMATERIAAL

We hebben twee oren en een mond opdat we minder praten en meer luisteren.

Zeno, 300 jaar v. Chr.

7.1 INLEIDING

Een van de zaken waarover u bij het maken van het technische ontwerp voor een onderzoek moet nadenken, is de vraag wat voor soort materiaal u nodig hebt en waar en hoe u dit materiaal kunt bemachtigen. Over het algemeen is dit een lastige, maar ook spannende bezigheid, waarbij andermaal enige fantasie en creativiteit welkom zijn. De reden hiervan is ten eerste dat er een vertaalslag nodig is van denken naar waarnemen, van theorie naar empirie. Dat wil zeggen: u moet vanuit de vraagstelling zien te komen tot een keuze van het relevante onderzoeksmateriaal. De belangrijkste voorwaarde hiertoe vormt de definiëring en operationalisering van kernbegrippen uit de doel- en vraagstelling zoals die zijn uitgewerkt in hoofdstuk 5.

Een tweede reden waarom u met name in deze fase van het ontwerpproces wel enige inventiviteit kunt gebruiken, is dat er doorgaans een zeer groot potentieel van meer maar vooral ook van minder voor de hand liggend onderzoeksmateriaal denkbaar is dat enig licht kan werpen op uw onderzoeksobject en dat bij kan dragen aan de beantwoording van uw vraagstelling en via deze aan het bereiken van uw doelstelling. Er is veel fantasie voor nodig om deze mogelijkheden tot bewustzijn te brengen. Bovendien is het zo dat er doorgaans een grote diversiteit van overwegingen en motieven is die kan meespelen bij het maken van keuzen op dit vlak. Hierbij kunt u slechts deels terugvallen op onderzoekstechnische argumenten en zult u allerlei pragmatische en persoonlijke motieven moeten laten meespelen. Om u daarvan een eerste indruk te geven, volgt hier een voorbeeld.

Voorbeeld 'politie Rotterdam'

Uw afstudeerproject heeft als centrale vraag: Hoe gaan mannelijke en vrouwelijke agenten van de rijkspolitie in Rotterdam op het werk met elkaar om? Een van de eerste dingen die u denkt te moeten doen is in de bibliotheek op zoek gaan naar literatuur over rolpatronen. Daarover vindt u iets bij de afdeling vrouwenstudies en in de sociologische literatuur die gaat over roltheorie. Daarnaast is het belangrijk om ook zelf naar de werkelijkheid te gaan kijken. Een mogelijkheid is om in werktijd met verschillende politiefunctionarissen te gaan praten. U vindt gesprekken voeren een leuke manier om gegevens te bemachtigen. Een onlangs gevolgde interviewtraining liet zien dat deze techniek veel meer inhoudt dan u oorspronkelijk dacht.

Een heel andere mogelijkheid die u eveneens overweegt, is de waarneming met eigen ogen. Deze gedachte komt bij u op doordat u verschillende mensen van het Rotterdamse corps persoonlijk goed kent. Via hun bemiddeling moet het mogelijk zijn om corpsleden tijdens hun werkuren te vergezellen. U vindt dit niet alleen een spannende gedachte, het gaat bovendien een schat van gegevens 'uit de eerste hand' opleveren.

U vindt het moeilijk om uit beide mogelijkheden te kiezen, want zo voelt het wel een beetje. U vindt ze weliswaar allebei leuk om te doen, maar de keuze voor waarnemingen in het veld schrikt ook wel af. 'Hoe kom ik met een zo weinig gestructureerde manier van onderzoeken tot voor anderen overtuigende conclusies', zo vraagt u zich af. Wat dat betreft kunt u zich bij gesprekken veel meer voorstellen. Bovendien, veldwaarnemingen nemen veel tijd in beslag. Zeker als u bedenkt dat waarschijnlijk ook nog wel wat papierwerk moet worden doorgenomen, zoals rapporten en nota's van de corpsleiding, dossiers van de klachtenbalie en dergelijke. Ook gesprekken met deskundigen, zoals de bedrijfsarts en -psycholoog, zouden wel eens broodnodige aanvullende informatie op kunnen leveren, vooral als het gaat om de gevolgen die rolpatronen kunnen hebben voor het welzijn van mensen. En misschien kunnen ook personeelsadvertenties in dagbladen, videobanden van politieoptredens en de wijze waarop het corps via de lokale radio en tv in het nieuws komt, nog enig aanvullend licht op de zaak werpen.

Wat de benodigde tijd betreft zijn volgens u vraaggesprekken met corpsleden en burgers in vergelijking met directe waarnemingen in het voordeel. Niet alleen kan tijd bespaard worden door onder burgers schriftelijke vragenlijsten uit te zetten. Ook gesprekken met de corpsleden zelf hebben als voordeel dat gerichte vragen kunnen worden gesteld, terwijl u bij vrije waarnemingen in het veld maar moet afwachten wat zich allemaal voordoet. En een soort simulatie waarbij een geselecteerde groep mannelijke en vrouwelijke agenten allerlei situaties spelen, wijst u als minder levensecht van de hand. Bovendien zou dit ook wel erg veel vergen van u als

> organisator. Maar ook de gesprekken en schriftelijke vragenlijsten, zo denkt u, hebben zo hun nadelen. Er ontstaat lang niet zo'n gedetailleerd en waarheidsgetrouw beeld als met de veldwaarnemingen. Bovendien moeten grote aantallen ingevulde vragenlijsten met de pc verwerkt worden. Dat zou u verplichten eerst nog even een cursus automatische dataverwerking te volgen.
>
> U kiest uiteindelijk voor de veldwaarnemingen ofwel observaties op locatie. De doorslaggevende reden is de aard van de probleemstelling. Deze vraagt om kennis van *gedragingen* van mensen. Bij gebruik van interviews of vragenlijsten komt u tot registratie van gedragsintenties of gedragsherinneringen van mensen, maar niet tot feitelijk gedrag. Bovendien gaat het om zaken waarover vooral de mannelijke agenten waarschijnlijk niet zo vrij praten. Beide argumenten pleiten in het voordeel van waarnemingen (observaties) uit de eerste hand boven gesprekken. De keuze voor veldwaarnemingen biedt u bovendien de gelegenheid om uw bekenden bij de politie eens in een heel andere situatie te zien dan u gewend bent. Waarschijnlijk betekent een en ander wél dat minder tijd overblijft voor gebruik van zaken als (bedrijfs-)tv en radio, wat u ook erg leuk en zinvol had gevonden. Maar u weet maar al te goed: alles heeft zijn prijs, óók een goed (afgebakend) onderzoek.

U ziet hier zichzelf geplaatst in de rol van onderzoeker die de keuze heeft uit diverse bronnen. Ter sprake komen de vakliteratuur, personen in diverse functies, diverse soorten van documenten en enkele typen private en publieke media. Om bij korpsleden en burgers relevante informatie naar voren te halen, worden technieken als interview, enquête en observatie tegen elkaar afgewogen.

Natuurlijk komen lang niet alle mogelijkheden in dit ene voorbeeld aan bod, maar deze illustratie maakt al wel duidelijk in welke complexe situatie de onderzoeker ook in deze fase weer terechtkomt. Zo ziet u dat:

a. er veel en zeer divers materiaal is waarvan u gebruik kunt maken;
b. er enige inventiviteit nodig is om interessant materiaal te bedenken;
c. u al gauw genoodzaakt bent om keuzen te maken en uw onderzoek af te bakenen;
d. er bij deze keuzen heel uiteenlopende motieven mee kunnen spelen;
e. u tamelijk vrij bent om daaruit te kiezen;
f. u in het kader van iteratief ontwerpen de doel- en vraagstelling tot op zekere hoogte aan uw voorkeuren voor wijzen van materiaalverzameling kunt aanpassen;
g. u, ondanks al deze vrijheden, enige notie dient te hebben van de voor- en nadelen en gebruiksmogelijkheden van de diverse keuzemogelijkheden, wilt u tot zinvolle resultaten kunnen komen.

Het doel van dit hoofdstuk is u wegwijs te maken in de vele mogelijkheden die er op het vlak van onderzoeksmateriaal en het verzamelen en genereren daarvan bestaan. Door deze zaken op concrete gevallen toe te passen (zie de opgaven in dit hoofdstuk) leert u om op een verantwoorde manier uit al deze mogelijkheden te kiezen en om uw keuzen met deugdelijke argumenten te staven. Daartoe ziet u in dit hoofdstuk als eerste een overzicht van *bronnen* waaruit u voor uw onderzoek kunt putten, alsook welke voor- en nadelen en welke gebruiksmogelijkheden deze bronnen hebben (paragraaf 7.2). Vervolgens ziet u een overzicht van mogelijkheden om uit deze bronnen de voor u relevante informatie naar voren te halen, de *ontsluiting* van bronnen (paragraaf 7.3). Daarbij wordt steeds aandacht geschonken aan de diverse gebruiksmogelijkheden van ontsluitingsmethoden, in methodologische handboeken algemeen aangeduid als methoden van dataverzameling of datagenerering. In een slotparagraaf worden de relatieve *voor- en nadelen* van technieken voor datagenerering ten opzichte van elkaar besproken (paragraaf 7.4). We eindigen dit hoofdstuk weer met de presentatie van een stappenplan en de toepassing van dit stappenplan op het voorbeeld hierboven.

7.2 SOORTEN GEGEVENS EN BRONNEN

Zoals de titel zegt, gaat deze paragraaf over de vraag waar u voor uw onderzoek relevante informatie vandaan kunt halen. Maar alvorens hierop in te gaan dient u te weten waarover u in een onderzoek zoal informatie nodig hebt en over wat voor soort informatie het dan gaat. De volgende drie vragen worden dan ook achtereenvolgens beantwoord:
a. Welke hoofdcategorieën van onderzoeksobjecten kunnen worden onderscheiden?
b. Welke soorten informatie over deze objecten zijn voor een onderzoek van belang en waaraan herken ik die soorten?
c. Waar haal ik die informatie vandaan?

De eerste vraag is waarop de informatie die we zoeken, betrekking heeft. Dit is de vraag naar de objecten van onderzoek. Aangezien we ons in deze uitgave richten op empirische disciplines, gaat het steeds om informatie over zintuiglijk waarneembare fenomenen in de werkelijkheid. In figuur 7.1 ziet u in de linkerkolom een indeling van deze fenomenen in twee brede categorieën, die elkaar niet hoeven uit te sluiten en beide in hetzelfde onderzoek onderzoeksobjecten kunnen zijn, te weten: (1) personen (of groepen van personen) en (2) situaties, voorwerpen en processen.

Figuur 7.1   Objecten van onderzoek en bronnen van informatie

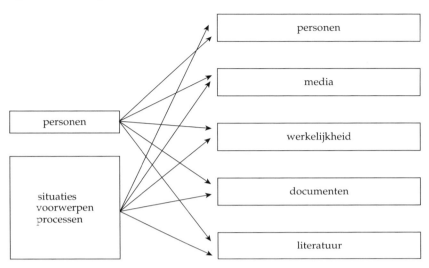

Voorbeelden van personen als object van onderzoek zijn gemeenteambtenaren die belast zijn met de uitvoering van de wet geluidshinder of de medewerkers van een lokale omroep. Daarentegen is er sprake van een situatie als onderzoeksobject als bijvoorbeeld de huidige stand van zaken op de arbeidsmarkt in Engeland of de geluidshinder bij de luchthaven Schiphol wordt bestudeerd. Ook kan een (fysiek) voorwerp het object van studie zijn, bijvoorbeeld een gebouw of een automatiseringssysteem. Ten slotte is er sprake van een proces als object van onderzoek als u iets in zijn ontwikkelingsgang of uitvoering wilt bestuderen. Zo kunt u bijvoorbeeld het verloop van overleg tussen bepaalde actoren bestuderen, of de wijze waarop nieuwsinhouden van media tot stand komen.

Een tweede vraag die ten aanzien van bronnen moet worden beantwoord, is wat de bronnen u precies moeten opleveren. Grofweg zijn er twee soorten informatie belangrijk in een onderzoek:
a. data ofwel gegevens;
b. kennis.

In het verlengde hiervan spreken we van *databronnen* en *kennisbronnen*.
Bij gegevens gaat het om kenmerken van onderzoeksobjecten, en wel kenmerken in de meest brede betekenis van het woord. Bedoeld is letterlijk alles waaraan onderzoeksobjecten gekend kunnen worden. In het kwantitatieve onderzoek spreken we hier ook wel van variabelen. Vormen personen het object van onderzoek, dan gaat het om zaken als ervaringen en gedragingen, meningen en opvattingen, gevoelens en belevingen. Maar ook kale gegevens

als leeftijd, opleidingsniveau, inkomen, lichaamsgewicht of schoenmaat kunnen voor een onderzoek relevant zijn. Bij de tweede brede categorie van onderzoeksobjecten, situaties, voorwerpen en processen kan het gaan om gegevens als kennis en vaardigheden die op een lokale arbeidsmarkt worden gevraagd en aangeboden, de kwaliteit van het milieu of de biodiversiteit op een bepaalde locatie, de leiderschapsstijlen van leidinggevenden en de soorten macht die spelen in een grote organisatie, het aantal radiatoren en het aantal vierkante meters raamoppervlak in een gebouw, de tijdsduur van en de specialismen betrokken bij een besluitvormingsprocedure, enzovoort.

Tegenover de losse gegevens als onderzoeksmateriaal ofwel data staat kennis in de vorm van kant-en-klare inzichten en theorieën zoals die eerder door anderen zijn ontwikkeld. Te noemen zijn kennis over de werking van macht in een organisatie, over de oorzaken en de gevolgen van autoritair leiderschap, over het functioneren van een bepaalde wet, enzovoort. Een indruk van de manier waarop kennis in de vorm van theorieën bij de beantwoording van een vraagstelling kan worden benut, kreeg u bij het bouwen van een onderzoeksmodel in hoofdstuk 3 en bij de wijze waarop dit model een rol kan spelen bij de formulering van een vraagstelling in hoofdstuk 4.

Kenmerkend voor data is dat ze in principe met zeer summiere aanduidingen worden weergegeven. Vaak gebeurt dit in de vorm van cijfercodes, maar in een kwalitatief onderzoek kunnen dit ook verbale codes en korte aantekeningen van de onderzoeker zijn (zie de gefundeerde theoriebenadering in paragraaf 6.5). Bij kennis gaat het om redeneringen en is dus meer tekst nodig. Zowel bij data als bij kennis is het de onderzoeker die de losse elementen door middel van nadenken en analyse tot een geheel moet maken en die uit dit geheel conclusies moet trekken. Als het gaat om een kwantitatief onderzoek op basis van empirische data, dan berekent de onderzoeker gemiddelden of samenhangen. In een kwalitatief onderzoek daarentegen probeert zij of hij de gegevens te duiden en op elkaar te betrekken om ze aldus te verwerken tot conclusies.

Vormen daarentegen kenniselementen de grondstoffen voor (delen van) het onderzoek, dan worden deze met elkaar geconfronteerd. De onderzoeker kijkt welke implicaties het ene kenniselement heeft voor het andere. Ook gaat hij of zij na welke inconsistenties, verschillen en overeenkomsten er in de teksten zijn te vinden, en trekt hieruit conclusies (zie ook het fenomeen 'confrontatie' in hoofdstuk 3).

Vervolgens komen we toe aan de hoofdmoot van deze paragraaf, te weten de vraag waar precies we de benodigde data en kennis vandaan kunnen halen. In de rechterkolom van figuur 7.1 zijn vijf soorten bronnen onderscheiden. Deze worden hieronder achtereenvolgens kort besproken. Alvorens hiermee te beginnen zijn twee opmerkingen van belang. Op de eerste plaats wijzen wij er voor alle duidelijkheid op dat de genoemde bronnen natuurlijk ook zelf het object van onderzoek kunnen zijn. Zo kunnen heel wel personen of groepen van personen worden bestudeerd. Hetzelfde geldt uiteraard voor zaken als media en documenten. In deze gevallen probeert de onderzoeker met behulp van één of meer van de overige bronnen aan materiaal te komen. Ten tweede merken we op dat er in wezen nog een zesde bron is van materiaal dat u voor uw onderzoek kunt gebruiken. Bedoeld zijn data die eerder door anderen of door instanties zijn verzameld. Zo kunt u gebruikmaken van de gegevens die andere onderzoekers hebben verzameld en geanalyseerd. Er zijn tegenwoordig vele instellingen waar zulke databestanden worden verzameld en gearchiveerd. Ook zijn er in de meeste landen instanties die periodiek of continu allerlei gegevens verzamelen (zie ook paragraaf 6.6).

Hierna gaan we over op een behandeling van de vijf in figuur 7.1 genoemde bronnen. We doen dit volgens een vast stramien. Eerst wordt verduidelijkt wat een bepaalde bron inhoudt. Vervolgens ziet u een overzicht van mogelijkheden en varianten van dit type bron. Ten slotte volgt per bron een overzicht van voor- en nadelen, afgerond met een schets van gebruiksmogelijkheden.

Personen
In het sociaalwetenschappelijke onderzoek zijn personen veelal de belangrijkste bron van data en informatie. Er zijn twee redenen waarom personen bij de meeste onderzoekers een grote populariteit genieten als bron voor hun onderzoek:
a. personen kunnen, individueel of in groepsverband, een zeer grote *diversiteit* van informatie verschaffen;
b. deze informatie kan vergeleken met de andere bronnen op een relatief *snelle* wijze tot stand komen.

Deze twee potentiële voordelen van personen als informatiebronnen worden hierna achtereenvolgens toegelicht.

Diversiteit
Er zijn drie manieren waarop personen kunnen fungeren als bron:
1. Iemand verschaft gegevens over zichzelf. In dit geval spreken we van een *respondent*.
2. Iemand verschaft data over anderen of over door haar of hem gekende situaties, voorwerpen en processen. Hier fungeert de persoon in kwestie als *informant*.
3. Een persoon fungeert als leverancier van kennis, in welk geval we spreken van een *deskundige* (in de meest brede zin van het woord).

In de eerste twee gevallen zijn personen een databron, in het derde geval vormen zij een kennisbron.

Gegevens die respondenten ons verschaffen betreffen bijvoorbeeld hun meningen, opvattingen, interesses, motieven, houdingen en gedragingen. Zo vraagt u in een onderzoek naar perspectieven op de arbeidsmarkt van schoolverlaters naar hun interesses, kennis en vaardigheden, wensen ten aanzien van het soort werk dat ze willen doen, voorkeuren voor arbeidstijden en de gewenste maximale en minimale afstand tot de werkplek, hun toekomstplannen en dergelijke. Ook allerlei achtergrondkenmerken, zoals geslacht, leeftijd, geloofsovertuiging en opleiding, kunnen direct of indirect van belang zijn bij het beantwoorden van de vraagstelling van een onderzoek. Dit laatste is vooral het geval als u naar verklaringen zoekt van zaken als meningen, houdingen en gedragingen van de onderzochte personen.

Een persoon in de rol van informant geeft gegevens over mensen of dingen buiten haar- of hemzelf. Bijvoorbeeld een leerkracht (informant) geeft u (de onderzoeker) informatie over de interesses en capaciteiten van haar of zijn leerlingen (onderzoekspersonen), of ooggetuigen (informanten) vertellen de verkeersonderzoeker de toedracht van een verkeersongeluk.

Van personen als deskundigen is ten slotte sprake als u bijvoorbeeld zoekt naar de oorzaken van een dalende productiviteit in een bedrijf en u schakelt hierbij de bedrijfsarts en een organisatieadviseur in. Bij deskundigen moet u overigens niet alleen denken aan mensen met gespecialiseerde theoretische en praktische kennis als resultaat van scholing. Ook en vooral ervaringsdeskundigheid is in veel gevallen voor u een welkome bron. Als afsluiting merken wij op dat bij punt 1 en 2 hierboven sprake is van databronnen. Bij punt 3 hebben we te doen met kennisbronnen.

Snelheid
De relatief grote snelheid waarmee we bij personen informatie kunnen verkrijgen, heeft twee redenen. Ten eerste kunnen met behulp van personen gemakkelijk afstanden in tijd en ruimte overbrugd worden. Zo kan iemand die door Rusland heeft gereisd, ons veel over dat land vertellen zonder dat wij als onderzoeker zelf dat land behoeven te bezoeken. Een tweede reden is dat deze informatie direct kan worden aangeboord via een gerichte stimulusresponsetechniek, zoals het hierna te behandelen interview. We kunnen iemand immers door middel van vragen en uitspraken of andere prikkels, zoals beelden of handelingen, stimuleren tot het geven van precies die informatie die nodig is voor het onderzoek. We hoeven niet te wachten tot iets zich voordoet, zoals bij het observeren van een proces of het bestuderen van documenten het geval is.

Voor- en nadelen
De twee voor onderzoek belangrijkste voordelen van personen als bronnen kwamen zojuist al naar voren, te weten de grote diversiteit van informatie en de snelheid waarmee deze kan vrijkomen. Een ander nog niet genoemd voordeel is de relatief grote stuurbaarheid door de onderzoeker en daarmee de zekerheid dat zijn vraagstelling beantwoord kan/zal worden. Door gerichte vragen te stellen kan de onderzoeker precies op die informatie aansturen die nodig is voor de beantwoording van de onderzoeksvragen.
Toch kunnen er soms redenen zijn om ondanks deze voordelen geheel of deels af te zien van personen als bron. Dit kan bijvoorbeeld het geval zijn als u iets onderzoekt waarover mensen niet zo gemakkelijk praten en wat u ook bij waarneming niet zo gemakkelijk te zien zult krijgen. Te noemen zijn zaken zoals het gebruik van (veel) alcohol of het plegen van strafbare feiten. Of u verwacht sterk subjectief gekleurde antwoorden op uw vragen, zoals bijvoorbeeld te vrezen valt bij evaluatieonderzoek naar het succes en falen van mensen. Ook kan het in uw project gaan om zaken die mensen zichzelf niet of onvoldoende bewust zijn, waarover zij nog nooit eerder hebben nagedacht en/of die zij moeilijk in gedrag of woord tot uiting kunnen brengen. Met name problemen met de verwoording van gedachten kunnen zich voordoen bij kinderen, bejaarden, sommige ziekten en bij verstandelijk gehandicapten. U kunt dan genoodzaakt zijn om te zien naar alternatieve bronnen zoals informanten en deskundigen, dan wel een of enkele van de overige vier databronnen.

Gebruiksmogelijkheden
Personen zijn op zoveel manieren als bron inzetbaar dat er in de door ons beoogde disciplines haast geen onderzoek is te bedenken waarin personen geen rol als data- of kennisbron zouden kunnen spelen. Maar vooral bij een grote tijdruimtelijke uitgestrektheid van uw onderzoeksobject, waar vragen rijzen over de haalbaarheid, kunnen personen als bronnen uitkomst bieden. Stel dat u een landenvergelijkend onderzoek doet naar de brandveiligheid van grote productieondernemingen in Frankrijk en Duitsland. In plaats van deze bedrijven te bezoeken, belt u met logistiek personeel zoals portiers, interieurverzorgers, bedrijfspolitie en bewakers. U benadert hen als informanten of deskundigen met vragen over de behuizing en over het reilen en zeilen van deze organisaties.
Een tweede extra reden om personen als bronnen te hanteren doet zich voor in bepaalde typen evaluatieonderzoek. Stel dat u wilt weten of een bepaalde wetgeving voldoet aan de moderne eisen van uitvoerbaarheid. U kunt dan ambtenaren vragen wat hun ervaringen zijn met de uitvoering van deze wet, of u vraagt kantoorpersoneel naar het bedieningsgemak van een automatiseringssysteem.

Opgave
Stel u wilt onderzoeken wat de kwaliteit van leven is in de Nederlandse gevangenissen. (a) Maak een zo volledig mogelijke inventarisatie van (categorieën van) personen die u als databron en als kennisbron zou kunnen aanboren. (b) Geef steeds aan of deze personen worden benaderd als respondent, informant of deskundige. (c) Vermeld ook steeds de risico's die bij de betreffende (categorie van) personen worden gelopen aangaande de validiteit van de te verkrijgen gegevens.

Media
Een in belangrijkheid toenemende categorie van databronnen zijn de media. Met media zijn bedoeld overbrengers van informatie die bestemd is voor een breder publiek. Een verschil met de hierna te behandelen documenten is dat daar in principe sprake is van óf een geadresseerde, óf er is in het geheel geen geadresseerde. Zoals het schema in figuur 7.2 laat zien, is er een grote variëteit van media, een variëteit die overigens nog steeds toeneemt. Veel inhouden van elektronische media worden in toenemende mate vastgelegd op beeld- en geluidsband en vervolgens gearchiveerd. Met name deze archieven openen interessante mogelijkheden voor onderzoek (zie ook de hierna te behandelen documenten). Wat het schema hieronder overigens niet laat zien, is dat er naast inmiddels gevestigde publieke media de laatste tijd vooral private media in opkomst zijn. Bedoeld zijn zaken als bedrijfs-tv en pc-netwerken.
Verreweg de belangrijkste databron van deze soort is het internet. Het internet is een massamedium in de ware zin van het woord. Het is een groot, open en wereldwijd netwerk van computers en computernetwerken en is op dit moment (2007) veruit het meest gebruikte communicatiemiddel. Via allerlei (wetenschappelijke) zoeksystemen op het internet is tegenwoordig op de meest uiteenlopende gebieden een immense stroom van gegevens beschikbaar. Er zijn bijvoorbeeld populairwetenschappelijke zoeksystemen zoals 'wikipedia' of 'google scholar'. Daarnaast bestaan er verschillende hoog geavanceerde systemen voor het verspreiden en verkrijgen van wetenschappelijke gegevens en informatie, zoals het 'web of science', waarin gegevens zijn opgeslagen met betrekking tot artikelen van duizenden wetenschappelijke tijdschriften.
De informatie op het internet is niet alleen beschikbaar in de traditionele vorm van een uitgeschreven tekst. In toenemende mate kan men ook informatie verkrijgen die is vastgelegd als instructiefilm, informatiecollege of een korte documentaire. Steeds vaker is het daarbij mogelijk dat de onderzoeker op interactieve wijze deelgenoot wordt van het continue proces van verspreiden en verkrijgen van informatie. Hij of zij kan bijvoorbeeld participeren aan

discussiegroepen of, via een stapsgewijs opgebouwd vraag-en-antwoordspel, zich de complexe leerstof eigen maken.

Veel van de informatie op het internet is openbaar, maar in sommige gevallen kan men slechts na betaling toegang krijgen tot deze informatie.

Voor- en nadelen

Het aanboren van het internet is een zeer snelle en goedkope manier van gegevens verzamelen. Toch is hier een waarschuwend woord op zijn plaats. In nogal wat van de gevallen blijken deze gegevens door amateurs bij elkaar te worden gebracht, met als resultaat dat de validiteit ervan laag kan zijn. Een kritisch en selectief gebruik is geboden. En in ieder geval dient u steeds de vindplaats op internet nauwkeurig te vermelden.

Verder is een belangrijk voordeel van media als bronnen voor een onderzoek de doorgaans hoge informatiedichtheid waar het publieke zaken betreft, de hoge mate van actualiteit en het brede geografische bereik zonder dat de onderzoeker zich hoeft te verplaatsen. Vooral een relatief korte tijdsduur van een onderzoek kan aanleiding zijn om een probleemstelling te bedenken die geheel of gedeeltelijk op basis van waarneming van media kan worden beantwoord.

Figuur 7.2   Soorten media als onderzoeksmateriaal

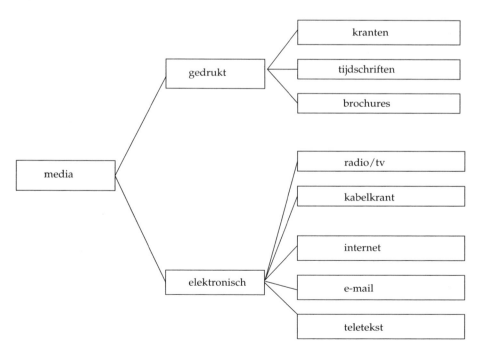

Een beperking van media als data- en kennisbronnen is natuurlijk dat lang niet voor elk type vraagstelling relevante media-inhouden te vinden zijn. Ook dient u erop bedacht te zijn dat sommige door media geleverde gegevens een vluchtig karakter hebben waaraan u niet te veel 'eeuwigheidswaarde' moet toekennen. Voorbeelden hiervan zijn telefoongesprekken en e-mailberichten.

Gebruiksmogelijkheden
Als uw onderzoeksobject een grote tijdruimtelijke uitgestrektheid heeft, vormen media vaak een van de weinige mogelijkheden om met een redelijke inspanning toch enigszins overzicht over het gehele terrein te krijgen. Stel dat u onderzoek wilt doen naar het politieke functioneren van vrouwengroepen in een land als Chili. Het scheppen van een totaalbeeld door het land te bereizen en steeds gesprekken met mensen te voeren, kan dan erg veel tijd kosten. Een analyse van relevante programma's op radio en tv en van artikelen in de landelijke pers kan een goed alternatief zijn. U dient natuurlijk wel te zorgen dat de diverse politieke kleuren in dat land in uw materiaal zijn vertegenwoordigd. Vooral ook als u informatie wilt hebben over zaken die fout gaan of waarover mensen ontevreden zijn of zich zorgen maken, zijn media het overwegen waard. Wat dat betreft kunnen bijvoorbeeld ook bedrijfsmedia zoals bedrijfsjournaals, personeelsbladen, e-mailberichten en dergelijke interessante gegevens opleveren.

In de meeste gevallen geven media informatie over situaties, fysieke voorwerpen en processen in de empirische werkelijkheid. Maar ook personen of groepen van personen kunnen in principe op basis van media worden bestudeerd. Dit geldt natuurlijk vooral voor bekende persoonlijkheden of groeperingen. Een mogelijkheid is bijvoorbeeld dat u als politicoloog of beleidskundige een studie maakt van het fenomeen 'Bush', voor zover deze zich als president manifesteerde via de publieke media.

Verder kan vanwege de actualiteit datgene wat mensen met elkaar uitwisselen via netwerken en e-mail, een belangrijke en veelal ook verrassende bron van informatie voor een onderzoek zijn. U kunt er bijvoorbeeld uit afleiden wie met wie contact onderhoudt en welke soort informatie de betreffende personen met elkaar uitwisselen. Andere voor een onderzoek interessante gegevens kunt u bijvoorbeeld vinden in personeelsadvertenties, ingezonden brieven, knipseldiensten, vaste rubrieken in dagbladen en tijdschriften, actualiteitsprogramma's op radio en televisie, enzovoort.

Opgave
Stel u wilt onderzoeken wat de kwaliteit van leven is in de Nederlandse gevangenissen. Maak een zo uitputtend mogelijke inventarisatie van bronnen uit de categorie 'media' die hier gebruikt zouden kunnen worden. Geef voor elke bron aan welke voor- en nadelen het gebruik ervan in het genoemde onderzoek heeft.

De werkelijkheid

Op het eerste gezicht hoort de werkelijkheid alleen thuis in de *linker*kolom van figuur 7.1 met categorieën van objecten. Toch zijn er twee redenen om deze ook in de rechterkolom als een soort bron op te nemen. De eerste reden is dat de werkelijkheid soms direct object van meting is, bijvoorbeeld als we de tijdsduur bepalen van een productieproces, het aantal decibels bij geluidshinder meten, uitruktijden van de brandweer opnemen, of de hartslag en bloeddruk van sporters meten. In dat geval is de onderzochte werkelijkheid zélf databron. In principe vallen ook personen in de rol van respondent onder deze omschrijving. De reden waarom we respondenten plaatsen onder 'personen' en niet onder 'werkelijkheid', is dat er bij respondenten sprake is van een 'sluis van verwoording'. Onder de rubriek 'werkelijkheid' plaatsen wij uitsluitend personen indien daarbij directe metingen worden verricht, zoals met behulp van een centimeter of thermometer, en niet indirect via het stellen van vragen.

Een tweede reden om de werkelijkheid zelf als bron op te nemen is dat soms situaties, voorwerpen en processen op indirecte wijze iets zeggen over personen. Als u wilt weten welke trajecten het vaakst door werknemers in een organisatie worden afgelegd, dan kunt u bijvoorbeeld kijken naar de vloerbedekking. Ook kan het interieur van een gebouw ons iets zeggen over de hiërarchische verhoudingen in de organisatie die er is gehuisvest. Nog een ander voorbeeld is het bekijken van wat mensen met het huisafval meegeven als indicatie voor hun milieubewustzijn. Onderzoekers spreken in deze gevallen van 'unobtrusive measures'. De validiteit ervan is over het algemeen zeer hoog, omdat er geen (menselijke) sluis van verwoording is, en storende factoren als sociale wenselijkheid, strategisch gedrag en reactief gedrag geen rol spelen.

Voor- en nadelen
Verreweg het belangrijkste voordeel van directe meting en van 'unobtrusive measures' is de hoge mate van objectiviteit van de resultaten. Er is geen 'sluis van verwoording', geen strategisch gedrag van de onderzochten, geen of weinig beïnvloeding van het onderzoeksobject door de onderzoeker.

Een in het oog springende beperking die alleen voor de werkelijkheid als bron geldt, is dat deze uiteraard slechts kan dienen als databron en niet als kennisbron. Een beperking van directe meting is voorts dat deze voor veel vraagstellingen in de door ons beoogde disciplines geen of slechts een beperkte betekenis hebben. Een beperking van het gebruik van 'unobtrusive measures' is dat ze slechts indirect iets zeggen over datgene wat we willen weten. Daarom beschikken we het liefst over meerdere van die verborgen metingen en moeten ze veelal in combinatie met andere databronnen worden gebruikt. Maar in zo'n combinatie kunnen ze dan ook zeer sterke informatie opleveren.

Gebruiksmogelijkheden
Gebruik van de werkelijkheid als databron is in principe steeds interessant als de vraagstelling gaat over zaken waarover mensen niet zo gemakkelijk praten of waarvan ze zichzelf niet zo bewust zijn. Andere gevallen waarin de werkelijkheid zelf wordt gekozen als databron, doen zich voor als de onderzoekspersonen u niet helemaal vertrouwen en ze bij een rechtstreekse benadering geneigd zijn tot het geven van strategische antwoorden (interview) of tot het vertonen van strategisch gedrag (observatie).
Het bedenken van geschikte 'unobtrusive measures' voor wat u te weten wilt komen, vraagt meestal enige creativiteit en fantasie. Vaak lukt dit het best in discussie met anderen, met name met mensen die de betreffende praktijksituatie door en door kennen. U moet er dan wel even werk van maken om hen precies en in zo operationeel mogelijke termen uit te leggen wat u wilt meten.

Documenten
Een vierde categorie van bronnen waaruit u gegevens of kennis voor uw onderzoek kunt putten, vormen documenten. Deze lijken enigszins op media, al dan niet vastgelegd op informatiedragers, maar een verschil is dat documenten in principe een duidelijke adressering hebben, waar media een publieke bestemming hebben. Soms ook hebben documenten in het geheel geen externe bestemming, zoals bijvoorbeeld het geval is met dossiers. Van documenten bestaat een grote diversiteit. Zo kunt u in het kader van uw onderzoek zaken raadplegen als programma's van politieke partijen, onderzoeksverslagen, processen-verbaal van de politie, dossiers van artsen, jaarverslagen van bedrijven, rapporten en nota's van leidinggevenden, briefwisselingen tussen instanties, bezwaarschriften van burgers, overzichten van Kamers van Koophandel, enzovoort. Verschillende documenten als deze worden opgeslagen in archieven.
Ook of juist minder voor de hand liggende documenten kunnen soms verrassend interessante gegevens opleveren. Te noemen zijn stambomen, logboeken, dagboeken, reisverslagen, opstellen van leerlingen, poëziealbums van kinderen, enzovoort. De kunst is natuurlijk wel om in een gegeven situatie op zulke ideeën te komen en ook om vervolgens toegang te krijgen tot dit soort documenten. U ziet hier aspecten van onderzoek die niet vragen om dorre intellectuele activiteiten en bekwaamheden. Daarnaast beschikt een goede onderzoeker over sociale vaardigheden en vindingrijkheid. De moeilijkheid is vaak om erachter te komen bij welke instanties bruikbaar materiaal te vinden is.

Voor- en nadelen
Voor veel onderzoeken zijn belangrijke praktische voordelen van documenten het feit dat deze vaak in grote hoeveelheden en diversiteit beschikbaar zijn en dat voor de verzameling en ontsluiting ervan doorgaans weinig kosten hoeven

te worden gemaakt. Ook de relatief geringe speciale vaardigheden die nodig zijn om ze te exploiteren, kunnen voor de gemiddelde onderzoeker een pragmatisch voordeel zijn. Een methodisch voordeel is dat geen sprake is van uitgelokt gedrag, zoals bijvoorbeeld het geval is als we aan personen vragen stellen. Over het algemeen zullen documenten immers tot stand komen zonder dat de makers zich realiseren dat ze ooit kunnen worden gebruikt in een onderzoek, laat staan dat ze normaliter zullen anticiperen op gebruik voor een bepaalde doel- en vraagstelling. Dit betekent dat er weinig of geen kans is op reactief gedrag, welk voordeel documenten gemeen hebben met media.

Een ander voordeel van documenten is dat ze 'slijtvast' zijn, waarmee wordt bedoeld dat we documenten naar believen eindeloos kunnen raadplegen. Dit is belangrijk voor een van de meest geschikte manieren om documenten volledig voor een vraagstelling te benutten. Deze manier bestaat eruit dat het materiaal telkens vanuit één enkele onderzoeksvraag wordt doorgespit. Op die manier wordt in principe meer uit het materiaal gehaald dan wanneer we proberen in één keer te letten op alles wat voor de beantwoording van alle onderzoeksvragen relevant zou kunnen zijn. In dit laatste geval zal veel relevants ons ontgaan. Bij personen als databronnen is een dergelijke werkwijze praktisch niet uitvoerbaar. Mensen zouden vermoeid en verveeld raken als we ze steeds met vragen lastigvallen, met alle consequenties voor valide en betrouwbare informatie van dien.

Het potentiële voordeel van de doorgaans grote hoeveelheid beschikbaar documentatiemateriaal kan ook omslaan in een nadeel. Als er werkelijk een overstelpende hoeveelheid is, kan dat de onderzoeker voor lastige keuzeproblemen stellen. Nodig is dan een steekproef of een welbewuste selectie. Maar nog afgezien daarvan zal een onderzoeker die documenten wil gebruiken, vaak veel materiaal moeten doorploegen om iets te vinden dat voor haar of zijn onderzoek relevant is. Wat dat betreft, is een stimulus-responsetechniek zoals het hierna te behandelen interview, waarbij heel doelgericht naar bepaalde gegevens gezocht kan worden, in het voordeel.

Gebruiksmogelijkheden
In de meeste onderzoeken kunnen documenten van allerlei aard belangrijke aanvullende gegevens opleveren. Een voorbeeld is inzage in dossiers van klachtenbalies en van bedrijfsartsen als aanvulling op interviews met managers, respectievelijk bedrijfsartsen in een onderzoek naar oorzaken van een hoog ziekteverzuim in een bedrijfstak. Of u bestudeert allerlei verdragen tussen landen op het gebied van milieubescherming, als aanvulling op een enquête onder overheidsambtenaren naar invloeden van milieubewegingen. Documenten kunnen vooral ook een belangrijke rol spelen in onderzoek met een historiserende vraagstelling. Dit is bijvoorbeeld het geval wanneer u de archieven van vergaderstukken van een bepaald type school raadpleegt om

te reconstrueren hoe een bepaalde ontwikkeling zich heeft voltrokken. Op vele terreinen worden archieven bijgehouden waaruit de onderzoeker met een historische belangstelling kan putten.

Opgave
Stel u wilt onderzoeken wat de kwaliteit van leven is in de Nederlandse gevangenissen.
Ga na welke bronnen uit de categorie 'documenten' hier gebruikt zouden kunnen worden. Geef voor elke bron aan welke voor- en nadelen het gebruik ervan in het genoemde onderzoek heeft.

Literatuur
Hoewel hier als laatste behandeld, is de literatuur op een bepaald vakgebied het eerste waar u in een onderzoek naar gaat kijken.
Vanwege het reflectief karakter ligt het voor de hand om de literatuur vooral als kennisbron te hanteren. Immers, u treft hier theoretische inzichten aan waarin door de auteur bepaalde verbanden worden gelegd tussen door haar of hem of door anderen beschreven verschijnselen. Deze interpretaties van de werkelijkheid kunnen u leiden bij uw eigen onderzoek. Vaak vergelijkt u in uw onderzoek verschillende theorieën of theoretische concepten teneinde uw eigen theoretische kader verder uit te werken. We hebben in hoofdstuk 3 al kennisgemaakt met deze toepassing van literatuur als kennisbron bij het maken van het onderzoeksmodel, en daarbinnen bij de ontwikkeling van een onderzoeksperspectief (zie ook de Appendix).
Hoewel gebruik van literatuur als kennisbron de hoofdmoot is, kan deze ook dienen als databron, en wel op een tweetal manieren: (a) De literatuur bevat zuivere beschrijvingen van de werkelijkheid. U kijkt dan bij wijze van spreken met de ogen van de auteur naar de werkelijkheid. Elementen in deze beschrijvingen beschouwt u als gegevens die u vervolgens zelf met elkaar en met andere gegevens combineert en tot nieuwe inzichten verwerkt. (b) Uw onderzoeksobject is een auteur of een aantal auteurs, en u gebruikt hun geschriften als een bron van gegevens over deze personen. Bijvoorbeeld, u gebruikt alle geschriften van Einstein bij het maken van een persoonsbeschrijving ofwel biografie van de natuurkundige.

Literatuur bestaat in verschillende vormen en varianten. Over veel wetenschappelijk onderzoek wordt gepubliceerd in de vorm van monografieën, omvangrijke boekwerken die op één onderwerp betrekking hebben. Het meeste onderzoek van wetenschappers die promoveren op het terrein van de bedrijfswetenschappen, bestuurswetenschappen en beleidswetenschappen, wordt in de vorm van een monografie gepubliceerd. Daarnaast bestaan er verschillende vormen van redactiebundels. Deze bundels hebben betrekking

7 Onderzoeksmateriaal

op een samenhangend geheel van onderwerpen, maar de aparte hoofdstukken zijn geschreven door verschillende wetenschappelijke auteurs, die allen hun eigen visie geven op het onderhavige onderwerp. Vaak zijn deze bundels het resultaat van congressen, waar wetenschappers uit verschillende richtingen wetenschappelijke papers presenteren en bespreken. Ook gebundelde congrespapers maken deel uit van de wetenschappelijke literatuur.

> **Voorbeelden van literatuur als databron**
> Een boekwerk over de textielarbeiders in regio X in de eerste helft van deze eeuw, waarin het leven van deze mensen nauwkeurig en waarheidsgetrouw wordt beschreven, kunt u gebruiken als databron. Evenzo kan een onderzoeksrapport met nauwkeurige beschrijvingen van het reilen en zeilen van een jeugdbende dienen als databron in een onderzoek naar de toekomstperspectieven van de leden van deze groep. Weer een andere manier waarop literatuur kan functioneren als databron doet zich voor indien een onderzoek als doel heeft om de definitie van een begrip te verscherpen. U kunt dan een overzicht maken van alle mogelijke definities van dit concept, waarbij u kritische opmerkingen plaatst. Op basis hiervan komt u uiteindelijk tot een nieuw voorstel.

Een belangrijke wijze van wetenschappelijk publiceren is het schrijven van wetenschappelijke artikelen in vaktijdschriften. In de wetenschappelijke bibliotheken vindt u een groot aantal van deze vaktijdschriften over een reeks van jaren. Een bezoek aan deze bibliotheken helpt u vaak een behoorlijk eind op weg bij het opzetten van uw onderzoek. Naast vaktijdschriften worden wetenschappelijke inzichten tevens opgenomen in zogeheten handboeken op een bepaald terrein. In een handboek wordt een aantal deelterreinen van een wetenschappelijk thema behandeld. Omdat deze handboeken bestaan uit losbladige elementen, die regelmatig worden herschreven, treft u in deze handboeken vaak een verzameling aan van de nieuwste inzichten op een bepaald terrein.

Voor- en nadelen
Een voordeel van (vak)literatuur als kennisbron is dat er op vele terreinen al diepgaande inzichten zijn verworven, zodat u niet zelf helemaal vooraan hoeft te beginnen. Controleer daarom of uw doel- en vraagstelling en uw conceptueel model wel helemaal up-to-date zijn. Het zou zonde zijn als u er later achter kwam dat anderen al eerder hetzelfde hebben onderzocht. Literatuur als databron heeft het voordeel dat u niet zelf het materiaal moeizaam hoeft te verzamelen. Maar een beperking is dat u in de literatuur lang niet altijd alle data en informatie zult vinden die gezien uw doel- en vraagstelling nodig is.

Het nadeel van literatuur als kennisbron kan zijn dat al die fraai verzorgde en vaak in moeilijk toegankelijke taal geschreven boekwerken al gauw enige autoriteit uitstralen. Het gevaar daarvan is dat de onderzoeker een te groot vertrouwen in de bestaande literatuur krijgt en dat hij andere auteurs slaafs volgt. Maar zelfs in een literatuuronderzoek waarin de onderzoeker in feite alleen maar werkt met door anderen geproduceerde inzichten, is het de bedoeling dat hij of zij zélf tot nieuwe kennis en inzichten komt. Dit is het verschil tussen een (literatuur)onderzoek enerzijds en een literatuurstudie als voorbereiding op een tentamen anderzijds. Leest u er wat dat betreft ook paragraaf 6.6 in het vorige hoofdstuk nog eens op na.

Gebruiksmogelijkheden
De bestaande literatuur op een vakgebied levert voor diverse onderdelen van een onderzoek relevante of zelfs noodzakelijke informatie op. Op de eerste plaats is literatuur nodig bij het ontwerpen van een onderzoek. Zoals we hebben gezien, is het globaal bestuderen van literatuur behulpzaam bij de nadere bepaling van de in een onderzoek gekozen optiek (zie hoofdstuk 3). Ook is een globale oriëntatie in de literatuur meestal onontbeerlijk voor het uiteenrafelen, definiëren en operationaliseren van de kernbegrippen uit de doel- en vraagstelling van het onderzoek (zie de hoofdstukken 4 en 5).
Ook tijdens de uitvoering van een onderzoek speelt de bestaande literatuur doorgaans nog een belangrijke rol. Zo maakt u meestal gebruik van literatuur bij het schrijven van de verschillende versies van een onderzoeksverslag. Met name de theoretische duiding van uw onderzoeksresultaten is vaak een belangrijk onderdeel van de verslaglegging (zie ook hoofdstuk 8).
Tot zover een overzicht van data- en kennisbronnen die u bij het uitvoeren van uw onderzoek ten dienste kunnen staan. De vijf genoemde bronnen verschillen onderling in de mate waarin en de frequentie waarmee ze als kennis- respectievelijk als databron kunnen fungeren. In de meeste onderzoeken fungeren personen, media en documenten vooral als databron en in een minderheid van de gevallen (ook) als kennisbron. Voor literatuur geldt precies het omgekeerde. De werkelijkheid zelf ten slotte fungeert haast per definitie als databron.
Tot slot verdient het doorgaans aanbeveling om bij de uitvoering van een onderzoek meerdere bronnen aan te boren. In dit verband spraken we eerder van triangulatie. Meer in het bijzonder gaat het hier om bronnentriangulatie. Een reden hiervoor is dat de diverse bronnen, gezien vanuit de doel- en vraagstelling, elk hun eigen mogelijkheden en onmogelijkheden, sterke en zwakke punten kunnen hebben. Om diezelfde reden is het van groot belang om niet voor de vraagstelling als geheel maar per (deel)vraag te bepalen welke data- en kennisbronnen u zult gebruiken. U komt dan in principe tot een meer creatief gebruik van bronnen en u haalt in beginsel meer uit het

onderzoek dan wanneer u besluit om routinematig te werken met steeds dezelfde bron(nen).

Opgave
U studeert sociologie met als specialisatie Methoden en Technieken van onderzoek. U vervult uw afstudeerverplichtingen bij het ambtelijk apparaat van een provinciale overheid. Daar neemt u deel aan een grootschalig onderzoek dat de nodige kennis en inzichten moet verschaffen voor het ontwikkelen van een werkloosheidsbeleid voor de betreffende provincie. Men heeft u een mooi afgebakend onderdeel van dit onderzoek toegewezen. Uw deelproject moet bijdragen aan een antwoord op de volgende vraag:
Welke factoren leiden ertoe dat mensen in de betreffende regio langdurig werkloos zijn?
U maakt gebruik van de volgende stipulatieve definitie van 'werkloosheid':
'In dit onderzoek beschouw ik iemand als werkloos als deze persoon staat *ingeschreven* bij een arbeidsbureau, een leeftijd heeft *tussen 15 en 65 jaar, niet langdurig ziek of gehandicapt* is, *20 uur of meer per week* wenst te werken, *geen werkkring* heeft en binnen twee weken voor dit werk *beschikbaar* is.'
Maak een zo volledig mogelijke inventarisatie van mogelijke bronnen die u zou kunnen gebruiken om de genoemde onderzoeksvraag te beantwoorden. Geef voor elke (soort) bron aan welke delen van de vraagstelling volgens u op basis hiervan onderzocht kunnen worden. Geef ook van elke bron zo veel mogelijk aan wat er de voor- en nadelen, mogelijkheden en beperkingen van zijn, gezien in het licht van de onderhavige vraagstelling.

7.3   DE ONTSLUITING VAN BRONNEN

Een tweede beslissing die in samenhang met het te kiezen materiaal moet worden genomen bij het maken van een technisch ontwerp van uw onderzoek, betreft de vraag op welke manier u bij de gekozen bronnen de gewenste informatie naar voren kunt halen. We spreken in dit verband voortaan ook wel van de ontsluiting van bronnen. Hoe kunnen we bijvoorbeeld voor het onderzoek relevante informatie uit personen naar voren halen? Welke gegevens kunnen we onttrekken aan situaties, voorwerpen en processen in de empirische werkelijkheid? Hoe halen we relevante passages uit de vakliteratuur? Zoals u in de rechterkolom van figuur 7.3 (zie p. 230) kunt zien, zijn er vijf verschillende manieren of technieken om dit te doen. Elke techniek is specifiek voor één of meer soorten van bronnen.

Figuur 7.3   Technieken voor de ontsluiting van bronnen

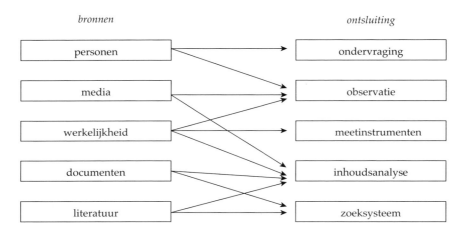

In het restant van deze paragraaf worden deze vijf technieken achtereenvolgens behandeld. Vooral de voor het maken van een onderzoekstechnisch ontwerp van een onderzoek belangrijke voor- en nadelen en de gebruiksmogelijkheden van de diverse technieken komen uitvoerig voor het voetlicht.

Ondervraging
De techniek van ondervraging is in het kader van een onderzoek te omschrijven als een door de vraagstelling en operationalisering van de kernbegrippen daarin gestuurde activiteit, waarbij u door het aanbieden van stimuli – meestal vragen of uitspraken in een vragenlijst – probeert bij van tevoren zorgvuldig gekozen personen de gewenste informatie te krijgen.
Zoals het schema in figuur 7.4 laat zien, zijn er verschillende varianten van de techniek van ondervraging. Een hoofdindeling is die in interview en enquête. Deze onderscheiden zich van elkaar op twee aspecten:
a. de mate van voorgestructureerdheid van de ondervraging;
b. de mate van openheid van de vraagstelling.

Met voorgestructureerdheid wordt bedoeld dat van tevoren voor alle te ondervragen personen precies en uniform vastligt wat gevraagd wordt, hoe er gevraagd wordt en wat de volgorde van de vragen is. De openheid van een vraag betreft de mate waarin de ondervraagde vrij is in de wijze waarop zij of hij antwoord geeft. Bij open vragen is de ondervraagde helemaal vrij. Bij gesloten vragen bestaat het antwoord uit het aanvinken van één of meer door de onderzoeker geformuleerde antwoordmogelijkheden. Deze vorm staat bekend als een meerkeuzevraag.

Figuur 7.4   Varianten van de techniek van ondervraging

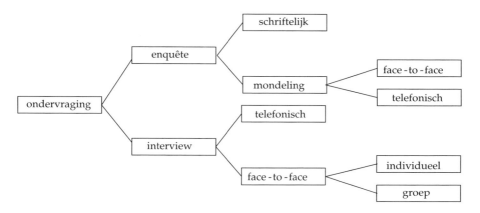

Op basis van de twee genoemde aspecten kan een interview worden gekarakteriseerd door een geringe mate van voorstructurering en open wijze van vraagstelling.

In zijn meest vrije vorm heeft de interviewer slechts een lijstje met onderwerpen in het achterhoofd. De interviewer heeft hier de mogelijkheid om, indien gewenst, met de ondervraagde te interacteren. Hij vraagt bijvoorbeeld om toelichting op een antwoord of geeft waar nodig zelf toelichting bij een vraag. Ook bestaat de mogelijkheid om, afhankelijk van een antwoord en van eventuele gezichtsexpressies en andere lichaamstaal, tijdens het interview nieuwe of aanvullende vragen te formuleren.

In een enquête is sprake van een hoge mate van (a) voorstructurering en (b) gesloten vragen. De enquêteur heeft een minimale of in het geheel geen interactie met de ondervraagde. Het spreekt overigens voor zich dat interview en enquête zoals hier gedefinieerd ideaaltypen zijn en dat in de praktijk veelal mengvormen voorkomen. Dit geldt met name voor de wijze van het stellen van de vragen. Veel vragenlijsten die bij interview en enquête worden gehanteerd, bevatten deels open en deels gesloten vragen. Het is meer een kwestie van accenten.

Van beide ondervragingstechnieken bestaan meerdere varianten. In principe vragen de telefonische varianten minder tijd dan de face-to-face varianten van ondervraging. Maar het voordeel van de face-to-face varianten is weer dat de ondervrager zicht heeft op gezichtsexpressies en andere lichaamstaal. Deze kunnen vooral van belang zijn voor een juiste interpretatie van de antwoorden. Ook kunnen ze zoals gezegd nodig zijn om te weten of de ondervraagde extra informatie nodig heeft of moet worden gestimuleerd en gemotiveerd om de volle aandacht te blijven geven. Dit laatste kan vooral nodig zijn als het gaat om voor de ondervraagde moeilijke onderwerpen, moeilijk ofwel in rationeel, ofwel in emotioneel opzicht. Zo kunt u om een indruk te krijgen hoe bedrijven omgaan met de milieuwetgeving, veel beter de verantwoordelijke managers bezoeken met een interview dan dat u ze opbelt. Maar opbellen is waarschijnlijk op zijn beurt beter dan deze managers een schriftelijke enquête toe te sturen. In het laatste geval loopt u de kans om bij een heikel onderwerp als dit weinig ingevulde vragenlijsten terug te ontvangen. En de betrouwbaarheid van de antwoorden die u wel terugkrijgt, zal vermoedelijk laag zijn. Hoewel dus een schriftelijke enquête niet altijd geschikt is, vraagt deze nog minder tijd dan de telefonische enquête. De eerste wordt per post afgewerkt, wat zowel reistijd als tijd benodigd voor de ondervraging spaart.

Een andere variant naast het individuele telefonische en face-to-face interview is het groepsinterview. Hierbij wordt een aantal mensen voor een vraaggesprek bij elkaar gebracht. Kenmerkend is dat bij deze vorm van interviewen mensen op elkaar kunnen reageren. Dit kan bijvoorbeeld een voordeel zijn als u van mensen iets wilt weten waarover ze nog niet of weinig hebben nagedacht. Stel dat u met uw onderzoek een bijdrage wilt leveren aan de formulering van een toekomstig arbeidstijdenbeleid van de overheid. U zou dan scholieren als toekomstige werknemers kunnen vragen naar wensen die zij hebben op het gebied van werktijden. De kans dat respondenten in een individueel interview niet goed weten hoe zij hierop moeten reageren, is groot. In een groepsinterview waarin zij over deze zaak kunnen discussiëren en aldus zich een mening kunnen vormen, is er meer kans dat er zinnige informatie vrijkomt dan in individuele gesprekken met scholieren. Dezelfde argumenten als hierboven gelden voor zaken die ambivalent zijn.

Andere gevallen waarin interviews in groepsverband de voorkeur kunnen verdienen, doen zich voor als u informatie wilt hebben over moeilijk in te schatten zaken, zoals toekomstige ontwikkelingen of de gevolgen van een interventie. Als u bijvoorbeeld wilt weten wat toekomstige marktontwikkelingen zijn of wat de gevolgen van een fusie zullen zijn, dan kunt u een groepsinterview beproeven. Bij een groepsinterview dient u er wel steeds voor te waken dat er geen onkritische groepsmening ontstaat als gevolg van één of enkele dominante personen die de groep hun mening opleggen. U heeft in zo'n geval dan ook duidelijk niet alleen de taak om informatie op te pikken. Daarnaast bent u ook discussieleider. Het kan raadzaam zijn om deze taken te verdelen over twee personen. De een heeft de rol van discussieleider en de ander die van observant/registrator.

Tot slot is hier een waarschuwing op zijn plaats. Sommige onervaren onderzoekers zien in een groepsinterview een mogelijkheid van werkbesparing. Waarom zou je vijftien mensen elk afzonderlijk benaderen als je ze ook allemaal tegelijkertijd in het onderzoek kunt betrekken? Dit is een ongeldige redenering. Het groepsinterview en het individuele interview zijn twee geheel verschillende methodieken, elk met hun eigen voor- en nadelen, mogelijkheden en beperkingen.

Een ondervragingstechniek die zowel trekken vertoont van het groepsinterview als van de schriftelijke enquête is de zogenoemde Delphi-techniek. Deze past men speciaal toe bij het ondervragen van deskundigen en is dan ook meer een techniek van *kennis*generering dan van *data*generering. Ze verloopt in meerdere ronden. In de eerste ronde legt u een aantal deskundigen op het terrein van uw onderzoek een bepaalde vraag voor met het verzoek om hierop schriftelijk te reageren. De antwoorden bekijkt u zorgvuldig en u probeert de grote lijnen en eventuele tegenstellingen aan te geven. Deze informatie gaat terug naar de deelnemers met het verzoek na te gaan of zij, gegeven de antwoorden en overwegingen van de andere deskundigen die aan de Delphi deelnemen, aanleiding zien om hun eerste antwoord aan te vullen of bij te stellen. Vervolgens bekijkt u de antwoorden uit de tweede ronde en benadert u de deelnemers, indien nodig, nog een derde keer. Meestal treden in een derde ronde geen noemenswaardige wijzigingen meer op, zodat met twee ronden kan worden volstaan.

Het belangrijkste voordeel van de Delphi-techniek is dat de deelnemers tot een weloverwogen oordeel kunnen komen, waarin diverse mogelijke gezichts- en standpunten tegen elkaar zijn afgewogen. Voor de onderzoeker zelf ontstaat de mogelijkheid om een overzicht te krijgen van de verschillende standpunten die er ten aanzien van een bepaald fenomeen zijn. Een praktisch voordeel van de Delphi-techniek is dat deze geheel per post of e-mail kan worden afgewerkt. Dit bespaart de onderzoeker niet alleen veel werk, maar geeft bovendien in principe de mogelijkheid om deskundigen over de hele wereld voor deelname te benaderen.

Gebruiksmogelijkheden
De techniek van ondervraging van respondenten is in principe voor de onderzoeker een geschikte manier om aan gegevens te komen als het voor de doel- en vraagstelling nuttig is om te weten hoe mensen over bepaalde zaken denken, wat voor emoties deze zaken bij hen oproepen en wat zij met bepaalde dingen (zouden) willen doen. Als u deze gedachten, emoties en strevingen wilt begrijpen of verklaren, dan is het nuttig om ook te vragen naar allerlei achtergrondinformatie, zoals leeftijd, geslacht, politieke mening, beroep, opleiding en dergelijke.

Naast respondenten kunt u ook informanten en eventueel deskundigen benaderen voor een ondervraging. Vooral als men omvangrijke organisaties of organisaties met een grote geografische spreiding wil bestuderen, heeft men in feite geen keus. Zo kunt u om informatie te krijgen over de mate waarin artsen en verplegers in Nederlandse ziekenhuizen met elkaar samenwerken, per instelling één of enkele informanten benaderen. Het spreekt voor zich dat per instelling interviews afnemen bij (een steekproef uit) alle personeelsleden in beginsel meer garanties biedt op betrouwbare en geldige resultaten. En mogelijk nog meer waarheidsgetrouwe gegevens zijn te verkrijgen met behulp van observaties door de onderzoeker zelf. De keerzijde is dat de drie geschetste mogelijkheden in volgorde een toenemende mate van tijdsinvestering vergen. De benodigde tijd zal al gauw ver uitstijgen boven de tijd die in een onderzoek ter beschikking staat. Het raadplegen van informanten als vertegenwoordigers van de ziekenhuizen kan dan een geslaagd compromis zijn tussen gewenste zekerheid en onderbouwing enerzijds, en de beschikbare onderzoekscapaciteit anderzijds.

Observatie
Observatie is een techniek van datagenerering waarbij de onderzoeker in principe op locatie waarnemingen verricht bij personen, situaties, voorwerpen of processen en zich daarbij laat sturen door een waarnemingsschema. Een waarnemingsschema is een overzicht van aan de doel- en vraagstelling ontleende zaken, aangeduid met trefwoorden, waarnaar tijdens de observatie moet worden gekeken en waarop moet worden gelet. Men noemt dit ook wel de waarnemingscategorieën. Dit waarnemingsschema bevat in principe altijd een tijdfasering. Het tijdstip waarop of de periode waarin iets plaatsvindt, kan namelijk zeer belangrijke informatie zijn. We weten dan niet alleen op welk moment van de dag of deel van de week (maand, jaar) iets gebeurt. We kunnen achteraf ook altijd afleiden hoe lang iets duurt, in welke volgorde zich verschillende zaken afspelen en in welke voorafgaande en volgende activiteiten of gebeurtenissen iets is ingebed. Zo kan het een heel verschil uitmaken of een tentamen steeds aan het begin of aan het eind van een vermoeiende dag wordt voorbereid.

Van de observatie bestaat een sterk voorgestructureerde en een meer vrije variant. Dit onderscheid loopt ongeveer parallel met het verschil tussen enquête en interview. In de voorgestructureerde variant – men spreekt ook wel enigszins verwarrend van systematische observatie – zijn de waarnemingscategorieën van tevoren zodanig ver uitgesplitst en nauwkeurig omschreven, dat bij de waarneming kan worden volstaan met het plaatsen van kruisjes in de diverse categorieën. Dit lijkt sterk op wat er in een schriftelijke enquête gebeurt. Een verschil is dat in de enquête de onderzoekspersonen (respondenten of informanten) invullen, terwijl bij de observatie in beginsel de onderzoeker dit doet.

In de meest vrije vorm van observatie heeft de onderzoeker slechts een lijstje met aandachtspunten in het achterhoofd, precies zoals dit het geval is bij de meest vrije vorm van interviewen. Een en ander betekent dat ook het merendeel van de bij de schriftelijke enquête en bij het vrije interview genoemde voor- en nadelen opgaan voor de voorgestructureerde, respectievelijk de vrije vorm van observatie.

Bij elke vorm van observatie van (groepen van) personen bestaat de kans dat men de observator als indringer en pottenkijker beschouwt. Dit kan gevaar opleveren voor de kwaliteit van de te vergaren gegevens. De kans bestaat dan namelijk dat men zich anders gaat gedragen dan men zonder de aanwezigheid van de observator zou hebben gedaan. Een remedie hiertegen is dat de laatstgenoemde op structurele basis deelneemt aan de dagelijkse activiteiten van de onderzochte groep. We noemen dit participerende observatie. Stel dat uw onderzoek is gericht op kennis van fusieprocessen in de zakelijke dienstverlening. Met het oog hierop neemt u een vakantiebaantje aan bij een filiaal van een zojuist gefuseerd bankkantoor. Gestuurd als u bent door de doel- en vraagstelling van uw onderzoek, zorgt u dat u van tevoren een goed uitgewerkt waarnemingsschema gereed hebt, zodat u precies weet waarnaar u zoal moet kijken en waarop u vooral moet letten.

Binnen deze participerende aanpak heeft u nog de keus om uw rol als observator/onderzoeker al dan niet bekend te maken. Maakt u zich niet bekend – men spreekt dan wel van undercover observatie – dan zal het 'pottenkijker effect' in het geheel niet spelen. Maar ook als u zichzelf wel bekendmaakt, is de kans groot dat uw collega's na enige tijd zo vertrouwd met u en uw aanwezigheid zijn, dat er nauwelijks nog enig reactief gedrag valt te duchten. Of dit laatste ook inderdaad het geval zal zijn, is overigens mede afhankelijk van de vraag of u ook uw onderzoeksdoel volledig bekendmaakt. Als u bijvoorbeeld zegt dat u met uw opdrachtgever als uiteindelijke doelstelling bent overeengekomen het doen van voorstellen voor een nieuw personeelsbeoordelingssysteem voor de gefuseerde organisatie, dan is het niet denkbeeldig dat de onderzoekspersonen zullen proberen een voor hen gunstige invloed uit te oefenen op uw waarnemingsresultaten. Dit kan wel eens een reden zijn om de onderzochte groep geen of slechts globale mededelingen te doen over de werkelijke doelstelling van het onderzoek. Overigens zag u al eerder een voorbeeld van participerende observatie aan het begin van dit hoofdstuk, waar een onderzoeker een studie maakt van de man-vrouwverhoudingen bij de politie.

Een bijzondere vorm van dataverzameling via (participerende) observatie vindt plaats in een etnografische studie. In een etnografische studie bestudeert de onderzoeker gedurende langere tijd het dagelijkse reilen en zeilen van de te onderzoeken groep. Hij of zij loopt mee op de afdeling, maakt mee wat de werkne(e)m(st)ers meemaken, maar bemoeit zich verder niet met de gang van zaken. Op deze manier krijgt de onderzoeker een goed beeld van allerlei complexe processen die zich op de afdeling afspelen. De etnografische studie, bekend uit de culturele antropologie, wordt meer en meer toegepast in onderzoek in organisaties. Met name past deze methode van dataverzameling bij onderzoek naar ingewikkelde en onbewust verlopende processen, zoals machts- en beïnvloedingsprocessen, communicatiepatronen en conflicten. Hoewel het een moeilijk uitvoerbare en tijdsintensieve methode is, pleiten Den Hertog en Van Sluijs (1995) voor etnografisch onderzoek binnen de organisatiewetenschappen. Etnografische studies kunnen een rijke oogst opleveren. Zij kunnen door hun diepgang tot inzichten leiden die met andere onderzoeksstrategieën moeizamer naar boven kunnen worden gehaald. Vandaar dat deze methode vaak wordt toegepast tijdens een vooronderzoek: de inzichten die de onderzoeker opdoet zijn in dat geval nuttig voor het (her)formuleren van de doel- en vraagstelling van het hoofdonderzoek.

Tot slot van deze passage over observatie volgt nog de vermelding van een techniek die veel op een systematische observatie lijkt. De mogelijkheid bestaat dat niet de onderzoeker maar de onderzochten zélf van uur tot uur (of van half uur tot half uur) bijhouden wat ze doen. Men noemt dit wel tijdschrijven. Deze aanpak valt met name te overwegen als u personen langere tijd in hun dagelijkse bezigheden wilt volgen en u niet in de gelegenheid bent tot het uitvoeren van observaties. De kans bestaat weliswaar dat de gegevens die dit oplevert minder betrouwbaar, gedetailleerd en volledig zijn dan die welke een systematische observatie kan opleveren, maar u bespaart wel veel tijd.

Stel bijvoorbeeld dat u wilt weten op welke wijze patiëntenvertrouwenspersonen in psychiatrische ziekenhuizen hun werk uitvoeren. Uw aanwezigheid als observator kan in dergelijke situaties hinderlijk of zelfs ronduit onmogelijk zijn. Een alternatief is dat u deze mensen vraagt naar de manier waarop zij hun werkdagen invullen. De vraag is wél hoe goed zij zich dit herinneren. Bovendien zullen ze geneigd zijn u slechts te melden wat zij denken dat van belang is. Maar voor een onderzoeker zijn nu juist meestal de ogenschijnlijk onbelangrijke details interessant. Een alternatief is dat u de onderzoekspersonen formulieren verstrekt, met in de linkermarge een dagindeling in halve uren of kwartieren met rechts ruimte voor aantekeningen. Het verzoek is dan om een aantal dagen of strategisch gekozen dagdelen zo concreet en gedetailleerd mogelijk in te vullen wat men precies op verschillende momenten doet. Dit tijdschrijven kan voor de personen in kwestie een tamelijk grote belasting zijn, die nogal wat discipline vraagt. Daarom werkt deze methode in principe pas goed als het een onderzoek betreft dat de onderzoekspersonen helemaal zien zitten en/of als de resultaten voor hen belangrijk zijn.

Aangezien we met observatie (en tijdschrijven) zoals gezegd in feite alleen gedrag te zien krijgen en geen gedrags*motieven*, noch meningen, opvattingen en dergelijke, wordt deze methode vrijwel altijd gecombineerd met het voeren van gesprekken en het bestuderen van documenten. Eerder noemden we dit methodentriangulatie.

Gebruiksmogelijkheden
Observatie en eventueel tijdschrijven zijn aangewezen technieken als het voor de beantwoording van uw vraagstelling belangrijk is dat u mensen enige tijd volgt in hun doen en laten. Dit kan bijvoorbeeld het geval zijn als u

wilt weten hoe werknemers omgaan met een nieuwe doelgroep van de organisatie waarvoor ze werken. Een ander voorbeeld waarin de keuze van observaties als methode van datagenerering logisch is, is dat u wilt weten hoe groepen jongeren komen tot crimineel gedrag. U kunt dan een jongerengroep volgen, waarbij u bijvoorbeeld let op interactiepatronen: wie interacteert met wie in en buiten de groep en wat is de aard van de interacties? Op die manier kunnen groepsprocessen, leerprocessen en netwerken van jongeren in kaart worden gebracht. Als u uitsluitend geïnteresseerd bent in het verbale gedrag van mensen in een groep, dan beperkt u zich tot een zogenoemde conversatieanalyse.

Overigens hoeft inzicht in de gedragingen van mensen niet de enige drijfveer te zijn om te kiezen voor observaties. Ook voor het werkelijk begrijpen van meningen en gedragingen kan deze techniek van belang zijn. Stel dat u een nauwkeurig beeld wilt krijgen van het werk van een wijkagent. U zou dit door middel van een interview met wijkagenten kunnen proberen te achterhalen. Maar een manier die waarschijnlijk een vollediger en meer valide beeld te zien geeft, is het vergezellen van wijkagenten tijdens de uitvoering van hun ambt. Zo zou u wijkagenten enige tijd kunnen volgen tijdens patrouilles (zie ook het voorbeeld aan het begin van dit hoofdstuk). U ziet dan niet alleen het gedrag van de agent, maar u ziet tevens wat die agent ziet. Dit kan een belangrijke informatiebron zijn bij het begrijpen, verklaren en evalueren van het gedrag van de agenten. Hierbij fungeert u nadrukkelijk niet alleen als observator, maar bent u tegelijkertijd zelf meetinstrument. Door introspectie en inleving (hoe zou ik zelf in deze situatie reageren?) probeert u iemands gedrag te begrijpen.

Meetinstrumenten
Een meetinstrument zoals hier bedoeld, kan worden omschreven als een mechaniek, een voorwerp of een procedure waarmee we fenomenen in de werkelijkheid direct kunnen kwantificeren of kwalificeren. De nadruk ligt op 'direct' om daarmee de indirecte meting via personen, media en documenten uit te sluiten. Immers, de sturingsinstrumenten die bij dit soort bronnen worden gebruikt, in casu vragenlijsten, waarnemingsschema's en categorieënstelsels (zie ook onder inhoudsanalyse hierna), kunnen zoals eerder opgemerkt in zekere zin óók worden beschouwd als meetinstrumenten. Om die reden vatten we bijvoorbeeld een intelligentietest op als een vragenlijst. Bij het kwantificeren worden fenomenen in maat en getal vastgelegd. Zo is de duimstok een geschikt meetinstrument om iemands lichaamslengte en een centimeter om iemands taille vast te stellen. Een stopwatch kan worden gebruikt om de tijdsduur van bepaalde processen exact te bepalen. Bij het kwalificeren kennen we een of andere kwaliteit toe aan het meetobject. Een kwalificatie is bijvoorbeeld: persoon X is katholiek.

Gebruiksmogelijkheden
Anders dan in de natuurwetenschappen zullen in de sociale, de beleids- en de managementwetenschappen relatief minder vaak meetinstrumenten in de hier bedoelde zin worden gebruikt. Vaker zal sprake zijn van een meting met behulp van (vormen van) vragenlijsten bij ondervraging, waarnemingsschema's bij observatie en categorieënstelsels bij inhoudsanalyse. Over inhoudsanalyse volgt nu meer.

Inhoudsanalyse
Inhoudsanalyse is een techniek voor het genereren van gegevens uit documenten, uit media en uit de werkelijkheid. Vaak gebeurt dit met behulp van een categorieënstelsel. Ook literatuur kan met een inhoudsanalyse worden onderzocht, namelijk ingeval deze fungeert als databron. In gevallen waarin literatuur wordt gebruikt als kennisbron, zoals het geval is bij een literatuuronderzoek, kunt u strategieën volgen zoals beschreven in paragraaf 6.7.
Een categorieënstelsel zoals hierboven bedoeld is vergelijkbaar met de vragenlijst voor een interview of een enquête en met een waarnemingsschema voor observatie. Met andere woorden: het betreft hier een vertaling van de vragen uit de vraagstelling in concrete zaken waarop men bij het bestuderen van inhouden moet letten. Dit betekent dat er ook hier weer sprake is van een operationalisering van de centrale begrippen uit de vraagstelling. In feite is een categorieënstelsel, evenals de vragenlijst in een ondervraging en het waarnemingsschema bij observatie, een soort meetinstrument. Zaken uit de werkelijkheid worden door de onderzoeker gekarakteriseerd door ze een plaats te geven in de categorieën. Dit kan een kwantitatieve aangelegenheid zijn. We karakteriseren bijvoorbeeld persoon X naar lichaamslengte door deze te plaatsen in de categorie 1,86 meter. Dit is meten in de alledaagse betekenis. Maar in zeer veel gevallen vindt een meer kwalitatieve karakterisering plaats. Bijvoorbeeld de registratie 'persoon X reageert met ongenoegen op situatie Y': ook dit is een vorm van meting.
Het spreekt voor zich dat een categorieënstelsel kan variëren van globaal naar precies. In de meest globale vorm is zo'n stelsel niet meer dan een lijstje met uit de vraagstelling afgeleide aandachtspunten, precies zoals de lijst met onderwerpen bij een vrije vorm van interview. Toch wordt u geadviseerd om te werken met een meer uitgebreide variant, waarin u nauwkeurig aangeeft wanneer een fenomeen uit de werkelijkheid valt onder de diverse centrale begrippen uit de doel- en vraagstelling.
Er bestaan twee hoofdvormen van inhoudsanalyse, te weten kwalitatieve en kwantitatieve inhoudsanalyse. (Niet te verwarren met de kwantitatieve en kwalitatieve meting van zojuist, al zijn er wel raakvlakken!) In een strikt kwalitatieve inhoudsanalyse gaat het om de reductie van de voor de onderzoeker relevante informatie uit een grote hoeveelheid tekstueel en/of audio-

visueel materiaal. De waarnemingscategorieën zijn in principe open en u bent op zoek naar betekenissen die de producenten van het onderzochte materiaal aan bepaalde zaken verlenen. U bent hier eerder bezig met inhouden te duiden, te begrijpen en onder een globaal en altijd voorlopig label te plaatsen dan dat u deze inhouden turft in gesloten categorieën. (Zie ook onder 'Gefundeerde theoriebenadering' in paragraaf 6.6). Doet u dit laatste wél, dan is er sprake van een kwantitatieve inhoudsanalyse. In dit type inhoudsanalyse is de onderzoeker vooral gericht op vaststelling van het belang van bepaalde thema's, uitspraken of benaderingen op grond van kwantitatieve indicaties (Hoe vaak? Hoeveel? Hoe lang?) van het betreffende onderwerp.

In zowel een kwalitatieve als een kwantitatieve inhoudsanalyse is de essentie dat tekstueel en/of audiovisueel materiaal wordt bekeken vanuit de vragen uit de vraagstelling of vanuit een daaruit afgeleid categorieënstelsel (zie hierboven), met als doel een antwoord te vinden op deze vragen.

Gebruiksmogelijkheden
Inhoudsanalyse van documenten en eventueel literatuur is voor veel onderzoeken een van de belangrijkste onderdelen bij het verwerven van relevant onderzoeksmateriaal. De reden hiervan is dat documenten die voor een onderzoek relevant zijn:
a. doorgaans groot in aantal en diversiteit zijn;
b. daardoor een welkome aanvulling kunnen vormen op interviews en observaties;
c. relatief gemakkelijk toegankelijk zijn; en
d. tamelijk 'slijtvast' zijn. Met slijtvastheid is bedoeld dat we documenten, anders dan individuen, op elk moment en zoveel we willen kunnen raadplegen zonder dat dit wachttijden of vermoeide en vervelde respondenten oplevert.

Zoeksystemen
Over de meeste onderwerpen bestaat een grote hoeveelheid wetenschappelijke literatuur. Het is natuurlijk ondoenlijk om in het kader van uw onderzoek al deze literatuur te bestuderen. U zult gericht op zoek moeten gaan om uit de berg literatuur juist die artikelen of boeken te selecteren die u behulpzaam zijn bij het opzetten of de uitvoering van het onderzoek. Daarom is het nodig dat we ons bedienen van een adequaat zoeksysteem, een hulpmiddel om tot literatuurselectie te komen. Het verdient aanbeveling om bij het zoeken naar literatuur van verschillende van deze systemen gebruik te maken.
Op de eerste plaats zijn er diverse vormen van zoekregisters gebaseerd op trefwoorden. Deze zoekregisters zijn in de meeste bibliotheken voorhanden. Het voordeel van deze zoekregisters is dat de belangrijkste publicaties op het betreffende terrein, voor zover deze in het bezit zijn van de betreffende bibli-

otheek, onmiddellijk getoond kunnen worden. Vroeger was de wetenschappelijk onderzoeker in dit verband aangewezen op de grote trefwoordenregisters die in elke wetenschappelijke bibliotheek aanwezig waren. In lange rijen kaartenbakken stonden per onderwerp uit de verschillende wetenschappelijke disciplines belangrijke publicaties op kaarten gerangschikt. Men stelde de kernbegrippen van het onderzoek vast en hanteerde deze kernbegrippen (of aanverwante begrippen) als trefwoorden, op zoek naar relevante literatuur. Dit 'kartonnen' zoeksysteem is inmiddels vervangen door een elektronisch zoeksysteem. Via elektronische netwerken zijn de zoekregisters van vele grote bibliotheken voor pc-gebruikers die op deze netwerken zijn aangesloten, toegankelijk. Via het intoetsen van het door u gekozen trefwoord verschijnt direct een selectie van recente literatuur op uw scherm. De bekwame gebruiker van de 'elektronische snelweg' kan binnen afzienbare tijd veel zoekregisters raadplegen.

Maar als zoeksysteem blijft ook een elektronisch zoekregister van beperkt nut. Immers, het systeem geeft u uitsluitend de meest elementaire informatie over de publicaties (auteur, titel, jaar van uitgave, uitgever, enzovoort). Over de inhoud van de studie wordt meestal geen informatie gegeven. Daartoe bestaan weer andere verzamelingen die u op uw speurtocht kunt raadplegen: de excerpten en besprekingen. Op verschillende terreinen van wetenschappelijk onderzoek bestaan er verzamelingen van uittreksels van de meest belangrijke publicaties en artikelen op het betreffende terrein. Vaak wordt de betreffende publicatie ook nog eens van deskundig commentaar voorzien. Deze uittreksels en besprekingen worden op hun beurt weer gebundeld en op gezette tijden verspreid onder degenen die zich hierop hebben geabonneerd. Veel wetenschappelijke bibliotheken hebben een dergelijk abonnement. Ook hier weer hebben de leveranciers dankbaar gebruikgemaakt van de mogelijkheden die de moderne media ons bieden. Veel van deze uittreksels en bijbehorende bibliografieën zijn via de elektronische netwerken toegankelijk. In veel gevallen kan men de gezochte uittreksels en besprekingen niet alleen via het beeldscherm inzien, maar kan men deze ook met speciale programma's kopiëren naar de eigen computer, teneinde de tekst te kunnen uitprinten of bewerken.

Een derde hulpmiddel dat nog meer zicht geeft op inhouden van literatuur, is een screening van door u geselecteerde vaktijdschriften. Deze tijdschriften presenteren jaaropgaven van de in een heel jaar gepubliceerde artikelen. Ook geven ze vaak boekbesprekingen van door de redactie van het tijdschrift belangrijk geachte recente publicaties. Door nu enkele jaargangen van deze tijdschriften door te bladeren en overzichten te bestuderen, komt u al gauw achter de meest relevante literatuur.

Wanneer u dan toch deze vaktijdschriften doorbladert op zoek naar relevante artikelen, kijkt u dan ook naar de aankondigingen van congressen en symposia die in deze vaktijdschriften zijn opgenomen. We hebben immers al aangegeven dat op deze congressen en symposia de meest recente, weliswaar nog niet gepubliceerde, inzichten worden gepresenteerd en besproken. U kunt dan de congrespapers opvragen.

Een vierde en laatste hier te noemen manier van opsporen van publicaties is die volgens het sneeuwbalprincipe. Wanneer u het onderwerp van uw onderzoek heeft bepaald, kiest u één of enkele van de belangrijkste recente publicaties. U kijkt vervolgens naar de inhoudsopgave van het boek én u neemt grondig de literatuurverwijzingen door die de betreffende auteur achterin de publicatie heeft opgenomen, enzovoort. Het is dus in feite een systeem van verwijzing op verwijzing. Vaak kunt u al aan de inhoudsopgave van een publicatie zien in welke richting de belangstelling en soms zelfs de visie van de betreffende auteur gaat. Dit vluchtige bestuderen brengt u wellicht op ideeën of geeft u nieuwe trefwoorden in handen waaraan u tot nu toe nog niet had gedacht. Deze ideeën en trefwoorden kunt u weer gebruiken bij uw verdere speurtocht. Ook brengen de literatuurlijsten u vaak op het spoor van verwante wetenschappelijke teksten. Op deze manier raakt u vrij snel thuis in de stand van zaken op het betreffende wetenschappelijke terrein.

Gebruiksmogelijkheden
Het zal duidelijk zijn dat het hanteren van zoeksystemen om relevante literatuur, documenten en secundair materiaal op het spoor te komen, voor elk onderzoek van belang is. Maar het spreekt ook voor zich dat meestal de wetenschappelijke literatuur bij een literatuuronderzoek of een theoriegericht onderzoek een belangrijkere rol speelt dan bij empirische praktijkgerichte onderzoeken. Toch moet u ook bij deze praktijkgerichte onderzoeken niet al te snel genoegen nemen met de eerste de beste literatuur die u wordt aangedragen of die u te binnen schiet. Wanneer u één of meer van de hierboven vermelde werkwijzen of hulpmiddelen hanteert, komt u in de meeste gevallen al vrij snel achter meer recente of minder voor de hand liggende, maar meer uitdagende literatuur. Deze literatuur geeft u nieuwe inzichten en opent wellicht andere dan de bestaande wegen.

> **Opgave**
> In de opgave aan het einde van paragraaf 7.2 is u gevraagd aan te geven welke bronnen u zou kunnen gebruiken voor het onderzoek naar de achtergronden van werkloosheid. Ga thans na met behulp van welke methode(n) of methodiek(en) deze ontsloten zouden kunnen worden. Streef hierbij naar volledigheid. Ga vervolgens per bron voor elke genoemde methode of methodiek na wat er de voor- en nadelen, mogelijkheden en beperkingen van zijn, gegeven de vraagstelling van het onderzoek.

7.4 Voor- en nadelen

In de vorige paragraaf kwamen al verschillende voor- en nadelen van de afzonderlijke ontsluitingstechnieken ter sprake. In deze slotparagraaf wordt daaraan toegevoegd een behandeling van de relatieve voor- en nadelen, mogelijkheden en onmogelijkheden van de technieken en procedures ten opzichte van elkaar.

Om te beginnen hebben de twee hoofdvormen van ondervraging, de enquête en het interview, ten opzichte van elkaar allerlei voor- en nadelen. Een voordeel van de enquête boven het interview is dat in principe de eerste minder tijd kost dan de tweede. Dit geeft de mogelijkheid om met een enquête een groter aantal mensen te bereiken dan onder vergelijkbare omstandigheden met een interview mogelijk is.

Tegenover het kleinere bereik staat dat in het meer arbeidsintensieve face-to-face-interview wel dieper kan worden gegraven en 'moeilijker' zaken aan de orde kunnen komen dan in een enquête. Let wel, dit voordeel geldt minder voor het telefonische interview, onder andere omdat hier de lichaamstaal van de respondent als informatiebron wegvalt. Bovendien maakt het uitblijven van oogcontact het gesprek in emotioneel opzicht vaak minder intensief. Dieper graven kan bijvoorbeeld nodig zijn als u wilt weten welke weerstanden burgers hebben bij de naleving van allerlei maatschappelijke normen en regels. Een schriftelijke enquête zal dan zoals eerder gememoreerd een hoge non-respons opleveren, terwijl in de wel ingeleverde vragenlijsten de kans op ontwijkende, strategische of sociaal wenselijke antwoorden groot is. Het eerste vormt een bedreiging van de externe, en het tweede van de interne validiteit van de onderzoeksresultaten.

Vergelijken we vervolgens de techniek van ondervraging met andere technieken. Vergeleken met observatie is een nadeel van ondervraging de onmogelijkheid om gedragingen van mensen in beeld te krijgen. Zoals al eerder is gememoreerd, komen we hooguit gedrags*percepties*, gedrags*herinneringen* en gedrags*intenties* te weet, géén feitelijk gedrag. Nu kunnen deze natuurlijk alle drie het expliciete object van studie zijn, in welk geval er weinig aan de hand is. Zo is bijvoorbeeld de subjectieve perceptie bij patiënten van de patiëntvriendelijkheid van artsen een betere graadmeter voor het welbevinden van deze patiënten dan een 'objectieve' gedragsmeting bij artsen door de onderzoeker. Maar indien en voor zover u uit bent op het in kaart brengen van feitelijk gedrag van mensen, moet u er rekening mee houden dat de genoemde drie fenomenen hiervoor weinig valide indicatoren zijn. Daarvoor is de observatie veel meer geschikt. Een buitengewoon handig alternatief vormt hier natuurlijk ook de observatie of inhoudsanalyse van eventueel beschikbaar audiovisueel materiaal.

Een nadeel van observatie is dat we geen gedrags*motieven* te weten komen, wat weer wél kan met behulp van een interview of een enquête. In die zin zijn ondervraging en observatie complementair ten opzichte van elkaar. Niet alleen gedragsmotieven en -intenties, maar alle belevingen en denkinhouden van de te onderzoeken personen kunnen overigens een of andere vorm van ondervraging noodzakelijk maken. Voorbeelden zijn de kennis die landbouwers hebben van duurzame productiemethoden, inschattingen die brandweerlieden hebben van de omvang en ernst van een brand bij het bepalen van hun 'uitrukstrategie', de problemen die kinderen hebben met het zich voegen naar de reglementen en gedragscodes van hun school, en het belang dat Marokkaanse vaders hechten aan een begeleiding van hun zonen en dochters.

Naast de onmogelijkheid om feitelijk gedrag te registreren noemen we nog enkele beperkingen van het interview als methode van datagenerering. Ten eerste gaat deze techniek ervan uit dat mensen hun gedachten, gevoelens en belevingen op een adequate manier kunnen verwoorden. Maar zeker voor kleine kinderen, zieken en hoogbejaarden kan hier een probleem liggen. Een alternatief kan dan zijn om bijvoorbeeld de ouders respectievelijk de kinderen van deze mensen te benaderen als informant. We moeten ons dan wél terdege blijven realiseren dat we werken met gegevens 'uit de tweede hand'. Overigens kan men meer in het algemeen zeggen dat mensen aanzienlijk kunnen verschillen in zowel hun vermogen als hun bereidheid om gedachten en gevoelens te verwoorden.

Een van de belangrijkste bedreigingen die de onderzoeker die gebruik wil maken van interviews en enquêtes parten kan spelen, is de mogelijkheid dat mensen een strategisch antwoord geven op vragen. Dit gevaar, dat al enkele keren eerder ter sprake kwam, speelt vooral als u iets wilt onderzoeken waarop een zekere sociale wenselijkheid rust. Zo zal op een vraag of iemand bestaande veiligheidsvoorschriften in acht neemt, vaak bevestigend worden geantwoord, ook al schiet die naleving tekort. In een dergelijke situatie kan gebruik van informanten, van directe observatie en/of van de bestudering van relevante documenten uitkomst bieden.

Een laatste hier te noemen beperking van ondervragingstechnieken is dat we met een interview of een enquête meestal geen of weinig zicht hebben op de fysieke en sociale omgeving waarbinnen zich bepaalde zaken afspelen. Zo zal de onderzoekster in ons voorbeeld willen weten hoe agenten tijdens hun surveillances omgaan met burgers. Maar dit gedrag zal in sterke mate afhangen van de omstandigheden. Zijn er toeschouwers, en zo ja, hoe reageren die op de situatie? Is er sprake van tijdsdruk of een hectische toestand? Is er een dreiging van geweld? Hoe is de sfeer op straat? Participerende observatie zal deze context veel gedetailleerder en in principe ook meer valide in beeld brengen dan een interview.

Naast de eerder vermelde mogelijkheid om gedragingen, interactiepatronen en netwerken te achterhalen, is een voordeel van observeren dat de kans op strategische reacties van de onderzoekspersonen in principe kleiner is dan bij ondervragingstechnieken. Dit geldt natuurlijk vooral voor de participerende observatie. Naarmate u langer aan bepaalde activiteiten of processen deelneemt, zal men u ook minder als een buitenstaander zien. Maar u moet bij dit laatste wel opletten dat u zich niet al te veel gaat vereenzelvigen met de geobserveerden. Dit kan een 'objectieve' waarneming in de weg staan. Het kan in dit kader ook nodig zijn dat u geen of slechts globale mededelingen doet over het soort informatie waarnaar u op zoek bent, alhoewel hier natuurlijk normen over wat ethisch toelaatbaar is nauwlettend in het oog moeten worden gehouden.

Een ander voordeel kan zijn dat er bij observatie sec geen 'sluis van verwoording' is, waarmee een belangrijke bron van risico's voor verdraaiing en onvolledig beeld van het onderzochte wegvalt. Ook eventuele nadelen van het zich niet bewust zijn van dingen en problemen met de verbalisering die bij een ondervraging en met name in een interview kunnen spelen, vallen in een observatie weg. Handelingen zijn doorgaans onbewust en verder kan 'lichaamstaal' een belangrijke informatiebron zijn. Met deze 'lichaamstaal' brengen we vaak dingen tot uiting waarvan we onszelf niet eens bewust zijn. Verder kwam al naar voren dat bij observatie de mogelijkheid bestaat om de onderzoekspersonen in hun natuurlijke context te bestuderen. Bij een interview treedt men in principe uit die natuurlijke omgeving, waardoor personen zich mogelijk anders gaan uiten en waardoor de onderzoeker bovendien geen zicht heeft op de context waarbinnen mensen normaliter functioneren.

Observatie heeft ook enkele nadelen. Zo kan het lastig en tijdrovend zijn om waarnemingsresultaten op een betrouwbare en geldige wijze te verwerken tot overtuigende antwoorden op de onderzoeksvragen. Een van de redenen hiervan is dat observatie grotendeels non-verbale informatie oplevert, die moet worden omgezet in verbale informatie (de antwoorden op de onderzoeksvragen). Maar vooral is een reden dat er bij observatie in principe (veel) meer interpretatieruimte is voor de onderzoeker dan in een interview het geval is. Wat is de meest valide interpretatie? Dit punt verwijst tevens naar de controleerbaarheid van de onderzoeksresultaten, die hier voor derden doorgaans lager is dan wanneer een ondervragingstechniek is gebruikt. Hierdoor kunt u zich als onderzoeker kwetsbaar voelen. Dit kan worden versterkt als de mensen die u gaat observeren u beschouwen als een pottenkijker. Een manier om dit te ondervangen, maar die tijdrovend is, is dat u een tijdje lid wordt van de betreffende vereniging, club of organisatie. Dit is de meest vergaande vorm van participerende observatie.

Inhoudsanalyse heeft met observatie gemeen dat er weinig kans is op vertekening als gevolg van strategische antwoorden. Immers, het soort materiaal dat vrijkomt bij de vier soorten bronnen die voor inhoudsanalyse in aanmerking komen, komt doorgaans los van de onderzoeker tot stand. Zo kunnen jaarverslagen in principe meer betrouwbare informatie over omzetcijfers opleveren dan een vraag hierover aan de manager. Ook het gevaar dat je als onderzoeker mensen op bepaalde ideeën brengt, is hier uitgesloten. Dit risico is vooral aanwezig als u van mensen dingen wilt weten waarover ze nog nooit bewust hebben nagedacht.

Daarnaast zijn er ook enkele beperkingen verbonden aan de inhoudsanalyse van literatuur, documenten en media-inhouden. Zo kunnen documenten en media een editing ondergaan. Ieder kent wel de opmerking van de voorzitter van een vergadering dat bepaalde passages niet voor de notulen bestemd zijn. Ook tv- en radioprogramma's bevatten vaak een politieke kleur, afhankelijk van de omroep en de programmamaker. In sommige landen ondergaat zelfs literatuur een censuur. Een andere beperking die de bestudering van documenten gemeen heeft met ondervragingstechnieken is dat we geen fysiek gedrag kunnen bestuderen.

Aan het eind van dit hoofdstuk gekomen, kan een tweetal conclusies worden getrokken. De eerste is dat u er goed aan doet om zo veel mogelijk verschillende bronnen aan te boren en om meerdere technieken van ontsluiting te gebruiken. Wat met de ene mogelijkheid niet of minder in beeld komt, is juist een sterk punt van een andere manier. Kortom, probeer zo veel mogelijk te trianguleren teneinde een zo betrouwbaar en volledig mogelijk beeld te krijgen van de door u onderzochte werkelijkheid. De tweede conclusie is dat een optimale werkwijze is dat u de bronnen en technieken in principe per (deel)vraag uit de vraagstelling kiest.

Stappenplan en voorbeeld

Onderzoeksmateriaal
1. Bepaal per *(deel)vraag* de relevante *objecten* en de *soorten informatie* die voor deze objecten nodig zijn. Gebruik hierbij schema 7.1.
2. Bepaal per object of soort info uit stap 1 welke en hoeveel *bronnen* u nodig heeft. Gebruik hierbij de schema's 7.2 en 7.3.
3. Bepaal per bron uit stap 2 welke *ontsluitingsmethode(n)* u zult hanteren. Gebruik hierbij de schema's 7.3 en 7.4.
4. Itereer de stappen 1, 2 en 3 zowel onderling als met de doel- en vraagstelling en de definities. Let op zaken als haalbaarheid en omvang van het onderzoek in relatie tot interne en externe geldigheid, triangulatie en arbeidsintensiviteit van methoden.

Vervolgens passen we dit stappenplan toe op het voorbeeld 'politie Rotterdam' uit de inleiding.

Stap 1
Aangezien in deze stap de vraagstelling van het onderzoek het vertrekpunt is, geven we die eerst. De tweede centrale vraag luidde: hoe gaan mannelijke en vrouwelijke agenten van de rijkspolitie in Rotterdam op het werk met elkaar om? Hoewel in het voorbeeld niet gedaan, is het juist met het oog op de keuze van relevant onderzoeksmateriaal gewenst om deze vraag in deelvragen uiteen te leggen. Stel dat de betreffende studente in het voorbeeld tot de volgende twee deelvragen komt:
1. Hoe gaan mannelijke en vrouwelijke agenten met elkaar om op het bureau?
2. Hoe gaan mannelijke en vrouwelijke agenten met elkaar om in de buitendienst?

Het hier gemaakte onderscheid in werklocatie is vooral van belang vanuit oogpunt van zichtbaarheid. Omdat het werk binnen de muren van het bureau goeddeels is onttrokken aan het oog van buitenstaanders, bestaat de mogelijkheid dat de omgangspatronen hier anders zijn dan in het openbaar.
Het is duidelijk dat in beide vragen de 'objecten' bestaan uit agenten, personen derhalve. Zoals vrijwel steeds in een onderzoek heeft ook de studente hier behoefte aan theoretische inzichten over het onderwerp in kwestie. Daarnaast zijn gegevens (data) nodig, en wel twee soorten:
a. gegevens over de personen in kwestie en de manier waarop zij met elkaar omgaan;
b. achtergrondgegevens over de functionaris en de organisatie in kwestie. Deze laatste gegevens zijn nodig om de gegevens bij a te kunnen interpreteren.

De benodigde theoretische inzichten en empirische gegevens lopen voor de beide deelvragen enigszins uiteen. Voor de eerste deelvraag gaat de voorkeur van de studente uit naar organisatietheorieën, waaronder machtstheorieën. Qua gegevens denkt ze aan vragen betreffende de sfeer op het werk, mogelijke incidenten op het vlak van gender, wie welke initiatieven neemt en de mate waarin die initiatieven door collega's en de leiding worden overgenomen. Ook belangrijk vindt ze achtergrondgegevens, zoals de hiërarchische verhoudingen op het werk, de manier waarop op het bureau taken zijn verdeeld en dergelijke.
Voor de tweede deelvraag kiest de projectuitvoerster een andere theoretische benadering dan bij de eerste deelvraag, te weten de interactietheorie en een theorie over crisis- en conflictbeheersing. Ook qua data ziet zij een verschil

met de eerste deelvraag. Voor de eerste deelvraag haalt zij de gegevens hoofdzakelijk bij de betreffende functionarissen en vooral uit de politieorganisatie zelf. Bij de tweede deelvraag daarentegen kan het interessant zijn om ook burgers te vragen hoe zij vinden dat mannelijke en vrouwelijke agenten met elkaar omgaan. Verder vindt de uitvoerster politieoptredens bij ongelukken en calamiteiten in principe relevant. Juist onder druk kunnen bepaalde verhoudingen tussen mannen en vrouwen verhevigd tot uiting komen, zo redeneert de onderzoekster.

Stappen 2 en 3
In de meeste gevallen is er geen bezwaar om de stappen 2 en 3 gecombineerd uit te voeren, zoals ook hier. In het volgende overzicht is achter de bronnen tussen haakjes het aantal van deze bronnen vermeld dat de student in het onderzoek wil aanboren. Bij de observatie van de werksituatie (deelvraag 1) betekent het getal 3 het voornemen om twee hele werkdagen en een nacht op het politiebureau aanwezig te zijn voor het verrichten van observaties: drie werkperioden derhalve. Bij de observatie van agenten (deelvraag 2) is het voornemen om een hele dag mee te lopen met tien verschillende koppels agenten, waarvan zes gemengd, twee bestaande uit mannen en twee met uitsluitend vrouwen, die op surveillance gaan in verschillende wijken van de stad. We werken met verschillende samenstellingen van de koppels om later vergelijkingen te kunnen trekken.
Het getal 20 achter 'bedrijfsjournaals' slaat op het aantal uitzendingen dat zal worden bekeken. Het getal 30 achter 'personeelsblad' geeft aan dat in alle dertig nummers die in de afgelopen drie jaar zijn verschenen, wordt gezocht naar aanwijzingen voor de manier waarop vrouwelijke en mannelijke agenten in Rotterdam met elkaar omgaan. Met het oog op omgangsvormen van mannelijke en vrouwelijke agenten bij ongelukken en calamiteiten ten slotte, is haar voornemen om te zoeken bij gearchiveerde programma's en actuele uitzendingen van de lokale en landelijke radio en tv. Een asterisk achter de bronnen geeft aan dat de betreffende bron voor beide deelvragen wordt gebruikt.

Eerste deelvraag

Bronnen	soort/aantal	ontsluiting
personen	individuele agenten (30)	face-to-face-interview
	bedrijfsarts (1)*	face-to-face-interview
media	bedrijfsjournaals (20)*	inhoudsanalyse
	personeelsblad (30)*	inhoudsanalyse
documenten	dossiers klachtenbalie (1)*	inhoudsanalyse
	dossiers bedrijfsarts (1)*	inhoudsanalyse
situaties	werksituatie (3)	observatie

Tweede deelvraag

Bronnen	soort/aantal	ontsluiting
personen	koppels agenten m+v (10)	observatie
	burgers (200)	schriftelijke enquête
	bedrijfsarts (1)*	face-to-face-interview
media	lokale tv/radio (1)	inhoudsanalyse
	landelijke tv/radio (1)	inhoudsanalyse
	bedrijfsjournaals (20)*	inhoudsanalyse
	personeelsblad (30)*	inhoudsanalyse
documenten	dossiers klachtenbalie (1)*	inhoudsanalyse
	dossiers bedrijfsarts (1)*	inhoudsanalyse

Stap 4
Het aantal soorten bronnen en de aantallen die men van elke soort bron wil aanboren, is in een eerste inventariserende ronde meestal veel te groot, zoals ook hier. Toch is een inventarisatie van alles wat de onderzoekster als mogelijke bron ziet, niet overbodig. Het overzicht hierboven is een handig uitgangspunt, omdat de studente nu een totaalbeeld heeft van wat ze aan materiaal zou kunnen gebruiken voor de beantwoording van de vraagstelling. Schrappen in zo'n overzicht levert een meer weloverwogen en adequate selectie op dan wanneer ze zou kiezen voor het eerste dat in haar opkomt. De in zo'n schema als hierboven genoemde aantallen worden nog (minstens) twee keer op haalbaarheid bekeken. De eerste keer is dat bij de iteratie in deze stap 4 (zie hieronder). Maar ook bij de onderzoeksplanning (zie hoofdstuk 8) wordt deze haalbaarheid nog eens tegen de achtergrond van het totaal van in het onderzoek te verrichten activiteiten bekeken.
Zo op het oog is geen enkele bron in het overzicht overbodig, zeker niet als de onderzoekster al triangulerend een zo compleet mogelijk beeld van de situatie zou willen krijgen. Maar de vraag is of dit alles wel in één enkel afstudeerproject haalbaar is en of elke bron wel noodzakelijk is om een redelijk beeld te krijgen. Als ze moet schrappen, wat vrijwel altijd het geval zal zijn, dan weegt ze de informatie die iets oplevert voor het beantwoorden van de onderzoeksvragen af tegen de hoeveelheid tijd die het kost om deze informatie beschikbaar te krijgen. U zag in dit hoofdstuk dat er grote verschillen zijn in de voor ontsluitingstechnieken benodigde werktijden en doorlooptijden. Op basis van dit soort afwegingen besluit de onderzoeker tot de volgende keuzen (zie ook de casusbeschrijving in de inleiding).
De uitvoerster schrapt om te beginnen de bedrijfsjournaals. De hoeveelheid tijd die het kost om de videobanden te bekijken, is naar haar oordeel te groot, gegeven het risico dat geen of weinig relevante gegevens worden gevonden. Verder besluit ze om voor deelvraag 1 de dertig agenten niet te interviewen, maar deze te benaderen met een schriftelijke enquête. Deze techniek is veel

minder arbeidsintensief, zodat deze keus haar veel tijdwinst oplevert. De prijs die ze hiervoor betaalt, is dat de gegevens een minder hechte empirische fundering hebben, minder diepgravend zijn en/of dat er meer risico is op minder valide data. Een alternatieve optie was geweest om wél een deel van de doel- en vraagstelling te laten schieten, om het resterende deel vervolgens met zéér gedegen en arbeidsintensieve methoden te beantwoorden. Voor deelvraag 2 schrapt ze, om dezelfde reden als bij de bedrijfsjournaals, de enquête onder Rotterdamse burgers, en het bekijken van geluids- en videobanden van de lokale alsook van de landelijke radio en tv.

Een zorgvuldige controle wijst daarna uit dat geen van deze maatregelen aanleiding geeft om een wijziging aan te brengen in de doel- en vraagstelling, noch in de (hier niet gepresenteerde) stipulatieve definities van kernbegrippen. Ze besluit voorlopig de iteratie te heropenen bij het maken van een onderzoeksplanning.

8 | Onderzoeksplanning

Napoleon is niet ten onder gegaan aan een gebrek aan strategisch inzicht,
maar aan een slechte timing.

8.1 Inleiding

Verreweg het grootste gedeelte van het onderzoeksontwerp is inmiddels de revue gepasseerd. Met name het *wat* (doel- en vraagstelling) en een groot deel van het *hoe* (onderzoeksmateriaal en onderzoeksstrategie) zijn achter de rug. Van het hoe resteren nog de analyse van het onderzoeksmateriaal en het rapporteren van de resultaten. Beide onderdelen laten zich slechts in zeer globale zin vooraf ontwerpen. De precieze vormgeving is te zeer afhankelijk van wat de onderzoeker tijdens de uitvoering allemaal zal tegenkomen. Om die reden behandelen we deze onderwerpen als integrale onderdelen van de onderzoeksplanning, die weer wél een prominente plaats inneemt in het proces van ontwerpen, zoals het vervolg laat zien. Planning betreft vooral het *wanneer* en *hoeveel* van onderzoek. Bedoeld zijn beslissingen over de volgorde en de perioden waarin we de benodigde activiteiten zullen verrichten, alsook over de hoeveelheid van deze activiteiten die haalbaar is. Hierover, en over analyse en rapportage, gaat het laatste deel van dit boek. We starten weer met een voorbeeld van iemand die voor een volgende en laatste taak in het planningsproces staat, te weten het maken van een planning voor het onderzoek.

> **Voorbeeld 'van ganser harte'**
> Een studente beleidgerichte milieukunde heeft het idee opgevat om haar afstudeerproject te wijden aan de problematiek van de grauwe gans. Door de grote aantallen waarin deze ganzen in Nederland overwinteren, ontstaat grote schade aan landbouwgewassen. Het gevolg is dat deze dieren massaal door landbouwers worden afgeschoten. De studente ziet in de zogenoemde set aside-regeling van de overheid mogelijkheden om deze diersoort van de ondergang te redden. Deze regeling, die onderdeel is van een beleid om overproductie in de landbouw tegen te gaan, stelt landbouwers in staat om tegen een subsidie landbouwgrond enige tijd braak te laten liggen. Haar idee is nu om deze gronden in te richten als foerageerplaats voor ganzen. Daarvoor is volgens haar nodig dat de landbouwers ten eerste op de hoogte zijn van de overheidsregeling, ten tweede het belang van de ganzenproble-

> matiek inzien en ten derde inzicht krijgen hoe je geschikte foerageerplaatsen kunt inrichten. Als middel daartoe denkt zij aan het geven van voorlichting. Met haar afstudeerproject denkt zij de kennis te kunnen leveren die nodig is om voor dit doel geschikt voorlichtingsmateriaal te maken. Uit deze concrete doelstelling heeft ze inmiddels al een heldere vraagstelling afgeleid. Ook het technische ontwerp is in haar ogen af. Ze heeft de contouren uitgezet van een gevalstudie, waarin ze triangulerend gebruikmaakt van interviews met landbouwers en met landbouw- en milieudeskundigen en waarin ze relevante stukken van de overheid en van boerenorganisaties bestudeert.
>
> Ze wil met de uitvoering beginnen maar nu vraagt haar begeleider om een planning te maken, inclusief een tijdschema met tussenresultaten. Hij zegt dit nodig te hebben om voor zichzelf een goed begeleidingsplan te kunnen maken.
>
> Hierover nadenkend komen er bij deze studente diverse vragen op. Zo vraagt ze zich af wat ze straks eerst moet doen, interviews of documenten. En hoeveel tijd kosten die activiteiten eigenlijk? Dat moet ze weten om te kunnen bepalen hoeveel interviews ze af kan nemen. Ook vraagt ze zich af wat de begeleider bedoelt met 'tussenresultaten'. Eigenlijk ziet ze het hele verzoek van de begeleider niet zitten. Een planning maken klinkt mooi, maar het loopt in de praktijk toch altijd anders. Dan kun je ook net zo goed geen planning maken, zo is haar redenering. Zo'n planning is alleen maar lastig als de begeleider je er voortdurend op afrekent. Maar de begeleider houdt vol.

Over het fenomeen planning bestaan nogal wat misverstanden. Voor velen is een planning niet meer dan een rij uit te voeren activiteiten, met daarachter de data waarop deze activiteiten moeten zijn afgerond. Deze data zien zij uitsluitend als harde deadlines om te zorgen dat alles op tijd afkomt. Kortom, planning wordt in deze opvatting uitsluitend gezien als een controlemechanisme bij de uitvoering, zoals ook het geval is bij de studente in het voorgaande voorbeeld. Daarmee is planning verworden van een middel tot een doel in zichzelf.

Hier tegenover stellen wij een opvatting van planning als een vormgevend en stimulerend hulpmiddel bij enerzijds het maken van een onderzoeksontwerp en anderzijds een adequate uitvoering van het onderzoek. In dit hoofdstuk werken wij eerst deze opvatting van planning uit (paragraaf 8.2). Vervolgens wordt deze planningconceptie vertaald in een activiteitenplan (paragraaf 8.3) en een tijdsplan (paragraaf 8.4). Zoals gebruikelijk geven we aan het eind een samenvatting van dit hoofdstuk in de vorm van een stappenplan en passen we dit stappenplan toe op het voorbeeld 'van ganser harte'.

8.2 Karakteristieken van planning

Onder de planning van een onderzoek verstaan wij in deze uitgave (het maken van) een overzicht van te verrichten activiteiten, van de tussenproducten en eindproducten die deze activiteiten opleveren en van de volgorden en perioden waarin dit alles moet gebeuren. De lezer ontdekt in deze formulering twee verschillende betekenissen van het woord planning: planning als activiteit ofwel een proces, en planning als resultaat van deze activiteit ofwel een product, precies zoals dit bij het begrip onderzoeksontwerp het geval was. Ons in de inleiding genoemde bezwaar tegen een gangbare opvatting van (en tegenzin in) planning is dat deze laatste zich slechts richt op planning als product, en dit bovendien doet op een wijze die wij niet kunnen onderschrijven.

Planning als proces en planning als product hebben in onze opvatting elk een eigen functie. De functie die men er in een gangbare opvatting aan toekent, is zoals gezegd die van controlemechanisme. Men beschouwt de planning als een ijkpunt om te controleren of bij de uitvoering alles volgens plan gebeurt en of alles op tijd af is. Hiertegenover stellen wij de opvatting dat een planning (als product) veel meer dient om tijdens de uitvoering van een onderzoek een zo optimaal mogelijke tijdsbesteding met maximaal haalbare resultaten te bewerkstelligen. Er doen zich bij de uitvoering altijd onvoorziene omstandigheden voor en een planning dient dan als hulpmiddel om hierop zo adequaat mogelijk te reageren. Stel dat de planning in een bepaald tussendoel voorziet en dat dit doel niet of niet op tijd wordt gehaald. Het is dan zaak na te gaan wat hiervan de redenen zijn en tot welke maatregelen in de uitvoering of mogelijk zelfs tot welke aanpassingen in het ontwerp dit aanleiding geeft. We zouden dit een monitoringfunctie van de planning kunnen noemen. Monitoring betekent in alledaags Nederlands zoiets als 'een vinger aan de pols houden'. Maar we bedoelen dan niet een controlerende monitoring zoals in de gangbare opvatting. We hebben op het oog een vormgevende monitoring.

Een tweede punt waarin onze planningconceptie afwijkt van een gangbare is dat wij er naast de vormgevende monitoringfunctie tijdens de uitvoering van het onderzoek ook twee belangrijke *ontwerpfuncties* aan toekennen. In dat geval hebben wij het over planning als proces. Een eerste ontwerpfunctie is dat de ontwerper met het maken van een planning op iteratieve wijze kan bijdragen aan het bereiken van een haalbaar en harmonieus ontwerp. Bij het maken van een planning hebben we voor het eerst in het ontwerpproces overzicht over alle activiteiten die in het onderzoek moeten worden verricht. Met name doelen we dan op de onderzoeksvragen die moeten worden beantwoord en op de keuzen die zijn gemaakt aangaande het onderzoeksmateriaal en de te hanteren onderzoeksstrategie. Genoemd overzicht kan bij voorbaat te verwachten knelpunten in de uitvoering aan het licht brengen die al vóór aanvang vragen om een aanpassing van het ontwerp. Soms volstaat een aanpassing van het onderzoekstechnische ontwerp, maar meestal is ook een bijstelling van het conceptuele ontwerp nodig. Doordat we de activiteiten die moeten worden uitgevoerd bovendien in een tijdsperspectief plaatsen (zie tijdsplan hierna), ontstaat ook de mogelijkheid van een nieuw perspectief op het conceptueel en technisch ontwerp tot dusver. Ook hieruit kunnen eventuele aanpassingen voortvloeien. Met andere woorden: in deze conceptie maakt planning een wezenlijk onderdeel uit van het iteratief proces van ontwerpen zoals dat in paragraaf 3.2 is uitgewerkt.

Een tweede ontwerpfunctie van planning is dat we nadenken over de vraag wanneer en in welke *volgorde* bepaalde activiteiten het best kunnen worden uitgevoerd, hoe deze activiteiten *met elkaar in verband* kunnen worden gebracht en welke activiteiten *tegelijkertijd* kunnen worden uitgevoerd. Met name dit laatste is betekenisvol. Activiteiten kunnen elkaar in gunstige zin beïnvloeden. Dit is een reden dat wij naast een zuiver *seriële* ofwel volgtijdelijke planning van activiteiten zoals in een gangbare planningconceptie, kiezen voor conceptie waarin ook plaats is voor een *parallelle* ofwel gelijktijdige uitvoering van taken. Hieronder werken we dit punt verder uit.

Samenvattend komt in het voorafgaande een beeld van planning naar voren dat op twee punten afwijkt van het gangbare idee van controlemiddel. Een planning (als product) wordt in onze conceptie gezien als een elegant en doeltreffend hulpmiddel om de uitvoering van een project in goede banen te leiden. De planning moet bijvoorbeeld zorgen dat na een tegenvaller niet alles in een vliegende haast wordt afgewerkt, maar dat aanpassingen in het ontwerp en/of in de uitvoering alsnog zorgen voor een zo optimaal mogelijk gebruik van (de resterende) tijd en middelen. Dit is de vormgevende monitoringfunctie. Planning (als proces) vervult een belangrijke functie in het iteratief proces dat moet leiden tot een haalbaar en harmonieus ontwerp. Bovendien ontwerpt u met een planning als het goed is het hele uitvoeringsproces. Dit is de ontwerpfunctie van planning.

Seriële en parallelle planning (als product)

De zojuist genoemde voorkeur voor een combinatie van seriële en parallelle planning heeft alles te maken met onze kijk op onderzoek. Een vormgevende monitoringfunctie zou weinig kans krijgen als wij een onderzoek zouden zien als een proces dat volgens een strikt lineaire vooraf vastgestelde tijdvolgorde verloopt. In dat geval is de uitvoering van een onderzoek te vergelijken met het afrollen van een traploper. In telegramstijl ziet dit 'afrollen' er als volgt uit: eerst een doelstelling formuleren, dan een onderzoeksmodel maken, vervolgens een vraagstelling ontwikkelen en een operationalisering maken, daarna vragenlijsten, waarnemingsschema's en categorieënstelsels construeren, dan materiaal verzamelen, gevolgd door de verwerking en de analyse van dit materiaal, met als sluitstuk de rapportage van de resultaten en (eventueel) het doen van voorstellen en aanbevelingen.

Wij staan een onderzoeksbenadering voor die wij veel meer zouden willen karakteriseren als iteratief-parallel dan als lineair-serieel zoals hierboven. Voor het maken van een onderzoeksplanning betekent dit dat wij niet opteren voor een uitsluitend seriële planning zoals in een gangbare opvatting, maar voor een combinatie van seriële en parallelle planning. Hiervoor zijn een pragmatische en twee principiële redenen te noemen. De pragmatische reden is dat in een onderzoek altijd wachttijden kunnen optreden. U moet bijvoorbeeld wachten op bepaalde boeken die u wilt bestuderen, of u wilt mensen interviewen die een volle agenda hebben. Daardoor wordt u wel gedwongen om intussen andere zaken aan te pakken. In dit kader is van belang het onderscheid tussen de begrippen werktijd en doorlooptijd. Werktijd betekent de hoeveelheid tijd die u met een bepaalde activiteit daadwerkelijk bezig bent. Doorlooptijd is de periode dat iets duurt. Zo kunt u in principe in een dag (werk)tijd een interview afnemen. Maar de periode die nodig is om vijftien interviews te realiseren, kan door andere bezigheden van uzelf en van uw respondenten twee maanden zijn. Vooral als *werktijd* en *doorlooptijd* sterk van elkaar verschillen, is het zaak om meerdere activiteiten tegelijkertijd te plannen. Hieruit volgt dat elke onderzoeker noodgedwongen enigszins paralleliseert, ook al zou zij of hij een voorkeur hebben voor het 'veilige' serialiseren.

Maar daarnaast zijn er ook principiëlere argumenten om in het onderzoek te paralleliseren. In vorige hoofdstukken werd diverse keren het belang van iteratief ontwerpen benadrukt. Maar om soortgelijke redenen als bij ontwerpen is in onze optiek ook de uitvoering van een onderzoek gebaat met een iteratieve aanpak. De oorsprong van deze gedachte is de onzekerheid die inherent is aan het doen van onderzoek. Het doel van onderzoek is het verwerven van inzicht in zaken die wij tot op heden onvoldoende menen te kennen. Dit betekent dat we tijdens de uitvoering voortdurend op zaken kunnen en ook zullen stuiten die we niet hebben voorzien. Deze zaken kunnen gevolgen hebben, niet alleen voor volgende stappen maar ook voor eerdere stappen in het onderzoek. Maar in een serieel uitgevoerd onderzoek is er weinig speelruimte om nog iets aan eerdere stappen te veranderen, aangezien we het hebben over reeds afgeronde activiteiten. Dit pleit voor een meer parallelle uitvoering en dus ook voor een parallelle planning van een onderzoek.

Een tweede principieel argument om bepaalde activiteiten gelijktijdig of in combinatie met elkaar uit te voeren, is dat daardoor synergie kan ontstaan. Synergie heeft u bijvoorbeeld bij interviews. Als u mondelinge interviews afneemt, is het raadzaam om elk interview meteen na afloop te verwerken en te analyseren in het licht van uw vraagstelling. Het voordeel hiervan boven een seriële planning – waarin u eerst interviewt, dan verwerkt, dan analyseert en pas daarna beschrijft – is dat u alle details nog in uw geheugen hebt, inclusief de non-verbale taal die een respondent 'spreekt'. Bovendien leert u uit het ene interview hoe u in het volgende interview te werk moet gaan. In dat geval analyseert u het onderzoeksmateriaal gelijktijdig met het verzamelen ervan.

Het in onze ogen voor theoriegericht onderzoek belangrijkste voordeel ontstaat bij parallelle planning van het onderzoeksproces en het schrijfproces. Dit wordt hieronder in een aparte subparagraaf 'Onderzoeken en schrijven' toegelicht en uitgewerkt.

Een volgende vraag is welke consequenties de door ons toegekende ontwerpfuncties en opvattingen over een (deels) parallelle planning (als proces) hebben voor de vorm en de inhoud die een planning krijgt (product) en voor de wijze waarop deze vorm en inhoud tot stand komen (proces). De belangrijkste consequenties voor planning in de betekenis van proces zijn dat u enerzijds meer aandacht geeft aan planning dan in een gangbare opvatting en anderzijds dat u iteratief te werk gaat. Zo vraagt de monitoringfunctie om meer dan een lijstje met activiteiten met daarachter data waarop deze moeten zijn afgerond. Nodig zijn een goede doordenking van en argumentatie voor gekozen volgorden van activiteiten, een inschatting van mogelijke kinken in de kabel tijdens de uitvoering, zo mogelijk scenario's hoe in zulke gevallen te handelen, en speelruimte in de planning om verstoringen op te vangen. En wat betreft de iteratieve werkwijze, u itereert bij planning niet alleen binnen het planningsproces zelf, maar ook binnen het totale onderzoeksontwerp. Dit laatste betekent dat niet alleen het wat en waarom (conceptueel ontwerp) en het hoe (onderzoekstechnisch ontwerp) worden vertaald in een planning. Omgekeerd vraagt u zich voortdurend af welke consequenties beslissingen die in het kader van de planning worden genomen, hebben voor het ontwerp als geheel. Zodra onderdelen van dit ontwerp (exclusief de planning) worden bijgesteld, heeft dit weer consequenties voor de planning, enzovoort.

8.3 ACTIVITEITENPLAN

Onze omschrijving van het begrip planning aan het begin van de vorige paragraaf komt erop neer dat planning (als product) is te definiëren als een overzicht van tijdgebonden activiteiten en producten. In de nu volgende paragraaf geven we een idee van deze activiteiten en producten en van de wijze waarop deze ten opzichte van elkaar moeten worden gepositioneerd. We doen dit aan de hand van het schema in figuur 8.1.

Figuur 8.1   **Activiteitenplan voor een onderzoek als onderdeel van een planning**

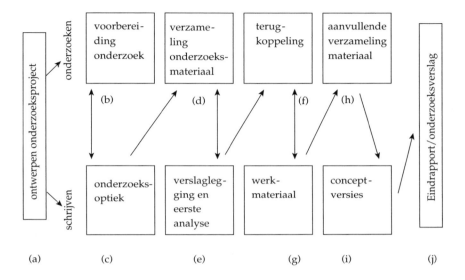

We zullen achtereenvolgens drie aspecten van dit activiteitenplan bespreken. Eerst zullen we ingaan op de parallelle activiteiten van 'onderzoeken' en 'schrijven'. Daarna besteden we aandacht aan de werktijd en doorlooptijd die nodig is om de verschillende activiteiten, in figuur 8.1 voorzien van een letteraanduiding, uit te voeren. Tot slot geven we een voorbeeld van een globale en voorlopige inhoudsopgave van het onderzoeksverslag. Daarbij geven we voortdurend indicaties van benodigde werktijden en doorlooptijden. Deze zijn zeer ruw en globaal. In de praktijk zijn er vele, sterk wisselende, factoren die deze tijden bepalen. Desondanks zijn deze indicaties gegeven, omdat vooral beginnende onderzoekers doorgaans weinig idee hebben hoeveel tijd bepaalde activiteiten kosten. Over het algemeen geldt dat zij deze (sterk) onderschatten, vandaar.

Onderzoeken en schrijven
In het schema van figuur 8.1 wordt een onderscheid gemaakt tussen twee hoofdgroepen van activiteiten tijdens de uitvoering van een onderzoek, te weten een onderzoekstraject en een schrijftraject. U ziet deze beide trajecten afgebeeld in respectievelijk het bovenste en onderste gedeelte van het schema. Deze visualisering is de resultante van de in onze opvatting van onderzoek meest belangrijke vorm van parallellisering, namelijk die van

onderzoeken en schrijven. Alvorens de diverse activiteiten in het schema afzonderlijk te behandelen, volgt hieronder eerst een argumentatie voor deze parallellisering.

In deze uitgave stellen wij ons op het standpunt dat bij de uitvoering van een onderzoek, of het nu gaat om een theoriegericht of praktijkgericht onderzoek, om een opdrachtonderzoek of een kwalificatieonderzoek (afstudeerproject en promotieproject), er vanaf het begin sprake dient te zijn van twee parallel verlopende processen ofwel trajecten, te weten een onderzoekstraject en een schrijftraject. Met het onderzoekstraject bedoelen wij het geheel van activiteiten rondom het verzamelen, verwerken en analyseren van het onderzoeksmateriaal (zie hoofdstuk 6). Met het schrijftraject bedoelen wij de bestudering van het onderzoeksmateriaal en het verwerken ervan tot antwoorden op de vragen uit de vraagstelling. De meeste onderzoekers zijn gewend dit laatste aan te duiden als analyse. In hun gedachtegang wordt analyse gevolgd door schrijven, waarmee zij *communicatief* schrijven bedoelen. Dit is schrijven waarbij wordt gelet op leesbaarheid, heldere formuleringen, correct taalgebruik, consistente lay-out en dergelijke.

Weinigen realiseren dat dit communicatieve schrijven moet worden voorafgegaan door wat wij zullen noemen *conceptualiserend* schrijven. Dit is een manier van schrijven waarbij het niet gaat om het produceren van teksten, maar van heldere gedachten. Pas daarna zet u deze losse gedachten om in een betoog. Het ontwikkelen van een logisch en voor anderen te volgen betoog is veel complexer dan beginnende onderzoekers vaak geneigd zijn te denken. Er zijn minstens drie stadia in te onderkennen, die overigens niet strak te scheiden zijn. Ten eerste moet u op basis van het door u bijeengebrachte materiaal heldere gedachten ontwikkelen. Vervolgens dient u de verschillende gedachten met elkaar te vergelijken en met elkaar te confronteren. Velen schenken aan dit laatste aspect te weinig aandacht, met als gevolg een onsamenhangend en voor anderen niet te volgen betoog. Een derde component in het bouwen van een betoog is de verwoording van uw gedachten. Ook al denkt u dat de ideeën in uw hoofd helder zijn, als u ze opschrijft zult u vaak merken dat anderen u niet (helemaal) volgen. Er is namelijk een groot verschil tussen de gedachten die door uw hoofd spelen en gedachten die u op papier zet. De gedachten in uw hoofd zijn impliciet en hebben nog niet zulke vaste vormen. Inconsistenties vallen niet op, onbewust en aan uw zicht onttrokken kneedt u gedachten voortdurend in een gewenste richting.

Teneinde te komen tot een eindverslag van uw onderzoek dat door anderen volledig en zonder al te veel interpretatieproblemen te volgen is, is conceptualiserend schrijven in onze ogen een onmisbaar hulpmiddel. U schrijft hier dus voor uzelf. Pas als dit is gebeurd, schrijft u (communicatief) voor anderen. Met deze opstelling willen wij breken met een ons inziens inadequate werkwijze, die eruit bestaat dat eerst alle tijd wordt gestoken in de verzameling, verwerking en vervolgens analyse van het onderzoeksmateriaal, om pas op het laatst de analyseresultaten te formuleren en in een verslag weer te geven. In de plaats van deze seriële opvatting stellen wij ons een proces voor waarin analyseren en (conceptualiserend) schrijven één geheel zijn. De achterliggende gedachte is dat juist door het schrijven men dingen scherp van elkaar kan onderscheiden en afbakenen, om ze vervolgens met elkaar in verband te brengen. Dit laatste moet worden gezien als het basiskenmerk van analyse. Verder stellen wij ons voor dat een aldus opgevat schrijfproces wordt geparallelliseerd met de verzameling en verwerking van onderzoeksmateriaal. Deze in onze opvatting meer dynamische en efficiënte wijze van werken betekent dat u al vanaf het begin van uw project (conceptualiserend) aan het schrijven bent. Al schrijvend komt u op ideeën voor nieuw materiaal of voor een andere optiek waarmee u naar het verzamelde materiaal gaat kijken. Dit betekent dat beide trajecten niet serieel maar parallel worden gepland. Overigens, zoals straks blijkt kan en moet ook *binnen* de afzonderlijke trajecten worden geparallelliseerd.

In het schema van figuur 8.1 zijn de beide trajecten opgenomen. Wat opvalt is allereerst dat ze beide meteen na de ontwerpfase aanvangen. Voor de meesten van u betekent dit een ware 'cultuuromslag', gewend als u bent om het schrijven tot het laatste moment uit te stellen. Een tweede punt dat opvalt is dat er een intensieve relatie is tussen beide groepen van activiteiten, blijkens de pijlen die de beide trajecten verbinden. Ten derde is er in het schema geen sprake van een strikt doorgevoerde opeenvolging in tijd (serialiteit). De verticale dubbele pijlen duiden op een wisselwerking en gelijktijdigheid (parallelliteit), en op een iteratieve werkwijze.

Werktijden en doorlooptijden
Komen we vervolgens toe aan een behandeling van de afzonderlijke in het schema van figuur 8.1 genoemde activiteiten. Elke activiteitensoort in dit schema is voorzien van een letteraanduiding. Deze aanduidingen worden in de teksten hierna gebruikt om naar de corresponderende onderdelen in het schema te verwijzen.
We geven van elke activiteit een korte omschrijving, alsook een indicatie van de benodigde werktijd en doorlooptijd. Wij waarschuwen de lezer nogmaals dat de aangegeven benodigde tijden slechts zeer ruwe indicaties voor een eerste gedachtebepaling zijn, die met name voor nog onervaren onderzoekers een handig hulpmiddel kunnen vormen. Bij deze indicaties zijn wij uitgegaan van een onderzoeksproject dat zes maanden mag duren. Dat betekent een totale werktijd van 24 werkweken. Dit is meteen ook de doorlooptijd van het project. U dient dus zodanig te plannen dat er voor het project *als geheel* geen verschil is tussen werktijd en doorlooptijd. Indien de lengte van uw

eigen onderzoeksproject langer of korter is dan zes maanden, kunt u voor een globale inschatting de benodigde werk- en doorlooptijden naar rato verlengen of verkorten.

a. Ontwerpen onderzoek
Hoewel het maken van een ontwerp een voorbereidende activiteit is die al voor een groot deel is afgerond tegen de tijd dat u voor het eerst een (tijds)planning maakt, dient u deze ontwerpactiviteit toch in de planning (als product) op te nemen. Voor het inschatten van de benodigde tijd kunt u gebruikmaken van de volgende overwegingen. Tijdrovend in de ontwerpfase zijn vooral de verkenning van het projectkader, de worstelingen met wat u en uw begeleider of opdrachtgever nu eigenlijk precies willen en het overwinnen van onzekerheden en weerstanden tegen afbakening, die met name beginnende onderzoekers kenmerkt. Hier gaat verreweg de meeste (doorloop)tijd in zitten. Daarnaast kosten ook een globale screening van de literatuur en het op iteratieve wijze ontwikkelen van een doel- en vraagstelling flink wat tijd.

Minder tijd dan de meeste mensen denken kost het onderzoekstechnische gedeelte van het ontwerp. Op voorwaarde dat u beschikt over een adequate doelstelling en een goed sturende vraagstelling, levert het maken van een onderzoekstechnisch ontwerp doorgaans geen noemenswaardige problemen op. Twee weken werktijd en een doorlooptijd van enkele maanden (u loopt er langere tijd mee rond) zijn voor het maken van een onderzoeksontwerp reële inschattingen.

b. Voorbereiding onderzoek
Op de eerste plaats heeft u tijd nodig om kennis te maken met de context waarbinnen het project gaat plaatsvinden of om u vertrouwd te maken met het theoretische materiaal dat bestudeerd moet gaan worden. Vaak blijkt dat deze eerste kennismaking cruciaal is voor het welslagen van het project. Als u erin slaagt zich vertrouwd te maken met de context waarbinnen het project plaatsvindt, dan groeit ook het vertrouwen in de afloop van het project. De voorbereidingstijd voor een onderzoek hangt voorts sterk af van de gekozen onderzoeksstrategie. Soms, zoals bij een survey, worden er hoge eisen gesteld aan de voorbereiding van de gegevensverzameling. Zo stelt u in een survey van tevoren de onderzoekspopulatie en de (vaak ingewikkelde) steekproefprocedure vast en ontwikkelt u een vragenlijst. Vooral dit laatste is een tijdrovend werk. U bent hier immers uw meetinstrument aan het bouwen. Ook bij een experiment speelt de voorbereiding een belangrijke rol. U zoekt mensen die geschikt en bereid zijn voor deelname en u bereidt de proefopstellingen en/of de experimentele ingreep voor. Daarbij is veel denkwerk nodig voor het opsporen van mogelijke verstoringen van de bewijsvoering.

Het welslagen van een survey of een experiment staat of valt dan ook met de kwaliteit van de voorbereiding. U heeft geen kans om fouten te herstellen, tenzij u het onderzoek in zijn geheel overdoet. Voor de voorbereiding van een survey of experiment heeft u al gauw drie à vier weken werktijd nodig met eenzelfde doorlooptijd. De overige onderzoeksstrategieën, de gevalstudie, de gefundeerde theoriebenadering en het bureauonderzoek, vergen vaak minder voorbereidingstijd, maar kosten als keerzijde naar verhouding dikwijls meer uitvoeringstijd. Voor het ontwerpen van onderzoek met deze strategieën is een geschatte werktijd van één à twee weken en een doorlooptijd van twee à drie weken in de meeste gevallen toereikend.

c. Uitwerking onderzoeksoptiek
In deze fase werkt u de onderzoeksoptiek (eventueel in de vorm van een conceptueel model; zie de Appendix) uit door de in de voorbereidingsfase geselecteerde literatuur te bestuderen, door eventueel gesprekken te voeren met deskundigen en/of door documenten te bestuderen. Op basis van deze uitwerking maakt u ook, afhankelijk van de gekozen wijze van verzameling van het onderzoeksmateriaal, een vragenlijst (interview of enquête), een waarnemingsschema (observatie) en/of een categorieënstelsel (inhoudsanalyse). Merk overigens op dat we de uitwerking van de onderzoeksoptiek onder het schrijftraject hebben gerangschikt en niet onder het onderzoekstraject. De achtergrond hiervan is onze aanbeveling om de onderzoeksoptiek al aan het begin in conceptvorm te beschrijven, om dit later in een definitieve vorm op te nemen in uw onderzoeksverslag. Een werktijd en doorlooptijd van twee à drie weken moet in de meeste gevallen voldoende zijn.

d. Verzameling onderzoeksmateriaal
Het is moeilijk om algemene richtlijnen te geven voor de werktijd die u voor de verzameling van onderzoeksmateriaal nodig heeft. Deze tijd hangt sterk af van de gekozen onderzoeksstrategie. Stel u kunt al uw materiaal verzamelen door achter uw bureau veertig jaarverslagen van grote ondernemingen te bestuderen. In dat geval bent u sneller klaar dan wanneer u op bezoek moet bij twintig over heel Nederland verspreide grote gemeenten teneinde de gemeentesecretarissen te interviewen. Wel kunnen we u aan de hand van enkele voorbeelden enige notie geven van benodigde werktijden.

- *Ondervraging*

Het houden van een schriftelijke of mondelinge enquête kost u als regel veel tijd, ondanks de vergaande mate van automatisering die hier mogelijk is. Nodig zijn het ontwikkelen en vervolgens verzenden van de vragenlijsten en de herinneringsbrieven, alsook het invoeren, verwerken en analyseren van de ingevulde formulieren. De benodigde tijd ontstaat vooral door de grote aantallen waarmee we bij een schriftelijke enquête meestal te maken hebben. In een afstudeerproject waarin werd onderzocht in welke mate bedrijven gebruikmaken van 'direct mailing', was de materiaalverzameling gebaseerd op circa 1000 enquêteformulieren met een respons van 620 formulieren. De werktijd voor deze activiteit bedroeg vier weken.

Voor het houden van interviews gelden andere normen voor werktijd en doorlooptijd. Meestal rekent men per interview circa acht uur werktijd, vanaf de voorbereiding tot en met de vastlegging en ordening van de interviewgegevens. Ongeveer de helft hiervan is nodig voor de eerste verslaglegging. Aangezien deze activiteit ressorteert onder activiteit (e) hierna, rekenen we voor de voorbereiding en het afnemen van de interviews (activiteit d) vier uur per interview. Indien u in uw onderzoek dertig interviews gepland heeft, dan kost dat dus circa drie weken werktijd. Maar, nogmaals, daar komen zonder meer drie weken bij voor een eerste verwerking! Het spreekt voor zich dat de doorlooptijd in verband met doorgaans onvermijdelijke, wachttijden in de meeste gevallen langer zal zijn.

- *Observatie*

Wanneer u een werkproces wilt observeren met behulp van de methode van het tijdschrijven (bijvoorbeeld een orderstroom of een administratieve procedure), kost u dat per werkstroom al gauw drie volle werkdagen. In een onderzoek naar de effectiviteit van bestuurlijke informatiestromen verzamelde de onderzoeker materiaal over een tiental administratieve procedures. Deze activiteit nam in het totaal vier weken in beslag.

De participerende observatie kost meer werktijd. Neem een communicatiewetenschappelijk onderzoeker die als opdracht heeft uit te zoeken hoe het winkelpersoneel van een grote supermarkt communiceert met de klanten. Hij neemt voor een maand een parttimebaan als schappenvuller bij deze supermarkt, die hij gebruikt voor het verrichten van participerende observaties. 's Avonds maakt hij uitgebreide aantekeningen van wat hij allemaal observeert en hoort. Na die maand heeft hij nog een maand nodig om zijn aantekeningen te analyseren en het onderzoeksrapport te schrijven, zodat het onderzoek een looptijd heeft van in totaal twee maanden, met een effectieve werktijd van zes weken.

- *Inhoudsanalyse*

In een onderzoek naar zorgbehoeften van bejaarden werd een secundaire analyse uitgevoerd op de verslagen van zestig half-open interviews. De onderzoeker hoefde dus niet zelf de interviews af te nemen en voor- en na te bereiden. Deze onderzoeker was toch nog zes weken bezig met het categoriseren, bewerken en analyseren van alle gegevens.

- *Zoeksystemen*
Een bedrijfswetenschappelijk onderzoeker heeft in kaart gebracht welke definities en operationaliseringen van het begrip 'kwaliteit van de arbeid' sedert 1970 zijn gehanteerd in onderzoeken van Nederlandse sociologen en psychologen op het terrein van arbeid en organisatie. Hij heeft daartoe vaak de archiefkelders van onderzoeksinstituten moeten omploegen teneinde onderzoeksmateriaal over dit onderwerp te vinden en te bestuderen. Hij is daar vijf weken continu mee bezig geweest.

e. *Verslaglegging en eerste analyse*
Met deze activiteit zijn we weer terug in het schrijftraject. Zodra het onderzoeksmateriaal is verzameld, legt u dit direct vast en maakt u allerlei notities van dingen die u bij de verzameling en eerste verwerking opvallen. Het kan dan gaan om aanvullende informatie, zoals non-verbale communicatie, om ideeën die u krijgt bij een interpretatie van de gegevens en de bijdrage die ze kunnen leveren aan de beantwoording van de onderzoeksvragen. Deze verslaglegging vormt dan ook tevens een eerste analyse van het onderzoeksmateriaal. Liefst spit u in deze fase het materiaal meerdere keren door, telkens aan de hand van één vraag uit de vraagstelling. Pas dan bent u waarschijnlijk in staat om alle voor uw vraagstelling relevante details en nuances uit het materiaal te halen. Bij deze eerste analyse blijft u nog dicht bij het oorspronkelijke onderzoeksmateriaal. Pas straks bij de activiteiten (g) 'werkmateriaal' en (i) 'conceptversies' neemt de onderzoeker steeds verder afstand van het ruwe materiaal en probeert steeds explicieter de vragen uit de vraagstelling te beantwoorden.
De benodigde werktijd voor deze activiteit is uiteraard allereerst afhankelijk van de aard en omvang van het onderzoeksmateriaal. Maar los hiervan kan deze activiteit variëren van een integraal uitschrijven van het interview, het maken van uittreksels tot het afluisteren van geluidsbanden waarbij de onderzoeker slechts datgene noteert wat van belang lijkt voor zijn of haar vraagstelling. Zo is het in een diagnostisch onderzoek dat wordt uitgevoerd op basis van interviews, vaak niet nodig om elk interview letterlijk uit te schrijven. Maar als u een onderzoek doet naar zingevingsprocessen van bijvoorbeeld religieuzen, dan verdient het aanbeveling om elk interview letterlijk uit te werken. De reden is dat zingeving veelal slechts 'tussen de regels door' naar voren komt en moet worden afgeleid uit beschouwingen van de respondent. Dit vereist een nauwkeurige en diepgaande analyse van de liefst letterlijke teksten.
Het spreekt voor zich dat het volledig uitschrijven van interviews meer werktijd kost dan het maken van samenvattingen. En dit laatste is weer meer werk dan het afluisteren van geluidsbanden waarbij u uitsluitend noteert wat van uw gading is. Dit laatste is natuurlijk werkbesparend, maar kan in prin-

cipe alleen als u simpele onderzoeksvragen heeft. En dan nog is het helemaal de vraag of u alle nuances uit het materiaal haalt. Wat namelijk nu een onbetekenend detail lijkt, kan even later een relevant gegeven blijken te zijn. Bij de tijdsplanning zou een globale richtlijn kunnen zijn om ongeveer evenveel werktijd voor deze activiteit (e) te reserveren als nodig is voor de activiteit (d) 'verzamelen onderzoeksmateriaal'.

f. Terugkoppeling
Het doel van deze activiteit is te controleren of het door u verzamelde materiaal correct is weergegeven en geïnterpreteerd. U doet dit door uw interview- of observatieverslagen als resultaat van activiteit (e) voor te leggen aan de betrokkenen om te checken of deze zich erin herkennen. Kwalitatieve onderzoekers noemen deze controle ook wel 'member check'. Ook geeft dit, indien nodig, gelegenheid tot het verzamelen van aanvullende informatie. Precies zoals dit het geval is bij activiteit (d), is het zaak om de reacties die de terugkoppeling oplevert direct te verwerken in de verslagen. Voor deze activiteit volstaat een werktijd van ongeveer een week. De doorlooptijd kan iets langer zijn vanwege wachttijden.

g. Werkmateriaal
Het volgende onderdeel van het activiteitenplan vormt weer een onderdeel van het schrijftraject. In deze fase gaat u de resultaten van de activiteiten (e) en (f) al schrijvend herordenen en bewerken tot 'werkmateriaal'. U doet dit door het materiaal zo veel mogelijk te interpreteren vanuit uw onderzoeksvragen. Het resulterende werkmateriaal is de grondstof voor hoofdstukken in het eindrapport.

Voorbeeld 'besluitvorming gemeenten'
Stel dat u in de uitvoeringsfase zit van een bestuurskundig onderzoek naar de wijze waarop besluitvorming in gemeenten verloopt. In dit kader heeft u interviews afgenomen met functionarissen in enkele gemeenten (materiaalverzameling). U legt de inhoud van de interviews in verslagen vast en u laat deze controleren door uw informanten (terugkoppeling). Vervolgens bestudeert u deze verslagen in het licht van de vragen uit de vraagstelling. Een van de deelvragen betreft het democratisch gehalte van de besluitvorming: wie is wanneer bij welk aspect van de besluitvorming tot op welke hoogte betrokken? U constateert dat de onderzochte gemeenten op dit punt onderling nogal wat verschillen. U maakt hiervan aantekeningen, op basis waarvan u een korte notitie schrijft waarin u het democratisch gehalte van de verschillende gemeenten met elkaar vergelijkt. Deze notitie vormt een deel van het werkmateriaal dat u later gaat gebruiken bij het schrijven van de verschillende versies van het onderzoeksverslag.

De benodigde tijd voor het maken van werkmateriaal is zeer uiteenlopend. Hoe helderder de vraagstelling, hoe eenvoudiger de omzetting van onderzoeksmateriaal in werkmateriaal. Enkele weken zult u toch al gauw voor deze activiteit moeten uittrekken.

h. Aanvullend materiaal
Vaak blijkt tijdens de rit dat u nog niet al het materiaal heeft om de vragen uit de vraagstelling volledig te kunnen beantwoorden. Het kan zijn dat u in dat geval besluit om extra interviews te houden, om nieuwe documentatie en literatuur te bestuderen of om een extra deelexperiment uit te voeren. Als daar geen tijd voor is, kan dit aanleiding zijn om de betreffende onderdelen uit de vraagstelling bij te stellen of te schrappen. Niet zelden betekent dit ook een aanpassing van de doelstelling van het project. Om dit risico zo veel mogelijk te vermijden is het verstandig om voor een eventuele aanvulling bij voorbaat één of twee weken werktijd te reserveren.

i. Conceptversie(s)
Nu hebt u voldoende en voldoende uitgewerkt materiaal om aan het schrijven van de conceptversie(s) van het eindrapport te beginnen. *Let wel, het gaat hier nog steeds om conceptualiserend schrijven.* Opnieuw analyseert u al schrijvend en herschrijvend het voorliggende werkmateriaal in het licht van de doel- en vraagstelling en herformuleert u de teksten tot een samenhangend geheel. Soms is het maken van één conceptversie voldoende, maar vaak zal blijken dat er (ruim) meer dan één conceptversie gemaakt moet worden voordat u tot een acceptabele tekst komt. Reserveer ten minste vier weken werktijd voor het schrijven van de verschillende conceptversies.

j. Onderzoeksrapport
Hier pas begint het communicatieve schrijven. Een onderzoek kan verschillende eindproducten hebben, zoals een onderzoeksrapport, scriptie of proefschrift. Dit onderzoeksrapport geeft niet alleen antwoord op de vragen uit de vraagstelling, maar vaak worden ook voorstellen of aanbevelingen gedaan. Houd er rekening mee dat het maken van de eindversie layoutactiviteiten met zich meebrengt. U dient aandacht te besteden aan de bladspiegel, de paginering, de tabellen en figuren, de literatuurlijst, enzovoort. Voor het omzetten van de laatste conceptversie in een eindversie trekt u drie à vier weken werktijd uit. Behalve het eindverslag komen er nog andere (bij)producten voor. Soms is het verstandig om een beknopte rapportage te maken ten behoeve van personen voor wie het niet nodig is om het gehele rapport te bestuderen, maar die wel de essentie van het onderzoeksresultaat willen weten. Daarnaast komt het in sommige gevallen voor dat het eindverslag wordt omgewerkt tot een artikel in een wetenschappelijk tijdschrift of in een vakblad, of tot een paper

voor een congres. Vaak zullen deze bijproducten door u ter hand worden genomen na afloop van uw onderzoek. In sommige gevallen echter behoren ze tot uw onderzoeksopdracht en in dat geval dient u er de noodzakelijke werktijd voor te reserveren.

Inhoudsopgave van het onderzoeksverslag
Een belangrijke bijdrage aan de ontwerpende functie van een planning geeft het maken van een globale en voorlopige inhoudsopgave van het onderzoeksrapport. Het belangrijkste ontwerpende karakter hiervan is het zoeken naar sprekende en vooral ook korte titels voor de diverse hoofdstukken en eventueel paragrafen. Ook dit zoeken naar titels heeft een duidelijk iteratief karakter. Op diverse momenten in het ontwerpproces en zelfs ook bij de uitvoering zult u merken dat deze titels moeten worden bijgesteld. De waarde van deze ontwerpactiviteit ligt dan ook veel meer in het proces dan in het product, in casu de titels zelf. Het nadenken hierover dwingt u om steeds na te gaan wat nu eigenlijk de kernpunten zijn in uw onderzoek.
Toch komt het u wellicht vreemd voor om al voordat u aan de uitvoering van uw onderzoek begint een inhoudsopgave te maken. Ligt het niet meer voor de hand om hiermee te wachten tot u het onderzoeksgedeelte heeft afgesloten? Gelet op enerzijds onze conceptie van itererend ontwerpen en anderzijds op de hierboven uitgewerkte visie op conceptualiserend schrijven als een vorm van analyseren, en ten slotte de dienovereenkomstige parallelle tijdsplanning van een onderzoek, zal het u niet verbazen dat ons antwoord hierop ontkennend is. Een logische consequentie van de beslissing om al in een vroeg stadium te gaan schrijven is dat u ook al vroeg begint met zich een voorstelling te vormen van datgene wat dit schrijven uiteindelijk moet opleveren. Zo'n beeld in de vorm van een schematische inhoudsopgave met sprekende en korte titels helpt u niet alleen om productgericht te werken, maar verhoogt ook de kans om te komen tot een voor anderen navolgbaar betoog. In dit kader brengen wij de eerder vermelde omschrijving van een onderzoek als een langgerekte redenering in herinnering.

Als voorbeeld van een mogelijke inhoudsopgave van een onderzoeksverslag presenteren we de inhoudsopgave van het verslag van het onderzoek naar de invoering van business units in een grote bankorganisatie (agb/jova). U bent dit onderzoek al tegengekomen in eerdere hoofdstukken. We geven per onderdeel van de inhoudsopgave een korte toelichting.

Titel: **Waarin een grote bank klein kan zijn**

Voorwoord

Samenvatting

Inhoudsopgave

Uw onderzoeksverslag begint uiteraard met een titelblad. Zorg voor een korte sprekende titel die de inhoud dekt. In een kort voorwoord heeft u de gelegenheid de lezer iets te vertellen over de achtergrond van het onderzoek en om eventueel de personen te bedanken die u hebben gesteund bij uw onderzoek. In een korte samenvatting van ten hoogste twee pagina's geeft u de essentie van de doel- en vraagstelling en presenteert u de belangrijkste resultaten en aanbevelingen van het onderzoek. Daarna geeft u de inhoudsopgave van het onderzoeksverslag.

Hoofdstuk I   De bank is uit zijn jasje gegroeid
Het eerste hoofdstuk omvat allereerst een omschrijving van het projectkader, waarin de aanleiding van het onderzoek is opgenomen. In een volgende paragraaf presenteert u de doelstelling van het onderzoek. In veel gevallen vormt de schematische weergave van het onderzoeksmodel (met toelichting) een verheldering van de manier waarop u het onderzoek gaat aanpakken. Door de centrale vragen van het onderzoek te presenteren introduceert u tevens de kern van het theoretisch kader van uw onderzoek. U eindigt dit hoofdstuk met een globale indeling van het onderzoeksverslag.

Hoofdstuk II Kritieke succesfactoren voor de invoering van business units
In dit hoofdstuk geeft u een verantwoording van het door u gekozen theoretisch kader, met andere woorden van de totstandkoming van de onderzoeksoptiek.
In dit geval komt het erop neer dat u in dit hoofdstuk antwoord geeft op de eerste centrale vraag van het onderzoek. In het gegeven voorbeeld (waarin gebruik is gemaakt van de methode van het 'splitsen van het onderzoeksmodel' om te komen tot de centrale vragen van het onderzoek; zie hoofdstuk IV) is de eerste centrale vraag als volgt (zie pagina 128): *Hoe luiden de relevante kritieke succesfactoren (de gewenste situatie) voor een succesvolle invoering van het business unit-concept bij agb/jova?*
U geeft het antwoord op deze vraag door in een aantal paragrafen de stappen te doorlopen die leiden tot de onderzoeksoptiek. Zo presenteert u de globale optiek, om vervolgens de deelvragen van de eerste centrale vraag (zie pagina 131) in verschillende daarop volgende paragrafen te beantwoorden. In deze paragrafen beschrijft u de verschillende theoretische inzichten die u in uw

theoretisch kader gebruikt. Daarna presenteert u de resultaten van het vooronderzoek, dat u heeft geholpen om de onderzoeksoptiek definitief vorm te geven. Het hoofdstuk eindigt met de presentatie van de volledig uitgewerkte onderzoeksoptiek zelf.

Hoofdstuk III Methodologische verantwoording
In dit hoofdstuk geeft u een verantwoording van de door u gehanteerde methoden, zoals naar voren komend in het onderzoekstechnisch ontwerp. In het gegeven voorbeeld, waarin sprake is van een praktijkgericht onderzoek, wordt allereerst de organisatie beschreven waarbinnen het onderzoek wordt uitgevoerd. Vervolgens geeft u een verantwoording van de gekozen onderzoeksstrategie, de keuze van de databronnen en de wijze waarop die worden ontsloten, en van de manier waarop u de verzamelde gegevens heeft geanalyseerd. In de laatste paragraaf geeft u een zelfanalyse van de drie belangrijkste criteria van wetenschappelijk onderzoek: betrouwbaarheid, geldigheid en bruikbaarheid.

Hoofdstuk IV Resultaten van het onderzoek
In dit hoofdstuk geeft u een verantwoording van de door u gevonden resultaten van het onderzoek. U geeft in dit hoofdstuk antwoord op de tweede centrale vraag van het onderzoek. In het gegeven voorbeeld luidt de tweede centrale vraag als volgt (zie pagina 128): *2a. Hoe wordt de huidige situatie met betrekking tot de onder 1 genoemde factoren in de vier regionale kantoren getypeerd? 2b Hoe wordt de huidige situatie met betrekking tot de onder 1 genoemde factoren in de vier regionale kantoren (zie 2a) beoordeeld in het licht van deze kritieke succesfactoren?*
U geeft het antwoord op deze vraag door in een aantal paragrafen de deelvragen van de tweede centrale vraag (zie pagina 132) te beantwoorden. In deze paragrafen behandelt u in vier paragrafen de huidige situatie in elk van de vier regionale kantoren in het licht van deze kritieke succesfactoren. Tevens beoordeelt u in elk van deze paragrafen de stand van zaken met betrekking tot de genoemde kritieke succesfactoren. Daarna vat u deze resultaten van het onderzoek nog eens kernachtig en schematisch samen.

Hoofdstuk V Conclusies en aanbevelingen
In dit hoofdstuk geeft u een verantwoording van de door u getrokken conclusies uit de resultaten van het onderzoek en komt u tot voorstellen en/of aanbevelingen. U geeft in dit hoofdstuk allereerst antwoord op de derde centrale vraag van het onderzoek. Deze luidt in het gegeven voorbeeld (zie pagina 128): *Wat zijn de belangrijkste overeenkomsten en verschillen tussen de vier diagnoses van de regionale kantoren in termen van de kritieke succesfactoren?*
U geeft het antwoord op deze vraag door in paragraaf 5.2 de deelvragen van de derde centrale vraag te beantwoorden. Op grond van een vergelijking van overeenkomsten en verschillen tussen de situaties in de vier kantoren komt u

tot conclusies met betrekking tot de haalbaarheid van een succesvolle invoering van business units. Vervolgens herneemt u in paragraaf 5.3 de doelstelling van uw onderzoek ('het doel van het onderzoek is het geven van aanbevelingen...') en geeft u aan welke maatregelen de organisatie zal moeten nemen om de huidige situatie met betrekking tot de kritieke succesfactoren te verbeteren. Ten slotte reflecteert u op uw onderzoek, waarin u kritisch terugkijkt op het door u ontwikkelde theoretische kader, de resultaten van het onderzoek en de gang van zaken tijdens het onderzoek. Uiteraard eindigt u het onderzoeksverslag met een correct weergegeven literatuurlijst en de presentatie van eventuele bijlagen.

Stel overigens vast, dat men nu al op basis van de tijdens het ontwerpen van het onderzoek uitgevoerde activiteiten zowel hoofdstuk I als pararagraaf 3.2 van dit eindverslag zou kunnen schrijven!

Voor wie meer wil weten over het schrijven van rapporten, is er een uitgebreide literatuur voorhanden. Men neme bijvoorbeeld Van den Heuvel (1994), Eco (1990) en Renkema (2005).

8.4 Tijdsplan

Nu u een totaalbeeld heeft van activiteiten en van de daarvoor benodigde werktijden en doorlooptijden, bent u in staat om een tijdsplan te maken. In dit tijdsplan geeft u aan in welke periode van het gehele tijdstraject u de diverse activiteiten gaat uitvoeren en op welke tijdstippen bepaalde activiteiten en tussenproducten (bijvoorbeeld concepthoofdstukken) afgerond zullen zijn. Een eerste handige representatie van een tijdsplanning is een *tijd-as* (zie figuur 8.2).

Figuur 8.2 Tijd-as als representatie van een planning

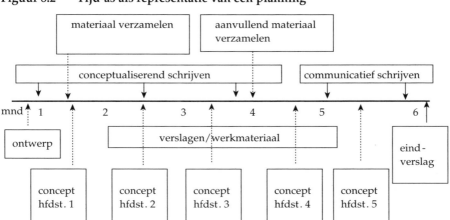

De lengte van deze as geeft de totale looptijd van uw project aan. Op de streep plaatst u de voor uw planning relevante data. Boven de streep geeft u bij elk lijnstuk aan welke activiteiten in deze periode moeten worden uitgevoerd. Onder de streep plaatst u dan bijvoorbeeld welke (tussen)producten deze activiteiten opleveren. Een voordeel van deze tijd-as is dat u in één oogopslag ziet welke activiteiten en (tussen)resultaten in het project als geheel in de afzonderlijke perioden moeten zijn afgerond.

Een nadeel is dat de parallelle planning visueel niet tot uiting komt. Een visualisering die in dat opzicht beter voldoet, is een soort staafdiagram zoals in figuur 8.3. De horizontale as stelt opnieuw de looptijd van het onderzoek voor. Deze keer is die verdeeld in zes gelijke stukken, voorstellend de zes maanden die het project mag duren. Op de verticale lijn zijn de activiteiten van het onderzoek aangegeven. Als u dit diagram in verticale richting leest, dan ziet u met welke activiteiten u zich op een bepaald moment of in een bepaalde periode volgens de planning moet bezighouden. Bij het maken van zo'n diagram dient u zich af te vragen hoe de verhouding tussen seriële en parallelle planning moet worden. Naast datgene wat hierover al is gezegd in de vorige paragraaf, geven wij hieronder enkele overwegingen.

Ten eerste geldt uit de aard der zaak dat activiteit (a) 'ontwerpen onderzoek' het begin is van alle uit te voeren activiteiten. Houd daarbij overigens wel in de gaten dat het ontwerpen van het onderzoek een iteratief karakter heeft. U kunt de opzet van uw project voortdurend bijstellen als daar gegronde reden voor is. Vervolgens worden activiteiten (b) 'voorbereiding onderzoek' en (c) 'uitwerking onderzoeksoptiek' gelijktijdig uitgevoerd. Beide activiteiten vormen de voorbereiding voor de verzameling en analyse van het onderzoeksmateriaal. Daarna komen in de meeste gevallen voor gelijktijdige uitvoering in aanmerking de activiteiten (d) 'verzameling onderzoeksmateriaal' en (e) 'verslaglegging en eerste analyse'. Het nut van deze gelijktijdigheid werd in het vorige hoofdstuk beargumenteerd. De activiteiten (f) 'terugkoppeling', (g) 'werkmateriaal', (h) 'aanvullend onderzoeksmateriaal' en (i) 'conceptversies' lopen vaak in elkaar over en het is in de meeste gevallen verstandig om de uitvoering ervan geheel of gedeeltelijk gelijktijdig te plannen. Daarbij is het vanzelfsprekend dat naarmate de conceptversies meer gestalte krijgen, de tijd die nodig is voor het verzamelen en ordenen van materiaal, zal teruglopen. Aan het einde van het traject staan de activiteiten met betrekking tot de definitieve versies van de producten (i) van het onderzoek.

U ziet in figuur 8.3 dat is gezocht naar mogelijkheden om te parallelliseren. Maar het spreekt voor zich dat er vele activiteiten zijn die uitsluitend serieel kunnen worden gepland. Ook laten sommige onderzoeksstrategieën zich veel moeilijker parallelliseren dan andere. In dat opzicht zijn bijvoorbeeld het survey en de gevalstudie elkaars tegenpolen. Een klassieke grootschalige theorietoetsende survey die is gebaseerd op een kwantitatieve analyse van de resultaten van een schriftelijke enquête, wordt ook in onze visie nagenoeg lineair-serieel uitgevoerd. Is het doel theorieontwikkeling, dan wordt de survey bij voorkeur al veel meer parallel uitgevoerd. In een praktijkgerichte gevalstudie opteren wij zonder meer voor een iteratief-parallelle uitvoering van het onderzoek.

Ongeacht voor welke onderzoeksstrategie u gekozen heeft, pleiten wij ervoor om in de planningsfase per onderdeel van het activiteitenplan na te gaan waar serialisering noodzakelijk en parallellisering nuttig is.

Figuur 8.3   Het tijdsplan van een onderzoek

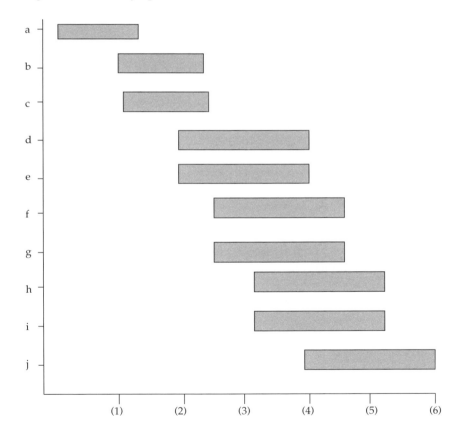

Stappenplan en voorbeeld

> **Onderzoeksplanning**
> 1. Maak een *activiteitenplan* naar het model van het schema in figuur 8.1 en maak per activiteit een eerste voorlopige inschatting van de benodigde werktijd en doorlooptijd.
> 2. Maak een *tijdsplanning*, waarbij u nagaat welke activiteiten opvolgend in tijd moeten gebeuren en welke activiteiten u parallel plant. Stel naar aanleiding hiervan uw doorlooptijden bij.
> 3. Maak een *tijd-as* zoals in figuur 8.2.
> 4. Maak een *staafdiagram* naar het model van figuur 8.3.
> 5. Maak een *inhoudsopgave* van het onderzoeksrapport (respectievelijk de scriptie of het proefschrift).
>
> NB Voer tijdens deze planning voortdurend *iteraties* uit. Maak hierbij ook een optelsom van alle werktijden. Overstijgen deze de beschikbare tijd, ga dan na tot welke aanpassingen in het ontwerp (inclusief de planning) dit aanleiding geeft.

Tot slot passen we dit stappenplan toe op het voorbeeld 'van ganser harte' uit de inleiding.

Stap 1: Activiteitenplan

a. Ontwerpen onderzoek
Omdat de studente dit ontwerp al voor een groot deel heeft voorbereid in een cursus 'ontwerpen van een onderzoek', heeft ze voor deze fase relatief weinig tijd nodig.
Werktijd: een week. Doorlooptijd: twee weken.

b. Voorbereiding onderzoek
Meer (werk)tijd heeft ze nodig voor het leggen van contacten met landbouworganisaties, landbouwdeskundigen en milieukundigen. Verder moet ze vragenlijsten voor de interviews maken. Vooral vanwege het zoeken naar documenten die ze bij heel verschillende organisaties moet opvragen, het maken van afspraken met deskundigen en met landbouwers die overdag druk zijn, heeft ze ook een relatief lange doorlooptijd nodig.
Werktijd: twee weken. Doorlooptijd: vijf weken.

c. Uitwerking onderzoeksoptiek
Het plan van de studente is om een boek over leefgewoonten van watervogels en enkele boeken en documenten over landinrichting door te bladeren.

Op basis daarvan denkt ze een visie op foerageerplaatsen voor de grauwe gans te kunnen ontwikkelen. Ze heeft geluk, want de leden van een milieuorganisatie spelen haar spontaan al het benodigde wetenschappelijke materiaal in handen. Dit levert haar een riante tijdbesparing op.
Werktijd: een week. Doorlooptijd: twee weken.

d. Verzameling onderzoeksmateriaal
De studente koos voor de strategie van een gevalstudie. In dat kader plant ze in totaal twintig interviews: twee interviews met landbouwdeskundigen, twee met milieudeskundigen, één met een voorlichtingsdeskundige en vijftien interviews met landbouwers. De interviews worden op geluidsband opgenomen. Omdat ze relatief veel deskundigen benadert, kan ze de hoeveelheid documenten en literatuur tot een minimum beperken, wat veel tijd bespaart.
Werktijd: vijf weken. Doorlooptijd: twee maanden.

e. Verslaglegging en eerste analyse
Om werk te besparen besluit de studente de interviews niet integraal of als uittreksel schriftelijk uit te werken. In plaats van eerst alles uit te typen en vervolgens de teksten herhaald door te nemen, gaat ze de geluidsbanden rechtstreeks afluisteren. Ze doet dit in totaal drie keer, telkens aan de hand van één centrale vraag. Natuurlijk gaat elke ronde weer sneller, omdat zij steeds meer in haar geheugen krijgt. Daarbij voert zij slechts in haar pc in wat op het eerste oog relevant lijkt voor de beantwoording van de vragen. Op een vergelijkbare manier tast zij de inhouden van documenten af. Sommige stukjes die zij nu schrijft, kan ze straks in de scriptie als citaat gebruiken.
Werktijd: vier weken. Doorlooptijd: vier weken.

f. Terugkoppeling
De studente koppelt de resultaten van activiteit e niet terug aan haar respondenten. Dit heeft alleen zin als de interviews integraal of als uittreksel worden uitgeschreven.
Werktijd: nihil. Doorlooptijd: nihil.

g. Ontwikkeling werkmateriaal
De studente neemt zich voor om de resultaten van de activiteiten e en f nogmaals kritisch door te lopen, met in haar achterhoofd de doelstelling van haar project. Deze luidt: 'het formuleren van richtlijnen en adviezen voor de ontwikkeling van voorlichtingsmateriaal, door het geven van inzicht in de standpunten, houdingen en motieven van boeren in relatie tot de "set aside"-regeling van de overheid'. Soms gaat ze daarbij nog even terug naar de geluidsbanden. Hier en daar schrijft zij al conceptadviezen uit.
Werktijd: twee weken. Doorlooptijd: twee weken.

h. Aanvullend materiaal
Pro memorie.
Werktijd: een week. Doorlooptijd: twee weken.

i. Concept hoofdstukken
Deze studente weet van zichzelf dat ze drie conceptversies nodig heeft, wil ze tot echt goede teksten komen. Wel verschuift na elke ronde het karakter van haar werk, namelijk van een intensief schrijven naar een extensieve tekstverwerking.
Werktijd: zes weken. Doorlooptijd: zes weken.

j. Producten
Na de drie conceptualiserende schrijfronden bestaat het communicatieve schrijven alleen nog maar uit het letten op punten en komma's, zorgen voor voor de lezer heldere formuleringen en het maken van een lay-out. Wel heeft ze van de afdeling repro van de universiteit te horen gekregen dat het werk daar twee weken duurt.
Werktijd: drie weken. Doorlooptijd: vijf weken.

Stap 2: Tijdsplan
Gelijktijdig met de voorbereiding van het onderzoek wordt de onderzoeksoptiek ontwikkeld. Dit opent tevens de mogelijkheid dat de studente uit de contacten met het 'veld' bruikbare ideeën haalt voor haar optiek. Haar inschatting is dat de doorlooptijd van deze activiteiten zes weken zal zijn.

Stap 3: Tijd-as
Voorts is zij van plan de gevalstudie uit te voeren volgens de sequentiële methode. Dit betekent dat de activiteiten (d) 'verzameling onderzoeksmateriaal' en (e) 'verslaglegging en eerste analyse' in één en dezelfde looptijd moeten worden gepland. De werktijd van deze combinatie van activiteiten wordt negen weken en de doorlooptijd schat zij op tien weken.

Figuur 8.4   Tijd-as van het onderzoek 'van ganser harte'

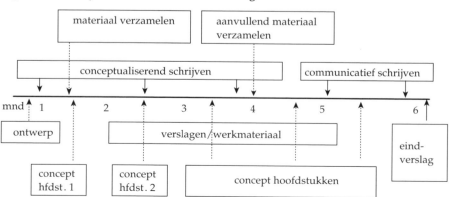

Stap 4: Staafdiagram

Figuur 8.5 Staafdiagram van het onderzoek 'van ganser harte'

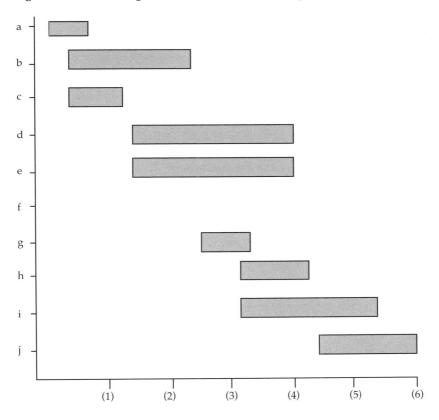

Stap 5: Voorlopige inhoudsopgave

Titel: **Van ganser harte**

Subtitel: Problemen met de Grauwe Gans in Nederland

Hoofdstuk 1 Een ganzenpopulatie bedreigd
Inleiding
1.1   Wat is precies het probleem en waarom is het een probleem? (*projectkader*)
1.2   Wat zouden we eraan kunnen doen? (*doelstelling, onderzoeksmodel en centrale vragen*)
1.3   Indeling van het onderzoeksverslag.

Hoofdstuk 2 Ecologie versus economie
Inleiding
2.1   Ecologische inzichten
2.2   Landbouweconomische theorieën
2.3   Een confrontatie van ideeën
2.4   Conceptueel model

Hoofdstuk 3 De onderzoeksopzet
Inleiding
3.1   De selectie van casus
3.2   Onderzoeksstrategie
3.3   Dataverzameling
3.4   Data-analyse
3.5   Betrouwbaarheid, geldigheid, bruikbaarheid

Hoofdstuk 4 Opvattingen van landbouwers en deskundigen
Inleiding
4.1   Ervaringen en kennis van boeren
4.2   Deskundigen denken...
4.3   Samenvatting resultaten

Hoofdstuk 5 Voorlichting
Inleiding
5.1   Conclusies
5.2   Aanbevelingen:
   – Voorlichting aan wie?
   – Voorlichting waarover?
   – Voorlichting wanneer?
   – Voorlichting via welke kanalen?
5.3   Reflectie op het onderzoek

Stap 6: Iteratie
Er is geen aanleiding om het onderzoek bij te stellen.

Appendix: Conceptueel model

Appendix: Conceptueel model

Inleiding

Bij het ontwerpen van een onderzoek is het van groot belang dat u gebruikmaakt van bestaande theoretische inzichten. Op de meeste terreinen van de sociale wetenschappen is al veel onderzoek verricht, en deze kennis kan een belangrijke basis leveren voor het ontwikkelen van een geschikte vraagstelling voor uw onderzoek. Ook kan deze een rol spelen bij de beantwoording ervan. Een belangrijk hulpmiddel om bestaande inzichten deze grondslag aan uw onderzoek te geven is de ontwikkeling van een zogenoemd conceptueel model. Kort gezegd is een conceptueel model een verzameling van kernbegrippen, waartussen bepaalde relaties worden verondersteld.

Omdat, zoals in de inleiding is aangekondigd, een conceptueel model niet in elk type onderzoek een rol hoeft te spelen, is een behandeling ervan in de Appendix geplaatst. In deze Appendix laten we allereerst zien hoe een conceptueel model eruitziet (paragraaf 1) en uit welke basale relatiepatronen het is samengesteld (paragraaf 2). Paragraaf 3 gaat over het gebruik van het conceptueel model in het onderzoek. We besteden daarbij aandacht aan een enigszins verschillend gebruik ervan in kwalitatief en kwantitatief onderzoek, alsook in toetsend en explorerend onderzoek. In paragraaf 4 gaan we dieper in op de rol van het conceptueel model bij de afbakening van en het geven van richting aan het onderzoek. Tot slot presenteren we in de lijn van dit boek een stappenplan dat kan worden doorlopen bij het ontwikkelen van een conceptueel model (paragraaf 5).

1 De samenstelling van een conceptueel model

Zoals u uit het bovenstaande al kon opmaken, bestaat het conceptueel ontwerp van een onderzoek uit een begripsmatige vormgeving van het onderzoek. In dit ontwerp bepaalt u *wat* u gaat onderzoeken, en dus ook wat *niet*. In deze Appendix willen wij u vertrouwd maken met een hulpmiddel dat uitermate handig is bij dit geven van richting aan en het afbakenen van het onderzoek, te weten een *conceptueel model*. Een conceptueel model is een schematische voorstelling van hoe een deel van de werkelijkheid in elkaar zit. Meer in het bijzonder geeft een conceptueel model aan hoe bepaalde verschijnselen in de werkelijkheid met elkaar verband houden. Bijvoorbeeld, een fysicus legt een verband tussen verhitten van ijzer en het uitzetten ervan. En een sociale wetenschapper legt een link tussen de religie die iemand belijdt en diens houding ten opzichte van de natuur en het milieu. Uiteraard hoeft het aantal zaken dat met elkaar in verband wordt gebracht, niet beperkt te zijn tot twee.

Men kan zeggen dat een conceptueel model is opgebouwd uit een tweetal categorieën van elementen: (a) een verzameling kernbegrippen die duiden op bepaalde fenomenen uit de werkelijkheid, en (b) een verzameling van relaties tussen deze begrippen. Beide categorieën verdienen enige toelichting.

Ad a. Ten aanzien van de fenomenen en kernbegrippen waarover wij hierboven spraken, moet men denken aan zaken die zich in verschillende modaliteiten of gradaties in de werkelijkheid voordoen. Bijvoorbeeld, leiderschapsstijl is een fenomeen dat zich in verschillende modaliteiten ofwel variaties voordoet, namelijk als participatief leiderschap en autoritair leiderschap. Om die reden spreken onderzoekers van *variabelen*. Begrippen als structuur, cultuur, human resource management, beleidstheorie, milieu, enzovoort zijn vooralsnog géén variabelen. De reden is dat niet duidelijk is wat hier mogelijke variaties zijn. Maar bijvoorbeeld 'de *sterkte* van de structuur' is wél een variabele, aangezien de sterkte van structuren in de werkelijkheid kan variëren van zwak tot sterk. We hebben hier een voorbeeld van een fenomeen dat zich voordoet in verschillende *gradaties*. De modaliteiten of gradaties die men aan een variabele onderkent, worden ook wel de *waarden* van die variabele genoemd. Dit heeft niets met een waardering of normativiteit te maken. Waarden duiden puur op verschillende modaliteiten of gradaties waarin het fenomeen in kwestie zich in de werkelijkheid kan voordoen. Van modaliteiten is sprake bij een zogenoemde *nominale* variabele. Dit is een variabele waarvan de waarden niet kunnen worden geordend in termen van meer of minder. Een voorbeeld is de hiervoor genoemde variabele 'leiderschapsstijl'. Andere voorbeelden zijn religie, geslacht en politieke opvatting. Van gradaties is daarentegen sprake wanneer de variabelen wel kunnen variëren in termen van meer of minder. Dit laatste is bijvoorbeeld het geval bij de variabele 'sterkte van structuur'. Andere voorbeelden van variabelen waarvan de waarden kunnen worden gerangschikt in termen van meer of minder, sterker of zwakker, groter of kleiner, enzovoort, zijn leeftijd, bedrijfsgrootte, inkomen, mate van vervuiling, intelligentie, politieke betrokkenheid, enzovoort. Bij het maken van een conceptueel model moet u de volgende twee regels in acht nemen, op straffe dat u verderop onherroepelijk zult vastlopen. Allereerst dient u zich te realiseren dat al de te onderzoeken fenomenen of kernbe-

Appendix: Conceptueel model

grippen te kenschetsen zijn als variabelen! Alles wat niet varieert, hoort per definitie niet thuis in een conceptueel model. Op de tweede plaats moet u bij de keuze van de kernbegrippen (variabelen) precies aangeven welke waarden (modaliteiten of gradaties) de variabelen kunnen aannemen en welke daarvan u in dit onderzoek op het oog hebt. De in een conceptueel model gekozen kernbegrippen (variabelen) worden aangeduid door middel van een liefst zo *kort mogelijk* label, wat vervolgens in een kader ofwel box wordt geplaatst.

Ad b. Wanneer wij spreken over de verzameling van relaties tussen de kernbegrippen van een conceptueel model, bedoelen wij *causale* relaties ofwel oorzaak-gevolgrelaties. In de wetenschap worden zeer vaak causale relaties gelegd. Je komt ze onder diverse benamingen in de literatuur tegen, zoals: is een oorzaak van, heeft tot gevolg, heeft als consequentie, heeft een invloed of effect op, en dergelijke. Van een causale relatie tussen twee variabelen X en Y is sprake als we het idee hebben dat we door een verandering aan te brengen in X een verandering kunnen bewerkstelligen in Y. Zo is er een causale relatie tussen leiderschapsstijl en omzet, als we bijvoorbeeld het idee hebben dat we door de stijl van leidinggeven te veranderen van een autoritaire stijl naar een participatieve stijl, de waarde op de variabele 'omzet' kunnen doen wijzigen van 'laag' naar 'hoog'. De meest simpele maar ook meest fundamentele vorm waarin variatie in een variabele zich kan voordoen, is het wel of niet aanwezig zijn van het fenomeen in kwestie. Bijvoorbeeld, als er elektriciteit is, brandt de lamp en als er geen elektriciteit is, brandt die niet.
Twee belangrijke eigenschappen van een causale relatie zijn de *richting* en de *sterkte* ervan. De richting betreft het onderscheid tussen een *positief* en een *negatief* causaal effect. Deze worden aangeduid door het plaatsen van een + respectievelijk een – bij de betreffende causale pijl in het conceptueel model. Als hoge waarden op de ene variabele samengaan met of leiden tot hoge waarden op de andere, en lage waarden met/tot lage waarden, dan is er sprake van een positief effect. Gaan daarentegen hoge waarden op de ene variabele juist samen met of leiden die tot lage waarden op de andere (en vice versa), dan is sprake van een negatief effect. Vergewist u zich ervan dat de woorden positief en negatief in dit verband andermaal in het geheel niet duiden op een waardering. Het betreft hier slechts de aard van het effect. Ook betekent een negatief effect niet dat er geen effect is. Integendeel, het effect kan zelfs heel sterk zijn. Een negatief effect betekent slechts dat ik door een toename, respectievelijk afname in de ene variabele een afname, respectievelijk toename in de andere variabele kan bewerkstelligen.
De lezer moet zich er voorts van vergewissen dat in het geval één van de twee of beide betrokken variabelen van nominale aard is/zijn, de richting van het verband *niet* is gedefinieerd. Immers, de volgorde van de waarden van een nominale varia-

bele is willekeurig. We kunnen hier dus niet van een richting spreken. In zo'n geval dient de onderzoeker in plaats van te spreken van een positief of een negatief effect, in woorden aan te geven welke waarden op de ene variabele samengaan met, respectievelijk leiden tot, welke waarden van de andere variabele. Zo is in het eerdergenoemde voorbeeld van een effect van leiderschapsstijl op omzet de richting niet gedefinieerd. De onderzoeker dient in zo'n geval expliciet aan te geven of een autoritaire dan wel een participatieve leiderschapsstijl leidt tot meer omzet.

De tweede karakteristiek van een causale relatie is de zojuist al genoemde *sterkte* ervan. Deze kan variëren van geen effect, via een zwak naar een sterk tot zeer sterk effect. We spreken van een zwak effect als er relatief veel verandering in de oorzaak ofwel de onafhankelijke variabele nodig is voor slechts een kleine verandering in het gevolg ofwel de afhankelijke variabele. Maar kan ik een substantiële verandering in de afhankelijke variabele bewerkstelligen door slechts een kleine wijziging in de onafhankelijke variabele, dan is er sprake van een sterk effect.

Een causale relatie wordt in een conceptueel model aangegeven door een enkelvoudige rechte pijl. Een en ander komt erop neer dat de kaders of boxen, met daarin de kernbegrippen (variabelen), onderling met elkaar verbonden worden door pijlen, al naar gelang de onderzoeker een causale relatie veronderstelt. Probeer te komen tot een zodanige opstelling van de boxen, dat de te trekken pijlen elkaar niet of in ieder geval zo weinig mogelijk kruisen. Dit verhoogt de leesbaarheid van het model, vooral als er relatief veel variabelen in het model zijn opgenomen. Soms is enig schuiven met de boxen nodig voordat u dit bereikt. In een enkel, vooral complex, geval blijken kruisende pijlen onvermijdelijk. Uitgaande van drie kernbegrippen ofwel variabelen X = economische ontwikkeling, Y = democratische ontwikkeling en Z = welzijn, zijnde drie karakteristieken (variabelen) van ontwikkelingslanden, ziet een conceptueel model er bijvoorbeeld als volgt uit:

Figuur A.1 **Conceptueel model X, Y en Z**

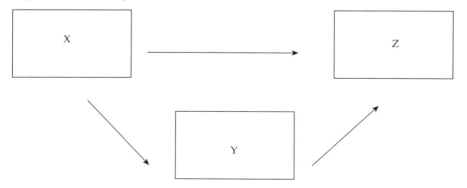

Appendix: Conceptueel model

In dit model zijn tussen alle drie de kernbegrippen X, Y en Z (variabelen) pijlen getrokken. Dat wil zeggen dat economische ontwikkeling (van een ontwikkelingsland) zowel een direct als een indirect effect, via democratische ontwikkeling, heeft op welzijn. Dat hoeft natuurlijk niet steeds zo te zijn. Het kan bijvoorbeeld zijn dat de onderzoeker denkt dat er geen direct effect is van economische ontwikkeling op welzijn, in welk geval er tussen deze twee boxen géén pijl wordt getrokken.

2 SOORTEN RELATIES EN RELATIEPATRONEN

In een conceptueel model kan een viertal hoofdpatronen van causale relaties worden onderscheiden: (a) een direct effect, (b) een indirect effect, (c) een interactie-effect en (d) een feedbackeffect. Deze vier relatiepatronen, waarvan de eerste twee zojuist al kort ter sprake kwamen, worden hierna achtereenvolgens behandeld. Verderop in deze Appendix zullen we hier nog enkele patronen aan toevoegen.

a. Direct effect
In het model hiervoor is er een *direct effect* van economische ontwikkeling (X) op welzijn (Z), getuige de pijl die rechtstreeks loopt van X naar Z. In tekening:

Figuur A.2   Conceptueel model bestaand uit een direct effect

We noemden X de *onafhankelijke* variabele (oorzaak) en Z de *afhankelijke* variabele (gevolg). Wellicht is de term 'onafhankelijke variabele' wat verwarrend. Met deze aanduiding wordt niet gesuggereerd dat deze factor door geen enkele andere factor in de werkelijkheid wordt beïnvloed, want dat is in het merendeel van de gevallen juist wél het geval. Met de term 'onafhankelijk' bedoelen we slechts te zeggen dat we *in een bepaald model* (of een deel daaruit) mogelijke oorzaken van de onafhankelijke variabele niet in de beschouwing (respectievelijk analyse) betrekken. Het begrip (on)afhankelijke variabele is dus een *relatief* begrip. Kijk ik in figuur A.1 slechts naar het verband tussen democratische ontwikkeling (Y) en welzijn (Z), dan heet democratische ontwikkeling (Y) de onafhankelijke variabele. Maar kijk ik naar het verband tussen economische ontwikkeling (X) en democratische ontwikkeling (Y), dan heet democratische ontwikkeling (Y) de afhankelijke variabele.

b. *Indirect effect*
Naast een direct effect heeft economische ontwikkeling (X) in figuur A.1 zoals gezegd ook nog een *indirect effect* op welzijn (Z), namelijk een effect dat loopt van economische ontwikkeling (X) naar democratische ontwikkeling (Y) en vervolgens van deze laatste naar welzijn (Z). Ook in zo'n geval denkt de onderzoeker dat hij of zij door een verandering aan te brengen in economische ontwikkeling (X), een verandering teweeg kan brengen in welzijn (Z). Namelijk door X te veranderen zal Y wijzigen, en deze laatste wijziging zorgt op haar beurt weer voor een verandering in Z. Men noemt in zo'n geval democratische ontwikkeling (Y) een *interveniërende* variabele. Een andere term die men ook wel tegenkomt is mediërende variabele.

Figuur A.3   **Conceptueel model bestaand uit een indirect effect**

Van belang is na te gaan hoe de richting van een indirect effect kan worden bepaald. Als startpunt nemen we een indirect effect van X via Y op Z. Het spreekt voor zich dat als zowel het effect van X op Y als dat van Y op Z positief is, het indirecte effect van X op Z ook positief zal zijn: een toename in X zal leiden tot een toename van Y, en deze toename in Y zal op zijn beurt een toename in Z effectueren. Maar ook als beide directe effecten negatief zijn, is het indirecte effect positief (en *niet* negatief). Immers, een toename in X leidt tot een afname in Y, en deze afname in Y leidt op zijn beurt tot een toename in Z. En als een van beide directe effecten positief is en het andere negatief (of omgekeerd), dan is de richting van het indirecte effect negatief. De lezer wordt aangeraden dit voor zichzelf te beredeneren. Als algemene regel geldt hier de vermenigvuldigingsregel uit de wiskunde: plus maal plus is plus, min maal min is plus, min maal plus is min en plus maal min is min. Deze regel gaat ook op voor langere causale ketens met meer dan één interveniërende variabele, zoals de lezer door redenering kan verifiëren.

c. *Interactie-effect*
De situatie kan zich voordoen dat er weliswaar een direct effect is van een variabele X op een andere variabele Y, maar dat dit slechts geldt voor bepaalde delen van de werkelijkheid. Het kan ook zijn dat het effect overal

Appendix: Conceptueel model

bestaat, maar in het ene segment van de werkelijkheid sterker is dan in een ander segment. In een extreem geval kan het zelfs zo zijn dat in het ene deel van de werkelijkheid het effect positief is en in een ander negatief. In al deze gevallen spreekt men van een *interactie-effect*. Een voorbeeld is de volgende causale hypothese. Materiële beloning (X) heeft een effect op prestaties (Y), maar dit geldt voor mannen sterker dan voor vrouwen. In het eerste deel van deze volzin staat een direct effect beschreven, maar het tweede deel geeft aan dat het om een *interactie-effect* gaat. In dit tweede deel van de zin ligt impliciet een variabele opgesloten, te weten de variabele 'geslacht' (Z). We kunnen dit onmiddellijk afleiden uit de twee waarden die deze variabele kan aannemen en die wél expliciet vermeld staan, te weten 'vrouw' en 'man'. Deze variabele wordt in zo'n geval aangeduid als een *interactievariabele*. Deze variabele interacteert namelijk met de onafhankelijke variabele X in het veroorzaken van de afhankelijke variabele Y. En hun *gezamenlijke* effect op Y noemen we een *interactie-effect*. Kenmerkend voor dit type effect is dat een derde variabele Z geen effect heeft op een variabele, maar op een *relatie* tussen twee variabelen, in dit geval op een direct effect van X op Y. Om die reden wordt in het kader van een conceptueel model een interactie-effect als volgt gevisualiseerd:

Figuur A.4   Conceptueel model bestaand uit een interactie-effect

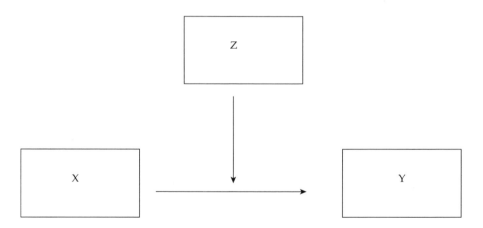

De lezer dient zich te realiseren dat als gevolg van het veronderstelde interactie-effect drie extra deelvragen kunnen worden geformuleerd (zie hoofdstuk 4): 1. Hoe ziet het verband tussen beloning en prestaties binnen de groep van mannen eruit? 2. Hoe ziet het verband tussen beide variabelen binnen de groep van vrouwen eruit? Voor wat een derde aanvullende vraag betreft zijn er twee varianten denkbaar, afhankelijk van de vraag of het gaat om een kwalitatief of een kwantitatief onderzoek. Voor een kwantitatief onderzoek: 3. Is het verband in de ene groep sterker of zwakker dan in de andere groep? Voor een kwalitatief onderzoek: 3. Is het verband in de ene groep van een andere aard dan in de andere groep? Steeds zien we dat hier het principe van *vergelijking* aan de basis ligt van de vraagstelling. Ook wordt duidelijk dat de vragen zeer sturend zijn. Ze vertellen ons immers dat we bij de uitvoering van het onderzoek allerlei *vergelijkingen* moeten uitvoeren, namelijk tussen groepen van onderzoekseenheden met eenzelfde (of bijna eenzelfde) waarde op de interactievariabele.

Een consequentie van het bestaan van interactie-effecten is dat een onderzoeker er altijd op bedacht moet zijn dat hij of zij aanvankelijk ten onrechte denkt dat er tussen twee variabelen X en Y in een conceptueel model geen causaal effect bestaat. Het kan namelijk zijn dat de onderzoeker impliciet of expliciet een bepaald deel van de werkelijkheid op het oog heeft waar dit effect er inderdaad niet is. Maar dit sluit niet uit dat er in andere delen van de werkelijkheid wel degelijk een effect is van X op Y. Om die reden moet een onderzoeker altijd goed nadenken over de vraag wat haar of zijn onderzoekspopulatie is, en dus voor welk deel van de werkelijkheid (lees populatie) hij of zij denkt dat de onderzoeksresultaten geldig ofwel generaliseerbaar zijn. Bijvoorbeeld, vermoedelijk is er in de landen van de Europese Unie geen noemenswaardig effect van religie op inkomen. Maar dit sluit niet uit dat dit in de Oostbloklanden wél het geval is. Geografische regio (dan wel de daar vigerende cultuur) is dan een mogelijke interactievariabele. Overigens, men behoeft in dit voorbeeld een mogelijke interactie niet nader te onderzoeken, *onder de conditie* dat de onderzoeker de onderzoekspopulatie expliciet afbakent tot de landen van de Europese Unie. Doet hij of zij dit laatste niet, dan zit men fout als men aanneemt dat er (overal ter wereld) géén effect is van religie op inkomen.

d. Feedbackeffect

Het komt in een conceptueel model ook voor dat een variabele X een effect heeft op Y, en dat deze laatste op zijn beurt weer een effect heeft op X. We spreken dan van een *direct feedbackeffect* van Y op X of van een *wederkerig effect* tussen X en Y. Dit relatiepatroon wordt aangegeven door een *dubbele* pijl (zie figuur A.5).

Figuur A.5   **Conceptueel model bestaand uit een direct feedbackeffect ofwel wederkerig effect**

Een voorbeeld is het effect van de variabele 'mate van omgaan met criminele vrienden' (X) op 'de mate van crimineel gedrag' (Y). Omgaan met de verkeerde vrienden zal leiden tot crimineel gedrag. Maar vertoont men eenmaal crimineel gedrag, dan zal dit weer verder aanleiding geven tot omgang met verkeerde vrienden, enzovoort.

Omdat beide effecten in dit voorbeeld positief zijn, zullen ze elkaar versterken. Meer algemeen geldt, als we de vermenigvuldigingsregel uit de wiskunde volgen, dat als de effecten hetzelfde teken hebben (beide positief of beide negatief), ze elkaar versterken. Dat wil zeggen, een toename (respectievelijk afname) in X zorgt voor een toename (respectievelijk afname) in Y, en deze laatste zorgt weer voor een verdere toename (respectievelijk afname) in X, enzovoort. Hebben daarentegen de in een feedbackrelatie opgenomen effecten aan elkaar *tegengestelde* tekens, dan geldt *niet* de vermenigvuldigingsregel. In afwijking van wat het geval is bij een indirect effect, is dan namelijk sprake van een zichzelf *neutraliserend* effect. Bijvoorbeeld: Is het effect van X op Y positief en dat van Y op X negatief, dan ontstaat het volgende beeld. Een toename in X leidt tot een toename in Y, maar deze toename in X wordt tenietgedaan doordat die toename in Y leidt tot een afname in X. Het spreekt voor zich dat een terugkoppeling ook *indirect* kan zijn, zoals is weergeven in het onderstaande model.

Figuur A.6 Conceptueel model met een indirect feedbackeffect

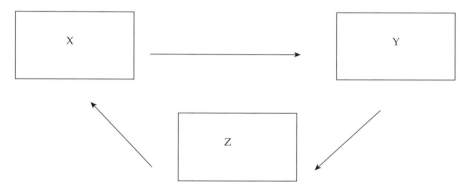

Bij conceptuele modellen in het algemeen, maar bij modellen met een terugkoppeling in het bijzonder, is het van het allergrootste belang dat de onderzoeker precies aangeeft of een bepaald direct effect positief of negatief is. Zolang we dat niet weten, blijft in feite duister wat er in het model precies 'gebeurt'.

Overzien we de vorenstaande presentatie van de vier patronen van causale relaties, dan moet u bij het maken van een conceptueel model goed letten op de volgende drie zaken: (a) Tussen welke van de variabelen bestaat er (vermoedelijk) een causaal verband en tussen welke niet? (b) Als er een causaal verband is, wat is dan de causale volgorde, ofwel, wat is de (veronderstelde) oorzaak en wat het (veronderstelde) gevolg? (c) Wat is de richting van het verband (positief of negatief)? De algemene stelregel is dat u zuinig moet zijn met het trekken van pijlen tussen de variabelen in een conceptueel model. Pas als er het vermoeden is dat sprake is van een substantieel effect, positief of negatief, trekt u een pijl, en als het even kan dus *niet*. De reden voor dit laatste is dat theorievorming bestaat bij de gratie van het (re)construeren van een vereenvoudigd beeld van de werkelijkheid.

Tot zover een eerste behandeling van het fenomeen 'conceptueel model'. Een aldus samengesteld conceptueel model kan worden beschouwd als een sterk geschematiseerde weergave van een *verklarende* theorie. Er zijn twee redenen om hier te spreken van 'sterk geschematiseerd'. De eerste is dat in een theoretisch handboek de kernbegrippen van een theorie doorgaans uitvoerig beschreven worden. Daar vindt men antwoorden op vragen als: Wat betekent het begrip precies? In welke vormen of hoedanigheden doet het zich in de werkelijkheid voor? En onder welke condities is dat zo? Welke dimensies en aspecten, delen en onderdelen, soorten en ondersoorten zijn er aan het begrip te onderscheiden? Al deze details vallen natuurlijk weg in een causaal model. De tweede reden is dat ook de causale relaties sterk zijn vereenvoudigd. In de tekstuele weergave van een theorie worden deze relaties vaak nader gespecificeerd. Tussen welke aspecten van het kernbegrip bestaat de relatie precies? In welke vormen uit zich deze relatie? Welke uitzonderingen doen zich voor? In welke situaties of onder welke condities doet zich de relatie voor? Is het een rechtlijnig of een kromlijnig verband? Zijn er interveniërende variabelen in het spel? Is het een sterk of een zwak verband? Is het een positief of een negatief verband? De meeste van deze details vallen weg in een causaal model. Daarom is het een goede zaak om bij een causaal model te verwijzen naar relevante theorieën. Ook is het een goede gewoonte om een conceptueel model vergezeld te doen gaan van een tekst waarin de genoemde zaken worden beschreven.

Maar de eenvoud van een causaal model is juist ook zijn kracht. Het voordeel boven een in tekst weergegeven theorie is dat men in een conceptueel model ofwel pijlendiagram veel beter overzicht krijgt van alle relatiepatronen. Veel gemakkelijker dan in een tekst zien we bijvoorbeeld welke variabelen allemaal van invloed zijn op een bepaalde variabele in het model, en welke variabelen deze laatste zelf allemaal beïnvloedt. Ook zien we sneller en beter de indirecte effecten en eventuele interactie-effecten. In een tekst moeten we dit alles moeizaam opsporen, omdat alles serieel en verspreid over de tekst beschreven staat. Maar in een model overzien we dit alles in één keer.

De vraag rijst wat nu de plaats en functie kan zijn van een conceptueel model in het proces van het ontwerpen (en later ook uitvoeren) van een onderzoek. Onze stelling is dat in het geval er een (causaal) verklarende theorie in het spel is, de onderzoeksontwerper zich in een vroeg stadium dient af te vragen wat de kernbegrippen in het project zijn, en hoe deze onderling met elkaar verbonden zijn. Voor dit laatste dient hij of zij zo veel mogelijk te rade te gaan bij bestaande theorieën op het terrein waarop het project zich richt. Vrijwel elke auteur op elk willekeurig vakgebied maakt, zoals al eerder gezegd, gebruik van het type causaal denken zoals dat hierboven is geschetst. U voorkomt ermee ook dat u iets gaat onderzoeken wat al voldoende bekend is.

Zijn theorieën niet of slechts summier voorhanden, dan dient men (daarnaast) vooral het gezonde verstand en een eventuele kennisvoorraad bij de onderzoeker zelf in stelling te brengen. Handig is om dit door middel van een brainstorm met anderen te doen. Niet alleen weten twee meer dan één. Bovendien stimuleert dit uw creativiteit en fantasie, twee belangrijke schakels bij het ontwerpen van een onderzoek. Een derde en laatste hier te noemen mogelijkheid is om een korte voorstudie (pilotstudy) naar de problematiek in kwestie te verrichten.

3   Verschillend gebruik van een conceptueel model

Kwantitatief en kwalitatief onderzoek

Wij wijzen erop dat alle opmerkingen die we tot nu hebben gemaakt over het conceptueel model, van toepassing zijn op zowel het kwantitatieve als het kwalitatieve onderzoek. Dit in weerwil van het feit dat wel eens wordt gesuggereerd dat alleen in een kwantitatif onderzoek gebruikgemaakt wordt of kan worden van een conceptueel model. Maar naar onze mening kan de onderzoeker in beide typen onderzoek verwachtingen formuleren met betrekking tot de relaties tussen kernbegrippen in zijn of haar onderzoek. In beide gevallen ook zal hij of zij vaak gegevens verzamelen tijdens het onderzoek om antwoord te geven op de vraag in hoeverre de geformuleerde verwachtingen in de werkelijkheid worden aangetroffen. In beide gevallen kan de onderzoeker daarom een conceptueel model gebruiken als visuele weergave van zijn of haar causale gedachtegangen. Dit neemt niet weg dat er tussen een kwalitatief en een kwantitatief onderzoek verschillen zijn in de aard van het conceptuele model en in de manier waarop het een rol speelt bij de uitvoering van het onderzoek. Deze verschillen schuilen in de aard van de gekozen kernbegrippen (variabelen), in de wijze waarop deze begrippen worden geoperationaliseerd en, in lijn hiermee, in de wijze waarop vervolgens de gegevens worden verzameld.

Het belangrijkste verschil tussen het conceptuele model in een kwantitatief en in een kwalitatief onderzoek zit in de mate van globaliteit respectievelijk specificiteit ervan. Bij een kwantitatief onderzoek is dit model zeer specifiek en gesloten, terwijl dit bij een kwalitatief onderzoek meer globaal en open is. Zo hebben de variabelen in een kwantitatief onderzoek nauw afgebakende betekenissen en precies uitgewerkte operationaliseringen door middel van indicatoren, die op hun beurt nauwkeurig zijn uitgewerkt in vooraf geconstrueerde meetinstrumenten. Bijvoorbeeld, als u de invloed van religie op de politieke opvattingen van mensen gaat onderzoeken in een *kwantitatief* onderzoek, dan ontwikkelt u bij voorkeur al in de ontwerpfase een instrument voor het meten van politieke opvattingen. Dit instrument is bijvoorbeeld gebaseerd op een vragenlijst met uitspraken die betrekking hebben op verschillende aspecten van politiek en overheidsbeleid. Door nu de respondenten te vragen in welke mate zij het met deze uitspraken eens zijn ('helemaal eens', 'eens', 'oneens', 'helemaal oneens'), kan men een score bepalen op de variabelen. Deze overwegend kwantitatieve gegevens kunnen statistisch bewerkt en geanalyseerd worden.

Maar in een kwalitatief onderzoek blijven de begrippen doorgaans tijdens de ontwerpfase nog globaal en hebben ze een ruime betekenis. De exacte betekenissen worden pas vastgelegd tijdens de *uitvoering* van het onderzoek. Ook de operationaliseringen zijn minder gesloten, meer open. Deze bestaan in een kwalitatief onderzoek waarin gebruik wordt gemaakt van een open interview vooral uit een topic list en interviewinstructies. De topic list bevat de onderwerpen die de interviewer aan bod laat komen. De interviewinstructies geven aan wat een interviewer tijdens het interview zoal moet doen en laten en waarop hij of zij dient te letten. Bij dit alles is vooraf veel minder vastgelegd en heeft de onderzoeker tijdens de uitvoering meer vrijheid om zaken naar bevind van zaken in te vullen, dan in het geval van een kwantitatief onderzoek. Een voorbeeld kan dit meer open karakter van de begrippen in een conceptueel model toelichten.

De figuren A.7 en A.8 laten uitwerkingen zien van eenzelfde ordening van variabelen. In beide gevallen gaat het om een onderzoek naar het interactie-effect van de gezondheidszorg op de relatie tussen eigenschappen van mensen (onafhankelijke variabele) en hun ziekte (afhankelijke variabele). Figuur A.7 laat een conceptueel model zien voor een kwantitatief onderzoek. Figuur A.8 toont een conceptueel model dat zich vooral leent voor een kwalitatief onderzoek.

Figuur A.7 Een conceptueel model dat geschikt is voor een kwantitatief onderzoek naar gezondheidszorg

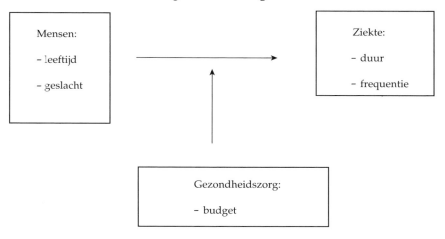

Figuur A.8 Een conceptueel model dat geschikt is voor een kwalitatief onderzoek naar gezondheidszorg

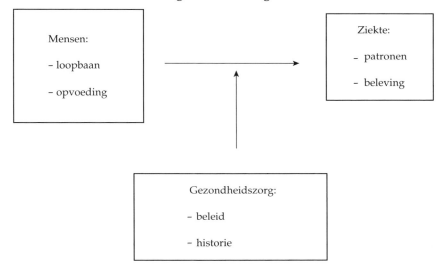

Toetsend versus exploratief gebruik van conceptuele modellen
Nauw met het hiervoor gemaakte verschillend gebruik van conceptuele modellen in een kwantitatief en een kwalitatief onderzoek hangt samen het gebruik ervan binnen een (a) toetsend en (b) exploratief onderzoek.

a. Toetsend gebruik

Toetsing vormt een belangrijk aandeel van het gebruik van conceptuele modellen in het empirische onderzoek. Zoals we in de vorige paragraaf zagen, destilleren we daarbij uit de bestaande literatuur (theorie) een conceptueel model, en gaan dan na in hoeverre we in de empirie ondersteuning vinden voor de causale hypothesen waaruit het conceptueel model is opgebouwd. Dit laatste is het principe van toetsing. Zodra we in de empirie zaken vinden die niet conform de in de hypothese neergelegde verwachting zijn, laten we deze hypothese vallen. Naarmate we strenger in de leer zijn, doen we dit al bij de eerste de beste afwijking, of tolereren we (voorlopig) enkele afwijkingen. Deze werkwijze heet falsifiëren.

De wijze waarop toetsing plaatsvindt, verschilt in kwantitatief en kwalitatief onderzoek enigszins van elkaar. In een kwantitatief onderzoek kijken we strikt naar bepaalde getalsverhoudingen, en wordt berekend hoe groot de kans is dat een bepaald onderzoeksresultaat op grond van toeval ontstaat. Men spreekt hier wel van statistische toetsing. In een kwalitatief onderzoek daarentegen is men meer geneigd te kijken naar de betrouwbaarheid van de bron, de argumenten die voor een bepaalde causale redenering worden aangedragen, de variëteit van omstandigheden waarin het causale verband zich voordoet (overeind blijft), het aantal verschillende auteurs die een bepaald causaal verband constateren, en dergelijke.

Een bij onderzoekers zeer bekende manier van toetsing op houdbaarheid betreft een zogenoemde controle op *schijnrelaties*. Het kan voorkomen dat we twee verschijnselen X en Y steeds samen zien optreden, en op grond daarvan denken dat de ene variabele, zeg X, een effect heeft op de andere, zeg Y, terwijl dit bij nader inzien toch niet het geval blijkt te zijn. Een enigszins vermakelijk voorbeeld kan dit toelichten. Het is een bij brandweerkorpsen algemeen bekend feit dat steeds als er veel brandweerlieden worden ingezet (X), de omvang van de schade groot is (Y), terwijl deze laatste stelselmatig binnen de perken blijft als er weinig personeel wordt ingezet. Men zou dan kunnen denken dat die brandweerlieden in feite de schade veroorzaken (in plaats van dat ze deze helpen voorkomen). Maar er is hier sprake van een schijnrelatie. De ware toedracht is als volgt. Een derde variabele (Z), hier omvang van de brand, bepaalt zowel het aantal brandweerlieden dat wordt ingezet (X) als de omvang van de schade (Y). Hun beider afhankelijkheid van Z is de werkelijke reden waarom X en Y in de praktijk vaak samengaan, en *niet* een eventueel effect van X op Y. We zeggen dan dat variabele Z een *schijnmakende* variabele is. Hij maakt de correlatie (samenhang) tussen X en Y schijnbaar. Weergegeven in een conceptueel model ziet een en ander er als volgt uit.

Appendix: Conceptueel model 293

Figuur A.9 **Conceptueel model met een verondersteld causaal verband tussen X en Y en met Z als schijnmakende variabele**

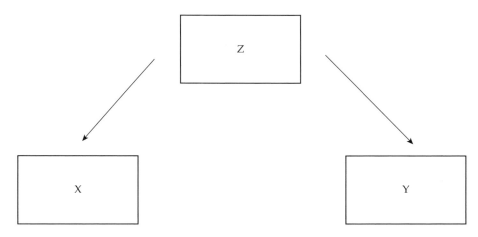

Het toetsen op schijnrelaties houdt in dat u voor elk tweetal variabelen X en Y in het conceptuele model waartussen u aanvankelijk een causale pijl heeft getrokken, nagaat of er niet een derde (eventueel vierde, vijfde ...) schijnmakende variabele is die beide beïnvloedt. Vindt u die, dan kan dit wel eens betekenen dat er in werkelijkheid tussen de twee oorspronkelijke variabelen X en Y in het geheel geen causaal effect bestaat. In ieder geval is het zo dat een schijnmakende variabele zorgt dat het effect van X op Y zwakker is dan aanvankelijk gedacht. In extreme gevallen zal dit effect er in het geheel niet blijken te zijn.

Nu is het toetsen op schijnmakendheid op basis van empirisch materiaal, dat er in kwantitatief en kwalitatief onderzoek verschillend uitziet, in feite iets wat bij de uitvoering van een onderzoek plaatsvindt, en valt als zodanig in principe buiten de scope van dit boek. Maar bij het ontwerpen dienen we ons er al wel in theoretische en beschouwende zin mee bezig te houden. Verderop noemen we dit toetsing op *'face value'*. Immers, het heeft weinig zin om een conceptueel model in het onderzoek als leidraad te nemen, dan wel nader te exploreren (zie hierna), als de relaties daarin bij voorbaat op schijnbaarheid berusten. Daarom gaat u al in de ontwerpfase per koppel variabelen in het model op face value na in hoeverre er één of meer schijnmakende variabelen te verwachten zijn. Vindt u (in de theorie of door logisch na te denken) een deels of geheel schijnmakende variabele, dan moet u die *in elk geval* alsnog in het conceptuele model opnemen. Dit is zeer belangrijk, want doet u dit niet, dan leidt dat in principe tot foutieve conclusies voor wat betreft de overige relaties in het model. Tot zover een strikte (falsifiërende) toetsingsvorm.

b. Exploratief gebruik
Een exploratief gebruik van conceptuele modellen wijkt op een tweetal punten af van het toetsende gebruikstype. Ten eerste is het doel niet nagaan in hoeverre het model juist of waar is. De opzet is om een model te verfijnen, te preciseren, er meer detail in aan te brengen. Om die reden, en dat is een tweede verschil, starten we hier met een meer globaal, meer abstract en minder ver uitgewerkt model dan in het geval van een meer toetsend type onderzoek. In een *globaal* model staan de kernbegrippen bijvoorbeeld voor hele ruime en open fenomenen en hebben een hoge graad van abstractie of algemeenheid. Een voorbeeld is een globale theorie die zegt dat de 'intelligentie' van jonge mensen bepalend is voor hun 'schoolprestaties'. Het begrip 'intelligentie' is zeer complex en abstract, en kan nog op vele verschillende manieren worden ingevuld. Meer concreet en minder complex zijn bijvoorbeeld dimensies of aspecten van intelligentie, zoals (a) 'rekenvaardigheid', (b) 'taalvaardigheid', (c) 'sociale vaardigheid' en (d) 'ruimtelijke oriëntatie'. Ook de tweede variabele is veelomvattend, nu niet zozeer omdat er meerdere dimensies en aspecten zijn, maar meerdere soorten. Verschillende soorten schoolprestaties zijn: (a) de hoogte van de cijfers die worden gehaald, (b) de snelheid waarmee een leertraject door de leerling wordt doorlopen, en (c) het niveau van de hoogst genoten opleiding die iemand in haar of zijn schoolcarrière bereikt. Het globale conceptuel model kan nu op verschillende manieren worden geconcretiseerd en minder complex worden gemaakt. In feite liggen er maar liefst twaalf causale relaties in opgesloten. Er zijn immers vier dimensies of aspecten aan intelligentie te onderscheiden, en drie soorten schoolprestaties. Elk van de vier dimensies van intelligentie kan volgens de globale theorie een effect hebben op elk van de drie soorten schoolprestaties. Maar we zouden bijvoorbeeld door middel van empirisch onderzoek kunnen gaan kijken (exploreren) welke van die relaties nu reëel zijn en welke daarvan het sterkste effect representeren. Kortom, met een globaal conceptueel model schept de onderzoeker de mogelijkheid om in de empirie te gaan zoeken naar verbijzondering, detail, specificatie, concreetheid, precies zoals dat hierboven gebeurde.
Niet alleen wat betreft de kernbegrippen kan worden gezocht naar detail en concretisering. Ook wat betreft de causale relaties in het model is door middel van een exploratief onderzoek verfijning mogelijk. Zo kan de onderzoeker nagaan of er in de empirie aanwijzingen zijn te vinden voor het bestaan van interveniërende variabelen in een direct effect in het voorlopige model. Vindt men die, dan verandert dit directe effect alsnog in een indirect effect, met de nieuw gevonden variabele(n) als interveniërende variabele(n). Over het algemeen is dit zoeken naar interveniërende variabelen een uiterst nuttige bezigheid. Hoe meer interveniërende variabelen we vinden in de relatie tussen twee variabelen X en Y, hoe beter we over het algemeen snappen hoe het causale effect van X op Y werkt. Dit is dan ook een van de belangrijkste functies van een exploratief gebruik van conceptuele modellen in een onderzoek.

Nemen we als voorbeeld van dit laatste een causaal effect dat optreedt door het verhitten van een ijzeren staaf. Algemeen bekend is dat door dit verhitten (X = oorzaak) de staaf uitzet (Y = gevolg). Maar de vraag is hoe dat komt. Wat we zouden willen is inzicht hebben in het causale mechanisme dat hier werkzaam is. Dit wordt een stuk duidelijker als we zoeken naar interveniërende variabelen. Deze zien er als volgt uit. Door het verhitten van het ijzer gaan de moleculen sneller bewegen (interveniërende variabele 1), door deze snellere bewegingen zijn de botsingen per tijdseenheid talrijker en harder (interveniërende variabelen 2 en 3), waardoor op hun beurt de intermoleculaire ruimten toenemen (interveniërende variabele 4), met als uiteindelijk effect een langer wordende staaf (afhankelijke variabele Y). We zijn hier dus vier interveniërende variabelen op het spoor, waardoor we veel meer inzicht hebben gekregen in de werking van de causale mechanismen die bij verhitting op gang komen. In dit voorbeeld zijn we nú pas op een niveau aanbeland dat de meesten van ons zullen zeggen: 'nu snap ik het'. We zien hier het verschil tussen (wetenschappelijk) verklaren en (subjectief) begrijpen. In schema ziet het conceptuele model er als volgt uit:

Figuur A.10   Conceptueel model verhitting en uitzetting

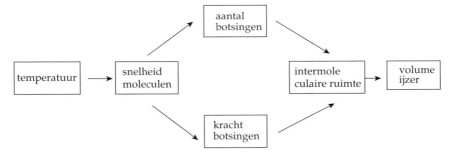

Overigens kunnen we ook in het globale conceptuele model hiervoor op zoek gaan naar interveniërende variabelen. Nadere beschouwing leert dat de drie variabelen die vallen onder het algemene (globale) label 'schoolprestaties', heel goed kunnen worden gezien als een oorzaak-gevolgreeks. Intelligentie kan leiden tot (a) 'sneller leren', waardoor (b) 'hogere cijfers' worden gehaald, waardoor ten slotte op zijn beurt (c) 'een hoger eindniveau van scholing' kan worden bereikt. Deze voorbeelden moeten de lezer aansporen om steeds zo veel mogelijk op zoek te gaan naar interveniërende variabelen. Een andere mogelijkheid voor het verfijnen en detailleren van een conceptueel model is het op zoek gaan naar *dieper liggende* oorzaken en naar *meerdere* oorzaken van een en hetzelfde fenomeen. Bijvoorbeeld, voor wat een direct effect in het model van X op Y betreft, zoekt men naar een variabele Z die X beïnvloedt. Z is dan een dieper (dan X) liggende oorzaak (van Y). En als men naast Z ook nog variabelen V en W weet te lokaliseren met een effect op X, dan hebben we dus meerdere oorzaken van X (en indirect ook van Y) te pakken. Men duidt het relatiepatroon dat men dan krijgt ook wel aan als *multiple causaliteit*. In het verlengde hiervan kan men uiteraard ook op zoek gaan naar verder weg liggende gevolgen en ook naar meerdere gevolgen van een fenomeen dan men tot dusver vermoedde. Samenvattend hebben we in een exploratief gebruik van een conceptueel model van doen met een model dat meer globaal en open is dan in het geval van een toetsende functie. Het gaat hier dus om een model dat minder 'dichtgetimmerd' is en meer ruimte laat aan de onderzoeker om te komen tot nadere specificering, concretisering en detaillering, zowel van de begrippen als van de relaties daartussen.

Hiervoor bespraken we directe effecten, indirecte effecten, dieper liggende oorzaken en multiple causaliteit als relatiepatronen. Er zijn dan nog drie eerder besproken patronen over: het interactie-effect, de schijnmakende relatie en het feedbackeffect. Over het algemeen wordt aangeraden om een globaal model éérst nader te specificeren wat betreft (a) een keuze uit en/of verbijzondering van de kernbegrippen en (b) interveniërende variabelen, voor u verdergaat met verbijzonderingen qua de drie laatstgenoemde relatietypen. De reden hiervan is tweeërlei. De eerste is dat we pas dán gericht kunnen nadenken over zinnige hypothesen wat betreft deze drie (zeer complexe) relatietypen. Een tweede reden is dat als we een globaal model zouden willen maken waarin álle genoemde relatietypen zijn opgenomen, we uitkomen op een veel te complex en onwerkbaar model. Dit laatste brengt ons meteen ook op het onderwerp van de volgende paragraaf.

Tot slot van deze paragraaf de mededeling dat in een kwantitatief onderzoek het conceptueel model relatief vaak, maar niet per se, in toetsende zin wordt gebruikt, terwijl dit in het kwalitatieve onderzoek relatief vaak, maar niet uitsluitend, op exploratieve wijze wordt gehanteerd.

4   AFBAKENEN EN RICHTING GEVEN

Het maken van een afgebakend en richtinggevend conceptueel model lijkt eenvoudiger dan het is. Vooral de noodzaak van het afbakenen van het conceptuele model, en daarmee van het onderzoek dat mede gestuurd door dit conceptuele model wordt uitgevoerd, kwam in deze Appendix nog niet ter sprake. Wij laten u aan de hand van een voorbeeld zien hoe u een afgebakend en richtinggevend conceptueel model maakt. We beginnen daarbij vooraan bij een omschrijving van een projectkader, een doel- en vraagstelling en een onderzoeksmodel.

Appendix: Conceptueel model

Voorbeeldproject 'Organisatieverandervermogen'

Projectkader
Op het hoofdkantoor van een grote bank met vestigingen door heel het land wordt gewerkt aan een grootscheeps reorganisatieproject 'Aandacht voor Kwaliteit', waarin nieuwe verwerkingsprocedures worden geïntroduceerd. Het is niet de eerste keer dat de bank verandert. Er zijn de laatste tijd al heel wat veranderingsprojecten geweest. Terecht vraagt men zich op de centrale afdeling Personeel & Organisatie af of de medewerkers nog wel bereid en in staat zijn om deze nieuwe verandering te ondergaan. Uit eerder onderzoek weet men dat sommige medewerkers meer en andere minder bereid en in staat zijn om te veranderen. Er speelt een aantal factoren een rol, zoals de regio, de aard van de functie en de verschillen die er bestaan in de cultuur binnen de vestigingen.

Men besluit tot een onderzoek naar het organisatieverandervermogen van de medewerkers.

Doelstelling
Het doen van aanbevelingen voor het project 'Aandacht voor Kwaliteit', gericht op het verbeteren van het implementatiebeleid van het project, vooral waar het de acceptatie van het plan door de medewerkers betreft
door
inzicht te geven in het organisatieverandervermogen van de medewerkers in twee regio's.

Daarbij hoort het volgende onderzoeksmodel:

Figuur A.11 Onderzoeksmodel 'Organisatievermogen'

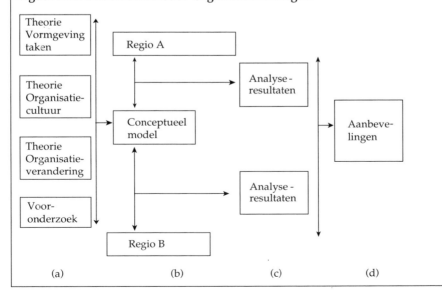

> Dit onderzoeksmodel wordt als volgt verwoord:
> Op basis van de bestudering van relevante literatuur op het terrein van de drie kernbegrippen 'organisatieveranderfvermogen', 'vormgeving van arbeidstaken' en 'organisatiecultuur' wordt een conceptueel model ontwikkeld (a). Met behulp van dit conceptueel model wordt inzicht gegeven in de factoren die bepalend zijn voor het organisatieveranderfvermogen van medewerkers in twee regio's (b). Door het organisatieveranderfvermogen van beide groepen medewerkers met elkaar te vergelijken (c) kunnen aanbevelingen worden gedaan voor verbetering van het implementatiebeleid van project 'Aandacht voor Kwaliteit' (d).

Hierna laten we zien hoe het in het onderzoeksmodel hierboven genoemde conceptueel model kan worden ontwikkeld. Hierboven bespraken we de mogelijkheid om te starten met een *globaal* conceptueel model als speciale mogelijkheid voor een exploratief onderzoek. Maar zeker voor beginnende onderzoekers is het raadzaam om in principe *altijd* met een globaal model te starten en dit vervolgens om te zetten in een specifiek model. De reden hiervan is dat de kernbegrippen die we in de literatuur vinden doorgaans erg breed, abstract en complex zijn, té breed, abstract en complex om met succes een onderzoek te kunnen starten. Deze constatering past in het beeld zoals u zich dat intussen heeft gevormd van een goed onderzoeksontwerp, namelijk dat dit laatste staat of valt met een adequate en doorgaans tamelijk rigoureuze afbakening en concretisering.

In het voorbeeld staan drie kernbegrippen, te weten 'organisatieveranderfvermogen', 'vormgeving van arbeidstaken' en 'organisatiecultuur'. Het spreekt voor zich dat we 'organisatieveranderfvermogen' kiezen als de afhankelijke ofwel te verklaren (respectievelijk te verbeteren) variabele. U wilt immers weten welke factoren van invloed zijn op het veranderfvermogen om aanbevelingen te kunnen doen om het implementatietraject te verbeteren. Voorts is u uit eerder onderzoek gebleken, dat diverse factoren die ressorteren onder of samenhangen met de 'vormgeving van taken', van invloed zijn op het organisatieveranderfvermogen. Zo is eerder vast komen staan dat de medewerkers met gevarieerde taken en veel zelfstandigheid in hun functie-uitoefening, over het algemeen meer openstaan voor verandering dan andere medewerkers. U besluit dat het kernbegrip 'vormgeving van arbeidstaken' de onafhankelijke variabele is. Het globale model, dat in dit geval slechts twee variabelen omvat, ziet er als volgt uit (zie figuur A.12). Nota bene, de organisatiecultuur waarover in het onderzoeksmodel hiervoor werd gesproken, komt pas verderop in beeld als we gaan praten over mogelijke interactie-effecten. Voordat we daaraan toekomen, dienen we, conform onze eerder gegeven aanwijzingen, het globale model eerst te vereenvoudigen, op een manier zoals hierna beschreven.

Appendix: Conceptueel model

Figuur A.12   Globaal conceptueel model 'Organisatieverandervermogen'

Een volgende stap is de twee kernbegrippen in het model in wording nader te preciseren en te definiëren. Dit doet u door de begripsdomeinen die deze kernbegrippen representeren, te ontrafelen in *dimensies, delen of soorten* die binnen deze begripsdomeinen te onderkennen zijn. Bij deze taak van ontrafelen kunt u gebruikmaken van de eerder in dit boek geïntroduceerde techniek van het uiteenrafelen door middel van boomstructuren (zie hoofdstuk 5), in combinatie met het bestuderen van wetenschappelijke literatuur over en verslagen van eerder onderzoek op het onderhavige terrein. Uiteenrafelen helpt u om een eerste overzicht te krijgen van de veelheid van zaken (variabelen) die doorgaans binnen het domein van een kernbegrip zijn te onderkennen. Deze veelheid laat de omvangrijkheid van het door u gekozen domein zien en nodigt doorgaans uit tot een nadere afbakening. Zoals blijkt uit relevante wetenschappelijke literatuur, vullen theoretici en uitvoerders van eerder onderzoek het betreffende kernbegrip meestal met een veelheid van onderling nauw samenhangende zaken in.

Voorbeeld uitwerking globaal conceptueel model 'organisatieverandervermogen'

Na een uitgebreide zoektocht via catalogi van wetenschappelijke bibliotheken, elektronische zoeksystemen en het internet heeft u een selectie gemaakt van te bestuderen literatuur die betrekking heeft op de kernbegrippen 'vormgeving taken', 'organisatieverandervermogen', alsook hun onderlinge relatie. U bestudeert deze literatuur en maakt een beargumenteerde keuze welke van de door u bestudeerde theoretische inzichten u gaat gebruiken om de twee kernbegrippen uit te werken en de relaties daartussen te definiëren. Zo kiest u ervoor het kernbegrip 'vormgeving taken' uit te werken met behulp van het klassieke *Job Characteristics Model* van Hackman en Oldham (1980)[a]. Volgens dit model omvat dit fenomeen vijf aspecten (variabelen): 'taakautonomie', 'taakvariëteit', 'taaksignificantie', 'taakidentiteit' en 'feedback'.

Met betrekking tot 'organisatieverandervermogen' besluit u om gebruik te maken van de inzichten van Argyris(1994)[b] over organisationeel leren en van Wissema (1996)[c] over het veranderen van organisaties. Bestudering van deze literatuur doet u besluiten tot het gebruik van een drietal aspecten van organisatieverandervermogen: 'veranderbereidheid' (passief verandervermogen), 'verandergezindheid' (actief verandervermogen) en 'leervermogen' (continue verandervermogen). Ook deze drie aspecten staan weer voor variabelen.

Door al deze variabelen en dimensies in te vullen in het globaal conceptueel model ontstaat het volgende beeld van het globaal conceptueel model (zie figuur A 13):

Figuur A.13   Globaal conceptueel model, dimensies en variabelen

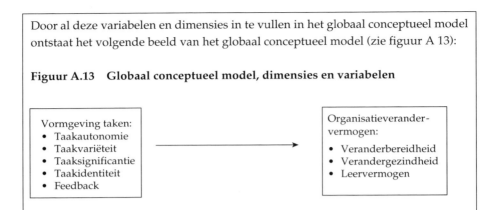

a. Hackman, J.R. & G.R. Oldham (1980) *Work Redesign*. Amsterdam: Addison-Wesley.
b. Argyris, Chris (1994) *On Organizational Learning*. Cambridge (Mass.): Blachwell.
c. Wissema, J.G., H.M. Messer & G.J. Wijers (1996) *Angst voor veranderen? Een mythe!: of: hoe u veranderingsbereidheid op de werkvloer vergroot* (7e druk). Assen: Van Gorcum.

Het aldus uitgewerkte globaal conceptueel model bestaat uit vijf variabelen uit het domein 'vormgeving taken' en drie aspecten van 'organisatieverandervermogen'. In theorie bestaan hiertussen 5 maal 3 is 15 relaties. Dat is niet erg werkbaar, temeer daar er nog andere begrippen (bijvoorbeeld 'organisatiecultuur', zie boven) een rol spelen. Daarom moet u, voordat u het model verder verfijnt en detailleert met meerdere variabelen en relaties daartussen, eerst kiezen welke van de genoemde variabelen en dimensies in het globale conceptuele model u in uw onderzoek betrekt. Deze keuze wordt vooral ingegeven door de doelstelling van het onderzoek, waarin als het goed is de wil van de opdrachtgever is verdisconteerd. Ook uw eigen interesses, deskundigheden en mogelijkheden, waaronder de beschikbare tijd, moeten in deze keuze nadrukkelijk een rol spelen. Deze keuzes dient u te *expliciteren* en te *argumenteren,* op straffe dat de lezer of opdrachtgever u niet volgt en of uw keuzes niet als zinvol accepteert.

In veel gevallen vindt de selectie van variabelen plaats in een vooronderzoek. U duikt bijvoorbeeld opnieuw in de literatuur. Daaruit kan bijvoorbeeld blijken dat sommige variabelen meer en andere minder significante verbanden laten zien. Ook kan een vooronderzoek bestaan uit een nadere verkenning van het projectkader. In een praktijkgericht onderzoek kunt u bijvoorbeeld besluiten om het uitgewerkte globaal conceptueel model voor te leggen aan enkele deskundigen. Samen met deze deskundigen kunt u bijvoorbeeld besluiten om – uit pragmatische overwegingen – uw onderzoek tot enkele relaties te beperken. Ook kunt u op zoek gaan naar rapporten over vroeger uitgevoerd onderzoek.

Appendix: Conceptueel model

Een en ander toegepast op ons voorbeeld gaat u op zoek naar artikelen die een overzicht geven van al het onderzoek dat er de laatste jaren is gedaan op het terrein van de vormgeving van taken waarbij gebruik is gemaakt van het *Job Characteristics Model* van Hackman en Oldham. Bestudering van deze artikelen leert al snel dat vooral het aspect *taakautonomie* een interessante variabele is gebleken. U besluit zich tot deze dimensie te beperken. Samen met het hoofd Personeel & Organisatie van de bank besluit u het onderzoek te beperken tot 'veranderingsbereidheid' en 'veranderingsgezindheid', daarmee 'leervermogen' buiten beschouwing en dus ook buiten het model latend. Het vooronderzoek leidt aldus tot het volgende zogenoemd *specifieke* conceptueel model in figuur A.14.

Figuur A.14 Specifiek conceptueel model 'Organisatieverandervermogen'

Na deze eerste vereenvoudiging van het globale conceptuele model ontstaat er ruimte om na te gaan denken over eventuele complicerende relatiepatronen, zoals interactie-effecten, feedbackeffecten en vervolgens vooral ook (een controle op) schijnmakende effecten.

Toegepast op het voorbeeld denken we bijvoorbeeld aan de mogelijk interacterende rol van het fenomeen 'organisatiecultuur' waarover wij eerder spraken. Opnieuw is het dan goed om op basis van relevante literatuur eerst een nadere uitwerking te maken van dit begrip. Voor deze uitwerking oriënteert u zich bijvoorbeeld op het werk van Hofstede en zijn navolgers en kiest u – uit de vele modellen die voorhanden zijn – voor de 'culture compass' van Hampden-Turner en Trompenaars (1994)[a]. De culture compass bestaat uit zes bipolaire dimensies: universalisme-particularisme, individualisme-communitarisme, specificiteit-diffuusheid, affectiviteit-neutraliteit, verwerven-verkrijgen, sequentieel-synchroon, intern gericht-extern gericht. Hiervan besluit u uitsluitend de volgende drie dimensies mee te nemen: individualisme-communitarisme, affectiviteit-neutraliteit en intern gericht - extern gericht. U voegt deze variabelen toe aan het conceptueel model (zie figuur A.15).

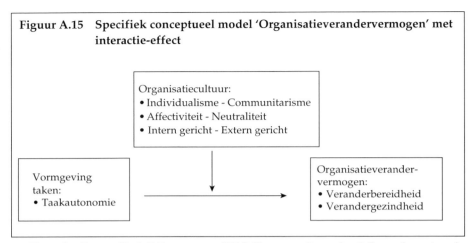

Figuur A.15 Specifiek conceptueel model 'Organisatieverandervermogen' met interactie-effect

a. Hampden-Turner, Ch. & F. Trompenaars (1994) *The seven cultures of capitalism: value systems for creating wealth in the United States, Britain, Japan, Germany, France, Sweden, and the Netherlands*. London: Piatkus.

Nadat aldus het conceptuele model visueel vorm heeft gekregen in een pijlendiagram, dient u nog een verbale omschrijving te geven van de diverse causale pijlen in het model. Zonder nadere omschrijving zegt een pijl enkel dat er sprake is van een mogelijke invloed van de ene factor op de andere. Het is belangrijk dat u preciezer aangeeft welke invloed u in uw onderzoek verwacht aan te treffen. Als u bijvoorbeeld vermoedt dat de factor 'taakautonomie' van invloed is op de 'veranderingsbereidheid', verwacht u dan een positief of een negatief effect? Lastig wordt het als de resultaten uit eerder onderzoek wisselend zijn: soms een positief en soms een negatief effect. In dat geval moet u op basis van een nadere verkenning van het projectkader een beslissing nemen. Ook kunt u op zoek gaan naar omstandigheden waarin het bewuste effect positief, en waarin het negatief is (interactie). Maar ook kan dit hybride onderzoeksresultaat aanleiding zijn om de betreffende hypothese wegens onduidelijkheid geheel te verlaten. Op een soortgelijke manier formuleert u veronderstellingen of hypothesen voor elk van de in het model opgenomen relaties, waarmee het conceptueel model af is.

> **Voorbeeld 'organisatieverandervermogen'**
> Nadat u via een *globaal* conceptueel model door een keuze van dimensies, aspecten, delen of soorten tot een toegespitst en uitgewerkt *specifiek* conceptueel model bent gekomen, formuleert u de in het model vervatte hypothesen. Daarbij geeft u tevens met behulp van de symbolen [+] en [-] aan of u een positief of een negatief (direct) effect verwacht. Maar let wel, dat kan slechts als géén van beide betrokken variabelen van het nominale niveau is.

Hieronder formuleren we voor elke pijl in het model de bijbehorende hypothese, alsook het bijbehorende gedeelte van het conceptuele model. Deze hypothesen krijgen steeds het symbool A toegewezen. Dit heeft betrekking op de *afhankelijke* variabelen, te weten 'veranderingsbereidheid' [A1] en 'veranderingsgezindheid' [A2].

A1: De 'mate van taakautonomie' heeft een positief effect op de 'mate van veranderingsbereidheid'.

Figuur A.16a Conceptueel model 'Organisatieverandervermogen' relatie A1

A2: De 'mate van taakautonomie' heeft een positief effect op de 'mate van veranderingsgezindheid'

Figuur A.16b Conceptueel model 'Organisatieverandervermogen' relatie A2

In de notatie hieronder wordt voor een aanduiding van de (interactie)hypothesen het symbool B toegevoegd. Dit slaat op de *interactie*variabelen uit het domein 'organisatiecultuur'. Dus B1 staat voor communitaristische versus individualistische organisatiecultuur, B2 voor affectieve versus neutrale organisatiecultuur, enzovoort.

A1/B1: De 'mate van taakautonomie' heeft een positief effect op de 'mate van veranderingsbereidheid', maar de sterkte van dit effect is afhankelijk van de organisatiecultuur. Meer in het bijzonder is dit effect sterker voor bedrijven met een communitaristische organisatiecultuur dan voor bedrijven met een individualistische organisatiecultuur.

Figuur A.16c Conceptueel model 'Organisatieverandervermogen' relatie A1/B1

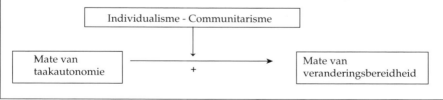

A2/B1: De 'mate van taakautonomie' heeft een positief effect op de 'mate van veranderings-gezindheid', maar de sterkte van dit effect is afhankelijk van de organisatiecultuur. Meer in het bijzonder is dit effect sterker voor bedrijven met een communitaristische organisatiecultuur dan voor bedrijven met een individualistische organisatiecultuur.

Figuur A.16d Conceptueel model 'Organisatieverandervermogen' relatie A2/B1

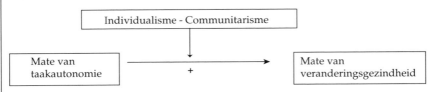

A1/B2: De mate van taakautonomie heeft een positief effect op de 'mate van veranderingsbereidheid', maar dit effect is sterker voor bedrijven met een affectieve dan voor die met een neutrale organisatiecultuur.

Figuur A.16e Conceptueel model 'Organisatieverandervermogen' relatie A1/B2

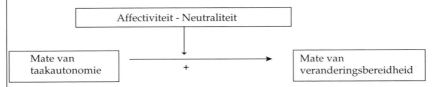

A2/B2: De 'mate van taakautonomie' heeft een positief effect op de 'mate van veranderingsgezindheid', maar dit effect is sterker voor bedrijven met een affectieve dan voor die met een neutrale organisatiecultuur.

Figuur A.16f Conceptueel model 'Organisatieverandervermogen' relatie A2/B2

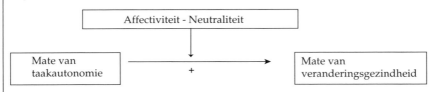

A1/B3: De 'mate van taakautonomie' heeft een positief effect op de 'mate van veranderingsbereidheid', maar dit effect is sterker voor bedrijven met een intern gerichte dan voor die met een extern gerichte organisatiecultuur.

Figuur A.16g Conceptueel model 'Organisatieverandervermogen' relatie A1/B3

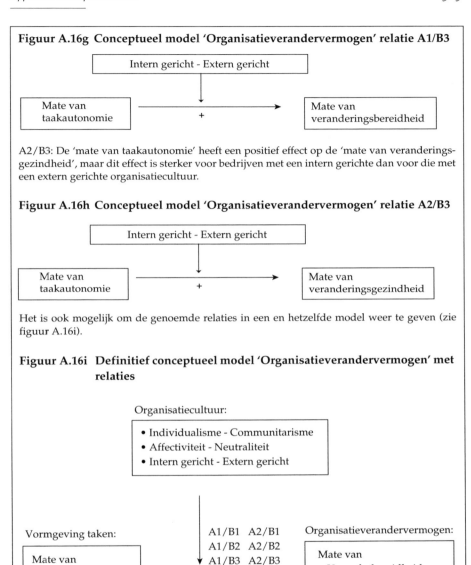

A2/B3: De 'mate van taakautonomie' heeft een positief effect op de 'mate van veranderingsgezindheid', maar dit effect is sterker voor bedrijven met een intern gerichte dan voor die met een extern gerichte organisatiecultuur.

Figuur A.16h Conceptueel model 'Organisatieverandervermogen' relatie A2/B3

Het is ook mogelijk om de genoemde relaties in een en hetzelfde model weer te geven (zie figuur A.16i).

Figuur A.16i Definitief conceptueel model 'Organisatieverandervermogen' met relaties

Tot zover een demonstratie van de afbakening van een *globaal* naar een *specifiek* conceptueel model, en vervolgens een verfijning van dit laatste met aanvullende relatiepatronen, hier van het interactietype, uitmondend in een *definitief* conceptueel model.

5 DE ONTWIKKELING VAN EEN CONCEPTUEEL MODEL; STAPPENPLAN

In de vorige paragraaf werd een eenvoudig conceptueel model uitgewerkt, waarin slechts een direct effect en een interactie-effect voorkwamen. In deze slotparagraaf geven we een stappenplan waarbij in principe alle in deze Appendix voorkomende relatiepatronen aan bod (kunnen) komen. Vervolgens laten we de werking van dit uitgebreide stappenplan zien aan de hand van een voorbeeld. Ook nu weer volgen wij hetzelfde grondpatroon als in de vorige paragraaf. Eerst legt u een traject af dat begint met een eerste ordening van de kernbegrippen in een *globaal* conceptueel model. Vervolgens wordt dit door selectie van dimensies, delen, soorten enzovoort, alle op te vatten als variabelen, alsook relaties daartussen, gereduceerd tot een *specifiek* model. Daarna worden complicerende relatiepatronen toegevoegd en eindigen we met een *definitief* conceptueel model. Overal waar we in het stappenplan spreken van variabele, bedoelen we een dimensie, aspect, (onder)deel, (onder)soort, (sub)type of (sub)categorie van kernbegrippen uit het globale conceptuele model, dan wel aanvullende variabelen uit het definitieve model.

Stappenplan
1. Bepaal in een theoriegericht project het causaal te verklaren kernbegrip of in een praktijkgericht project het te veranderen kernbegrip Y (= afhankelijke variabele).
2. Bedenk of destilleer uit de literatuur een variabele X die vermoedelijk een *sterke invloed heeft* op Y (= onafhankelijke variabele).
3. Kijk of er eventueel één of meer variabelen P (Q, R) is/zijn, die naast X een *additionele invloed* heeft/hebben op Y (= aanvullende onafhankelijke variabele(n) met een effect op Y).
4. Kijk of er één of meer variabelen U (V, W) is/zijn, die als *interveniërende variabele(n)* onderdeel van het effect van X respectievelijk P (Q, R) op Y is/zijn.

Het resultaat van deze vier stappen is het *globaal* conceptueel model.

5. Ga door middel van een kritische bestudering van de literatuur na welke variabelen er in het domein van de kernbegrippen van het globaal conceptueel model zijn te onderkennen.
6. Kies, eventueel op basis van een kort vooronderzoek, welke van deze variabelen u in het onderzoek zult 'meenemen'. Elimineer de overige variabelen uit het model, inclusief de bijbehorende pijlen.

Appendix: Conceptueel model

Het resultaat van deze stappen is het *specifiek* conceptueel model.

Nadat aldus het globale model in omvang en complexiteit is gereduceerd tot een specifiek model, gaat u in een drietal stappen 7, 8 en 9 na welke van de overige relatiepatronen eventueel in het model moeten worden opgenomen.

7. Ga na of er in het model in wording relaties zijn die vermoedelijk onderdeel uitmaken van een *interactie-effect* Z en, zo ja, voeg deze variabele(n) met bijbehorende pijl(en) toe aan het model (optioneel).
8. Kijk of er *substantiële* directe of indirecte *feedback*effecten in het model te vinden zijn en voeg de betreffende pijl(en) aan het model toe (optioneel).
9. Onderzoek of er mogelijk sprake is van *schijnmakende* relaties. U doet dat door per koppel variabelen in het model na te gaan of er één of meer (nog niet in het model opgenomen) variabele(n) is (zijn) die op beide eerstgenoemde variabelen een relatief *sterk* effect heeft (hebben). Indien ja, dan deze variabele(n) alsnog in het model opnemen (noodzakelijk).
10. Formuleer de in het model neergelegde causale veronderstellingen (hypothesen) en plaats plussen en minnen bij de pijlen in het diagram, al naar gelang deze hypothesen. Nota bene, in geval beide of één van beide betrokken variabelen van nominaal niveau is, dan is er *geen* sprake van een richting van het verband.

Het resultaat is een *definitief* conceptueel model.

Pro memorie:
1. Neem bij dit alles voortdurend een *iteratieve werkwijze* in acht. Dat wil zeggen, kijk voortdurend of het zich aldus ontwikkelende conceptueel model aanleiding geeft tot veranderingen in de doelstelling, het onderzoeksmodel of de vraagstelling. Als dit zo is, voer deze veranderingen uit en doorloop opnieuw de stappen 1 tot en met 10.
2. Zoals hierboven al aangegeven zijn de stappen 7 en 8 optioneel. Dat wil zeggen dat u ze achterwege kunt laten zonder dat daarmee de validiteit van het model wordt geschaad. De enige consequentie is dat het model minder informatierijk is. Stap 9 daarentegen is verplichtend. Voert u geen (op face value) controle op schijnmakendheid uit, dan kan dit leiden tot ongeldige conclusies aangaande de in het model opgenomen relaties.

We lichten dit stappenplan toe aan de hand van het volgende voorbeeld.

Voorbeeldproject 'Hoe gaan we om met ons milieu?'

Projectkader
Op het ministerie dat verantwoordelijk is voor het milieubeleid maakt men zich zorgen. De afgelopen decennia is er, nationaal en internationaal, erg veel aandacht geschonken aan de mogelijke gevaren voor onze planeet als we niet zorgvuldiger omgaan met ons milieu. Toch lijkt het erop dat de burgers niet voldoende doordrongen zijn van het feit dat iedereen – van hoog tot laag – een bijdrage aan een schoon milieu moet blijven leveren. Er lijken daarom extra maatregelen nodig. Er wordt een werkgroep 'milieuzorg' opgericht die voorstellen gaat ontwikkelen voor verbetering van het gedrag van de Nederlandse burgers anno 2008 ten opzichte van ons milieu.
Een van de eerste besluiten die de werkgroep neemt is het instellen van een diagnostisch onderzoek naar de achtergronden en oorzaken van een onzorgvuldig milieugedrag van de burgers. Men verwacht daarbij dat er verschil is tussen het gedrag van burgers van grote stedelijke gemeenten en het gedrag van burgers in kleine plattelandsgemeenten. Burgers in de laatste categorie van gemeenten voelen zich waarschijnlijk meer betrokken bij het gemeentelijk milieubeleid dan burgers in grotere stedelijke gemeenten. Bovendien zal in de kleinere gemeenten de sociale controle groter zijn.

Doelstelling
Het doen van aanbevelingen aan de voorzitter van de werkgroep 'milieuzorg' voor het verbeteren van het milieubeleid van het ministerie, dat gericht is op de vergroting van het milieuvriendelijk gedrag van de Nederlandse burgers
door
inzicht te geven in de factoren die het milieu(on)vriendelijk gedrag van de burgers beïnvloeden in enkele grote en kleine gemeenten.

Daarbij hoort het volgende onderzoeksmodel

Figuur A.17   Onderzoeksmodel 'Hoe gaan we om met ons milieu?':

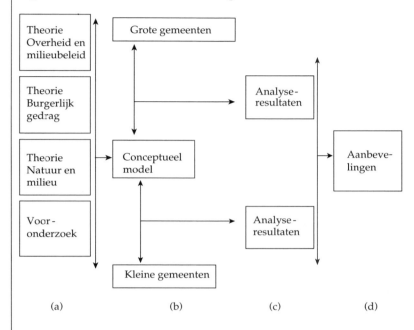

(a)   (b)   (c)   (d)

Dit onderzoeksmodel wordt als volgt verwoord:

Op basis van de bestudering van relevante literatuur op het terrein van natuur en milieu, overheidsbeleid, milieuzorg en burgerlijk gedrag wordt een conceptueel model ontwikkeld (a). Met behulp van dit conceptueel model wordt inzicht gegeven in de mate van milieuvriendelijk gedrag van burgers in grote gemeenten en kleine gemeenten (b). Door het milieu(on)vriendelijk gedrag van beide groepen burgers met elkaar te vergelijken (c) kunnen aanbevelingen worden gedaan voor verbetering van het milieubeleid van het ministerie (d).

Toepassing van de tien stappen uit het stappenplan geeft het volgende beeld.

Stap 1: Bepaal het *te verklaren of te veranderen* fenomeen Y (= afhankelijke variabele)

Op basis van een bestudering van het projectkader bepaalt u wat de te verklaren of te veranderen variabele is. U moet zich hier terdege realiseren dat als er nog sprake is van een te verklaren, noch van een te veranderen fenomeen, het gebruik van een conceptueel model in principe niet zinnig is. Dit was precies onze reden om een behandeling ervan in een appendix te plaatsen. Het moet voorkomen dat beginnende onderzoekers geforceerd gaan zoeken naar (gebruik van) een conceptueel model.

Uit de bestudering van het projectkader en de doelstelling van het gegeven voorbeeld blijkt zonneklaar dat het in dit geval gaat om het fenomeen *milieuvriendelijk gedrag* van burgers (afhankelijke en te veranderen variabele Y).

Figuur A.18   Afhankelijke variabele Y

Stap 2:   Bepaal een fenomeen X (onafhankelijke variabele) dat een *sterke invloed heeft* op Y

Probeer op basis van wat u al over dit onderwerp weet, met gezond verstand en door middel van een oriëntatie op literatuur over dit onderwerp, een fenomeen te bedenken dat vermoedelijk in sterke mate bepalend is voor de vraag of iemand milieuvriendelijk gedrag vertoont of zal gaan vertonen. Dit zou bijvoorbeeld kunnen zijn het *belang* dat iemand hecht aan een schoon milieu (onafhankelijke variabele X).

Figuur A.19   Onafhankelijke variabele X

Stap 3:   Zoek (een) eventuele variabele(n) P (Q, R) met een *additionele invloed* op Y

Uit de literatuur over milieuvriendelijk gedrag komt naar voren dat het *al dan niet kunnen beschikken over hulpmiddelen en voorzieningen* die behulpzaam zijn bij het zich milieuvriendelijk gedragen, zoals de nabijheid van glasbakken en boxen voor chemisch afval en het regelmatig ophalen van containers voor biologisch afval sterk bepalend zijn voor de mate waarin burgers zich milieuvriendelijk gedragen (aanvullende onafhankelijke variabele P).

Appendix: Conceptueel model

Figuur A. 20   Additionele onafhankelijke variabele P

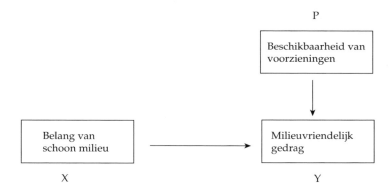

Stap 4:   Bepaal eventuele *interveniërende* variabele(n) U (V, W)
U gaat op zoek naar een of meer plausibele interveniërende variabele(n). Dit levert de veronderstelling op dat naarmate iemand meer het belang ziet van een schoon milieu, deze persoon ook meer te weten zal willen komen over dit onderwerp (interveniërende variabele U). Bovendien is het waarschijnlijk dat zo iemand ook een positieve houding (interveniërende variabele V) ontwikkelt ten aanzien van milieuvriendelijk gedrag. Beide variabelen U en V zullen op hun beurt vermoedelijk een positief effect hebben op een daadwerkelijk milieuvriendelijk gedrag (Y) van de persoon in kwestie.

Het resultaat is een *globaal* conceptueel model. In schema ziet het er als volgt uit:

Figuur A.21   Globaal conceptueel model

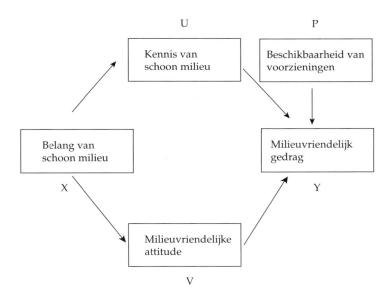

Stap 5: Bepaal de eventuele dimensies en/of variabelen in het domein van de kernbegrippen in het globaal conceptueel model. Deze stap behelst het nader uitwerken van het globaal conceptueel model.

Voorbeeld uitwerking globaal conceptueel model 'Hoe gaan wij om met ons milieu?'
Na een uitgebreide zoektocht via catalogi van wetenschappelijke bibliotheken, elektronische zoeksystemen en het internet heeft u een selectie gemaakt van te bestuderen literatuur die betrekking heeft op de variabelen 'milieuvriendelijk gedrag', 'belang van schoon milieu', 'kennis van schoon milieu', 'milieuvriendelijke attitude' en 'beschikbaarheid voorzieningen'. U bestudeert deze literatuur en maakt op basis hiervan een uitwerking van de genoemde vijf kernbegrippen in dimensies en/of variabelen. Dit leidt tot de volgende, overigens niet uitputtende(!), opsomming.

Variabele	Dimensie	Aspect	Subaspect
Milieuvriendelijk gedrag	Object van gedrag	• afvalscheiding • hergebruik • spaarzaamheid • aanschafbeleid	
	Intensiteit (actief-passief)		
	Reikwijdte (individueel-collectief)		
Belang van schoon milieu	Economisch	• afzetmarkt • concurrentiepositie • werkgelegenheid	
	Maatschappelijk	Conflicten	• lokaal • nationaal • internationaal
		Verschijningsvorm	• manifest-latent • incidenteel-structureel
		Conflicthantering	• passief-actief • mediationvorm
Kennis van schoon milieu	Kennis van (sub)culturen		
	Theoretische inzichten		
	Praktijkinzichten		
	Vaardigheden		

Appendix: Conceptueel model

	Ervaringen	• Eigen ervaringen • Ervaringen van derden
Milieu-vriendelijke attitude	Geloof in noodzaak actie	
	Mate van alertheid (actief - passief)	
	Uiting	• Denken • Voelen • Gedragsintentie
Beschikbaar-heid voorziening	Nabijheid	
	Kwaliteit	
	Informatie	
	Regelhandhaving	

Door al deze dimensies en (sub)aspecten in te vullen in het globaal conceptueel model ontstaat het volgende beeld:

Figuur A.22   Dimensies en variabelen in het globaal conceptueel model

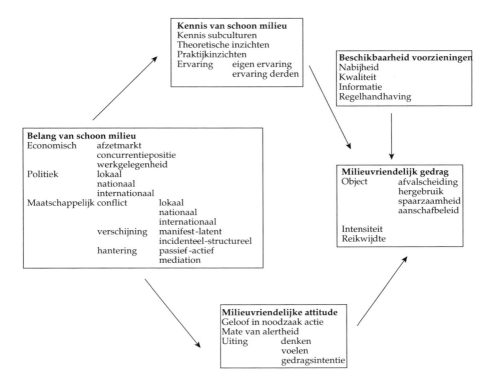

Stap 6: Selecteer de voor de gegeven doel- en vraagstelling relevante variabelen en selecteer de in het model besloten causale veronderstellingen (hypothesen)

Op basis van uw kennis ter zake en belangstelling maakt u de volgende selectie:
- Milieuvriendelijk gedrag: – afvalscheiding
- Belang van schoon milieu: – manifeste lokale conflicten
- Beschikbaarheid voorzieningen: – nabijheid
- Kennis van schoon milieu: – eigen ervaring
- Milieuvriendelijke attitude: – mate van alertheid
                                  – gedragsintentie

Het resultaat hiervan is een *specifiek* conceptueel model:

Figuur A.23 Specifiek conceptueel model

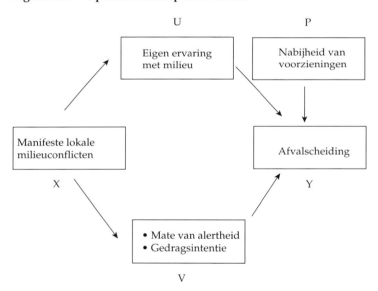

Stap 7: Bepaal eventuele *interactie-variabele(n) Z*
Uit eerder onderzoek is gebleken dat er weliswaar een effect is van (X) 'manifeste lokale conflicten' (belang van schoon milieu) op (V) 'mate van alertheid' (milieuvriendelijke attitude), maar dat dit sterker geldt voor oudere personen dan voor jongere. Met andere woorden, 'leeftijd' interacteert met 'belang van schoon milieu' in zijn effect op 'milieuvriendelijke attitude'.
Omdat we hier vermoedelijk te maken hebben met een sterk interactie-effect, nemen we het op in het model.

Figuur A.24 Interactie-variabele Z ('leeftijd')

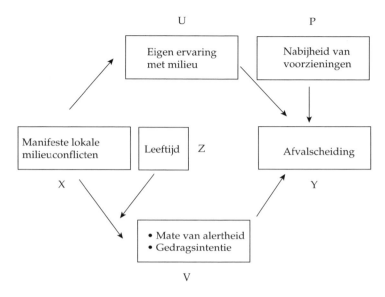

Stap 8: Bepaal of er directe of indirecte feedbackeffecten in het model te vinden zijn

In het gegeven voorbeeld is het niet ondenkbaar dat er sprake is van een wederkerige relatie (direct feedbackeffect) tussen de variabele (U) 'eigen ervaring' en (V) 'mate van alertheid'. Als mensen meer weten over een schoon milieu, dan zal dit hun houding ten opzichte van het milieu doen veranderen en – andersom – een meer milieuvriendelijke houding zal mensen ertoe zetten om meer te willen weten over een schoon milieu. We geven deze feedbackrelatie weer met behulp van twee in tegengestelde richting wijzende pijlen tussen de beide variabelen.

Figuur A.25 Feedbackeffect

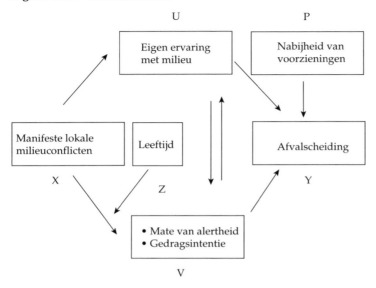

Stap 9: Bepaal per koppel variabelen in het model of er sprake is van een schijnmakende variabele

In deze stap is een controle op de geslotenheid van het model nodig. Een model heet gesloten als er géén variabelen te vinden zijn die een direct of indirect effect hebben op meer dan één variabele in het model. We hebben het dan over de zogenoemde schijnmakende effecten. Vinden we zo'n variabele, dan moeten we die opnemen in het model om dit model gesloten en daarmee valide te maken. U zou zich kunnen voorstellen dat een variabele 'mediabelangstelling voor milieuzaken' (Q) zowel van invloed is op variabele X 'manifeste lokale conflicten' als op variabele U 'eigen ervaring'. Denk bijvoorbeeld aan de effecten van de actie 'An Inconvenient Truth' (2006) van Al Gore. Als dat zo is, dan is de eerder getrokken pijl tussen X en U (zie stap 4) geheel of gedeeltelijk een schijnrelatie en dient deze te worden vervangen door (geheel schijnbaar) of te worden aangevuld met (gedeeltelijk schijnbaar) twee pijlen die een invloed van Q op X en U weergeven. We gaan ervan uit dat hier sprake is van het eerste geval (geheel schijnbaar).

Appendix: Conceptueel model 317

Figuur A.26 Opname schijnmakend effect van 'mediabelangstelling voor milieuzaken'

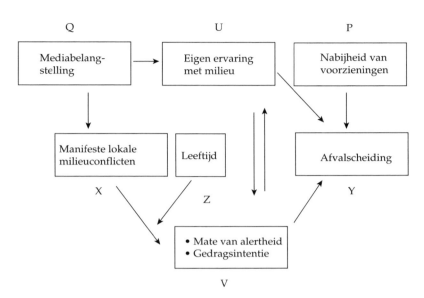

Een controle van alle overige koppels van variabelen in het model op schijnbaarheid leert dat er verder geen sterke schijnmakende effecten zijn te verwachten. Overigens kunnen we hier als vuistregel aanhouden dat slechts *substantiële* schijnmakende effecten in het model dienen te worden opgenomen. Zwakke of onzekere schijnmakende effecten kunnen we zonder al te veel risico negeren.

Stap 10: Formuleer de in het model neergelegde causale hypothesen en plaats plussen en minnen bij de pijlen

Aangaande de richting van de verbanden geldt dat alle in het model opgenomen effecten positief zijn. Vandaar dat we alle pijlen voorzien van een plusteken.

Het definitieve conceptuele model van links naar rechts lezend komen we uit op de volgende set van causale hypothesen:

A1	Er is een positief effect van 'manifeste lokale conflicten' op 'mate van alertheid'.
A2	Er is een positief effect van 'manifeste lokale conflicten' op 'gedragsintentie'.
A1/B	Er is een positief effect van 'manifeste lokale conflicten' op 'mate van alertheid', zij het dat dit sterker geldt voor oudere dan voor jonge mensen.

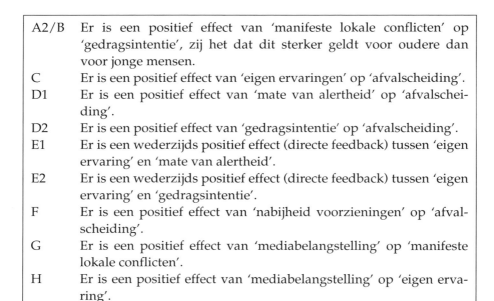

Figuur A.27 Definitief conceptueel model 'Hoe gaan wij om met ons milieu?'

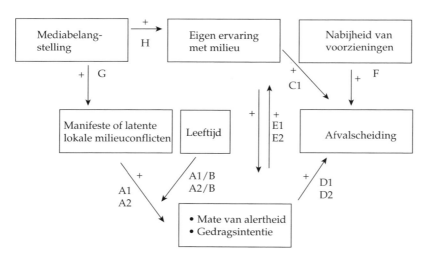

Iteratie
Het verkregen resultaat geeft in dit geval geen aanleiding tot wijzigingen in de doel- en vraagstelling.

LITERATUUR

Geraadpleegde literatuur

Benschop, Y. & H. Doorewaard (1998) Covered by equality: The gender subtext of organization. *Organization Studies*, 19, (5): 787-805.
Blumer, H. (1969) *Symbolic interactionism, perspective and method*. New Jersey: Prentice Hall.
Hertog, F. den & E. van Sluijs (1995) Onderzoek in organisaties. Een methodologische reisgids. Assen: Van Gorcum.
Strauss, A.L. & J. Corbin (1990) Basics of qualitative research, grounded theory, procedures and techniques. Newbury Park: Sage.
Ultee, W. (1991) How classical questions were enriched. In: Becker, A.F.L. Leeuw & K. Verrips (red.) *In pursuit of progress. An assessment of achievements in Dutch sociology*. Siswo publication 355, Amsterdam.
Verschuren, P.J.M. (1994) *De probleemstelling voor een onderzoek*. Utrecht: Spectrum.

Aanbevolen literatuur

Hierna ziet u literatuur, gerubriceerd naar enkele voor deze uitgave belangrijke categorieën. U kunt deze raadplegen zodra u na het ontwerp een onderzoek gaat uitvoeren.

Materiaalverzameling

Ondervraging
Baarda, D.B., M.P.M. de Goede & M. Kalmijn (2007) *Basisboek enquêteren: handleiding voor het maken van een vragenlijst en het voorbereiden en afnemen van enquêtes*. Groningen: Wolters-Noordhoff.
Baarda, D.B., M.P.M. de Goede & A.G.E. van der Meer-Middelburg (2007) *Basisboek interviewen: handleiding voor het voorbereiden en afnemen van interviews*. Groningen: Wolters-Noordhoff.
Bartelds, J.F., H. Kluiter & K.G. van Smeden (1978) *Enquête-adviesboek; een handleiding voor het verzorgen van schriftelijke enquêtes*. Groningen: Wolters-Noordhoff.
Belson, W.A. (1981) *The design and understanding of survey questions*. Aldershof: Gower.
Dillman, D.A. (1978) *Mail and telephone surveys: the total design method*. New York: Wiley.
Emans, B. (1990) *Interviewen. Theorie, techniek en training*. Groningen: Wolters-Noordhoff.

Jong, J. de & J. van der Zouwen (1987) *De vragenlijst in het sociaal onderzoek. Een confrontatie van onderzoekspraktijk en -methodiek.* Deventer: Van Loghum Slaterus.

Nederhof, A.J. (1981) *Beter onderzoek, bestrijding van foutenbronnen in sociaal wetenschappelijk onderzoek.* 's-Gravenhage: VUGA.

Observatie

Sande, J.P. van de (1986) *Een inleiding tot systematisch observeren.* Groningen: Wolters-Noordhoff.

Inhoudsanalyse

Holsti, O.R. (1969) *Content analysis for the social sciences and humanities.* Reading (MA): Addison-Wesley.

Krippendorff, K. (1980) *Content analysis, an introduction to its methodology.* Newsbury Park (Cal.): Sage.

Wester, Fred & Wouter van Atteveldt (2006) *Inhoudsanalyse: theorie en praktijk.* Deventer: Kluwer.

Onderzoeksstrategieën

Survey

Baarda, D.B. & M.P.M. de Goede (1990) *Basisboek methoden en technieken. Praktische handleiding voor het opzetten en uitvoeren van onderzoek.* Leiden/Antwerpen: Stenfert Kroese.

Babbie Earl R. (1990) *Survey research methods.* Belmont, CA: Wadsworth.

Korzilius, Hubert (2000) *De kern van survey-onderzoek.* Assen: Van Gorcum.

Segers, J.H.G. (1975) *Sociologische onderzoekstechnieken.* Assen: Van Gorcum.

Swanborn, P.G. (1987) *Methoden van sociaal-wetenschappelijk onderzoek.* Meppel/Amsterdam: Uitgeverij Boom.

Casestudy

Hutjes, J.M. & J.A. van Buuren (1992) *De gevalsstudie. Strategie van kwalitatief onderzoek.* Meppel: Uitgeverij Boom.

Yin, R.K. (1984) *Case study research: design and methods.* London: Sage.

Experimentele methode

Campbell, D.T. & J.C. Stanley (1966) *Experimental and quasi-experimental designs for research.* Chicago: Rand McNally.

Cook, T.D. & D.T. Campbell (1979) *Quasi-experimentation design and analysis issues for field settings.* Chicago: Rand McNally.

Geurts, J. & J. Vennix (red.) (1989) *Verkenningen in beleidsanalyse; theorie en praktijk van modelbouw en simulatie.* Zeist: Kerckebosch.

Gefundeerde theoriebenadering

Boeije, Hennie (2005) *Analyseren in kwalitatief onderzoek: denken en doen*. Amsterdam: Boom onderwijs.
Glaser, B.G. & A.L. Strauss (1967) *The discovery of grounded theory: Strategies for qualitative research*. Chicago: Aldine [Nederlandse vertaling: De ontwikkeling van gefundeerde theorie. Alphen aan den Rijn: Samsom, 1976].
Maso, Ilja & Adri Smaling (1998) *Kwalitatief onderzoek : praktijk en theorie*. Amsterdam: Uitgeverij Boom.
Swanborn, P.G. (2002) *Basisboek sociaal onderzoek*. Amsterdam: Uitgeverij Boom.
Strauss, Anselm & Juliet Corbin (1999) *Basics of qualitative research: techniques and procedures for developing grounded theory*. London: Sage.
Wester, F. (1987) *Strategieën voor kwalitatief onderzoek*. Muiderberg: Coutinho.

Literatuuronderzoek

Vorst, H.C.M. (1982) *Gids voor literatuuronderzoek in de sociale wetenschappen*. Meppel: Uitgeverij Boom.

Algemeen

Baarda, D.B. & M.P.M. de Goede (2006) *Basisboek: handleiding voor het opzetten en uitvoeren van kwantitatief onderzoek*. Groningen: Wolters-Noordhoff.
Baarda, D.B., M.P.M. de Goede & J. Teunissen (2005) *Basisboek kwalitatief onderzoek: handleiding voor het opzetten en uitvoeren van kwalitatief onderzoek*. Groningen: Stenfert Kroese.
Babbie, Earl R. (1998) *The practice of social research*. Belmont CA: Wadsworth.
Judd, C.M. et al. (1986) *Research methods in social relations*. Fort Worth: Harcourt Brace Jovanovich.
Nooij, A.T.J. (1990) *Sociale methodiek. Normatieve en beschrijvende methodiek in grondvormen*. Leiden/Antwerpen: Stenfert Kroese.
Verschuren, P.J.M. (2008) *Praktijkgericht onderzoek: analyse, ontwerp en uitvoering van organisatie- en beleidsonderzoek*. Verschijnt eind 2008.
Wester, Fred, Karsten Renckstorf & Peer Scheepers (red.) (2006) *Onderzoekstypen in de communicatiewetenschap*. Alphen aan den Rijn: Kluwer.

Schrijven van eindverslag

Eco, U. (1990) *Hoe schrijf ik een scriptie?* Amsterdam: Bakker.
Heuvel, J.H.J. van den (1994) *Hoe schrijf ik een werkstuk of scriptie?* Utrecht: Uitgeverij LEMMA.
Renkema, J. (2005) *Schrijfwijzer*. 's-Gravenhage: Sdu.

Trefwoordenregister

A
activiteitenplan 252, 256, 257
afbakening 18, 19, 36, 37, 136, 137, 139, 142, 143, 147, 296, 298, 299
afhankelijke variabele 186, 189, 282, 283, 290, 295, 298, 306, 310
ambtelijk statistisch materiaal 201, 202
analyse 162, 166, 251
- eerste 263
- inhouds- 237, 238
- kwalitatieve 203
- kwantitatieve 166, 184, 201, 203, 271
- probleem- 42, 49

analyseren 259
aselecte steekproef 169, 170
aspect 129, 312
    sub- 312

B
begripsbepaling 18, 22
beweerde 137, 138, 139, 141, 142, 143, 166, 167
boomdiagram 120, 121, 122, 129, 139, 140, 141, 147, 150
boomstructuur 299
bronnen 214
bruikbaarheid 136
bureauonderzoek 164, 201, 203, 205, 206, 207

C
casestudy 23, 163, 167, 183, 184, 186, 187, 188, 190, 191, 192, 208, 209
- enkelvoudige 187
- hiërarchische vergelijkende 190
- vergelijkende 179, 186, 187, 188, 189

categorieënstelsel 237, 238
causaal effect 286, 294
causaal verband 288
causale relatie 281, 282, 288
centrale begrippen 152

centrale vragen 96, 101, 102, 105, 114, 120, 125
coding
- axial 197, 199
- open 196, 197, 199
- selective 198, 199

communicatief schrijven 258
computersimulatie 180
conceptualiserend schrijven 258, 259, 265
confrontatie 74, 75, 83, 84, 91, 216, 258

D
data 216
- bronnen 23, 189, 202, 215, 217, 218, 219, 220, 222, 223, 225, 226, 227, 228, 238
- generering 166, 171, 234
- verzameling 30, 214, 235

databron 223, 228
deelaspecten 129
deelvragen 96, 101, 103, 112, 114, 116, 118, 120, 121, 124, 125, 131, 132
definiëring 17, 22, 135, 136, 211
definitie 135, 150, 152, 204
- operationele 155
- stipulatieve 149

Delphi-techniek 233
deskundigen 217, 219, 233
diagnose 42, 49
dieperliggende oorzaken 295
dimensies 129, 147, 312
documenten 224, 225
- -analyse 199
- -onderzoek 167

doel
- extern 16, 48, 75, 100, 101, 134
- in onderzoek 17, 39
- intern 17, 101, 134
- van onderzoek 16, 39

doelstelling 16, 18, 19, 20, 25, 28, 30, 31,

33, 34, 36, 37, 38, 41, 47, 120, 165
doelvariabele 175, 177, 181, 183
domein 137, 138, 139, 140, 141, 142, 143, 149, 154, 166, 184
doorlooptijd 255, 257, 259, 260, 261, 262

E
effect
- causaal 295
- direct 283
- feedback- 283, 296, 307, 315, 316
- indirect 283, 284, 288, 294
- interactie- 283, 284, 285, 286, 288, 290, 296, 298, 307, 314

efficiëntie 97, 99, 101, 102, 114, 125
eisen
- contextuele 59
- gebruikers- 59
- structurele 59

enquête 47, 114, 139, 143, 145, 147, 167, 169, 170, 171, 209, 230, 231, 242, 243, 261
- schriftelijke 184, 185, 234, 248
- telefonische 170, 171, 184, 185

evaluatie 42, 49
- plan- 61, 70, 81
- proces- 61, 70, 81
- product- 61, 70, 76, 81, 183
- -project 88

experiment 162, 174, 175, 186, 190, 191
- laboratorium- 175, 177, 181
- quasi- 178
- veld- 179, 183

exploratief 291, 296
exploratief gebruik 294

F
face value 293
falsifiëren 292
feedbackeffect 286
- indirect 287

functie
- evaluatie- 40
- motivatie- 40
- sturings- 40

functionele vereisten 58, 59

G
gap analysis 51, 55
- diagnostische 56, 77, 79, 91, 94, 126, 127

gefundeerde theoriebenadering 163, 188, 192, 193, 196, 200

gegeneraliseerd 167
geldigheid 144, 171
- externe 178, 182, 185, 191
- interne 178, 182, 191

generaliseerbaarheid 162, 182, 286
generalisering 23
geparallelliseerd 259
gevalstudie 23
groep
- bestaande 178
- controle- 175, 176, 177, 181, 182
- experimentele 175, 176, 177, 181, 182

groepsinterview 232

H
handelingsprobleem 33, 40, 46, 48, 49, 53, 99
hiërarchische methode 187, 188
'hoe kan'-constructie 116
holistisch 185
hypothese 77, 78, 186

I
indicator 143, 144, 145, 146, 147, 154, 290
informanten 217, 219, 233, 234, 243
inhoudsanalyse 239, 245, 262
instructies 144, 145, 146
instructies voor onderzoeker 143
instrumentalisering 143, 144, 147
instrumenten 145
interactie 303
interactievariabele 285, 286, 303
interveniërende variabele 284, 294, 295, 306, 311
interventie/verandering 49
interventiecyclus 48, 111
interview 24, 114, 138, 154, 167, 182, 185, 209, 225, 230, 231, 242, 243, 244, 262, 290
- gestructureerd 143, 145

interviewen 134, 248
interviewinstructies 144, 146, 290
iteratie 92, 102, 103, 126, 132, 248, 318
iteratief 256
- ontwerpen 24, 165, 213, 255
- -parallel 255
- proces 254

iteratieve
- benadering 132
- ontwerpbenadering 13, 26
- wijze 253

itereren 25
itererend ontwerpen 266

K

kennis
- beschrijvende 110, 117
- evaluatieve 111, 113, 117
- prescriptieve 111, 116
- verklarende 110, 113
- voorspellende 111

kennisbron 202, 204, 215, 217, 218, 219, 222, 223, 226, 227, 228, 238

kennisprobleem 40, 99

kennissoorten
- ondersteunende 110, 112, 126, 127, 128

kritieke factoren 78
kritieke succesfactoren 79, 92, 127, 132

kwalitatieve
- benadering 163
- gegevens 184
- inhoudsanalyse 203, 238
- methoden 163, 184
- meting 238

kwantificering 161
kwantitatief onderzoek 290

kwantitatieve
- gegevens 166, 169
- inhoudsanalyse 203, 238, 239
- verwerking 162
- wijze 167

L

lineair-serieel 271
literatuuronderzoek 162, 202, 203, 204, 205, 206, 207, 228, 238, 241

M

matching 176
media 220, 221, 222
meetgeldigheid 145
meetinstrument 237, 260, 290
member check 264
meten 238, 290
methodentriangulatie 184
meting 143, 168
minimale variatie 185
model
- conceptueel 17, 20, 21, 70, 76, 78, 79, 81, 88, 89, 90, 126, 261, 279, 285, 286, 287, 288, 289, 290, 291, 292, 293, 294, 295, 296, 297, 298
- definitief conceptueel 305, 306, 307
- globaal 294

- globaal conceptueel 294, 295, 298, 299, 302, 305, 306, 311, 313
- onderzoeks- 16, 18, 19, 20, 28, 67, 68, 69, 71, 72, 83, 85, 86, 90, 92, 216, 298
- specifiek conceptueel 301, 302, 305, 306, 307, 314

monitoring 50, 61, 80, 89, 253, 254, 256
multiple causaliteit 296

N

nabootsing 179, 180, 183
nameting 168, 173, 174, 175, 177
natuurlijke context 244
nominaal niveau 302, 307
nominale variabele 280
non-respons 242
nulmeting 168, 169, 174, 175, 177, 178, 179, 182

O

observatie 24, 144, 167, 185, 189, 190, 213, 234, 237, 242, 243, 244, 262
- systematische 234
- voorgestructureerde 234

omvang 137, 139
onafhankelijke variabele 186, 282, 283, 285, 290, 298, 306, 310
ondervraging 230, 231, 238, 244
ondervragingstechnieken 243
onderzoek
- cross sectioneel 167
- diagnostisch 53, 54, 55, 78, 79, 122
- evaluatie- 50, 61, 62, 70, 76, 77, 81, 87, 111, 183, 219
- exploratief 294
- kwalitatief 144, 164, 165, 184, 208, 216, 285, 286, 289, 291, 292
- kwantitatief 143, 164, 200, 208, 215, 216, 285, 289, 290, 291, 292
- ontwerpgericht 57, 59, 80, 116
- oorzaken- 54
- opinie- 55, 59
- panel- 168, 173
- praktijkgericht 33, 34, 35, 36, 38, 39, 40, 41, 42, 46, 47, 49, 64, 70, 76, 111, 136, 164, 173, 189, 191, 241, 300
- praktijkgericht diagnostisch 91
- probleemanalytisch 50, 51, 61, 78
- theoriegericht 33, 35, 36, 38, 39, 40, 41, 42, 76, 136, 173, 191, 241, 256
- theorieontwikkelend 43, 77

- theorietoetsend 44, 76, 77
- tijdreeks- 168, 170, 173
- verandergericht 60, 80

onderzoeks-
- eenheden 166, 167, 184, 185
- materiaal 18, 23, 30, 206, 211, 214, 216
- object 73
- optiek 17, 70, 71, 73, 75, 76, 77, 78, 79, 80, 81, 83, 84
- planning 18, 24, 28, 248, 251
- populatie 23, 139, 186, 260, 286
- strategie 17, 18, 22, 28, 159, 165
- traject 257, 258
- verslag 257, 266
- vraag 28, 97, 112, 114, 139, 225

ontrafelen 129, 299
ontwerp 42, 49
- conceptueel 16, 17, 18, 26, 29, 30, 133, 137, 256
- factorieel 178
- onderzoeks- 17, 18, 22, 24, 34, 252, 253, 256
- onderzoekstechnisch 17, 18, 25, 26, 27, 157, 256, 268
- technisch 16, 229

operationalisering 17, 22, 28, 143, 144, 145, 147, 148, 152, 211, 238, 290
operationele definitie 146

P

panelonderzoek 170
parallellisering 257, 258, 271
participerend 185
participerende observatie 182, 235, 243, 244, 262
pijlendiagram 130, 288, 302
planning 17, 251, 252, 253, 254, 255
- parallelle 254, 256, 270
- seriële 254, 256, 270

populatie 139, 149, 167
praktijkgericht onderzoeker 48
praktijkgericht promotieproject 163
praktijkprobleem 29
project
- praktijkgericht 190
- theoriegericht 165

projectkader 16, 18, 19, 28, 33, 34, 35, 46

R

rafelen 139, 141, 150, 151, 153
rafeltechniek 121
randomisatie 176, 181
rapportage 86, 251
rasteren 141
rastering 151, 153
reactief gedrag 225, 235
reductionistisch 167, 185
relatiepatronen 283, 288
respondenten 217, 218, 233
richting 281, 284

S

schaal 147
schaalmodel 180
schijnbaarheid 293
schijnmakende relatie 296, 307
schijnmakende variabele 292, 293, 316
schijnrelaties 292
schrijftraject 257, 258
score 290
secundair onderzoek 201, 202, 203, 205, 206, 207
secundaire analyse 206
secundaire data 201
sensitizing concepts 196, 197
sequentiële methode 188
serialisering 271
simulatie 183, 212
sneeuwbalmethode 209
snowball sampling 186, 188, 189
sociaal wenselijk antwoord 242
Solomon four group design 178
spelsimulatie 180
splitsen onderzoeksmodel 104, 126
stappenplan 13, 28
statistische toetsing 292
steekproef 141, 166, 167, 168, 169, 225, 260
- aselecte 167
- representatieve 206

steekproeftrekking 186
sterkte 281, 282
stimulus-responsetechniek 218, 225
stipulatief 147
stipulatief definiëren 140
stipulatieve definitie 136, 137, 139, 140, 142, 144, 150, 229
stipuleren 136

strategisch antwoord 224, 242, 243
strategisch gedrag 224
strategische
- reactie 244
- steekproef 184
- steekproeftrekking 185

sturend 107, 116, 124, 128, 286
sturend vermogen 114, 116, 117
sturendheid 97, 98, 128
sturing 101
sturingsfunctie 29, 30
survey 162, 167, 184, 185, 190, 191, 193, 208, 271
survey-onderzoek 23, 166, 171, 172, 174
systematische observatie 236

T
taxonomie 120, 122
technisch ontwerp 16, 211
testeffecten 173, 177, 178
theoretisch kader 17, 20
theorie
- -ontwikkeling 42
- -toetsing 42
- verklarende 288, 289

theoriegericht
- onderzoek 164
- project 207, 306
- promotieproject 163

theorie-ontwikkelend 94
theorietoetsing 111
tijdreeks 174
tijdschrijven 236
tijdsplan 252, 254, 269
toetsend 291, 296
toetsing 292
topic list 144, 290
trend 174
triangulatie 185, 187, 199, 228
- bronnen- 184, 189, 228
- methoden- 189, 209, 236
- onderzoekers- 187, 189

trianguleren 245, 248

U
uiteenrafelen 120, 122, 123
uiteenrafeling kernbegrippen 126
uitsplitsen kernbegrippen 128
unobtrusive measures 223, 224

V
valide 165
validiteit 182
- externe 139
- interne 139

variabelen 166, 167, 172, 215, 280, 285, 290, 299
veldexperiment 163
verandering 42
vergelijken 184, 192, 204
vergelijking 112, 193, 194, 195, 286
verklaring 185
vermenigvuldigingsregel 284
verslaglegging 263
voorgestructureerdheid 230
voormeting 173
vooronderzoek 84, 300
voorspellingen 174
voorstructurering 231
voorstudie 81, 82, 289
voortdurende vergelijking 193, 200
vraag
- centrale 103, 104, 105, 106, 107, 114, 116, 131
- gesloten 143, 145, 146, 167, 182, 230, 231
- 'hoe kan'- 99, 100
- meerkeuze- 230
- open 144, 146, 182, 230

vraagstelling 16, 17, 18, 19, 20, 25, 28, 30, 67, 86, 95, 97, 98, 100, 102, 103, 104, 118, 125, 137, 152, 165, 200, 238
vragenlijst 237, 238, 260, 290

W
waarden 280, 281, 282, 285
waarnemings-
- categorieën 234, 239
- opdrachten 144
- schema 234, 235, 237, 238

wederkerig effect 286
werkmateriaal 264
werktijd 255, 257, 259, 261, 262, 263

Z
zelfselectie 176, 179
zoekregisters 239
zoeksystemen 263

OVER DE AUTEURS

Piet J.M. Verschuren is hoogleraar in de onderzoeksmethodologie aan de Radboud Universiteit Nijmegen. Gedurende vele jaren specialiseerde hij zich in kwantitatieve vormen van onderzoek, waaronder vooral structurele modellen met hun vele varianten van multivariate analyse (LISREL). Daarna legde hij zich toe op kwalitatieve vormen van onderzoek, waaronder de vergelijkende casestudy. Ook maakte hij lange jaren studie van de vraag hoe jonge onderzoekers te leren om op methodologisch verantwoorde wijze hun eigen onderzoek te ontwerpen.
Gedurende het academisch jaar 2007-2008 verblijft hij op het Netherlands Institute for Advanced Study in the Humanities and Social Sciences (NIAS) te Wassenaar. Doel is het afronden van een methodologisch handboek voor gevorderden over de methodologie van praktijkgericht onderzoek (organisatie-onderzoek, beleidsonderzoek) en het schrijven van een nieuw boek over kwalitatief causaal onderzoek.

Hans Doorewaard is hoogleraar Organisatieontwikkeling aan de Faculteit der Managementwetenschappen van de Radboud Universiteit Nijmegen. Hij is in 1989 gepromoveerd aan de Radboud Universiteit Nijmegen op een proefschrift over hegemoniale machtsprocessen in organisaties. Hij is intensief betrokken bij de bachelor- en masteropleiding Bedrijfswetenschappen en de Avondopleiding Bedrijfskunde Nijmegen (ABK) van de Radboud Universiteit Nijmegen. Zijn onderwijs- en onderzoeksactiviteiten concentreren zich, binnen het brede terrein van de organisatieontwikkeling, vooral op machtsvraagstukken, genderprocessen, HRM, emoties in organisaties en onderzoeksmethodologie. Hij publiceert regelmatig in (inter)nationale wetenschappelijke tijdschriften en is (mede-)auteur van een aantal boeken over organisatieontwikkeling, IT-management, HRM en onderzoeksmethodologie.